한국 현대시의 현상적 미학

'무의미시'와 '날 이미지시'를 중심으로

석 성 환

도서출판 월인

• 머리말 •

이 책은 한국 현대시의 최근 풍경이 '시(詩)란 무엇인가'와 '시의 언어[詩語]란 무엇인가'에 대해 보다 근원적인 인식의 전환을 이루면서 발전해오고 있음에 주목한 산물이다. 한국 현대시가 갖는 시적 변모의 지향성은 대상세계가 주체의 내적(內的) 관념을 통해 형상화(形象化)하는 전통적인 시작(詩作)태도에서 벗어나 자연 속의 사물과 현상을 '관념(觀念)'이 아닌 '존재(存在)'로 읽어내려는 의식으로부터 기인한다. 이와 같이 한국 현대시에 나타난 시의식(詩意識)의 전환은 이 세계에 존재하는 '대상(對象)'과 그 뜻을 실현하는 '언어체계(言語體系)'에서 '시의 언어'가 구현하는 세계에 대한 인식지평의 확대를 지향한다. 이러한 관점에서 본서에서는 한국 현대시의 시적 방법론에 있어서 두 축을 이루고 있는 김춘수 시인의 '무의미시(無意味詩)'와 오규원 시인의 '날[生]이미지시'를 중심으로 두 시에 형상화된 '현상적 미학(現象的美學)'을 탐색코자하였다.

이 책은 김춘수 시인의 '무의미시'와 오규원 시인의 '날이미지시' 영역에 있는 시편들에서 형상화된 현상적 미학을 탐색하기 위해 현상적 의미를 고찰한 것이다. 두 시[김춘수의 무의미시와 오규원의 날이미지시]에 형상화된 '현상 그 자체가 갖는 의미[현상적 의미]'는 주로 무의미시의 경우 '서술적(敍述的) 이미지'와 '탈(脫)이미지'에서, 날[生]이미지시의 경우 '날[生]이미지'와 '환유적(換喩的) 이미지'의 경향에서 구현된다. 즉 두 시에서 생성하는 '의미현상[현상적 의미]'은 주로 서술적・환유적 언술체계에 의해 형상화된다. 이 점에 주목한 본서는 서술적・환유적 언술체계의 시적 문맥에서 형상화된 '의미현상'을 김춘수의 무의미적 시편과 오규원의 날이미지적 시편을 중심으로 구명코자하였다.

두 시에 형상화된 현상 그 자체가 갖는 의미는, 김춘수의 경우 '인간적 관념이 시를 받쳐줄 수 있을까'라는 시적 회의(懷疑)로부터 벗어나 '이미지(image)' 위주의 서술적인 시 세계를 만들겠다는 의지에 의해 구현된다. 이를 바탕으로 김춘수는 인간적 관념이 덧씌워진 의식이 아닌 존재 그대로의 대상을 현상학적(現象學的)으로 관찰하기시작하면서 시적 변모를 추구하게 된다. 그리고 오규원의 경우, 시적 질료(質料)인 '언어(言語)'를 통해 인간이 만든 관념적 허구에서 벗어난 세계, 즉 궁극적으로 한없이 투명할 수밖에 없는 세계를 현상학적으로 접근하면서 시적 모색을 추구한다. 이와 같이 김춘수 시인과 오규원 시인이 각각 한국 현대시에서 구현하고자 한 시적 세계는 인간이 '문화(文化)'와 '전통(傳統)'이라는 명목으로 덧칠해놓은 지배적 관념들을 벗겨냄으로써 현상되는 두두물물(頭頭物物)의 형상이었다. 두 시인이 추구한 이러한 시적 모색은 '있는 그대로' 존재할 수밖에 없는 이 세계의 실체인 두두물물을 주로 현상학적 관점에 의해 현상 그 자체가 갖는 순수의미를 시적 세계로 환원(還元)하기 위한 이미지적 복원이었다.

김춘수 시인과 오규원 시인이 지속적으로 시적 모색을 견지하면서 시적 의미의 순수화를 추구한 배경에는 무엇보다도 그들의 초기 시 세계에 나타난 전통적 시관(詩觀)에 대한 시적 회의(詩的懷疑)가 자리하고 있다. 김춘수 시인이 초기 시에서 이념적인 세계를 지향하였다면, 오규원 시인은 대상세계를 명징(明徵)하게 드러내려고 노력한다. 하지만 두 시인은 전통적이거나 관습적인 시작(詩作) 태도에 의해서는 눈앞에 놓인 대상세계를 객관적으로 수렴할 수 없음을 깨닫게 된다. 그리하여 두 시인은 각각 시적 사고(思考)의 전환을 통해 새로운 시적 방법론의 모색을 시도하게 된다. 이러한 시적 모색에 의한 산물로서 김춘수 시인은

'무의미시'와 '무의미시론'을, 오규원 시인은 '날이미지시'와 '날이미지시론'을 정초(定礎)하게 된다. 두 시인이 새로운 시적 방법론을 정초한 배경에는 무엇보다도 '시'와 '시어'에 대한 시적 회의로 말미암아 시적 언술체계에 대한 인식의 변화가 자리한다. 그 결과, 두 시인이 정초한 새로운 시적 방법론은 전통적인 시 세계에서 주류를 이루고 있는 비유적[은유적] 언어체계로부터 벗어나 현대에 들어와서 주목받기 시작한 묘사적[서술적]·환유적 언어체계에 의해 이루어진다. 그리하여 두 시인은 새로운 시적 방법론을 통해 대상세계를 '있는 그대로의 현상'으로 형상화할 수 있는 시적 언술체계를 지속적으로 탐색하게 된다. 두 시인이 탐색한 새로운 언술체계는 인간화되거나 관념화되기 이전의 의미 그 자체를 형상화하고자하는 시적 노력의 산물인 것이다. 두 시인은 궁극적으로 현상 그 자체가 갖는 살아있는 의미적 세계를 '시'와 '시어'에서 구현하기 위해 시작(詩作)과정을 지속적으로 갱신하면서 발전시켜나간다. 그 결과 두 시인이 추구한 새로운 시적 방법론은 인간적 관념을 최소화하기 위한 모색으로의 지향성을 갖는다. 특히 두 시인의 시적 의식은 현상 그대로 존재하는 이미지를 구현하기 위해 전적(全的)인 세계를 지향하게 된다. 그 결과, 김춘수의 '무의미시와 시론'과 오규원의 '날이미지시와 시론'은 전통적 시관(詩觀)에 맞서는 새로운 시적 방편으로 작용하게 된다.

본서에서는 김춘수의 무의미시와 오규원의 날이미지시가 상호 친연성(親緣性)을 갖는다는 점을 전제로 두 시에서 주류를 이루는 언술체계를 따라 시적 의미의 지향성을 분석코자한 것이다. 이러한 언술체계로의 접근은 김춘수의 무의미시가 관념적 의미를 초월한 '무의미적 의미'를, 오규원의 날이미지시가 관념적 의미를 배제한 '날것 그대로의 의미'[언어 이전의 의미]를 추구한다는 관점에서다. 즉 두 시에서 전통적 사고(思考)인 인간적 관념을 배제한다는 공통성을 발견함으로써 새로운 시각으로 분석하게 된다. 그리하여 본서에서는 두 시가 갖는 궁극적인 시적 목표가 '아무것도 말하지 않으면서 모든 것을 말하는 시'를 지향한다는 차원에서 현상학적 방법을 바탕으로 고찰하게 된다. 이러한 현상학적 고찰은 무의미시의 경우 의미 소거(消去)가 아닌 의미 그 자체를 초월하는 자리에서, 날이미지시의 경우 언어 이전의 의미[개념화되거나 사변화되기 이전의 의미]인 날 것 그대로의 이미지에서 이루어진다. 특히 두 시[김춘수의 무의미시와 오규원의 날이미지시]에 하나의 논점을 적용하여, 즉 현상학적 관점으로 고찰한 배경에는 무엇보다도 개념화되거나 사변화(思辨化)되기 이전의 의미와 의미 초월의 무의미적 의미가 상호 교점을 이룬다는 점에서다. 이러한 두 시가 갖는 상호 교점에서 비유적 언어체계의 관념적 구속에 의한 '굳어있는 의미'가 아닌 서술적 · 환유적 체계의 존재적 회귀에 의한 '살아있는 의미'로의 시적 추구가 자리하고 있다. 이와 같이 두 시가 적용한 개방적 언어체계인 서술적 · 환유적 언술체계는 '있는 그대로'의 세계를 시적 형상화함으로써 '살아 있는 의미'를 구현하게 된다.

두 시가 궁극적으로 전통적인 시의 관습을 전복(顚覆)하는 현상학적 관점[현상학적 환원 등]을 투시함으로써 시에 형상화된 '의미현상'을 고찰하게 된다. 그리하여 대표적 한국 현대시에 나타난 현상적 미학을 발견할 수 있게 된다. 이러한 시적 형상화와 의미의 재발견은 곧 관습적 사고, 즉 관념이나 명명하는 의식으로부터 이탈하여 존재로의 회귀를 추구하는 한국 현대시의 현주소를 가늠하게 된다. 전통적 시관에 대한 대응점에서 지속적인 시적 개진(開陳)을 통한 산물로 제시된 두 시와 시적 방법론은 탈(脫)인간중심주의와 상투적 관념으로부터의 탈출이라는 시사적(詩史的) 의의를 갖는다.

본서는 필자가 박사학위논문으로 제출한 「한국 현대시에 나타난 현상적 의미 연구」를 다듬어서 펴낸 것이다. 필자는 학위논문을 쓰면서 여러 선생님들의 은혜를 입었다. 창작과 학문의 길을 병행할 수 있도록 이끌어주신 민병기 선생님·장성진 선생님, 글쓰기의 엄격함을 깨우쳐주신 김문주·윤애경 선생님께 감사드린다. 늘 용기와 조언을 건네주신 조오현·김교한·홍진기·김복근 시인님께 감사드린다. 어려운 여건 속에서 출판을 허락해주신 도서출판 월인(月印) 박성복 사장님과 최형필 상무님께 감사드린다. 그 누구보다도 크나큰 기쁨으로 끝까지 지켜봐주신 아버지의 영전(靈前)에 이 책을 고이 바친다. 늘 기도해주신 어머니와 후원을 아끼지 않은 아우 재수와 봉환에게 고마움을 전한다. 학위를 받는 동안 내내 큰 힘이 되어준 사랑하는 아내 미득과 딸 아경이와 아들 주현이에게 고마움을 보탠다.

2012년 봄

석성환(石成煥)

목차

제1장 서론

1. 연구 배경 및 목적

1) 현상학적 관점

본서의 연구 배경은 한국 현대시의 최근 풍경이 '시(詩)란 무엇인가'와 '시의 언어[詩語]란 무엇인가'에 대한 시적 인식에 있어서 근본적으로 전환을 이루며 발전하는데 있다. 한국 현대시의 시적 인식에 대한 변모는 대상세계가 주체의 내적 관념을 통해 형상화하는 전통적인 시작(詩作)태도로부터 벗어나 자연속의 사물을 '관념(觀念)'[1]이 아닌 '존재(存在)'[2]로 읽어내려는 지향성을 갖는다. 이러한 '존재'로의 시적 지향성은

1) "관념이란 인식주체에 의하여 형성된 표상 및 그 표상 간의 관계, 즉 구조에 우리의 인문적 가치를 부여한 것이며, 이것은 엄밀히 말해 인간의 추상적이고 정서적인 복합성의 소산이다. 결국 표상은 지식의 기층 부분을 이루고, 구조는 그 표상을 조립하여 무모순적이고 폐쇄적인 체계를 수립하며, 이러한 체계에 가치론적인 평가가 주어진 것이 바로 관념이라고 할 수 있다"(Gaston bachelard, 김용선 옮김, 『부정의 철학』, 인간사랑, 1996, 158쪽).

2) "존재란 사유되고 보여지고 행위의 대상이 되고 원하는 대상이 되고 느껴지는 것, 즉 대상이다. 세계 안에서 존재(existence)는 늘 하나의 중심을 차지한다"(Emmanuel Levinas, 서동욱 옮김, 『존재에서 존재자로』, 민음사, 2007, 61쪽).

인간 중심적 사고에 침전된 사물과 현상을 대상 중심적 사고로 해방하는 언어로의 중심이동을 뜻한다. 즉 대상세계를 수렴하는 주체중심의 시학(詩學), 이와 연관된 감동이나 사유의 깊이를 보이고자했던 시적 욕망이 퇴조하고 언어적 세계를 다양한 방식으로 탐색하는 시적 의지의 성행인 것이다. 이러한 시적 방향의 모색은 '깊이'에서 '평면'으로의 이월(移越)이자, 시(詩)가 '언어'로만 이루어진 세계라는 점에 대한 지금까지의 시적 형상화와는 다른 차원의 개진(開陳)이다. 시적 형상화의 개진은 대상과 뜻을 실현하는 언어체계에서 '시의 언어[시어]'가 구현하는 세계에 대한 인식의 지평을 확대하는 효과를 갖는다. 이러한 관점에서 본서가 김춘수 시인의 '무의미시'와 오규원 시인의 '날이미지시'의 시 세계를 함께 고찰하는 것은 매우 시의적절한 작업이 될 것이다.

본서에서는 이러한 연구 배경을 바탕으로 김춘수의 무의미시와 오규원의 날이미지시에서 새로운 언술체계로 형상화된 '현상적 의미[의미현상]'을 구명하고자 한다. 즉 두 시가 갖는 의미현상을 구명함으로써 한국 현대시의 시적 변모에 의해 형상화된 '현상적 미학(現象的美學)'을 발견하는데 그 목적을 둔다. 이러한 본서의 연구 목적은 "문학 작품의 해석은 어쩌면 현상학적 관점에서 현상학적 방법으로만 가장 만족스러운 결과를 얻을지도 모른다"[3]는 연구방법론을 전제한 것이다. 즉 현상학(現象學)이 철학적 이론으로 출발하여 인문사회과학의 방법론으로 도입되었다는 관점에서 현상학적 문학 작품의 해석은 현상학과 문학의 연관성에 기인한다고 본 것이다.[4] 이러한 접근방식은 "문학 작품은 현상학적 서술로 고찰될 수 있다. 이것은 문학 작품의 작가적 측면을 의미한다. 다음으로 문학 작품 해석에 있어서 현상학적 방법이 도입될 수 있다.

3) 박이문, 「현상학과 문학」, 『현상학』, 고려원, 1992, 110쪽.

4) "문학은 인식의 한 방식이다. 인식의 한 방식으로서의 문학은 그러므로 전통적으로 철학과 관련을 맺고 있다"(김준오 외, 『文學의 理解』, 새문사, 1987, 8쪽)라는 관점과 같이 문학이 갖는 개인성은 철학과 소통된다.

이러한 관련은 문학 연구의 작품적 차원을 차지하는 작업이 된다"[5]는 측면에서다. 이는 또한 "시의 현상학적 접근이란 언어존재로서의 시를 구체적으로 체험적으로 연구하여 시인의 의식 가운데 있는 경험대상의 양상을 해명하는 것이다. 이렇게 작품 그 자체로 돌아가 작품의 언어분석을 연구와 비평의 토대로 삼는 것, 작품의 표면인 언어현실과 시인의 의식내용의 유기적인 관계, 즉 작품을 하나의 유기적 구조로 보는 것이 현대의 가장 두드러진 특징이다"[6]라는 관점에서다.

철학적 이론으로 출발한 '현상학(現象學)'은 모든 편견으로부터 벗어나 의식에 비친 인식대상에 충실하려는 시도를 갖는다. 현상학적 방법론은 인간의 의식과 그 의식이 마주하고 있는 대상세계의 사이에서 작용하기 때문이다. 즉 의식과 대상의 '마주봄'에 의해 생성되는 문제적 사태들을 해명하는 자리에 있다. 흔히 우리는 눈앞에 놓여있는 대상세계에서 어떤 사물이거나 현상을 '있는 그대로' 바라본다는 그 자체만으로 그것을 이해하거나 안다고 생각하기 쉽다. 하지만 어떤 사물이나 현상을 바라보는 그 순간부터 이런저런 관념들이 덧칠되기 시작하면서 그것들은 왜곡될 수 있다. 물론 그 사물 혹은 현상에 대해 어떤 관습이나 전통이 명명하거나 덧씌운, 즉 이미 알고 있거나 이해한 부분도 있을 수 있다. 하지만 그러한 모든 사고(思考)는 인간적 어떤 편견에 의해 왜곡될 수밖에 없을 것이다. 이러한 사실, 즉 관념이 작용할 수밖에 없다는 것을 스스로 의식하게 될 때 비로소 편견으로부터 벗어나기 위한 방법론을 강구하게 된다. 즉 의식과 대상세계의 사이에서 '존재의 문제' '의미의 문제' '지향성의 문제'를 풀기 위해 우리는 새로운 정신적 매개 수단을 도입하게 된다. 이러한 관점에서 현상학적 방법론에 의해 그러한 안이성을 경고하거나 충고하는 의식을 가짐으로써 우리는 인식적 대상에

5) 박이문, 앞의 글, 같은 쪽.
6) 김준오, 『현대시의 방법론과 모더니티』, 새미, 2009, 62쪽.

충실하게 된다.

현상학적 방법론의 시도는 시적 활동에서도 중요한 방법론으로 적용될 수 있다. 이런 관점에서 현상학적 방법론에 대한 김춘수 시인과 오규원 시인이 가졌던 시적 견해를 살펴보기로 한다. 김춘수는 "여태껏 내가 해온 연습에서 얻은 성과를 소중히 살리면서 이미지(image)위주의 아주 서술적(敍述的)인 시 세계를 만들어보자는 생각이다. 물론 여기에는 관념에 대한 절망이 밑바닥에 깔려있다. 현상학적으로 대상을 보는 눈의 훈련을 해야 하겠다는 생각이다. 아주 숨 가쁘고 어려운 작업이다. 그러나 나는 나대로 이 작업을 현재까지 계속하고 있다"[7]라는 사고(思考)를 갖는다. 김춘수는 현상학적으로 대상을 보는 눈의 훈련을 해야겠다는 지점에서 철학적 사유로부터 시적 사유에 닿은 본질적 임무가 있음을 자각한 것이다. 즉 "시작(詩作)은 존재의 진리를 묻는 철학가의 본질적 사유와 일치한다. 철학가의 임무인 존재의 사유(思惟)와 시인의 시작(詩作)은 존재를 '이끌어 냄'이란 뜻의, 같은 어원을 공유하고 있기 때문에 존재의 진리를 현시하고 수립하는 공동의 임무를 수행한다. 이것을 가능하게 하는 것이 언어다"[8]라는 자각인 것이다. 이는 존재적 사유 그 자체로서 본질을 인식할 수 있기 때문이며 단순히 본질만을 인식하는데 그치지 않고 '이끌어 냄'이라는 승화를 위해서는 언어의 작용이 있어야 가능하다는 것을 말해주고 있다. 그리고 오규원은 독자적인 새로운 시학(詩學)과 그 체계가 갖추어질 때 진정한 문학이 그곳에 살아있을 터라면서, "저는 시단(詩壇)에 데뷔한 이후라야 한 현상학자의 말을 들려줍니다"[9]라는 사고를 갖는다. 여기서 오규원이 '한 현상학자'라고 지칭한 사람은 바로 '메를로퐁티[M. Merleau-Ponty, 1908～1961]'이다. 오규원의 이러한

7) 김춘수, 「詩論」, 『金春洙 全集2-詩論』, 도서출판 문장, 1984, 351쪽. ※ 앞으로 이 책에서의 인용은 본문에 면수만 표기하기로 한다. 예 : '(무123면)'.

8) 김준오, 『詩論』, 三知院, 2000, 68쪽.

9) 오규원, 『날이미지와 시』, 문학과지성사, 2005, 149쪽. ※ 앞으로 이 책에서의 인용은 본문에 면수만 표기하기로 한다. 예 : '(날123면)'.

사고는 메를로퐁티(Merleau-Ponty)가 '궁극적으로 세계에 새로운 구조를 부여하는 사람만이 예술가'라는 말의 진정한 의미를 알게 되기까지는 또 다른 단계의 깨달음이 있어야한다는 것이다. 그는 또 그 깨달음이란 곧 관념적 성향이 강한 한국문학에 대해 우려하는 것이라면서 누군가가 이러한 관념우위의 문화를 우려한다면 이 문화에 대응할 수 있는 잠재력을 키워야 할 것이라고 말한다. 이와 같이 김춘수와 오규원은 문학속의 문학이라 할 수 있는 '진정한 문학'의 추구를 위해 인간적 관념을 소외시키고 존재적 의식으로부터 있는 그대로이거나 현상 그대로의 세계를 현상학적 관점에서 읽어내고자 노력하게 된다.

김춘수와 오규원이 도입하게 된 현상학적 방법론의 출발점에 대한 견해는 이 외에도 두 시인과 관계된 여러 대담에서 확인된다. 여기서는 이광호와 오규원과의 대담과 오규원이 언급하고 있는 김춘수와의 시적 교감에 대해 살펴보기로 한다. 이광호는 오규원을 우리 시사(詩史)를 통틀어 시적 방법론에 대한 가장 첨예한 자의식(自意識)을 지닌 시인 중의 한 사람으로 이해할 수 있다면서 이런 수준의 시의식(詩意識)은 김춘수를 제외하고는 드문 경우라고 말한다. 이러한 견해는 우리 시사에서 시적 방법론에 대한 가장 첨예한 자의식을 지닌 시인으로 김춘수와 함께 오규원을 지목하고 있다는 점에서 두 시인을 함께 논의하는 근거가 된다. 그는 오규원이 시를 '관념(觀念)'이 아닌 '언술(言述)'의 문제로 접근하는 것으로 보게 된다. 즉 오규원이 '관념의 해체'와 '현상 읽기' 그리고 '날[生]이미지'라는 미학적(美學的) 입장으로 나아가는 시적 태도에 대해 한국 현대시의 주류적인 문법(文法)들과는 일정한 거리가 있는 것으로 파악한다. 자연(自然)에 인간적인 관념을 덧씌우는 전통적인 서정시(抒情詩)와 그것의 한 변형으로서 사회적인 관심을 첨가한 시는 문법적인 측면에서 크게 다르지 않다는 것이다. 이러한 견해는 두 시인이 '관념'이 아닌 '언술'의 시적 지향이라는 측면에서 한국 현대시의 시적 인식에 대한 변모를 주도하는 위치에 있음을 말해주고 있다. 그는 또 '존재의 시[김춘수의 무의미시와 오규원의 날이미지시]'를 추구한 시인들의 작업이 다시 평가되어야한다고 말한다. 여기서 '다시 평가되어야 한다'는 것은 그만큼 두 시인이 갖는 시적 탐색이 관념적 성향이 지배적인 한국 현대시에 대한 새로운 시적 방법론을 제시함으로써 시적 인식의 전환을 주도한다는 점을 강조하고 있다. 한편으로는 두 시인의 시적 방법론에 대한 지속적인 연구와 계승이 요구됨을 말해주고 있다. 이러한 논의는 두 시인이 우리 시사(詩史)에서 가장 치열한 시적 모색에 의해 새로운 시적 방법론을 제시한다는 차원에서 함께 논의될 수 있음을 예고한다.

두 시인의 시적 여정과 시적 산물들에 나타난 시적 가치를 함께 논의하는 데는 두 시와 시론이 제시된 시점과도 관련된다. 이러한 접근은 김춘수가 무의미시론을 제시한 이후에 오규원의 날이미지시론이 제시되었다는 관점에서다. 즉 두 시가 제시된 시점의 차이에 의해 오규원은 김춘수의 선행된 시적 탐색을 지속적으로 관찰하게 된다는 것이다[김춘수가 자신의 무의미시 세계를 뒤돌아보면서 오규원의 날이미지시를 관찰한 경우도 마찬가지다]. 이러한 상호 시적 관찰에 의해 두 시는 밀접한 영향관계에 놓이게 된다. 두 시와 시론이 갖는 상호 영향관계는 특히 오규원이 자신의 시론(詩論)을 탐색하거나 정리하는 지점에서 김춘수의 무의미시에 대해 끊임없이 논의하고 있다는 사실에서도 확인된다.

> 김춘수의 무의미시는 무의미한 시구로 되어있지 않다는 것입니다. 그가 '무의미시'라고 부르는 것은 그의 시가 시적 대상에 대한 어떤 메시지를 전달하고 있지 않다는 의미입니다. 즉 비대상의 시라는 것이지요. 그러니까, 시적 대상이 꽃이면 꽃, 구름이면 구름에 대한 어떤 의미론적 메시지를 전달하고자하는 시가 아니라는 것입니다(날151면).

이 글은 이광호가 오규원의 미학적 입장이 우리 현대 시사에서 어떤 위치에 서있느냐는 질문에 대해 오규원이 답한 내용이다. 여기서 오규원이 '존재의 시'를 추구하는 미학적 입장을 김춘수의 무의미시론에 기대어 언급한다는 점에 대해 본서는 주목하게 된다. 오규원이 김춘수의 무의미시에 대해 '무의미한 시구로 되어있지 않은 것'으로 본 점은 곧 무의미시가 '의미 있는' 시구로 이루어져있음을 반증한다. 이러한 견해는 그가 스스로 이미 김춘수의 현상적 사고를 염두에 둔 채 '의미'와 '무의미'라는 이항 대립으로 이끈 것으로 볼 수 있다. 이러한 오규원의 견해는 김춘수의 무의미시가 '의미의 유무'라는 차원에서 논의한 것으로 볼 수 있다. 즉 '무의미시가 무의미한 시구로 되어있지 않다'는 역설적 논의에 의해 김춘수의 시적 방법론을 불완전한 이론으로 인식하고 있다. 하지만 이러한 견해는 예술이나 철학이 모두 당대의 현실을 반영한다는 점에서 보면 김춘수의 무의미시가 추구하는 '무의미적 세계'에 놓여있는 시관을 간과한 것으로 볼 수 있다. 즉 김춘수의 무의미적 시 세계는 의미의 유무 차원이 아닌 인간적 관념을 소거한 순수한 의미적 시 세계를 추구한 것으로 이해할 수 있기 때문이다.

그리고 김춘수의 무의미시를 '비대상(非對象)의 시'라고 본 점은 곧 무의미시가 대상의 무화(無化)를 통해 이루어진 방법론으로 이해한 것이다. 하지만 무의미시가 '무의미(無意味)'를 전제한다고 하더라도 단순히 대상을 갖지 않는 시[비대상의 시]라고 단정한 점은 재고의 여지를 남기고 있다. '무의미'가 반드시 대상의 무화에 의해서만 이루지는 것이 아닐 수 있기 때문이다. 그리고 무의미시가 대상을 지향한 '의미론적 메시지'를 전달하지 않는 것으로 본 점 역시 시적 대상의 무화라는 차원으로 이해하고 있다.[10] 하지만 무의미시가 추구하는 시적 지향성은 인간

10) '어떤 의미론적 메시지의 전달'이라는 관점에서 김춘수의 「꽃」의 시구를 인용하여 고찰해보면, "내가 그의 이름을 불러주었을 때/그는 나에게로 와서/꽃이 되었다."에서 "꽃"이라고 명명한 주체는 시적 화자이다. 그러므로 시적 화자인 '나'와 대상인

적 관점이 배제된, 즉 대상적 관점의 의미론이라는 점에서 오해의 소지를 갖는다고 볼 수 있다. 이러한 관점에서 위의 논의는 "'시란 무엇인가' 혹은 '시의 언어란 무엇인가'라는 질문의 차이에도 불구하고 이런 시의 존재론 혹은 언어의 존재론에 대한 질문 자체가 억압되어온 한국적인 상황에서는, 두 분 시인들의 작업이 갖는 문학사적 무게는 함께 논의될 수밖에 없다. '이념'과 '관념' '주관'과 '감상'에 경사되어온 우리 현대시에 대한 비판적 인식이 이제 진행될 필요가 있"(날154면)다라는 시각에서 보면 본서가 조명하고자하는 연구의 필요성에 대한 당위성을 갖게 한다.

본서에서는 두 시인의 시적 작업에 있어 '유의미'와 '무의미'의 경계로부터 만나고 갈라지는 부분이 명료하다는 점에 주목한다. 이는 "현상학적 해명은 보이지 않은 것을 보이도록 하는 잠재적 지각을 현전화함에 의해서 의식대상의 의미 속에 포함되어있는 것이다"[11]라는 관점에서다. 그리고 유의미와 무의미의 경계는 '의미'라는 바탕에 의해 존재한다. 여기서 '유의미'란 의미부여를 말한다. 있는 그대로 존재하는 이 세계는 의미 없는 것은 아무것도 존재하지 않는다. '존재한다'는 그 자체는 곧 의미를 반영하기 때문이다. 그러므로 '무의미'는 우연적인 것으로부터, 유의미는 필연적인 것으로부터 존재하는 세계의 표상이다. 결론적으로 유의미와 무의미의 경계는 '의미'라는 존재적 세계를 바탕으로 하나의 중첩현상으로 있게 된다. 이런 관점에서 두 시인이 갖는 시적 의식은 의미의 범주에서 유의미한 것이냐 또는 무의미한 것이냐를 존재적 차원으

"꽃"은 어떤 의식이 그 사이의 지향성에 의해 존재하게 된다고 볼 수 있다. 하지만 "꽃"의 존재적 현시가 반드시 어떤 의미를 부여했을 때만 이루어진다고는 볼 수 없게 된다. "꽃"은 이미 어떤 의미를 초월한 세계로서 그 자리에 있는 그대로 존재하기 때문이다. 그러므로 무의미시는 의미론적 메시지의 유무 차원이 아니라 '있는 그대'로의 세계를 형상화하는 시적 방법론으로 이해해야 할 것이다.

11) 김준오, 『현대시의 방법론과 모더니티』, 새미, 2009, 40쪽(재인용).

로 복귀하는 탐구의 성행이라고 볼 수 있다. 다시 말하면 두 시가 만나고 갈라지는 부분은 두 시인의 시적 탐구방향이 '시란 무엇인가'와 '시어란 무엇인가'라는 테마로부터 비롯된다. 이러한 시적 테마의 관점에서 두 시가 만나는 지점이 '무엇이 시인가'라고 할 때, 시란 결코 '시의 언어란 무엇인가'를 떠나 존재할 수 없음을 감지하게 된다. 이와 같이 두 시는 서로 만나고 갈라지는 지점에서 시적 영향관계에 놓이게 됨은 물론 시적 친연성(親緣性)을 갖게 된다. 두 시는 시적 인식의 변모에 의한 새로운 시적 형태를 추구하는 여정에서 여러 가지의 인식적 사유에 의해 서로 겹치게 된다. 그리하여 두 시와 시론은 지속적인 시적 방법론의 모색을 추구한 산물이라는 관점으로 함께 논의할 수 있게 된다.

여기서 김춘수의 무의미시와 오규원의 날이미지시를 함께 논의할 수 있다는 전제는 무엇보다도 두 시인이 지향하는 시적 방법론에 대한 혁신적 사고에 기인한다. 두 시인은 전통적 관습에 대응되는 현상학적 사유, 즉 '사물 그 자체로'라는 순수 의식을 통해 시작(詩作)하고 있기 때문이다. 본서에서는 두 시인이 현상학적 사유에 의해 시작(詩作)하고 있다는 점에 착안하여 두 시를 현상학적 방법론[현상학적 환원]에 의해 분석하게 된다. 이와 같이 본서에서는 현상학적 관점을 투시함으로써 두 시에 형상화된 현상적 미학을 발견할 수 있게 된다. 이는 현상학적 방법론의 명제로 작용하는 '현상(現象)'에 대한 이해, 즉 의식의 체험이거나 의식의 내용을 말한다는 것을 전제한 것이기도 하다.

> 일상생활에서든, 학문적 연구에서든 우리는 항상 어떤 대상들과 마주하고 있다. (…) 이런 대상들은 모두 우리의 의식에 나타난다. 바로 여기에서 후설 철학의 출발점이 드러난다. 후설은 대상이 어떤 왜곡도 없이 있는 그대로 주어진 모습을 출발점으로 삼는다. 그리고 그것을 바로 '현상'이라고 부른다. 후설의 철학을 현상학이라고 부르는 이유도 바로 여기에 있다. (…) '현상'이라는 표현은 우리가 아주 익숙하게 사용하는 표현하기 때문에 오해의 여지가

> 많다. (…) 어떤 '현상'이 우리에게 하나의 대상으로 주어진다는 것은 그 현상의 '의미'가 우리의 정신적 활동에 마주하고 있다는 것이다. (…) 모두 내 의식 속에서는 하나의 의미현상으로 주어지는 것이다. 결국 후설의 현상학이 탐구의 출발점으로 삼고 있는 '현상'은 의미현상을 말한다고 볼 수 있다.[12)]

위 글에서, 현상학의 창시자인 에드문트 후설[Edmund Husserl, 1859~1938]은 '현상'과 '의미현상'을 하나의 범주로 정의한다. '현상'을 발현하는 어떤 대상은 '의미현상[현상의 의미]'를 인식하는 어떤 의식에 앞서 존재하게 된다. 그러므로 현상학이 출발하는 지점은 곧 대상이 대상 그 자체로 존재하는 지점이 된다. 여기서 대상이 대상 그 자체로 있다는 것은 인간적 정신활동 이전의 존재적 관점으로서 '어떤 왜곡도 없이 있는 그대로 주어진 모습을 출발점'으로 삼는 바로 그 지점을 말한다. 우리에게 마주하는 어떤 대상이 '있는 그대로 존재한다'는 인식은 곧 현상적 사고의 출발점이 된다. 현상학적 사고에서 인식한 '현상' 혹은 '의미현상'이란 어떤 현상이 시적 대상으로 포착되면서 '있는 그대로의 이미지', 즉 '현상 그대로의 이미지'로 생성하게 됨을 말한다. 그러므로 '현상'이란 어떤 왜곡도 없이 있는 그대로 주어진 대상을 말한다. 이는 물론 어떤 '현상'을 글로 나타낸다는 차원에서 보면 "글은 글쓴이의 부재(不在)를 전재한다는 점에서 항상 왜곡의 가능성이 존재한다"[13)]라는 관점을 초월한 것이기도 하다.

이러한 현상학적 정의는 흔히 익숙하게 사용되는 '현상'과는 다소 거리를 갖는다는 점에서 새로운 낯설음으로 반추될 수 있다. 우리가 흔히 쓰는 '현상'이라는 표현은 관심을 갖는 대상이 우리에게 드러나는 모양새로서 어떤 시각적인 보임새만을 의미하기 때문이다. 이런 점에서 '오해의 여지가 많다'고 볼 수 있게 된다. 이러한 의미의 현상들을 포함하

12) 박승억, 『후설 & 하이데거 현상학』, 김영사, 2007, 67~68쪽.
13) 박영욱, 『의미와 무의미의 경계에서-Derrida & Deleuze』, 김영사, 2009, 53쪽.

여 '현상'이라고 통칭할 때, 후설(Husserl)이 정의하는 '현상'은 '의미현상'을 말한다는 점에서 일관되게 적용할 수 있게 된다. 후설(Husserl) 현상학이 탐구의 출발점으로 삼는 '현상'이 곧 '의미현상'이라고 할 때, 그것은 무엇을 말하는 것일까. 모든 대상이 의식을 떠나 존재할 수 없다는 측면에서 '의미현상'이란 곧 의식 그 자체라고 볼 수 있다. 그러므로 '현상' 혹은 '의미현상' 그 자체는 의식과 대상의 사이에서 탐색할 수 있게 된다. 주체와 객체의 사이거나 의식과 대상의 사이에서 객체 혹은 대상은 주체 혹은 의식에 의해 하나의 '의미현상'으로 존재한다. 객체가 존재하는 한 주체가 갖는 삶 그 자체는 어떤 '의미현상'의 소용돌이 속에서 영위할 수밖에 없다. 모든 '현상' 즉 '의미현상'은 어떤 관계 속에서 일어나는 다양한 사건들의 의식이기 때문이다. '현상' 혹은 '의미현상' 그 자체도 다양해질 수밖에 없다. 어떤 관심사이거나 대상을 의식하는 우리의 관점 또한 다양하게 나타날 수밖에 없음을 말해준다. 현상학적 관점에서 '현상이란 무엇인가'에 대한 정의는 주체의 의식에 다양하게 인식되는 객체와의 관계로부터 나타나는 그 무엇이라고 할 수 있다.

> 가장 근본적인 방식은 바로 우리가 마주하는 어떤 현상의 의미는 늘 다를 수 있음을 자각하는 태도, 즉 하나의 대상이 각 관점과 상황에 따라 다르게 인식된다는 것을 이해하는 것이다. 그것이 바로 '의미현상'을 현상학적 관점에서 접근하는 태도이기도 하다. 그리고 후설은 이러한 태도야말로 참된 의미의 객관성이라고 말한다. 어떤 현상의 의미가 달라질 수 있다는 사실 때문에 하나의 관점만 고집하는 것이 아니라 그렇게 달라질 수 있다는 사실 자체를 자각하고 문제의 대상을 바라보는 것이야말로 객관적인 태도라는 것이다.[14]

---

14) 박승억, 앞의 책, 71쪽.

위 논의에서, '의미현상'을 현상학적 관점에서 접근하는 태도를 '참된 의미의 객관성'이라고 할 때 '객관적 태도'란 다양할 수 있다는 인식의 차이성에 의해 드러나는 태도를 말한다. 이러한 '객관적 태도'는 현상학적 관점의 핵심을 이루게 된다. 대상이 다양할 수 있는 '의미현상'에 의해 객관적 관점이 나타나게 될 때, 그것은 곧 '있는 그대로의 현상'을 바라봄이 된다. 그리고 '있는 그대로'가 대상적 관점이라면 '있는 그대로의 현상'은 대상과 마주하는 의식적 관점이 된다. 눈앞에 놓인 어떤 대상들에서 비록 그것이 동일한 대상이라 하더라도 주체의 관점에 따라 다른 의미로 인식될 수 있음을 보여준다. 동일한 대상을 지향하는 개별적인 의식은 그 대상과의 동반자적 관계를 갖는다는 차원에서 현상적 관점인 '있는 그대로의 현상'과 만나게 된다. 그리하여 개별적 의식은 '대상에 대한 의식'으로서 다양하게 나타나게 된다. 이러한 의식은 대상을 객관적 태도로 인식함으로써 존재의 다양성을 인정하는 국면으로 승화된다.

눈앞에 놓인 대상은 대상 그 자체로서 의미 있는 것도 아니요, 의미 없는 것도 아닌 '공(空)'의 자리에 있다. 이는 대상과 의식의 '사이'에 나타나는 의미현상 이전의 세계가 된다. 대상이라는 존재 그 자체는 '있는 그대로'의 본질 그 자체이므로 주체적 의식과는 무관한 상태이다. 하지만 대상을 인식하는 주체가 인간적 관점일 수밖에 없다고 할 때 그것은 대상과 의식의 관계를 피할 수 없게 된다. 이는 대상과 의식의 관계에서 의식의 흐름을 '空의 세계'에서 인식하는 관점이기도 하다.

후설(Husserl)의 현상학은 의식과 대상 사이의 지향적 상관관계를 체계적으로 해명해가는 지적인 탐험이다. '존재'로서의 대상적 측면이 아닌 '존재자'로서의 의식이 베일을 벗는 지점이기도 하다. 베일을 벗는 그 지점에서 의식은 존재적 관점의 '현상(現象)'과 '본질(本質)'이라는 형태와 만나게 된다. 후설(Husserl)이 정의하는 '현상'은 의식이 개입한 있는 그대로의 현상을 말하는 것으로서 '의미현상'과 동일한 차원에 있게 된다.

메를로퐁티(Merleau-Ponty)는, "'현상'과 '본질'은 나눌 수 없으며 '지각(知覺)'이란 현상적인 몸이 피부를 열고 대상으로 영역을 확장함에 따라 대상이 몸의 '살'로 변하는 존재론적 조작이기 때문에, 사물을 '본다는 것'은 보는 것인 동시에 사물에 의해 보이는 것"[15]이라고 말한다. 메를로퐁티(Merleau-Ponty)의 이러한 논의는 '현상'을 존재적 관점으로 이해한다는 차원에서, 그리고 인간 중심과 대상 중심을 동등한 자리에 올려놓는다는 점에서 현상과 의식의 관계를 객관적으로 파악하는 계기가 된다. '의식'이라는 존재자적 정신활동이 '대상'이라는 존재적 현상과 맞서게 된다는 측면에서 메를로퐁티(Merleau-Ponty)의 견해는 '지각'이라는 존재론적 조작을 통해 사물을 이해하게하는 동력으로 작용한다. 이러한 견해와 더불어 좀 더 구체적인 관점으로 이해한 현상과 의식의 관계에 따른 의식과 대상의 관계성에 대해 살펴보기로 한다.

현상학(現象學)에서의 '현상(現象)'이라는 말은 어떤 객관적인 사물을 가리킴이 아니라 어떤 의식에 의한 경험의 대상이 의식 앞에 나타나는 구체적인 모습을 지적한다. 바꿔 말해서 종래의 현상이라는 말이 의식과는 직접 유기적이거나 논리적 관계없이 객관적으로 존재한다고 믿어진 물질을 가리키는 반면에, 현상학에서의 '현상(現象)'이라는 말은 의식이나 그 의식의 물질적 대상만을 따로 가리키는 것이 아니라 의식의 물질적 혹은 비물질적인 대상이 의식과의 관계에 의해서 이루어지는 경험을 가리킨다. 그런데 현상학에서 말하는 현상, 즉 경험은 일반적으로 말하는 경험과는 달리 의식과 그 대상과의 가장 근원적이고 원초적인 관계를 가리킨다. 이러한 관계를 다른 경험과 비교해서 의식과 대상과의 처녀적(處女的) 관계 혹은 순수관계라고 할 수 있다. 왜냐하면 현상학이 밝히고자 하는 의식과 대상과의 관계, 즉 현상학에서 말하는 경험은 다른 경험과는 달리 모든 선입관이나 편견이 없는 경험

15) 메를로퐁티, 김화자 옮김, 『간접적인 언어와 침묵의 목소리』, 책세상, 2005, 8쪽.

이라고 생각되기 때문이다.16)

현상학에서의 '현상'이 "의식의 물질적 혹은 비물질적인 대상이 의식과의 관계에 의해서 이루어지는 경험"을 가리킬 때 '대상'은 '의식'이라는 매체를 통과함으로써 '의식적 경험'이라는 상태로 형상화된다. 이것은 후설(Husserl)이 명명하여 현상학의 출발점으로 삼은 '현상'의 의미와도 관련된다. '현상'은 곧 '경험'으로 정의되며, '경험'이란 의식과 대상과의 '순수관계'로 정립되기 때문이다. 현상학적 관점의 '현상'이란 물질로 환원될 수 있는 인식대상의 맞은편에서 의식에 내재하는 '의미현상'으로 나타나는 의식적 산물을 일컫는다. 위의 논의에서 현상학적 경험과 보편적 경험을 구분하여 강조한 점은 '있는 그대로의 현상'을 관조하는 의식세계의 중량을 나타낸다.

현상학적 방법론을 바탕으로 논의한 '현상이란 무엇인가'에 대한 정의는 다음과 같이 요약된다. 그것은 대상이 어떤 왜곡도 없이 있는 그대로 주어진 모습, 의식과 대상 사이에서 드러나는 현상의 의미, 의식이 개입한 있는 그대로의 현상 등을 말하는 것으로서 의미현상과 동일한 차원에 있다. 이러한 관점에서 김춘수의 무의미시와 오규원의 날이미지시가 현상학적 사유를 통해 시작(詩作)되고 있다는 측면에서 두 시에 형상화된 '현상', 즉 '의미현상'을 분석함으로써 현상적 미학을 발견할 수 있게 된다. 두 시에 형상화된 현상적 미학은 곧 현상학적 관점의 해석에 의해 조명됨으로써 두 시인의 시 세계를 관통하는 시적 가치를 정립하게 된다. 두 시가 현상학적 시학이라는 관점으로 제시되었다는 측면에서 본서의 현상학적 고찰은 두 시에 형상화된 '의미현상'의 흐름을 정리하는 차원이 된다. 현상학적 접근은 후설(Husserl)이 '이러한 태도야말로 참된

16) 박이문, 『현상학과 분석철학』, 知와사랑, 2007, 25~26쪽.

의미의 객관성'이라고 말한 그 지점, 즉 두 시를 관통하는 '의미현상'의 분석에 의해 현상적 미학을 발견할 수 있게 된다.

2) 모더니즘적 시관

전통적인 시관, 즉 전통지향성을 갖는 시와 시론에 대비하여 한국 현대시는 모더니티(modernity) 지향성을 수용하는 방식으로 전개해오고 있다. 김춘수의 무의미시와 오규원의 날이미지시는 한국적인 인식에 의한, 즉 자생적인 시적 인식에 의해 변모한 대표적 시적 방법론의 산물이다. 이는 "1960년대 말부터 현저하게 서구의 시나 시론에 도전하고 이를 극복하려는 현상이 나타나고 있기 때문이다. 이것은 전통의 서정양식을 거부하고 파괴하는 작업과 병행한다"[17]는 관점에서도 확인된다. 여기서 김준오는 시에 작용하는 언어기능의 차이에서 시를 세 가지 유형으로 분류할 수 있다고 보았다. 그는 제1유형으로 '비유의 시'를, 제2유형으로 '아이러니의 시'를, 제3유형의 시를 앞의 두 유형에 정면으로 맞서는 '유사성과 차이성을 종합한 시'라고 밝히고 있다. 여기서 그는 제3유형의 시를 '반어적인 불일치로서 이미지들을 결합하는 양식의 시'라고 정의한다. 즉 유사성 때문에 두 사물을 연결시키는 것이 아니라 차이성 때문에 연결시킨다는 것이다. 그리하여 고도의 시작 긴장을 창조한다고 보면서 '비인간화의 시'를 지향하게 된다는 것이다. 이러한 유형은 시의 창조과정을 '변용'이라 하기보다 '낯설게 하기'라고 부르는 것이 더욱 적절하다는 것이다.[18]

본서가 모더니즘(modernism)시[19] 계열에 분류되는 여러 시인들인 —

17) 김준오, 앞의 책, 254~255쪽.
18) 김준오, 앞의 책, 255~260쪽 참조.
19) "한국에서는 1930년대에 이상, 김기림 등이 모더니즘 문학에 참여했다고 알려지고

상호 영향관계에 놓여있는 시인들 — 이상 · 김기림 · 김수영 · 이승훈 등을 제외하고 김춘수 시인과 오규원 시인에만 주목한 것은 시적 연구방법론이 현상학적 고찰이라는 점과 관련된다. 특히 두 시인이 추구한 시적 모색에서 드러난 '존재의 시'라는 형태는 현상학적 투시에 의해 더욱 명료하게 해명될 수 있다는 조건을 갖는다. 이는 두 시인이 시적 작업에 있어서 서로 만나고 갈라지는 부분이 명료하다는 점에 주목한 것이기도 하다. 두 시가 만나고 갈라지는 부분에서 현상학적 투시에 의해 드러나는 '시란 무엇인가'와 '시어란 무엇인가'라는 테마는 두 시인이 갖는 시적 화두이기 때문이다.

김준오는 한국 현대시에 있어서 "모더니즘 시론들은 김기림 · 김수영 · 오규원의 계열과 조향 · 김춘수 · 이승훈 계열로 이원화할 수 있다. 전자는 현실 참여적이지만 후자는 비참여적이다. 그러나 이런 이원화가 얼마나 위험한 도식인가는 명백하다"[20]라는 견해를 갖는다. 그는 이러한 이원화가 가능한 점으로 '다양성'을 꼽는다. 모더니즘 시론 자체가 개인적 또는 시대적 차이를 보이면서 연속성을 갖기 때문이라는 것이다. 그는 오규원과 김춘수가 모더니즘계열 내에서도 현실 참여와 비참여라는 이원화에 의해 시적 지향을 달리한다고 보았는데, 하지만 이러한 관점은 "위험한 도식"일 수 있다는 것이다. 그러므로 이항 대립적으로 계열화한 도식은 그들이 추구한 통시적 차원의 총체적 시론이라는 범주에 의해 나누어진 것에 불과하다.

> 기존 체제나 예술에 대한 저항은 모더니즘의 출발점이다. 따라서 모더니즘 시론들은 매우 당연한 일로 '자유'를 공통된 바탕으로 하고 있다. 그러나

있다. 그들의 문학을 단순히 언어유희나 병적인 것으로 보아 넘기는 것은 편견이지만, 그들이 과연 현대 문명에 대한 비판 정신이 투철하여 미래에 대한 강한 비전을 가지고 안일한 사실적, 상식적 예술 방법에 반발하였는가는 면밀히 검토해야 할 것이다"(이상섭, 『문학비평 용어사전』, 민음사, 2007, 84쪽).

20) 김준오, 『詩論』, 三知院, 2000, 463쪽.

> 이 자유는 정치적 자유와 시적 자유를 비롯하여 내포가 각각 다르고 또 다를 수밖에 없었다. 김춘수에게 자유는 오규원에게는 오히려 구속이기도 했다. 인간적 시점을 폐한 반인간주의와 그것을 회복하자는 인간주의의 양극화로 나타난 '인간'도 주된 관심사이면서도 그 강조점이 달랐다. 시는 본질적으로 무의미시 또는 비대상시라고 한 것처럼 모더니즘은 시관의 문제이기도 했다. (…) 모더니즘 시론은 서구 이론에 많이 힘입고 있다. 그래서 모더니즘 시론이 당대의 실감일 수 없는 경우도 있고 이론과 실제가 불일치되는 모순을 보일 때도 있다. 그러나 모더니즘이 예술과 시대에 대한 깊고 진지한 통찰의 산물이라고 본다면 모더니즘 시론은 우리의 요청사항으로서 자생적일 수 있다. 무엇보다 우리는 모더니즘 시론이 어느 시대고 나타날 수 있는 현대시의 새로운 가능성을 규명하고 고무하는 이론이고 또 그런 이론이어야 함을 기대한다.[21)]

위 논의는 모더니즘(modernism)과 시관(詩觀)의 문제에 관해 명료하게 정리하고 있다. 모더니즘의 출발점을 '기존(旣存)'에 저항하는 것으로 본 점은 김춘수와 오규원의 시적 변모가 전통적 시관의 이월이라는 관점에 서다. 두 시인은 모더니즘의 범주에 의해 '자유(自由)'와 '해방(解放)'이라는 공통된 바탕을 가진 시론이라는 점에서 동일한 시적 사고의 출발점을 갖는다. 하지만 두 시인의 시적 여정은 '자유' 혹은 '해방'과 마주하는 '현실(現實)'이라는 장벽을 피할 수 없게 된다. 그리하여 두 시인의 시적 사고가 동일한 지향점을 일관되게 갖는다는 것은 어렵게 된다. 이는 자유라는 공통된 바탕 위에서, 즉 김춘수가 '자유' 속에서 '자유'를 노래한다면 오규원은 '자유' 속에서 '해방'을 노래한다는 점에서도 확인된다. 특히 김춘수는 시적 자유를 통해 정치적 자유를 소거하는, 즉 정치적 자유를 시적 자유로 시화(詩化)하면서 무의미적 시 세계로 나아간

21) 김준오, 『문학사와 장르』, 문학과지성사, 2000, 463~464쪽.

다. '시는 본질적으로 무의미시 또는 비대상시라고 한' 것이라는 언급에서도 알 수 있듯이 김춘수는 현상학적 경험이 다른 경험과 비교해서 의식과 대상과의 처녀적(處女的) 관계 혹은 순수관계라는 관점으로 시 세계를 추구하게 된다.

김춘수는 현상학적 방법론을 도입하면서부터 궁극적으로 도달해야하는 시적 지점을 '본질적으로 시란 무의미하다'는 차원으로 회귀하게 된다. 그는 '있는 것도 아니요 없는 것도 아니'라는 '空의 세계'에서 있는 그대로이거나 그냥 그대로 존재하는 대상을 무화하는 무의미적 의미의 형상화를 추구한다. 어떤 대상이 의미 있는 것도 아니요 의미 없는 것도 아닌 '空'의 자리에 놓인다고 보면 어떤 대상을 인식하여 시화(詩化)한다는 일련의 과정 그 자체도 무의미한 작업이 된다. 이는 마주하는 그 대상이 존재적 본질에 의해 '있는 그대로 존재한다'는 전제에서다. 그것이 '空의 세계'라 하더라도 단지 그 대상이 표상하는 외포만을 감지한 인간적 관점으로 언어화하는 것은 이미 그 대상과는 무관한 관계일 수밖에 없다. 대상과 의식의 함수관계는 '모더니즘 시론이 어느 시대고 나타날 수 있는 현대시의 새로운 가능성'이라는 관점에서 인간적 관념을 배제하는 시적 사고의 지향성을 갖는다.

오규원의 날이미지시는 김춘수의 무의미시와 영향관계에 놓임으로써 상호 시적 친연성을 갖는다. 물론 이는 두 시인의 총체적 시 세계를 통해 드러난 새로운 시적 방법론으로 제시된 '무의미시'와 '날이미지시'를 기준한 것이다. 두 시는 그들이 가장 치열하게 시적 자의식을 가졌던 시 세계의 정점에서 제시되었기 때문이다. 이런 관점에 의해 본서가 김춘수의 무의미시와 오규원의 날이미지시를 취택해서 함께 조명하는 이유를 다음과 같이 요약할 수 있다. 첫째, 두 시인은 초기 시 세계에 나타난 인간적 관념의 허구성에 회의(懷疑)를 갖게 됨으로써 새로운 시적 방법론을 끊임없이 추구한다는 점이다. 둘째, 두 시인이 새롭게 추구한 무의미적 시 세계와 날이미지적 시 세계는 한국 현대시사에 드러난 주요 시적 방법론의 한 축을 형성한다는 점이다. 셋째, 김춘수와 무의미, 오규원과 날이미지는 '현상시' 혹은 '순수시'라는 시적 방법론적 측면에서 두 시인이 밀접한 영향관계에 놓여있다는 점이다. 이런 점에서 본서에서는 두 시가 갖는 상호 영향관계와 시적 친연성에 대해 두 시인이 혁신한 현상학적 사고, 즉 모더니즘 시관을 바탕으로 고찰하게 된다.

3) 언술체계의 변화

김춘수와 오규원의 언술체계 변화는 그들이 상재한 시집의 시적 여정에서 확인된다. 김춘수[金春洙, 1922~2004] 시인은 동인지 『죽순』에 「온실」 등을 발표[1948]하면서 시작(詩作) 활동에 들어선 이후 첫 시집 『구름과 薔薇』를 비롯해서 총 17권의 시집을 상재한다. 그는 첫 시집 『구름과 薔薇』[행문사, 1948]에서부터 『늪』[문예사, 1950], 『旗』[문예사, 1951], 『隣人』[문예사, 1953], 『꽃의 素描』[백자사, 1959], 『부다페스트의 少女의 죽음』[춘조사, 1959]에 이르기까지는 '의미'를 지향한 관념적이고 낭만적 경향의 시 세계를 보여준다. 그 이후 그는 『打令調・其他』[문화출판사, 1969]를 시작으로 『南天』[근역서재, 1977], 『비에 젖은 달』[근역서재, 1980], 『라틴點描・기타』[탑출판사, 1988], 『처용단장』[미학사, 1991], 『서서 잠자는 숲』[민음사, 1993], 『壺』[한밭미디어, 1996], 『들림, 도스토예프스키』[민음사, 1997]에 이르기까지 그의 시적 방법론에서 정점이라고 할 수 있는 '무의미적 시 세계'로 나아간다. 그리고 『의자와 계단』[문학세계사, 1999]에서부터 『거울 속의 천사』[민음사, 2001], 『쉰 한 편의 悲歌』[현대문학, 2002], 『달개비꽃』[현대문학, 2004]에 이르러 '의미'와 '무의미'가 소통하는 지점에서 새로운 시적 경향을 추구한다. 김춘수는 '의미적 시 세계' → '무의미적 시 세계' → '의미와 무의미의 소통'이라는 시적 여정을 갖는다. 그는 '시'와 '시어'에 대한 인식의 변화를 통해 지속적인 시적 변모를 꾀한다. 본고에서는 그가 '무의미적 시 세계'로 나아간다는, 즉 '무의미시'로 명명되는 시집들을 중심으로 언술 체계의 변화를 고찰하게 된다. 이는 그가 존재적 사고의 의미세계에서 뒤돌아본 '무의미적 시 세계'를 현상학적 관점으로 재조명한 것이기도 하다.

오규원[吳圭原, 1941~2007] 시인은 『현대문학』에 「겨울 나그네」[1965], 「몇 개의 현상」[1968]이 추천되어 등단한 이후 유고시집 『두두』[2008]를 포함하여 총 10권의 시집을 상재한다. 그의 시 세계 역시 그가 펴낸 시집(詩集)들이 갖는 시적 여정과 깊은 관련을 맺는다. 그는 스스로, 대체로 나의 시 세계는 세계를 투명하게 드러내려는 노력[『분명한 사건』, 1971], 세계와의 불화, 언어와의 불화를 드러내는 노력[『순례』, 1973], 관념과 현실에 대한 나름의 해체와 재조명[『왕자가 아닌 한 아이에게』, 1978], [『이 땅에 씌어지는 서정시』, 1981], [『가끔은 주목받는 생이고 싶다』, 1987], 시적 사고의 은유적 사고에 대한 회의와 '의미적' 해석보다 '정황적' 해석의 시 세계로의 변모[『사랑의 감옥』, 1991], 현상적 의미의 재발견[『길, 골목, 호텔 그리고 강물소리』, 1995], [『새와 새똥 그리고 돌멩이』, 2005]이라고 밝힌 점에서 그의 시적 변모를 읽을 수 있다. 그 후 그의 유고시집으로 "언어의 진경을 펼쳐 보이는 절차탁마(切磋琢磨)의 세계", "언어의 진경이 아닌, 존재의 진경"을 펼쳐 보이는 『두두』[문학과지성사, 2008]가 있다. 이와 같이 오규원 시인은 자신이 펴낸 시집들에서 '시 세계의 투명화' → '정황적 해석의 시 세계' → '현상적 의미의 재발견'이라는 시적 여정을 갖는다.

오규원은 90년대에 들어서면서 '현상적 의미의 재발견'이라는 창조적 사고에 의해 그 어떤 시적 변모를 꾀하기 시작한다. 이에 대해 그는 스스로 첫 시집 『분명한 사건』에서도 '현상'이라는 말이 중요한 역할을 하기 때문이라고 밝힌다. 그는 그의 첫 시집에 나타난 '현상'이라는 관점을 뒤돌아본 시점에서 '현상적 의미의 재발견'을 추구하게 된 것이다. 이는 그가 '시적 사고의 은유적 사고에 대한 회의(懷疑)와 의미적 해석보다 정황적 해석의 시 세계의 변모'를 추구한 지점에서 이루어진다. 그는 은유가 'A=B'라는 식의 의미 정하기, 즉 끝없는 대체관념이라는 생각을 하기시작하면서 그것을 대신할 수 있는 '의미적 정황으로서의 현상'을 다시 생각해보게 된다. 바로 그런 과정에서 첫 시집에 나타난 '현상'을 다시 보게 된다는 것이다. 그는 '현상적 의미의 재발견'이라는 시적 변모에서 날이미지적 시 세계인 '날이미지시'를 제시하기에 이른다. 본서에서는 그가 날이미지적 시 세계로 변모하는 시점에서 언술체계의 변화를 현상학적 관점으로 조명하고자 한다. 즉 본서에서는 두 시인이 상재한 시집들을 중심으로 그들의 시적 여정을 따라가며 시적 변모의 정점에 나타난 시 시계의 언술체계를 조명하게 된다. 이는 그들이 각각 '무의미시'와 '날이미지시'라는 시 세계를 현상학적 관점으로 조명하는 것이기도 하다.

김춘수는 그의 초기 시 세계에서 '관념'에 의해 '서정(抒情)'을 감각적으로 읽다가 '관념'에 편향되면 될수록 시는 시가 아닌 길을 걸어간다는 것을 자각하기에 이른다. 그는 관념 이전의 세계, 관념으로 굳어지기 이전의 세계, 즉 결론[의미]이 없는 세계상을 찾기 위해 새로운 관점에서 시적 방법론을 모색하게 된다. 그리하여 그는 인간적 관념이 덧씌우기 이전의 세계가 곧 진정한 시적 세계라는 것을 깨닫게 된다. 그는 관념적 세계로부터 벗어나기 위해 결론[의미]이 없는 세계, 즉 무의미적 세계를 시화(詩化)한 '무의미시'라는 새로운 시적 형태를 제시한다. '무의미시'는 김춘수가 '서정(抒情)'을 '관념(觀念)'으로 읽다가 관념 이전의 세계, 즉 무관념[무의미]의 시 세계에 다가서고자한 산물이다. 김춘수는 관념 이전의 시 세계에 이르기 위해 '관념의 배제 → 서술적 이미지[22]의 추구

22) "김춘수의 경우 비대상을 노래한다는 것은 수사학적 차원에서 서술적 이미지를 추구하는 행위가 된다. 서술적 이미지란 어떤 관념의 수단이 아니라는 점에서 비유적

→ 탈(脫)이미지 시도 → 음절(音節) 단위의 실험'이라는 단계를 거치면서 무의미적 시 세계를 전개해나간다. 그는 이러한 단계를 통해 무의미적 시 세계를 끊임없이 추구한 결과, 그가 스스로 밝혔듯이 "일련의 시적 변모를 거치면서 궁극적으로 언어도단(言語道斷)의 세계, 선적(禪的) 세계"에까지 이르게 된다. 하지만 그는 무의미적 시 세계의 극단이라고 할 수 있는 완전무결한 '의미 소거'의 지점에 이르러서는 시의식의 혼란을 겪게 된다. 그는 여기서 더 이상 '의미 없음'의 차원인 '무의미'를 지향한 시적 전진을 할 수 없다고 판단하게 된다.

김춘수는 그의 초기 시 세계에서 천착했던 철저한 인간 중심적 관념의 세계와는 다른 경향의 '의미적 세계'를 탐색하기 시작한다. 그가 새롭게 진입하고자한 시 세계는 '의미 차단'의 세계가 아닌 '관념의 숨김'이라는 지점이다. 이러한 지점은 그가 추구해온 '관념 이전의 시 세계'의 관점에서는 동일한 범주에 속한다고 볼 수 있다. 그가 서술적 이미지를 적용하면서 이루고자한 시 세계는 다름 아닌 '관념의 배제'였기 때문이다. 이는 그가 극단적 '의미 없음'의 시적 단계에서 다시 '관념의 배제'라는 시적 단계로 회귀한 것이 된다. 그가 '무의미적 시 세계'에 완전하게 이르지 못한 것으로 평가받기도 한다. 이러한 평가는 김춘수가 추구한 무의미적 시 세계, 즉 의미와 무의미의 경계에 대한 완전한 이해를 간과한 결과라고 볼 수 있다. 김춘수가 추구한 무의미적 시 세계는 '무의미적 무의미'의 추구가 아닌 '무의미적 의미'의 시 세계이기 때문이다. '무의미적 의미'는 '의미[유의미]'와 '무의미'가 상호 교감되는 자리, 즉 인간적 관념이 배제된 주체와 객체가 절대적인 관계로 만나는 지점이다. 여기서 '무의미적 의미'란 존재[대상]와 의식이 만나는 자리에서 '의미'

이미지와 다르다. 관념의 수단이 아닌 이미지는 소위 이미지를 위한 이미지, 곧 시의 순수한 상태를 지향한다. 그것은 주문적(呪文的)인 태도이기도 하다. 김춘수가 그러한 사생의 극단에서 추구한 것은 그러나 대상의 소멸이 아니라 대상의 재구성이었다. 대상의 재구성이란 대상을 전제로 시작(詩作)이 출발함을 의미한다"(이승훈, 『시적인 것은 없고 시도 없다』, 집문당, 2003, 22쪽).

이거나 '무의미'도 아닌, 즉 의미와 무의미의 경계지점인 '空의 세계'에서 나타나는 현상 그대로의 의미를 말한다.

'空의 세계'에서 김춘수는 '의미'를 지향한 관념적이고 낭만적 경향의 초기 시 세계가 아닌 절대적 · 존재적 의미 지향의 시 세계를 추구하게 된다. 이러한 시적 변모의 중심에는 '언어적 의미'로부터 '언어 이전의 의미' 세계로의 회귀가 자리한다. 이는 '언어'와 '언어 이전'이라는 경계에서 발생하는 '언어'와 '의미'의 무화작용이기도 하다. 김춘수의 '무의미적 의미'의 시 세계 추구란 언어 이전에 존재하는 '기층의미(基層意味)' 그 자체를 배제한 것이 아니라 언어 그 자체가 드러내는 '인간적 관념'을 배제한 차원이 된다. 그가 추구한 '무의미적 의미'의 시 세계는 순수 혹은 절대의미의 시 세계로서 있는 그대로이거나 현상 그대로의 '의미현상'을 추구한 시적 자리인 것이다. 김춘수가 '의미'로 재진입한 시 세계는 끊임없이 추구해온 '의미 없음[의미 소거]'의 시 세계에서 '의미 숨김[관념 배제]'이라는 시 세계로의 지향성을 갖는다. 즉 그가 새롭게 진입한 무의미적 의미가 있는 시 세계란 '의미 없음'의 관점에서는 '의미 소거'라기보다는 '의미 그 자체를 초월'한 시 세계를 말한다. 김춘수는 의미를 초월한, 즉 초월적 의미의 시 세계에 이르러 그의 초기 시 세계를 반성하기시작하면서 '언어 이전의 의미'로 회귀하게 된다. 그리하여 본서에서는 김춘수가 제시한 무의미시의 세계가 '의미 초월'이라는 시적 사고로부터 생성된 방법론으로 보게 된다. 다시 말하면 본서에서는 무의미시라고 명명된 시편들을 '의미 없음'이 아닌 '의미 숨김'이거나 '의미 초월'이라는 관점으로 뒤돌아보면서 현상학적 방법론으로 조명하게 된다.

김춘수가 새롭게 추구한 '관념[의미]'이란 관념을 덧씌운 관념, 의미를 위한 의미거나 의미에 봉사하는 의미가 아니라 '언어 이전의 의미'를 말한다. 그가 추구한 '무의미적 의미'가 있는 시 세계로의 재진입, 즉 '현상 그대로'의 의미적 세계란 '존재적 현상'을 언어화한 '현상적 존재'의 세계를 말한다. 이는 마주하는 어떤 대상의 의미가 늘 다를 수 있음을 자각하는 태도로서 존재 그 자체를 이해하는 관점이기도 하다. 어떤 대상을 지향한다는 의식적 관점에서 대상의 상황에 따라 다르게 인식된다는 것을 이해한 산물이 바로 '현상적 존재'이다. 김춘수가 이해한 현상적 존재가 갖는 '의미현상'을 재발견한 지점은 무의미적 시편들이 현상학적 방법론에 의해 조명되는 곳이 된다. 현상학적 방법론으로 접근한 무의미적 시 세계에 형상화된 '의미현상'은 후설(Husserl)의 말을 빌리면 "참된 의미의 객관성"을 갖는 시적 태도에서 비롯된다. '객관성'이란 어떤 현상의 의미가 언제든지 달라질 수 있다는 사고의 유연성을 말한다. 김춘수의 무의미시는 서술적 이미지를 채용하면서부터 현상 그 자체이거나 현상 그대로의 의미 세계인 '의미현상'을 구현하는 시적 방법론으로 자리매김한다. 김춘수는 현상적 세계로부터 구현되는 '의미현상', 즉 인간적 관념이 배제된 시 세계로의 시적 회귀를 갖는다.

> 무의미시의 일차적인 과제는 시에서 의미, 즉 관념을 배제하는 일이다. 이 과제를 실천에 옮길 때 얻게 된 것이 서술적 이미지라고 내가 부른 것이다. 이미지를 서술적으로 쓴다는 것은 이미지를 즉물적으로 쓴다는 뜻이기도 하다. 그러나 이미지는 의미[관념]의 그림자를 거느리고 있다. 이 그림자를 지우기 위하여 나는 탈이미지로 한걸음 더 나가게 되었다. 탈이미지는 결국 리듬만으로 시를 만든다는 것이 된다. 그러나 이것 역시 낱말을 버리지 않는 이상 의미의 그림자가 늘 따라다니게 된다. 그래서 나는 낱말을 해체하여 음절 단위의 시를 시도하게 되었다. 이것은 언어도단의 단계다. 나는 나도 모르게 선적 세계에 들어섰는지도 모른다. 그러나 그 이상 시는 더 나갈 수 없게 되었다. 나의 무의미시는 막다른 골목에 다다르게 되었다. 나는 여기서 또 의미의 세계로 발을 되돌릴 수밖에 없게 되었다. 그러나 물론 무의미시 이전의 의미의 세계로 후퇴할 수는 없다.[23]

---

23) 김춘수, 『김춘수 시전집』, 현대문학, 2008, <서문: 전집을 내면서>.

이 글은 김춘수 자신의 시적 회귀를 포함하는 논의로서 ‘서술적 이미지’로부터 ‘탈이미지’에 이르는 시 세계의 변모를 보여준다. 김춘수가 그의 시 세계에서 제거하고자 한 것은 ‘의미[관념]’, 즉 ‘인간적 관념’의 근원이라고 할 수 있는 인간 중심적 사고이다. 그가 무의미시 이전의 ‘의미 세계’로 회귀한다는 명제는 곧 그의 무의미적 시 세계를 이해하는 선결과제임을 밝힌 것이다. 그가 추구한 무의미화의 과정에서 탐색한 ‘이미지’와 ‘낱말’이거나 ‘음절’에서도 인간적 관념의 그림자를 물리칠 수 없다는 고백은 무의미적 시 세계의 한계를 보여준다. 그리고 ‘이미지’마저 벗어버린 ‘리듬’의 형태에서도 인간적 관념의 그림자가 존재하게 된다는 고백은 시적 본질에 대한 재고를 갖게 한다. 리듬만으로 이루어진 형태의 탈(脫)이미지를 추구한 배경에는 “시는 본질적으로 무의미시 또는 비대상시”라는 점에서 가능성을 갖기 때문이다. 이는 그가 궁극적으로 언어도단(言語道斷)의 세계, 선적(禪的) 세계에서 ‘空의 세계’에 들어선다는 바로 그 지점이기도 하다. ‘空의 세계’란 대상과 의식이 만나 의미 그 자체이거나 무의미 그 자체도 아닌 ‘空의 의미’를 갖는 국면을 말한다.

‘空의 의미’는 의미와 무의미의 경계에서 현상 그 자체가 갖는 의미라고 할 수 있다. 空의 자리에서 김춘수는 ‘의미’도 ‘무의미’도 아닌 ‘선(禪)’의 세계에 발을 들여놓게 된다. 그리하여 그가 추구하는 무의미적 시 세계는 “더 이상 나갈 수 없”거나 “막다른 골목에 다다르”게 된다. 무의미적 시 세계에서 시적 회귀를 고민하는 그는 궁극적으로 ‘무의미’와 ‘의미’의 사이인 ‘空의 의미’에 이르게 된다. ‘空의 의미’는 시적 회귀, 즉 초월적 시 세계를 지향하는 사고로부터 생성된 것이다. 이는 의미이거나 무의미 그 자체마저 초월한 자리에서 ‘아무것도 말하지 않는’ 시 세계로의 진입을 예고한다. 그의 시적 사고에 대한 변화는 관념적이고 낭만적 경향의 초기 시 세계가 아닌 ‘의미 초월’을 지향하는 시 세계로의 회귀를 암시한다. 의미와 무의미의 경계에서 나타나는 ‘의미 초월’

이라는 시적 회귀는 김춘수의 무의미적 시 세계를 조명하기 위한 방법론이기도 하다. 이는 김춘수가 '의미 없음'이라는 '무의미적 무의미'의 정점에서 '의미 초월'이라는 '무의미적 의미'의 시 세계로 되돌아보면서 조명하게 됨을 암시한다.

김춘수의 무의미적 시 세계를 조명하기 위해서는 의미와 무의미의 경계에 존재하는 '空의 의미'를 구체적으로 해명할 필요가 있다. 이는 空의 세계가 갖는 '空의 의미'를 '현상'과 연관 지어 살핌으로써 무의미가 지향하는 시적 실체를 파악하는 것이 된다. 공적(空的) 의미에서 '空'이란 실체가 없는 세계 그 자체이다. 사물과 현상이 독립적인 자성(自性)을 가지지 않는다고 할 때, 그것은 인연[緣]에 의해 생성하거나 소멸하게 된다. 자성이 없기 때문에 '연(緣)'을 따르고 '緣'을 따르기 때문에 실체가 없게 된다. '실(實)'과 대립하지 않는, 즉 실체를 거부하는 '空'이 존재하게 된다. 자성을 갖지 않는 사물과 현상은 곧 '의미'도 '무의미'도 아닌 세계, 즉 '空의 세계'로 형상화된다. 자성이 없기 때문에 '하나의 대상이 각각의 관점과 상황에 따라 다르게 인식된다는 것을 이해하는 것'이라는 논리가 성립된다.

어떤 대상에 '자성'이 있다면 그것으로부터 드러나는 이미지는 고정불변이어야 한다. 옳은 것은 언제든지 옳아야 하며 그른 것은 언제든지 그른 것이어야 한다는 것이다. '實' 그 자체는 '空의 세계'로부터 드러나는 '空의 의미'라고 할 수 있는 현상 그 자체의 '의미현상'을 갖는다. 꽃이 아름답게 피어난 모습을 보고 그 꽃은 대체 어디로부터 나왔을까 하고 의심을 가질 수 있다는 관점이다. 이러한 사고는 꽃이 돋아났거나 돋아나고 있는 그 나무속을 제아무리 속속들이 살펴본다고 하더라도 그 꽃이 피어난 자리는 발견할 수 없다는 자연적 섭리를 전제한 것이기도 하다. 하지만 바깥세계에 피어난 그 꽃은 그 나무속으로부터 생성되었다는 '사실'을 부인할 수 없을 것이다. 이러한 섭리는 꽃이 피어난 그 자리가 곧 '空의 세계'이며 그러한 현상은 반드시 본질적 의미를 내포한다는 차원에서 접근할 수밖에 없음을 암시한다. '緣'에 의해 나타나는 개개의 현상들은 단순히 '실체 없음'의 차원을 초월한, 즉 현상 그대로의 의미를 갖는다. 이와 같이 감지되는 현상의 의미, 즉 '의미현상'은 역시 현상학적 사고의 접근에 의해 해명될 수 있다. 현상학적 관점에서 접근하는 태도는 곧 의미와 무의미 사이의 '간격'을 탐색하는 지향성을 갖는다. '空의 세계'로부터 구현되는 '의미현상'을 김춘수의 무의미적 시 세계와 연관하여 살펴보기로 한다.

> 언어의 일상적인 의미를 보다 미묘하게, 오히려 암시적으로 말함으로써 일상 때에는 맛볼 수 없었던 언어의 상징성을 느껴보려는 의도에서 리듬[언어의 음악성]을 중요시하게 된 것이다. (…) 엘런 포우(E. A. Poe)는 '인간 영혼이 시적 감상(詩的感傷)에 흥분될 때에 도달하고자 설레는 위대한 목표에 가장 접근할 수 있는 것은 아마 음악 외는 없을 것이다'라고 말한다. '음악'을 너무 중시한 나머지 그는 시에서 언어의 의미를 희생시키고도 리듬의 아름다움을 쫓았다고 한다. 이렇게 되면 '무의미한 시 nonsense poetry'가 되기 쉽다.[24)]

김춘수는 "이미지를 없애고 리듬만을 남게 하면 흡사 주문(呪文)과 같은 상태가 빚어진다. 음악을 듣듯 리듬이 빚는 어떤 분위기에 잠기면 된다"라고 고백한 바 있다. 그가 이미지로부터 벗어나 언어의 '리듬'을 따라 무의미의 극단을 지향하게 된 까닭은 "상상력은 미묘함을 통해 정신은 외부의 사물들과 접촉할 수 있게 된다"라는 차원에서다. 즉 "언어의 일상적인 의미를 보다 미묘하게" 맛보려한데서 기인한다. 이미지를 통해 표현하는, 즉 작품에 내재하는 의미는 사유와 외물이 합일되어 나타남으로써 의미체계의 변화를 갖는다. 이것을 무의미적 시 세계의 극단이라고

---

24) 김춘수가 작시법을 겸한 『詩論』[문예사, 1961]에서 '언어'에 대해 논의한 '리듬에 지나치게 관심하면 <넌센스 · 포에트리>가 된다'라는 제목의 글이다.

할 수 있는 탈(脫)이미지 지향과 연관시켜보면 김춘수의 시적 회귀(詩的回歸)를 감지하게 된다. 이것은 본서가 탈이미지를 이미지의 '배제(排除)'가 아닌 '초월(超越)'이라는 관점으로 검토하는 근거이기도 하다. 이와 같이 김춘수의 고백을 통해 드러나는 것은, '탈이미지 시도'와 '음절 단위의 실험'이라는 단계에서 더 이상 무의미적 시 세계로 나아갈 수 없음을 자각한다는 사실이다. 그는 리듬만을 추구하는 탈이미지의 시 세계로부터 다시 인간적 관념의 배제를 추구하는 '서술적 이미지'의 시 세계로 회귀하게 된다. 이러한 그의 시적 회귀는 시적 구성에 있어서 음악적 요소인 '리듬'을 최우선으로 세웠을 때 동반되는 무의미한 상태의 지속에 대한 회의(懷疑)로부터 비롯된다. 본고에서는 주로 서술적 이미지로 구성된 무의미시편을 분석하게 된다. 김춘수가 극단적으로 추구한 탈이미지의 시 세계는 '시적 의미'로부터의 자유를 획득한다기보다는 '시적 리듬'만을 좇아감으로써 시적 혼란을 야기하기 때문이다. 본고에서는 '리듬'으로부터 드러나는 '음악적 의미'를 '무의미적 의미' 혹은 '초(超)의미'로 보고 그것에 대해 새로운 관점으로 해명하게 된다. '리듬'을 시에 나타난 '음악적 의미'라고 한다면 그것은 곧 시에 잠재되어 있는 현상 그 자체가 갖는 의미현상, 즉 '현상적 의미'로 해명될 수 있기 때문이다.

오규원은 지속적으로 시적 모색을 추구하다가 1990년대 초반에 와서 드디어 시적 변모의 정점인 '날이미지시'를 제시하기에 이른다. 즉 그는 초기 시 세계로부터 전통적인 서정시의 관념적 주관성과 비유적 화법을 극복하려는 시적 노력을 지속한다. 그 결과 그는 인간적 관념이 지배하는 의미적 시 세계로부터 시적 회의(詩的懷疑)를 갖게 된다. 그는 시적 회의를 갖기 시작하게 되면서 새로운 시적 방법론을 추구하기 위해 적극적으로 시와 시론을 발표한다. 그는 이러한 시적 회의를 '시적 반성(詩的反省)'의 차원으로 승화시키면서 인간적 관념을 배제한 '순수이미지'

그 자체만을 드러내기 시작한다. 그는 '이미지 그 자체'만을 추구함으로써 비유적 관념을 재해석하거나 해체하는 지점을 넘어 '관념 배제'의 단계까지 이르게 된다. 이와 같이 그가 지향한 시 세계의 변모는 1970~80년대를 지나면서 전통적 서정시의 화법과 상반되는 '투명성의 시학'을 보여주기 시작한다. 그의 시 세계에 묻어있는 비유적 관념의 허구성을 완전히 해소하는 기저에는 '시의 언어란 무엇인가'라는 탐색이 자리한다. 그리하여 그는 90년대에 접어들면서 시적 자의식에 의해 새로운 방법론으로서 '날이미지시'의 시 세계'를 추구하기에 이른다.

오규원은 시집 『길, 골목, 호텔 그리고 강물소리』[1995]를 기점으로 인간 중심적 사고에서 벗어나 존재 그 자체를 지향한 날이미지적 시 세계를 끊임없이 추구한다. 그는 인간적 관념을 배제한, 즉 언어가 존재현상 그 자체가 되는 시작(詩作) 태도에 의해 현상화된 언어를 '날[生]이미지'라 부르고, 그 날이미지로 된 시를 '날[生]이미지시'라고 이름 붙인다. 그는 '날이미지시'를 사변화되거나 개념화되기 이전의 의미를 존재의 현상에서 찾아내어 이미지화하는 시로 정의한다. 그는 날이미지시가 갖는 의미를 관념을 배제한 날[生]것의 상태, 관념화되기 이전의 의미라고 밝힌다. 그는 날이미지시의 내용, 즉 이미지를 중요시하는 특성 때문에 날이미지적 이미지의 성격변화가 일어난다고 보았다. 그는 날이미지를 '사실적 날이미지 · 발견적 날이미지 · 직관적 날이미지 · 환상적 날이미지'로 구분하여 제시한다.[25] 날이미지적 추구는 '나'라고 하는 주체중심의 관점으로부터 벗어나기 위해 시적 수사(詩的修辭)의 변화를 시도

25) 오규원은 사실성 그 자체만으로 날이미지를 형성하고 있는 것을 '사실적 날이미지', 사실성 위에 새롭게 발견된 다른 의미가 부가되어 있는 것으로서 발견적 시선이 개입한 것을 '발견적 날이미지'라고 부르면서 이는 주체 중심의 시선이 아닌 반주체 중심의 시선에 의해 가능한, 다시 말해서 '찾아낸' 어떤 사실적 현상을 이미지화 한 것으로 보았다. 그리고 어떤 깨달음이 있고 나서야 비로소 보이는 현상을 이미지화 한 것, 즉 비가시적인 것을 가시화시키는 것을 '직관적 날이미지'라 하고, 현상과 환상의 두 차원에 동시에 발을 내려놓고서 얻어내는 이미지 즉 환상적 현상을 이루는 이미지를 '환상적 날이미지'라고 하였다.

하는 지점이다. 그는 날이미지시에서 은유적 언어체계를 주변으로 돌리고 환유적 언어체계를 중심부에 놓음으로써 '언어 이전의 의미'로 시적 형상화를 추구하게 된다.

오규원은 날이미지시를 제시하면서부터 "전통적 서정시와는 간격을 두고서 주로 사물 현상의 언어적 표현과 존재론을 탐색함으로써 한국시의 현대적 지평을 확대하는데 기여한다. 그는 시론을 통해 자신의 시에 담긴 의도와 해석의 방향을 제시해왔으며, 이는 우리 시의 주류를 이루는 서정시의 상투성에 대한 간접적 비판이기도 하였다."[26] 이러한 시각은 오규원의 날이미지시론이 90년대 이후 중요한 시적 방법론으로 정초됨은 물론 날이미지시에 선행하여 영향관계에 놓여있는 김춘수의 무의미시에도 반영된다. "주류를 이루는 서정시의 상투성에 대한 간접적 비판"이랄 수 있는 날이미지시는 어떤 개념이나 사변과는 변별되는 사실과 현상을 통한 '의미현상'을 추구하게 된다. 여기서 '현상'이라는 낱말 앞에 '개념화되거나 사변화되기 이전의 의미'라는 전제조건이 붙는 것은, 의미는 의미이되 반(反)은유적인, 즉 관념에 물들지 않은 '날[生]것'을 지향하고 있음을 반영한다.

"은유가 한 사물을 다른 사물의 관점에서 말하는 방법이라면, 환유는 한 개체를 그 개체와 관련 있는 다른 개체로써 말하는 방법이다. 은유의 기능이 주로 사물이나 개념을 이해하는데 있다면, 환유는 사물이나 개념을 지칭하는데 그 기능이 있다"[27]라는 논의는 '은유'와 '환유'가 갖는 포괄적 경계를 선명하게 보여준다. 이러한 논의는 '사물의 관점'과 '개체의 관점'을 기준으로 은유와 환유를 구별한다는 측면에서 각각의 기능은 '이해'와 '지칭'이라는 차원으로 파악된다. 그리고 '은유 속의 환유'이거나 '환유 속의 은유'라고 하더라도 각각 다른 영역을 가질 수 있을

---

26) 김문주, 「오규원 후기시의 자연 형상 연구」, 『한국근대문학연구』 22집, 한국근대문학회, 2010 하반기, 145쪽.

27) 김욱동, 『은유와 환유』, 민음사, 2007, 194쪽.

까라는 사유를 갖게 한다. 이는 '현상적 의미'의 구명이라는 관점에서 이항 대립적 체계라기보다는 의미를 포괄하는데 유용하다는, 즉 은유적・환유적 정의에 가깝다. 은유가 "사물이나 개념을 이해"한다는 점과 환유가 "사물이나 개념을 지칭"한다는 기능성 측면에서 은유는 '개념적[관념적] 의미'에, 환유는 '표상적 의미'를 나타낸다. 이에 날[生]이미지시는 후자를 중심으로 이루어진 시편으로서 환유적 의미를 지향하는 구조를 갖는다. 이러한 관점은 "'현상'이 날이미지시의 중요한 키워드"[28]라는 시각에서 인간적 관념을 철저하게 배제하는 무의미적 시 세계에도 반영될 수 있다.

은유와 환유는 김춘수와 오규원이 추구하는 시적 변모의 중심에 있다. 특히 은유 혹은 은유적 체계로부터 환유 혹은 환유적 체계로 이동하는 수사적 변화는 두 시를 조명하는데 기초적 방법론으로 자리하고 있다. 그동안 '은유'에 가려져있던 "환유가 주목받기 시작한 것은 비교적 최근에 들어와서의 일이다. 1950년대 로만 야콥슨(Roman Jakobson)을 비롯한 이론가들이 '환유(換喩)'에 조금씩 관심을 기울이기 시작하였고, 1980년대에 이르러 야콥슨의 뒤를 이어 몇몇 이론가들이 환유에 눈을 돌렸다. 최근 들어 몇몇 언어학자들은 은유보다 환유에 훨씬 더 큰 무게를 싣는다. 인간의 언어, 사고, 태도 그리고 행위의 구조를 밝히는데 환유가 은유보다 걸맞기 때문이다. 일상 언어생활에서 '은유'보다는 '환유'가 더 많이 그리고 자주 쓰인다"[29]라는 견해에서도 확인된다. 일상 언어생활에서 '환유'가 주류를 이룬다는 점은 시적 언어에서 환유적 체계가 중심으로 자리하는데 대한 당위성을 갖게 한다. 환유적 언어체계로부터 나타나는 환유적 의미는 변모를 추구하는 한국 현대시의 시적 상황에 가장 적합한 시적 사고를 반영하는 형태가 될 수 있다. 이러한 관점에서 환유 혹은 환유적 체계와 날이미지시 혹은 무의미시와의 관계에 대해 두

28) 이연승, 『오규원 시의 현대성』, 푸른사상, 2004, 284쪽.
29) 김욱동, 앞의 책, 188쪽.

시인의 시 세계와 호응되는 견해를 기준으로 고찰하기로 한다.

> 날이미지시는 '환유'를 인식코드로 가지며 인식 내용은 '사실적 현상'과 '사실적 환상'의 형태로 나타난다. 이와 같은 인식을 바탕으로 이루어지는 작품의 수사코드는 묘사의 형태이며 이때 작품의 내용[이미지] 형태는 '현상적 사실'과 '환상적 사실'로 나타난다. 바로 인식 내용인 '사실적 현상'은 '현상적 사실'로 '사실적 환상'은 '환상적 사실'로, 작품의 내용 형태가 바뀐다는 이 점이 중요하다. 이와 같은 변화는 언어화[작품화] 이전과 이후의 차이에서 비롯되는 것이다. 즉 '사실적 현상'을 인식하여 언어로 옮겼을 때는 '현상적 사실'이 되는 것이다. '사실적 현상'은 객관적 실재, 즉 두두물물(頭頭物物)의 현상이며, '현상적 사실'은 실재에 부가된 이미지, 즉 언어, 두두물물의 말이다(날92, 93면).

위 글에서 시적 인식코드를 '환유'로, 인식 내용을 사실적 현상[환상]으로 작품화되는 과정이 묘사[서술]의 형태를 갖는다는 점은 무의미적 시 세계에도 적용될 수 있다. 이는 김춘수의 무의미시가 주로 환유적 특성을 갖는 '서술적' 언술에 의해 시화된다는 점에서도 그렇다. 이러한 시화과정을 거쳐 탄생한 한 편의 작품이 갖는 시적 내용[이미지]의 형태가 현상적[환상적] 사실로 나타난다는 점 역시 무의미적 시 세계에도 적용될 수 있다. 날이미지시가 '날이미지'로 이루어지듯이 무의미시 역시 주로 '서술적 이미지'로 이루어지기 때문이다. 이는 언어화 이전과 이후에서 다르게 나타나는 현상[환상]에 의해 무의미시와 날이미지시가 새로운 방법론이 될 수 있음을 말해준다. 여기서 '새로운'이란 객관적 실재에 부과된 이미지에 의해 '존재'와 '존재자'의 경계가 이루어진다는, 즉 '사실'과 '현상'이 상호 자리를 바꾸는 형태를 뜻한다. 그리고 "그 자체로 살아있는 의미"란 '정하기'가 아닌 '풀어놓기'에 의해 나타나는 '현0상'을 말한다. '살아있는 의미'를 "의미하기는 하되 무엇 무엇이라고 한

정적으로 정하지 않은 것"이라고 할 때 이것은 무의미시의 출발점에서 "무엇을 그렸는지 알 수 없는……" 액션페인팅 화법과 관계된다. 이런 점에서 시에 잠재되어있는 현상 그 자체가 갖는 '의미현상'이란 두 시의 기저를 이루는 언술체계의 변화에 의해 생성된 현상 그대로의 이미지가 갖는 의미가 된다.

4) 환원적 사유

메를로퐁티(Merleau-Ponty)는 '현상(現象)'과 '본질(本質)'을 나눌 수 없으며, 사물을 '본다는 것'은 보는 것인 동시에 사물에 의해 보이는 것이 '지각(知覺)'이라는 현상론적 사고를 갖는다. 이는 '현상'과 '본질'의 관계, 즉 '현상'이 '본질'을 감추고 있는 것인가 아니면 현시하는 것인가에 대한 모색이다. 모든 존재가 양면성을 지닌다고 할 때 그 하나는 존재의 '본질적 측면'이고 다른 하나는 존재의 '현상적 측면'이기 때문이다. 시의식 또한 '본질'과 '현상'이라는 두 가지 관점에서 양면성을 띤다고 볼 수 있다. 존재를 '본질'과 '현상'으로 구분지어 의식하는 것은 어디까지나 개념적 범주에 의해 분별한 결과이다. '본질'과 '현상'은 서로 분별되어 존재하는 것이 아니라 상호 의존적 특성을 갖는 차원이기 때문이다. 본서는 "오규원이 노래하는 현상은 현상/본질의 경계가 해체되는 그런 현상"[30]이라는 관점에 주목하게 된다. 존재의 본질을 '사실'이라는 관점으로 볼 때 '사실'과 '현상'이라는 이항 구조가 성립된다. 이는 '현상'이 '사실'로 환원되는 형태로의 성립이다. 여기서 사실과 현상의 관계에 작용하는 환원적 사유(還元的思惟)에 대한 이해를 위해『金剛經頌』에 나오는 冶父의 선시,[31] '竹葉掃階塵不動'이라는 시구를 오규원의

30) 이승훈,『모더니즘의 비판적 수용』, 작가, 2002, 130쪽.

31) 無聽無視/冶父道川 ; 圓中花笑聲未聽 林中鳥涕淚難觀 竹葉掃階塵不動 月拓淡底水無痕.

해석을 참조하여 살펴보기로 한다.

(1)
대나무 잎 그림자 뜰을 쓸어도
먼지 하나 일지 않고

(2)
대나무 잎사귀 뜰을 쓸거니와
티끌은 본래대로 움직이지 않고

오규원은 스스로 위의 두 해석을 놓고 "엄청난 차이"라고 밝힌다. 여기서 '차이'는 현상의 의미 혹은 세계의 법을 이해하는 실상으로서 '세계의 앞과 뒤'를 읽을 줄 아는 사람과 읽을 줄 모르는 사람이 빚어내는 실질적 관계성이라는 것이다. 원시(原詩)를 두고 번역한 '(1)'과 '(2)'는 사실적 현상을 현상 그대로 표현한다는 차원에서 상호 유사성을 갖는다. 하지만 비록 '사실'을 '있는 그대로' 나타내는 현상이지만 그 '사실적'이 갖는 의미는 "엄청난 차이"를 갖는다고 볼 수 있다. '(1)'과 '(2)'의 번역문은 '사실적'이거나 '사실적인 것'이라는 사실적 현상을 현상적 사실로 형상화하고 있다. 그러나 현상적 사실에 의해 드러나는 현상 자체가 갖는 의미, 즉 '의미현상'은 서로 다르게 드러난다. '(1)'이 현상학적 관점으로 번역되었다면, '(2)'는 언어적 관점으로 번역되었기 때문이다.

'(1)'에서 "그림자"와 "먼지"가 존재와 존재 사이의 미묘한 관계를 암시하는데 비해 '(2)'의 "대나무 잎사귀"와 "티끌"은 문자 그대로 옮겨놓고 있다. '(1)'에서, "대나무 잎"은 "대나무"에 일체로 붙어있지만 "그림자"와 "먼지"는 "뜰"에 놓여있다. 이때 "그림자"는 "대나무 잎"에 의해 나타난 현상이다. "그림자"가 사실적으로는 "뜰"에 놓여있거나 붙어있는 현상이지만, 그 "그림자"는 대나무에 붙어있는 잎으로부터 생성된 제2의 현상이다. “그림자”는 “대나무 잎”에서부터 “뜰”에까지 연속성을 갖는 현상으로 있다. 여기서 “그림자”와 “먼지”라는 두 존재의 관계를 어떻게 읽어야할까라는 문제에 직면하게 된다. 이는 ‘뜰을 쓸어내는’ 주체가 ‘(2)’의 “대나무 잎사귀”가 아닌 ‘(1)의 “대나무 잎 그림자”가 된다는 관점에서다. “그림자”라는 실체를 인식하는 환원적 사유에 의해 형상화된 번역은 ‘(1)’이다. 존재와 존재의 ‘사이’ 혹은 사실과 사실의 ‘사이’라는 관점에서 그 ‘사이’에 나타나는 현상적 관계를 구명하는 작업은 쉽지 않음을 알 수 있다. ‘사실’이란 사실 그 자체로 있지 않고 ‘현상’으로 존재한다는 것과, 그것이 능히 진리를 말한다는 것을, 아니 세계가 그렇게 존재한다는 것을 어떻게 읽을 수 있겠는가라는 문제에 봉착하게 된다. 원시(原詩)를 두고 번역한 ‘(1)’과 ‘(2)’에서 감지할 수 있듯이 세계를 ‘사실 그대로[있는 그대로]’ 읽을 수 있는 시각보다 더 중요한 것은 그 사실들이 서로 어울려 세계를 말하고 있다는 시적 인식이다. 이는 최현식이 “관념의 더께를 떨궈낸 말과 사물과의 행복한 조응을 기도하는 ‘날[生]이미지의 현상학’이다”라고 정리하는 지점이기도 하다. 이러한 날이미지의 현상은 부정할 수 없는 사실적 현상에서 살아있는 의미들을 회복하려는 의지에서 비롯된 것이다. 이는 ‘날이미지’가 뿜어내는 낯설음과 매혹적인 힘이랄 수 있는 “눈에 보이는 사실보다 더 무겁고 충격적인 심리적 총량으로서의 사실감”은 타자성의 체험에서 온다는 관점이기도 하다.[32)]

어떤 현상을 두고 ‘눈에 보이는 사실’을 ‘기표’로, ‘더 무겁고 충격적인 심리적 총량으로서의 사실감’을 ‘기의’로 놓았을 때 현상 그 자체가 갖는 세계를 어떻게 읽어야할 것인가에 대해 생각하게 된다. 이러한 사고는 사실을 사실로만 읽는 시각에 그치지 않고 어떤 사실과 또 다른 사실들이 서로 어울려 말하고 있는 현상을 읽어야함을 보여준다. 이는

32) 최현식, 「시선의 조응과 그 깊이, 그리고 ‘몸’의 개방」, 『토마토는 붉다 아니 달콤하다』, 문학과지성사, 1999, 79~80쪽 참조.

존재적 의식에 의해 존재를 존재로 인식할 때, 즉 현상과 본질을 분리하거나 합치할 때 그것이 존재의 덩어리라는 의식에서 비로소 가능해진다. 존재를 '현상'과 '본질'의 양면으로 나누는 의식은 주체로부터의 분별심에 의해 일어나게 된다. 날이미지적 시 세계에 나타나는 '날것 그대로'의 의식이란 주체적 분별심이 제거된 순수한 시적 의미로 채워져야 한다는 당위성을 갖는다. 시적 당위성에 대한 견해는 모든 '존재'에서 나타나는 '본질'과 '현상'이 시적 의식에 의해 발견됨으로써 '순수'와 '절대'를 지향한 인식으로 확대된다.

주체로부터 생성되는 개념적 사고인 '분별심'을 벗어나 '순수한 상태'의 인식으로 확대되는 현상적 측면과 본질적 측면은 일상에 존재하는 다음과 같은 대상을 통해서도 이해된다. '돌[石]'로 만들어진 돌사자나 돌계단, 돌기둥 등은 각각 그 이름과 모양, 용도가 다르게 나타나는 사물들이다. 동일한 재질인 '돌'로 이루어진 사물들이라도 상황과 조건에 따라 서로 다른 이름, 모양, 용도의 차이를 표면적으로 드러낸다. 이러한 상태가 바로 '현상적 측면'이다. 반면에 다양하게 드러난 외형적 차이에도 불구하고 이들은 '돌'이라고 하는 공통된 속성을 가진다. 돌의 모양과 이름, 쓰임이 달라졌다고 하더라도 '돌'이라는 재질 그 자체는 불변이므로 이것은 '본질적 측면'이 된다. 이러한 관점은 존재의 현상들을 언어에 의해 차별적으로 설명한다고 해서 그 본질이 달라지지 않는다는 관점에서다. 사물의 이름이 다르게 표현된다고 해서 그 본질이 다르게 나타나거나 변모하는 것은 아니기 때문이다. '순수'와 '절대'라는 인식을 바탕으로 존재의 현상과 본질을 직시하게 되면 모든 존재의 '현상'은 '본질'과 상호의존적으로 있으며, 현상이 본질을 감추고 있는 것이 아니라 현시하고 있는 것이 된다.

본서에서 한국 현대시에 나타난 '의미현상', 즉 현상적 의미를 무의미시와 날이미지시에 국한하여 고찰하고자한 계기는 두 시가 존재[대상]를 이루는 '현상'과 '본질'에 대해 '둘이 아니라는 사고'[不二]를 기저로 시작(詩作)되었기 때문이다. 본서는 이승훈의 지적대로 "오규원의 날[生] 이미지시는 방법론적으로 김춘수의 무의미시와 비슷하다"[33]라는 관점을 세부적으로 검토하는 작업이다. 오규원이 제시하는 '날이미지'는 그동안 그가 추구한 '관념의 재해석'이나 '관념의 해체' 다음단계에 해당하는 것으로서 사변화되거나 개념화되기 이전의 의미, 곧 관념화되기 이전의 의미를 '존재의 현상'에서 찾아내어 이미지화한 것이다. 오규원의 시적 제시는 김춘수가 무의미시를 전개한 단계와 유사한 시적 배경을 갖는다. 오규원의 날이미지화에 의한 시쓰기가 방법론적으로 김춘수의 무의미시와 비슷하게 드러나는 것은 시적 의미의 구현에 있어서 인간적 관념을 차단하는 태도에서다. 두 시인은 '인간적 관념'으로부터 벗어나기 위해 부단히 노력함으로써 있는 그대로이거나 현상 그대로의 시 세계를 구축하기 때문이다. 두 시인의 이러한 시적 추구는 타 시관들과 뚜렷한 변별점을 갖게 마련이다. 이는 두 시인이 존재를 순수한 상태 그대로 인식하기 위해 시적 변모를 꾀하게 되는 핵심적인 동기가 된다.

현상 그대로의 시 세계를 구축하는 것이란 존재적 세계를 그 자체 그대로 언어화하는 작업을 말한다. 현상 그대로의 세계인 존재를 바라보거나 만져본다는 행위, 즉 언어화하는 시적 작업은 곧 시인의 직관(直觀)에 의한 소산으로 나타난다. 시인에게 직관이란 곧 시의식의 지향성으로서 시적 자아를 세계 속에 융해시키는 행위를 말한다. 두 시인은 시적 대상에 덧씌워진 인간적 관념을 벗겨냄으로써 '현상 그대로'의 세계를 구현한다는 인식으로 시적 출발을 한다. 그리하여 무의미시에 나타나는 '무의미적 의미'와 날이미지시에 드러나는 '날이미지적 의미'를 현상학적 차원에서 해명하게 된다. 현상학적 관점을 통해 무의미시와 날이미지시의 시적 형상에 담긴 현상 그 자체가 갖는 의미를 구명하는 작업이

33) 이승훈, 「무의미 시론의 문학사적 의의」, 『시와 반시』 제51호, 2005, 77쪽.

된다는 것은 무의미시에 드러나는 서술적 언술체계와 날이미지시에 나타나는 환유적 언술체계가 주류를 이루는 시편들을 중심으로 시적 국면들을 분석하게 되는 근거가 된다. 이러한 분석적 접근은 무의미적 시편과 날이미지적 시편에서 드러나는 시적 의미의 지향성이 현상적 의미를 갖는 지점을 모색하기 위한 방법이 된다. 현상학의 환원적 사유라는 관점에서 '오규원의 날이미지시가 방법론적으로 김춘수의 무의미시와 비슷'하다는 전제를 갖게 된다. 환원적 사유로 형상화된 두 시의 '의미현상'을 조명할 수 있게 된다. 무의미시에서 추구하려는 무의미적 작업이 의미적 차원을 존재적 차원으로 환원시킨다는 측면에서 김춘수는 후설(Husserl) 현상학[34]을 도입하게 된다. 현상학적 방법론 중에서도 '환원(還元)'과 '무의미시의 탄생'과의 관계를 살펴보기로 한다.

> 현상학은 우리에게 드러난 사태 그 자체를 있는 그대로 묘사하는 전략을 취한다. (…) 내 의식에 뭔가 떠오른 것을 그냥 그대로 묘사하기만 하면 '있는 그대로'가 되는가? 물론 아니다. 우리의 의식은 늘 어떤 종류의 특별한 관심이나 욕망 등에 오염되어 있다. 따라서 일상적인 의식이 대상을 다루는 방식을 그저 기술하기만 한다면, 그것은 대개 '있는 그대로'가 아니다. 그래서 '환원'이라는 방법이 필요한 것이다. '환원'은 일종의 거름종이처럼 대상을 순수하게 만드는 장치와 같다. (…) 사태를 있는 그대로 보기 위해서는 '현상학적 환원'을 거쳐야 한다.[35]

현상학이 어떤 종류의 가정(假定)도 허용하지 않으려고 한다는 점에

---

34) 여기서 '현상학(現象學)'이란 독일 철학자 에드문트 후설[Edmund Husserl]에 의해 고안된 철학적 사고의 한 방법으로, 우연적인 현실 존재보다는 본질에 관심을 둔 '엄밀한 학으로서의 철학'을 지향한다. 이러한 현상학은 사변이 아닌 세계의 사태성(事態性)에 입각해 본질을 연구하는 학문이다. 한마디로 사물 자체의 사태성을 드러내는 역할을 한다.

35) 박승억, 앞의 책, 88쪽.

서는 '있는 그대로'를 취할 수밖에 없을 것이다. 그래서 사태를 있는 그대로 보기 위해 '본질을 직접 본다'라는 의미의 '본질직관', 즉 '형상적 환원'의 방법을 동원한다. 아니면 주어진 사태를 중립적인 태도에서 보려는 '판단중지[현상학적 망설임]'라는 방법, 즉 우리의 판단을 여러 가지 현실적인 제약에서 풀어내는 과정을 동원하게 된다. 현상학의 주요 방법론인 '현상학적 환원(還元)'이 사물에 대한 일체의 기성관념이나 판단을 보류하는 것이라는 점에서, 이는 김춘수가 무의미시를 제시한 배경이 된다. "비움은 현상학적 환원이라는 작시법을 채용하는 것으로서 이것은 김춘수의 묘사적 이미지로서의 무의미시처럼 사물에 대해서 욕망이라는 편견을 배제하고 바라보는 것"[36]이라는 논의에서도 확인된다.

현상학적 환원의 무의미화 작업에 관한 논의를 날이미지화 작업에 대입해보면 무의미화 작업과 날이미지화 작업이 갖는 시적 교점을 파악할 수 있게 된다. 무의미화 작업이 세계의 의미적 존재를 '존재적 현상'에서 '현상적 존재'로 환원하는 작업이라면, 날이미지화 작업은 '존재적 현상'을 '현상적 존재'에서 날것으로 이미지화하는 작업이기 때문이다. 여기서 무의미화 작업이 '존재적 현상'으로의 '현상학적 환원'에 의해 인간적 관념을 배제하는 작업이라면, 날이미지화 작업은 날이미지로서의 현상에 의해 인간적 관념을 배제하는 작업이 된다.[37] '날것으로의 이미지화'란 곧 '현상학적 환원'의 차원에서 인간적 관념을 배제하는 작업인 것이다.

무의미적 시 세계와 날이미지적 시 세계가 지향하는 시적 의미의 형

---

36) 김준오, 『현대시의 방법론과 모더니티』, 새미, 2009, 300쪽.

37) 박이문은 사물과 현상에 대한 문학적 표상이 '설명'이 아닌 '서술적'이라는 점에서, 즉 문학적 서술이라는 차원에서 현상학적 접근과 일치하는 것으로 보았다. 이런 관점에서 "문학 작품은 현상학적 환원 작업인 일종의 현상학적 서술이라고 간주된다. 그렇다면 문학 작품을 쓴다는 것은 현상학적 서술을 함이요, 문학의 기능은 인식적이라는 결론이 내려진다. 작가란 일종의 현상학의 실천자이며 작품은 일종의 진리를 담고 있으며 독자는 현상학적 진리를 배운다고 보아야 된다"(박이문, 「현상학과 문학」, 『현상학』, 고려원, 1992, 113쪽)고 밝히고 있다.

태 혹은 운동은 사물을 '있는 그대로' 보려는 출발점에서 상호 소통관계에 놓인다. '사물을 있는 그대로 보려는' 것은 사물을 지각하는 행위로서, "우리가 사물 자체를 지각하는 것은 매우 사실인 것이, 사물이란 우리가 보는 것 이외의 다른 것이 아니기 때문이다. 하지만 사물이 우리 눈의 신비스러운 힘에 의해 지각되는 것은 아니다. 요컨대 우리 눈은 더 이상 시각작용의 주체가 아니라 보인[눈에 비친] 사물가운데 포함되며, 또한 우리가 시각(vision)이라고 부르는 것은 여기 있는 외양(apparence)이 어떤 규칙에 따라 우리 눈의 운동에 응답했음을 확인하는 사고의 힘에 속하고 있다"[38]는 논의에서 확인된다. 여기서 주체가 객체를 지각한다고 할 때 그것은 시간적 현재성의 연속을 나타나는 것으로, 지각의 크기는 사물을 향해 열려있는 량에 비례하게 된다. 하지만 지각이 반드시 주체에만 귀속되는 것인가에 대해서는 재고를 갖게 한다. 즉 지각작용 그 자체는 상호 의존적인 관점에서만 이해될 수 있기 때문이다. 지각에 흐르는 작용의 시발점 그 자체가 주체의 자격이라면 객체인 대상 그 자체에서도 지각의 작용이 흐를 수 있다. 시적 지각작용은 주체와 객체의 사이에서 상호 소통하는 국면이기 때문이다. 인간적 관념을 배제하기 위하여 이미지를 서술적으로 추구하는 무의미적 시 세계와 이미지를 날것의 현상으로 추구하는 날이미지적 시 세계가 지향하는 '의미현상'은 현상 그대로를 보여주는 지점에서 만난다.[39]

'의미' 차원에서 '존재' 차원으로, 즉 의미적 존재에서 존재적 현상으로 환원시키려는 '현상학적 환원'은 사물에 대한 일체의 기성관념이나

38) 메를로퐁티, 남수인 · 최의영 옮김, 『보이는 것과 보이지 않는 것』, 東文選, 2004, 51쪽.

39) 관념을 배제하기 위하여 이미지를 서술적으로 쓰자. 순수이미지, 또는 절대이미지의 세계를 만들어보자. 그것은 일종의 묘사절대주의의 경지가 된다. 설명을 전연 배격한다. 설명은 관념의 설명이기 때문이다. 이렇게 되면 가치관의 입장으로는 일종의 회의주의가 되기도 하고, 현상학적 망설임[판단중지, 판단유보]의 상태, 판단을 괄호 안에 집어넣는 상태가 빚어진다. 묘사된 어떤 상태만을 인정하되 그 상태에 대한 판단[관념의 설명]은 삼가키로 한다. 어떻게 보면 철저한 실재주의의 입장 같기도 하다(무396면).

판단을 보류하는 의식작용이다. 이러한 의식작용의 결과에 의해 김춘수의 경우 무의미시가 탄생하게 된다. 이미지 그 자체가 목적인 이미지는 순수한 이미지 그 자체 혹은 절대적 이미지이다. 이미지가 어떤 관념을 위하여 사용되는 경우에는 순수한 형태의 이미지와는 상호 대척점을 갖기 때문이다. 순수이미지 또는 절대이미지로서 현상 그대로의 이미지가 있는 대상세계는 시적 묘사(詩的描寫)에 의해 드러난다. 현상학의 주요 방법론인 '현상학적 망설임[현상적 판단중지]'은 방법론적으로는 묘사주의에서 출발하여 이미지를 서술적으로 쓰는 '서술적 이미지'로 나아간다. 이는 '현상학적 망설임'이 "어떻게 보면 철저한 실재주의의 입장"에 놓이게 됨을 보여준다.

김춘수는 "도덕이 돌을 보고 돌이라고 하며 의심하지 않을 때, 시는 왜 그것이 돌이라야 할까하고 현상학적 망설임을 보여야한다. 시는 도덕보다 더 섬세하고 근본적일는지도 모른다. 나는 시를 쉽게 쓸 수가 없다. 남들이 제멋대로 쉽게 해석해버리는 일이 있을지는 모르지만"이라고 말한다. 이는 그가 '현상학적 망설임'을 통해 현상 그 자체를 되돌아보는 의식적 관점으로 작시(作詩)하고 있음을 말해준다. 그리고 이는 상호의존적으로 존재하는 현상과 본질에 대해 현상이 본질을 현시하고 있다는 점을 직관하는 자세이기도 하다. 김춘수는 현상 이전에 존재하는 본질을 직관함으로써 도덕보다도 더 섬세하고 근본적일지 모르는 한 편의 시를 쉽게 쓸 수 없는 이유가 된다는 것이다.

서술적 이미지가 이미지를 '서술적'으로 사용함으로써 의미[관념]를 제거하게 된다는 지점까지는 날이미지시가 "개념화되거나 사변화되기 이전의 의미, 즉 '날[生]이미지'로서의 현상, 그 현상으로 이루어진 시"라는 정의와 소통된다. 의미[관념]를 전달하는 매개체로서의 언어적 기능을 밀치는 것은 결국 "언어는 사물 자체를 표현하기를 포기할 때 비로소 진정한 발화로 자리매김한다"40)라는 그 자리로 회귀한다는 관점이다.[41] 두 시인이 추구하는 시 세계는 살아있는 시이기를 갈망하는 자세로부터 출발한다. '살아있는 시'란 곧 시인으로부터 생성된 의지가 아니라 세계로부터 '있는 그대로' 주어진 의지 그 자체에 기인한다.

> 언어는 사유를 복사하는 것을 포기하고 스스로 해체되었다가 사유에 의해 다시 결합될 때 비로소 어떤 의미를 가지게 된다. 마치 발자국이 몸의 움직임과 노력을 반영하듯, 언어는 사유의 의미를 가진다. 따라서 기성 언어의 경험적 활용과 창조적 사용은 구별해야 한다. 경험적인 활용은 창조적 사용의 결과일 뿐이다. 경험적인 언어로서의 파롤(parole)—즉 이미 확립된 기호를 적절히 동원한 파롤—은 진정한 언어의 입장에서 보면 파롤이 아니다. (…) 참다운 파롤은 침묵일 뿐.[42]

위 글에서, 언어가 사유의 복사가 아니라 사유와의 결합에 의해 의미를 갖는다는 견해는 곧 언어와 사유가 복사적 관계가 아니라 해체와 결합의 관계를 가진다는 것을 뜻한다. 언어와 사유는 각각 다른 종이에 존재하지만 복사의 기능은 의미를 무화시키는 작용으로 본 것이다. 언어는 있는 그대로를, 즉 사실을 사실로 받아들이는 것이 아니라 사실을 사유와 결합함으로써 현상이라는 언어화의 산물로 받아들이는 매체의 기능을 한다는 것이다. 이런 점에서 '경험적 언어로의 파롤은 진정한 입장에서 보면 파롤(parole)이 아니라'는 정의가 설득력을 갖는다. 그래서 '참다운 파롤은 침묵'이라는 空의 세계에서 다시, 즉 진정한 시란 아무것도 말하지 않으면서 모든 것을 말하는 형태가 된다.[43]

---

40) 메를로퐁티, 김화자 옮김, 『간접적인 언어와 침묵의 목소리』, 책세상, 2005, 26쪽.

41) 이런 차원에서의 '날[生]이미지'란 살아있는 현상의 이미지, 개념화되거나 사변화되기 이전의 의미, 존재의 살아있는 의미망[굳어 있는 개념도 아니며, 추상적인 관념도 아닌 그 현상], 사진적(寫眞的)인 사실적 이미지가 아닌 생성적(生成的) 이미지로서의 두두물물(頭頭物物)이 갖는 현상을 말한다.

42) 메를로퐁티, 앞의 책, 26~27쪽.

43) 메를로퐁티가 "후설(Husserl) 현상학의 영향을 받은 프랑스 제1세대 철학자들 중 한

본서의 연구 배경과 목적은 현상학적 관점, 모더니즘 시관, 언술체계의 변화, 환원적 사유라는 관점에 의해 정리된다. 이는 두 시인이 갖는 '시란 무엇인가'와 '시의 언어[시어]란 무엇인가'에 대한 시적 인식은 한국 현대시의 최근 풍경과 맞물려있다는 지점에서 만난다. 두 시가 '관념'에 천착한 전통시의 시작(詩作) 태도에서 벗어나 주로 '존재'로의 시적 지향성을 가짐으로써 언어의 중심을 인간적 관점이 아닌 대상적 관점으로 이동하는 역할을 하게 된다. 이러한 시적 모색은 지금까지의 시적 형상화와는 다른 차원의 세계에 대한 인식의 지평을 확대한다는 관점에서 두 시를 함께 고찰하게 되는 근거가 된다.

김춘수가 '의미적 시 세계' → '무의미적 시 세계' → '의미와 무의미의 소통'이라는 시적 여정을 갖는다는 점과 오규원이 '시 세계의 투명화' → '정황적 해석의 시 세계' → '현상적 의미의 재발견'이라는 시적 여정을 갖는 지점이 서로 만나고 갈라지게 된다. 이러한 시적 여정은 두 시인이 대상을 투명하게 파악하기시작하면서부터 나름의 세계에 대한 인식작업의 결과로 나타나게 된다. 김춘수의 무의미시와 오규원의 날이미지시는 현대 시단(詩壇)이 '시'와 '시의 언어[시어]'에 대해 근본적인 인식의 전환을 갖는데 있어서 그 중심에 서게 된다. 이와 같은 연구 배경과 목적을 바탕으로 본서에서는 두 시에 형상화된 '의미현상'을 구명함으로써 한국 현대시의 주요 시적 변모에 드러난 '현상적 미학'을 재발견하게 될 것이다.

사람으로, 지각의 본질을 실존 속에 재정립하는 지각 이론에 입각해 현상학을 존재론적으로 연구했다. 그는 지각이야말로 인간의 모든 지식과 행위, 그리고 소통에서 가장 기본이 되는 본질이라고 믿었던 것이다"라는 점에서도 드러난다. 메를로퐁티는 완전한 지각은 없다고 보면서 대상[세계]에 대한 지각은 늘 생성 중이며 개방성만이 지각의 진실을 증명할 수 있다는 것이다. 이와 같이 메를로퐁티가 갖는 사고, 즉 지각의 진실성은 생성 지향의 의식구조를 갖는다. 이러한 사고는 본서가 '의미없음'을 곧 '소멸'이 아닌 '생성' 차원으로 본다는 관점과 '날이미지'를 사변이나 개념이 아닌 '날 것' 차원으로 본다는 전제가 된다.

2. 선행연구사

본서에서 주목한 점은 무엇보다도 김춘수의 무의미시와 시론, 그리고 오규원의 날이미지시와 시론에 관한 논의가 다각도로 진행되었다는데 있다. 하지만 대부분의 선행된 논의는 김춘수와 오규원의 시 세계에서 초기에 해당하는 '관념시'에 대비하여 중·후기에 해당하는 '존재의 시'[무의미시, 날이미지시]를 절대적 관점으로만 고찰하고 있다. 반면 김춘수와 오규원의 사이를 관통하는, 즉 '관념시'로 대변되는 초기 시 세계로부터 이탈하여 제시된 '순수시' 혹은 '현상시'라고 일컬어지는 '존재의 시'를 함께 고찰한 논의는 찾아보기 어렵다. 그러므로 본서에서 두 시인이 모색한 '존재의 시'가 갖는 시 세계를 현상학적 관점으로 함께 고찰하는 것은 시의적절한 작업이 될 것이다. 이러한 본서의 고찰 의도는 주요 선행연구를 바탕으로 이루어지게 된다는 점에서 두 시를 기준으로 정리하기로 한다.

1) 김춘수의 무의미시

김춘수의 초기 시 세계는 '의미'를 지향한 관념적이고 낭만적 경향의 시 세계를 보여주다가 후기 시 세계에 접어들면서 '무의미시'의 경향으로 나아간다는 점이 일반적인 논의형태이다. 김춘수의 시 세계는 '의미'에 천착하던 시기와 '무의미'를 지향한 시기로 대별함으로써 그의 시 세계를 파악할 수 있다. '무의미시'['날이미지시'도 마찬가지다]는 시인 자신이 제시한 시작노트 혹은 시론에 기대어 수행한 시적 분석이나 논의가 주류를 이룬다. 이러한 경향의 논의들 중에서 본서에서는 무의미시가 시단(詩壇)으로부터 집중적으로 조명을 받던 시기에 이루어진 연구물에 주목하기로 한다.

정한모[44]는 김춘수가 주장하는 무의미시란 이미지를 '서술적'으로 사용하여 '대상'을 잃음으로써 대상을 무화시킨 결과, '자유'를 얻게 되는 시를 뜻한다고 보았다. 그는 김춘수의 무의미시를 이상(李箱) 시인의 경우처럼 대상, 사물, 관념을 제거시키고 난 어떤 '방심상태', 그 자유스러운 유희의 상태가 곧 '무의미시'로서 허무의 극복에서 비롯되는 시라고 보았다.[45] 이러한 견해는 곧 무의미시의 시작(詩作)이 대상으로부터의 자유를 획득하기 위해 서술적 이미지를 사용한다는 것을 부각시키는 관점이다. 그는 특히 무의미시가 기존의 의미[인간적 관념]를 부정하고 허무를 극복하는데서 '소멸'의 시론인 동시에 '생성'의 시론이라고 보았다. 또한 시론집 『意味와 無意味』가 이렇다 할 충격과 자극이 없는 이 땅의 시인들에게 촉매로서의 신선한 자극을 줄 것으로 기대한다고 밝힌다. 여기서 '무의미'가 지향하는 시론을 '소멸'이 아닌 '생성'으로 본 점은 본서에서 설정하는 무의미시의 '무의미'에 대한 개념과 일치한다. 그리고 현대시가 추구해야할 시 세계가 무엇인가에 대한 성찰, 충격과 자극이 없는 이 땅의 시인들에게 촉매로서의 신선한 자극을 기대한다는 관점은 본서가 지향하는 기대효과이기도 하다.

이형기[46]는 김춘수가 '무의미'를 추구한다는 점에 대해 다소 비판적인 자세를 보였다. 시론집 '『意味와 無意味』에 대한 감상'이라는 글에서 "이해란 의미의 파악, 그러니까 의미에 대한 이해이다. 그러나 김춘수는 그 '의미'를 거부하고 도리어 '무의미'를 추구한다. 어째서 김춘수는 '의미'를 거부하는 것일까? 그 까닭을 알자면 먼저 '의미' 그것의 의미부터 생각해보아야 한다"[47]라고 지적한다. 이는 '의미'란 사물의 의미이며 사

44) 정한모, 「김춘수의 '의미와 무의미'」, 『김춘수 시 연구』, 흐름사, 1989, 10쪽.

45) 김춘수는 「한국현대시의 계보」의 <蛇足>에서, "이미지를 서술적으로 다룬 詩들 중에는 대별하여 두 개의 유형이 있다. 그 하나는 대상의 인상을 재현한 그것이고 다른 하나는 대상을 잃음으로써 대상을 무화시킨 결과 자유를 얻게 된 그것이다. 이 후자가 30년대의 이상(李箱)을 거쳐 50년대 이후 하나의 경향으로서 한국시에 나타나게 된 무의미의 시"라고 밝힌다(김춘수, 「한국현대시의 계보」, 『김춘수 시 연구』, 흐름사, 1989, 375~376쪽).

46) 이형기, 「存在의 照明」, 『김춘수 시 연구』, 흐름사, 1989, 27쪽.

물은 그 자체로서 고립해있는 것이 아니라 다른 사물과의 관계 속에 있다는 점을 부각시킨 견해이다. 그리고 그가 김춘수의 '무의미' 지향에 대해 불만적 어조로 일관한 점은 '의미'와 '무의미'의 경계를 지나치게 부각시킨 데서 기인한다. 이는 김춘수가 추구한 '무의미'의 지향이 궁극적으로 기층적인 의미의 소멸이 아닌 인간 관념의 소멸이라는 점을 간과한 견해이다. 이러한 견해는 무의미시에서의 '의미'와 '무의미'의 관계성을 재고하게 한다.

박철희[48]는 김춘수의 무의미시론을 문법적 측면에서 '절제의 미학'과 '이미지의 시학'을 삶의 기본적인 양상에 관한 리듬으로 이해하면 하나의 시적 의장(意匠)에 머물지 않고, 그 기저에는 사회와 문화에 대한 비평적 사고를 수반한다고 보았다. 무의미시를 '의미가 없는 시'가 아니라, '기성적인 의미'를 배제함으로써 기성화 되기 이전에 있는 의미의 임의로움을 더욱 생생하게 드러내는 시라는 것이다. 이러한 논의는 김춘수의 시적 출발점을 바르게 이해하기 위한 노력이라는 점에서 주목된다.

김용직[49]은 '순수시'란 본래 시작(詩作)의 소재가 '이미지'를 제시하는데 그치는 시를 말한다면서 이를 제작해내는 유형을 두 가지로 구분한다. 첫째는 시에서 구체적인 사물을 제시하고 그 제시된 사물이 자체의 이미지를 갖는데 그치게 하는 길이며, 둘째는 시적 이미지가 비유를 통해 제시되는 길이라는 것이다. 이러한 관점에서 그는 김춘수가 비유에 의거하지 않으면서 세계에 대한 시인의 감각을 제시할 수 있는 순수시의 길, 즉 첫째의 길을 추구한다고 보았다. 이러한 견해는 '무의미적 의미' 혹은 의미의 초월적 관점인 '초(超)의미'의 발견가능성을 예고한다는 점에서 주목된다.

김준오[50]는 김춘수가 일련의 무의미시론[51]을 발표하기 이전에 고대

47) 이형기, 「虛無, 그리고 生을 건 장난」, 『김춘수 시 연구』, 흐름사, 1989, 35쪽.
48) 박철희, 「김춘수 시의 문법」, 『김춘수 시 연구』, 흐름사, 1989, 59쪽.
49) 김용직, 「아네모네와 실험의식」, 『김춘수 시 연구』, 흐름사, 1989, 69쪽.

설화적 인물인 '처용'에 깊은 관심을 가지고 있었던 사실, 즉 김춘수가 일련의 시작품에 모두 '처용'이란 이름의 제목을 붙이고 있다는 점[52]에 주목한다. 그는 김춘수가 '처용설화'를 시적 소재로 선택한 점이 무의미시론을 탄생하게 된 하나의 계기가 되지만 무의미시가 지향하는 시적 의미는 결코 '무의미'로 끝나지 않는 것으로 보았다. 무의미시가 '무의미'로 끝나지 않는다는 관점은 의미현상[현상적 의미]의 관점에서 무의미시를 되돌아보게 하는 근거가 된다. 이는 무의미시가 결코 '의미적 시[의미시]'에 대칭하는 시가 아니라는 관점이기도 하다. 이와 같이 무의미시의 정점을 이루고 있는 '처용'의 도입은 무의미시의 '의미' 지향성을 대변해준다. 이 논의 역시 '의미 없음'이라는 '무의미적 무의미'가 아닌 '의미 초월'이거나 '의미 숨김'이라는 '무의미적 의미'의 관점을 예고한다는 점에서 주목된다.[53]

---

50) 김준오, 「處容詩學-金春洙의 無意味詩論考」, 『김춘수 시 연구』, 흐름사, 1989.

51) ① 한국현대시의 계보(시문학, 1973년 2월호). ② 대상·무의미·자유(시문학, 1973년 4월호). ③ 의미에서 무의미까지(문학사상, 1973년 9월호). ④ 도피의 결백성(심상, 1973년 11월호). ⑤ 이미지의 소멸(심상, 1973년 12월호). ⑥ 대상의 붕괴(심상, 1975년 7월호). ⑦ 나의 주제, 나의 세계(국제신문, 1979년 11월 14일자).

52) ① 소설 「처용」(현대문학, 1963년 6월호). ② 시 「처용」(季刊 한국문학, 1966년 봄호). ③ 시 「처용삼장」(季刊 한국문학, 1966년 여름호). ④ 시 「처용단장」 1부(현대시학, 1964년 4월~1964년 6월호). ⑤ 시 「처용단장」 2부(현대시학, 1973년 5월~1973년 9월호). ⑥ 시 「잠자는 처용」(월간문학, 1978년 6월호). ⑦ 시집 『처용』(민음사, 1974) ⑧ 산문 「處容, 그 끝없는 變容」 등.

53) "처용은 미완의 가능체로서의 존재다. 그는 의미의 모호성과 다양성을 지닌 신비적 존재다. 그의 무한한 가능적 의미를 끊임없이 추적하는 길이 어쩌면 민족의 정체성을 형성하는 길이 아닌가 하는 생각까지 든다. 그는 우리 모두의 타인이면서 동시에 저마다의 자아의 심층 속에 존재하는 근원적 존재인 것 같다. 이것을 문학적 차원에서 말하면 처용은 무한한 시적 개성으로 창조되는 원형적 존재가 된다고 할 수 있다"(김준오, 『현대시와 장르비평』, 문학과지성사, 2009, 356쪽)는 관점에서 김춘수의 무의미시론이 새로운 미학적 주장이라고 할 때 '무한한 가능적 의미', 즉 '무의미적 의미'의 지향성을 갖는 것으로 볼 수 있다. 특히, "그의 무의미는 독특한 시적 의미를 가리킨 말이고 또 그런 말이어야 한다. 처용의 가무는 '시적으로' 무의미한 행위는 아니다. 무의미는 의미를 누구보다 강하게 의식한 사람만이 획득할 수 있는 것이다"(김준오, 앞의 책, 391쪽)라는 견해에서도 알 수 있는 바와 같이 김춘수의 무의미시와 시론은 시적 의미거부가 아닌 순수의미의 수용인 것이다.

이기철[54]은 무의미시가 '의미의 시'에 대한 대칭이 아니라 '의미의 시' 그 자체라고 보았다. 무의미시는 하나의 조사(措辭)에 불과하며 언어의 일차적 의미 또는 기층언어를 뛰어넘은 '초의미의 시' 혹은 '의미확대의 시'라고 보았다. 이러한 견해는 무의미시에 대한 논의로서는 매우 원초적이면서도 현실적인 관점으로 접근된 시각이다. 특히 언어의 의미 차원을 초월한 '의미확대의 시'로 무의미시를 정리한 관점은 다른 논자들의 견해와 변별된다는 점에서 주목된다.

권혁웅[55]은 모든 무의미시들이 분명한 의미구조를 갖는다고 분석한다. 그는 이러한 '무의미'에 대한 기존의 문학사적 평가들을 존중하면, 실제의 무의미시는 존재하지 않는다고 주장하면서 기존의 평가들을 문학사적 평가의 오류로 보았다. 권혁웅[56]은 김춘수의 시와 시론이 시적인 결과와 시에 대한 견해가 균열을 보이는 대표적인 예로서 시를 분석해보면 오히려 김춘수의 시들이 정교한 의미구조를 가지고 있음이 드러난다고 보았다. 이러한 그의 논의는 무의미시가 무의미한 시가 아니라는 점을 밝힌 것으로 무의미시를 전적(全的)으로 뒤돌아보게 한다는 점에서 주목된다. 특히 이러한 논의는 무의미시가 '살아있는 의미[현상적 의미]'를 내포한다는 시각을 뒷받침하고 있다는 점에서도 주목된다.

최라영[57]은 '무의미'가 '의미'를 와해시키면서도 '의미'를 생산하는 특성을 지닌다고 보았다. 이러한 견해는 '무의미'의 관점에서 '의미'의 세계를 뒤돌아보게 하는 성과를 예고한다. 이는 기성적 의미인 '인간 관념'을 벗어나 순수 그 자체인 '날[生]것 그대로'의 의미를 생성한다는 측면에서 주목된다.

김춘수의 무의미시에 대한 주요 논의들은 주로 '의미의 유무'라는 차

---

54) 이기철, 「무의미의 詩, 그 의미의 확대」, 『김춘수 시 연구』, 흐름사, 1989, 336쪽.
55) 권혁웅, 「무의미시는 무의미한 시가 아니다」, 『문예중앙』, 2005년 여름호.
56) 권혁웅, 『한국 현대시의 시작방법 연구』, 깊은샘, 2001.
57) 최라영, 『김춘수 무의미시 연구』, 새미, 2005.

원에서 이원법적 관점으로 접근하고 있다. 위 논의들을 요약하면 두 가지의 관점으로 나누어지는데, 하나는 '무의미시'를 '의미시'의 대응점에서 '의미 없음'이라고 보는 시각이고, 다른 하나는 인간적 관념을 배제한 '순수시(純粹詩)'라는 시각이다. 이는 무의미시가 전통적인 시관을 역류한다는 측면에서 새로운 시적 화두(話頭)로 제시된 것에 기인한다. 후자의 논점들은 무의미시를 '의미 소멸'이 아닌 '의미 생성'의 시로 논의된다는 점에서 본서의 연구관점과 소통된다. 특히 주목되는 선행 논의로는 무의미시를 '의미시'와 맞서는 관계가 아닌 언어적 의미를 초월한 '초의미'와 '의미확대의 시'라고 분석한 점을 들 수 있다.

2) 오규원의 날이미지시

김춘수의 시 세계와 마찬가지로 오규원의 시 세계 역시 시인 자신이 언급한 시작노트이거나 시론들과 깊은 관련을 맺는다. 오규원은 90년대 초반을 기점으로 인간 중심적 사고에서 벗어나 존재 그 자체의 관점으로 시작(詩作)한다. 그는 주체중심의 관점으로부터 벗어나기 위해 '은유적' 언어체계를 주변으로 돌리고 '환유적' 언어체계를 중심부에 놓는다. 그는 인간적 관념을 배제하고 언어가 존재현상 그 자체가 된 언어, 즉 현상화된 언어를 '날이미지'로, 날이미지로 된 시를 '날이미지시'라고 명명한다. '날이미지시'는 인간적 관념을 배제하려는 노력의 산물인 김춘수의 '무의미시론'으로부터 영향을 받아 한층 심화된 시적 탐구에 의해 새로운 시적 방법론으로 제시된다.

김준오[58]는 오규원이 끊임없이 시적 형식실험을 하게 된 의식상 출발점을 기성관념의 해체와 해체주의적 인식론으로 보면서 그를 현대시사에서 모더니즘의 한 계보에 귀속할 수 있으며 그의 초기 시 세계는 '인

---

58) 김준오, 「현대시의 추상화와 전대 은유-1960년대 모더니즘시의 전개」, 『현대시사상』, 1995년 가을호.

간' 대신 '사물'을 주인공으로 한 '사물시'가 주류를 이룬다고 보았다. 이러한 사물중심주의는 오규원의 경우 '비인간화' 내지 '탈인격화'에 등가됨으로써 기성관념을 뒤집는 그의 특유한 해체주의에 기인한다는 것이다. 김준오[59]는 현대시를 시작(詩作)과정의 공개이거나 시론의 개진으로 보면서, 시의 기존관념을 해체하고 새로운 방법론을 모색하는 오규원 시를 전형적인 메타적 성격으로 부각시킨다. 그는 특히 오규원 시가 '반(反)은유의 환유'원리와 '관찰자 시점의 현상주의'로 나타나고 있으며, 어느 하나의 의미로도 결정되지 않는 현상학적 망설임의 연속에 의해 시작(詩作)한 결과라고 보았다. 이러한 기법은 사물에 '의미'를 부여하는 구상(具象)이 끊임없이 다른 구상들에 의해서 부정되어버리는 것으로서 논리적 연관을 떠난 이미지와 장면들을 조립하는 몽타주 기법, 자기반성과 자기반영성을 나타내는 메타적 기법, 현상학적 망설임 등을 기저로 한다는 것이다.

권혁웅[60]은 날이미지시론 그 자체보다는 그 시론을 떠받치는 이론적 전거(典據) 자체를 비판적으로 검토하면서 날이미지시론의 기저를 이루고 있는 '은유적 축'과 '환유적 축'을 야콥슨의 글에서 도출한 것으로 보고 논리의 비약을 갖는다고 보았다. 그래서 야콥슨의 논리가 품은 결함이 오규원의 날이미지시론에서도 드러날 수밖에 없다고 보고 몇 가지 문제점을 제기한다. 즉 은유의 축과 환유의 축을 갈라 말할 수 없으므로 '대상'을 '선택의 축'과 '결합의 축'으로 나누어 설명할 수 없다는 것이다. 또한 구문적인 결합을 '환유의 축'에 할당할 수 없으므로[거기엔 '결합의 축'이 이미 포함되어있기 때문이다] 의미론적 사고의 운동 역시 은유의 축과 환유의 축으로 나뉘지 않는다고 보면서 은유가 아닌 모든 것을 환유라고 부를 수 없다면, 환유가 아닌 모든 것을 은유라고 부를 수

59) 김준오, 「현대시의 자기 반영성과 환유 원리」, 『오규원 깊이 읽기』, 문학과지성사, 2002, 250쪽.

60) 권혁웅, 「날이미지시는 날이미지로 쓴 시가 아니다」, 『시와 반시』, 2007년 가을호.

없다면서 그것은 관념도 아니고 주관도 아니며 파편화된 지각도 아니라고 분석했다. 이는 그동안의 우리 시학이 '환유적 축'과 비유적인 운동방식으로서의 '환유'를 구분하지 않음으로써 생긴 혼란이 오규원의 시론에서도 드러난다는 것이다. 이러한 문제적 논의는 본서가 시편을 분석하는 과정에서 재논의를 갖게 한다.

이광호[61]는 오규원을 한국 현대시의 공간 안에서 가장 치열한 언어의식을 소유했던 시인 중의 한 명으로 꼽으면서 미적(美的) 현대성의 중요한 사유항목이 문학의 방법 혹은 문학의 언어자체에 대한 날카로운 자의식(自意識)의 문제라고 보았다. 그래서 오규원이야말로 적극적으로 한국 현대시의 미적 현대성의 극한(極限)을 시험한 시인이라는 것이다. 그는 그 까닭으로 오규원이 자신의 시에서 언어의 문제, 특히 '이미지'와 '관념'의 문제를 문제적으로 사유하면서 끊임없이 새로운 시적 방법론을 모색한 점을 꼽았는데, 오규원이 '탈관념의 시학'을 줄기차게 밀고나간 자신의 시를 이해하는데 있어서 오히려 무거운 관념들이 동원되어야하는 모순점을 가진다는 것이다. 그는 오규원이 더 명시적으로 날이미지시를 제기한 90년대 이후, 오규원의 시가 좀 더 분명한 전환을 보인 점으로 전통적인 서정시의 관념적 주관성과 비유적 화법을 극복하려는 일관된 시도를 꼽는다. 이러한 일관된 작업위에서 90년대 이후 오규원의 시가 '원관념(元觀念)'을 거느리지 않는 이미지자체의 드러냄, 즉 비유적 관념을 포함하지 않는 이미지의 구성을 보여준다는 것이다. 여러 논의 중에서도 탈관념(脫觀念)의 시편을 이해하는데 무거운 관념들이 동원되어야하는 모순점을 지적한 부분은 본서가 분석하는 시편을 통해 해명될 수 있을 것이다.

이연승[62]은 오규원 시의 전체적인 변모과정과 시쓰기 방식의 구조화

61) 이광호, 「투명성의 시학이 끝간 데-오규원 혹은 '미래의 시인'」, 『익명의 사랑』, 문학과지성사, 2009.
62) 이연승, 『오규원 시의 현대성』, 푸른사상, 2004.

문제를 통해 동시대의 한국 현대시에 큰 반향을 불러일으킨다고 보고, 오규원에 대한 논의를 확대, 심화시키면서 오규원 시편에 대한 다각도의 접근과 규명(糾明)을 시도한다. 그는 오규원의 시 정신을 '자유(自由)'와 '해방(解放)'으로 보고, 언어의 이중성과 한계에 대한 자각을 통해 시쓰기 방식에 대한 반성적 인식으로 나아간 것으로 보았다. 오규원이 기존의 시적 문법들을 일탈하는 새로운 시를 창작하였는데, 그 시에는 시적인 것의 새로움과 변화라는 의미의 자장(磁場)안에서 시인으로서의 자의식, 미적 전위성(前衛性), 사회 현실적 상황과의 역학관계 같은 문제들이 긴밀하게 얽혀있다는 것이다. 언어에 대한 순수한 믿음과 그것을 방해, 교란하는 관념 사이에서 고민한 결과로서 초기의 '관념해체'와 중기의 '아이러니', '장르해체'의 시쓰기를 거쳐 '날이미지'라는 '현상의 재발견'으로 나아갔다는 것이다.

김문주[63]는 오규원의 후기 시에 나타나는 자연형상을 연구한 글에서, 오규원은 40년의 긴 시력(詩歷) 동안 인식과 언어의 문제를 집요하게 탐색해왔으며, 그의 이러한 작업은 한국 현대시의 폭과 깊이를 확대하고 심화하는 중요한 기지가 되었다고 평가한다. 오규원의 시는 세계에 대한 주체중심의 인식과 언어로부터 사물들을 해방하는 '원심력의 형상언어'였으며, 그러한 점에서 동일성에 기초한 서정의 대척영역을 개척하는 작업이었다는 것이다. 그는 오규원의 후기 시를 '풍경의 시학'이라고 할 만큼 현상세계에 관한 시적 기록이었으며, 그의 작업은 세계인식과 시적 언어에 관한 새로운 가능성과 영감을 한국시에 펼쳐보였다면서 특히 오규원의 작업이 수사적 과잉이 없는 언어로 형상화된 '자연시(自然詩)'로서 시의 언어가 얼마나 풍요로운 상상력과 인식의 장을 제공할 수 있는가를 매우 구체적으로 보여준 세계라고 분석한다. 이러한 논의는 날이미지시를 한국 현대시의 중심에서 시적 인식의 폭과 깊이를 천공하는 미

63) 김문주, 앞의 글, 145~168쪽.

래지향적 테마로 거듭나게 한다는 점에서 의의를 갖는다고 볼 수 있다. 특히 이러한 논의는 본서가 분석하는 후기 날이미지시편들의 시적 지향성을 정확하게 제시한다는 점에서 주목된다.

주요 논의들은 오규원의 날이미지시를 시적 형식의 실험에서부터 한국 현대시의 질량을 조밀하게 하는 선구자적 역할을 기대하는 논의까지 확대됨으로써 날이미지시의 시사적 위치를 재확인시켜 준다. 특히 날이미지시가 '현상학적 망설임'[64]의 연속에 의해 시작(詩作)된다는 관점에서 의미를 부여하는 구상(具象)이 끊임없이 다른 구상들에 의해 부정되어지는 기법에 주목한 점은 무의미시의 시적 방법론과 유사하다는 논의를 갖는다. 다시 말하면 현상학적 망설임 등을 기저로 하여 날이미지시를 분석한 점은 무의미시와 날이미지시를 등가(等價)시키는 역할을 한다는 점에서 주목된다. 오규원을 한국 현대시사에서 가장 치열한 언어의식을 소유했던 시인 중의 한 명으로, 현대시의 미적 현대성의 극한을 시험한 시인으로 꼽는다는 점에서도 그렇다. 무엇보다도 '날이미지 시학'의 방법론과 '시의 언어' 그 자체에 대해 날카로운 자의식으로 일관한 오규원의 시 세계에서 날이미지시는 그 핵심에 있음을 보여준다.

김춘수의 무의미시와 오규원의 날이미지시에 대한 선행연구들을 검토한 결과, 두 시에 대한 각각의 개별적 연구는 다양하게 이루어진 반면 두 시를 함께 조명하는 작업은 거의 이루어지지 않고 있다는 점을 들 수 있다. 선행 논의들은 대부분 두 시가 갖는 시적 과정에서 현상학적

64) '현상적 판단중지'의 다른 말인 '현상학적 망설임'은 어떤 객관적인 상황이 하나의 대상으로 놓였을 때 그 대상에 대한 의식의 지향이 주체적 관점으로 기울지는 것이 아닌지를 뒤돌아보는 것, 즉 선입견을 배제한 '가능성'을 열어 놓는 의식의 차원이다. "내가 믿는 어떤 사태들은 '현실'이라는 이름 아래 어떤 특별한 우선권을 가진 현상이 아니라 그저 의식에 마주해 있는 '의미현상' 중 하나일 뿐이라는 것"(박승억, 앞의 책, 91쪽)이다. 그리하여 현상학적 망설임, 즉 판단 중지는 '순수한 현상'을 파악하게 하는 발판이 된다는 것이다. 이를 시적 차원에서 보면 시적 대상에 대한 '관찰자의 시점'을 반영하는 것이기도 하다.

작업을 부각시키기보다는 '무의미시란 무엇인가'와 '날이미지시란 무엇인가'에 대한, 아니면 그 자체를 부정하는 논점에 머물고 있다. 이와 같이 선행연구에서는 두 시인의 시작(詩作) 여정에서 대상을 인간적 관념화 이전의 있는 그대로를 드러내고자 한 노력을 간과하고 있다. 하지만 현대시에 대한 연구방향이 '이념'과 '추상'의 관점에서 벗어나 '사물'과 '본질'을 추구한다는 관점에서는 다양한 연구물이 제시되고 있다.

이러한 연구방향의 변화는 후설(Husserl) 현상학의 명제인 '사물 그 자체로'라는 기본입장과 동일한 차원에서 '작품 그 자체로'라는 명제를 갖게 한다는 관점의 이동으로 파악된다. 한계점을 보이고 있는 주요 선행논의를 초월하여 두 시와 시론을 파악하기 위해서는 무엇보다도 후설(Husserl) 현상학(現象學)에 대한 이해가 전제되어야 한다. 후설(Husserl)은 이 세계를 은폐시키고 있는 과학의 관념적[이념적] 세계를 탐구하는 체계철학에 반대하여, 직접적·경험적으로 주어진 세계, 즉 생동하는 세계에 관심을 갖는다. 그는 과학의 객관주의에 의해 객관적 타당성, 측정, 증명의 가능성을 가진 것만을 진리로 삼는 체계철학의 세계해석을 괄호 속에 묶는, 즉 '현상학적 판단중지[현상학적 망설임]'를 통해 모든 존재와 진리의 근원, 이 세계를 존재하게 하는 '원근거(原根據)'를 밝히려한다. 그의 현상학적 환원의 태도는 선입관적, 속단적인 판단을 중지하고 존재근거를 반성적으로 밝히는 방법이다. 즉 "현상학의 목적은 어떤 존재, 어떤 대상의 본질을 발견하는 것인데, 그 목적은 궁극적으로는 존재의 본질을 보는데 있다"[65]는 것이다. 이는 시작품(詩作品)에 대한 논의가 '사물'과 '언어'와의 관계를 심층적으로 연구하는 방법론적 측면이라는 점에서 본서의 연구관점과 맥락을 같이한다. 이러한 검토결과는 김준오의 '현대시의 현상학적 고찰'이라는 글에서 문학 연구의 방법론과 그 경향이라는 요점을 통해 마무리될 수 있다.

65) 박이문, 『현상학과 분석철학』, 知와사랑, 2007, 30쪽.

시 연구의 경우, 작품의 언어연구와 더불어 형이상학적 관심을 가지고 작품에 접근하는 경향이 두드러지게 나타나고 있다. 이것은 과학에 의해서 객관적으로 이념화되고 추상화된 사물이 아니라 사물 그 자체와의 최단거리에서 그 본질을 규명하여 의식의 존재와 사물의 존재 사이의 새로운 관계를 정립하려는 현대철학의 영향 때문이다. 이렇게 '사물 그 자체로'라는 기본 입장을 취했던 후설Husserl의 현상학을 비롯한 현대 철학은 의식과 사물, 사물과 언어와의 관계를 존재론적으로 철학적 사고의 방법론적으로 기술하여 시의 연구에 새로운 지평을 보여주고 있다. 이와 같이 철학의 기본 태도와 마찬가지로 문학 연구도 '작품 그 자체로'(to the work itself)라는 명제 아래 작품의 언어에 깊은 관심을 가지게 되었다. (…) 시의 언어는 미적 효과뿐만 아니라 '~에 대하여 말한다'는 기술적 기능을 가지고 있다. 다시 말하면 시인은 체험(지각, 회상, 상징) 등의 내용을 시로 구체화 할 때 사물에게는 새로운 가치의 의미를 띠도록, 그리고 이것을 전달하는 언어에는 미적 효과를 띠도록 사물과 언어에 꼭 같이 생명을 부여하는 이중의 창조적 기능을 발휘한다. (…) 시의 현상학적 연구는 철학, 심리학, 언어학 등 보조과학의 도움 아래 시의 표면인 언어적 단계로부터 형이상학적 차원에 이르기까지 작품을 유기적으로 종합적으로 연구하는 것이다. 왜냐하면 현상학은 사물이든 언어이든 대상을 구체적으로 체험적으로 기술하는 것이기 때문이다. 최근 한국의 현대시 연구에 있어서도 상황비평을 지양하고 사물과 언어로 관심을 돌려 작품을 본질적으로 분석하려는 경향을 띠고 있다.[66]

시작(詩作)을 한다는 것은 '사물'과 '언어'의 관계성에서 또 하나의 생명을 발견하는데 있다. 물론 이때 '생명'이란 시인이 먼저 포착한 것일 뿐 완전히 새롭게 태어난 것은 아니다. 이처럼 시란 언어로 이루어진 본질적 사물[현상]의 형상화를 말한다. 언어는 시의 표면에서부터 본질의

66) 김준오, 『현대시의 방법론과 모더니티』, 새미, 2009, 12~13쪽 참고.

깊이까지를 관통하는 시적 작업의 도구일 뿐만 아니라 상대적 관점에서 새롭게 발견하는 현상적 가치인 것이다. 그리고 현상학적 사고(現象學的思考)는 이 세계를 '체험(體驗)'이라는 틀 속으로 용해하는 역할을 한다.

위의 논의는 문학 작품에 대한 순수문학 연구에서 벗어나 의의 있는 성공을 거두고 있는 '현대시의 현상학적 고찰'이라는 테마를 반추한다. 다시 말해 "문학 작품도 순수한 문학 연구가 아닌 다른 과학적 진술의 목적에 적절한 자료로서 이용되고 있다"는 점을 보여준다.[67] 그리고 "사물과 언어로 관심을 돌려 작품을 본질적으로 분석하려는 경향"이라는 차원에서, 김춘수의 무의미시와 오규원의 날이미지시의 시와 시론에 대한 현상적 의미 연구는 작품을 본질적 차원으로 분석함은 물론 현상학적 시선으로 조명하는 또 하나의 분석적 가치를 갖게 됨을 예고한다.

67) 김준오, 앞의 책, 11쪽 참고.

제2장 현상학적 언술체계

시적 의미에서, 현상적 의미가 '살아있는 의미'라고 할 때 언어적 관점으로는 언어의 특성을 관념적[설명적]인 것에 두지 않고 실재적[감각적]인 것에 두게 된다. 시적 의미는 미루어 짐작하거나 가능성을 좇아가는 것이 아니라 현실을 일상적이면서도 진실[진리]에 접근하는 자세로부터 생성된다. 이는 언어에 대한 가능성의 문제가 아니라 실존적 문제로의 사고이동(思考移動)이기도 하다. '언어(言語)'가 아닌 '언어체계(言語體系)'가 의미를 형성한다는 관점을 갖게 된다. 오규원의 말대로 이것은 언어 이전의 '그 세계의 현상'으로 파악하는 사고이다. '그 세계의 현상'이 갖는 이미지는 현상적 의미, 즉 '살아있는 의미'로 형상화된다. 대상세계가 갖는 '있는 그대로의 현상'은 주체적 관점의 개념이나 관념과 대응하는 지점에 존재한다.

존재적 관점은 실존을 '있는 그대로', 즉 '살아있는 의미'로 인식하는 데 있다. '그 세계의 현상'을 형상화한 시적 의미, 즉 현상적 의미는 인간적 관념으로 대치되는 세계가 아닌 사실적인 국면을 지향하는 태도에서 비롯된다. 존재적 관점에서 시화된 '존재의 시'는 개념화 · 관념화 이전의 있는 그대로의 세계가 갖는 '의미현상(意味現象)'으로 형상화된다. '의미현상'이란 사실적 현상인 그 세계의 현상으로부터 형상화된 의미,

즉 현상적 의미를 말한다. 이러한 의미현상은 관념적 태도가 아닌 직관적 태도, 즉 직관적 언어체계로부터 구현된다. 직관적 언어체계의 구현은 '사실적인 것'으로의 근접을 추구하는 자세이다. 여기서 '사실적인 것'이란 해석이나 설명이 아닌 '제시(提示)'에 의해 드러나는 것을 말한다. 김춘수 시인과 오규원 시인은 직관적 태도의 정점이 '공(空)'에 있음을 간파하고 실존 그대로 주어진 현상을 통해 세계를 이해하려고 한다. 그리하여 김춘수의 무의미시와 오규원의 날이미지시는 시적 언어로부터 인간적 관념을 배제한 언술체계의 시적 방법론으로 자리매김한다.

1. 현상학적 시관

1) 대상으로부터의 자유

우리 민족의 전통적 시관은 '의미(意味)'를 추구하는데 있다. 이러한 의미지향의 시관(詩觀)에 정면으로 도전하는 자리에 김춘수 시인이 있다. 그는 "의미는 산문에 보다 어울리지만 무의미는 시의 형식에만 알맞다"는 견해를 갖는다. 그는 언어 이전의 의미로서 '무의미'를 겨냥한 시적 모색을 시도한다. 김춘수가 그의 시편에서 '무의미'를 추구함으로써 명제화하고자 한 것은 '역사는 이데올로기이고 이데올로기는 허구이며 폭력이다'라는 사유이다. 이는 그가 일제강점기 때 겪은 영어(囹圄)생활과 해방 후 겪게 되었던 동족상잔(同族相殘)에 기인한다.

김춘수의 시적 인식변화는 비참여시로서 순수시(純粹詩)의 경향을 띠게 된다. 그는 참여적 시풍에 대응하는 지점인 순수적 시풍으로의 시적 변모를 시도한 것이다. 이는 언어가 곧 사물[존재]이라는 입장을 바탕으로 '순수시'를 지향한 것이기도 하다. 그리고 김춘수는 순수시의 개념을 산문과 비교한다. 산문의 언어가 의미를 전달하는 지시적 기능을 갖는데 비해 운문의 언어는 시어 그 자체가 자립된 언어로서의 기능을 갖는다는 것이다. 그는 궁극적으로 산문에 비해 운문은 무의미적 지향을 갖는다고 보았다. 그는 가장 순수한 운문으로 '무의미적 시 세계'를 새로운 장르적 특질로 삼는다. 그가 시적 언어의 의미를 무화(無化)시키고자 한 배경에는 그가 말한 이데올로기적 역사와 폭력에 저항하는 이항 대립적 자세가 자리한다. 바로 그 자리에 '처용(處容)'이 있다. 본서는 김춘수가 역사적 관념의 산물인 '처용'과 어떻게 만나게 되는가에 주목하게 된다. 김춘수는 무의미시의 소재로서 고대 설화적 인물인 '처용'을 선택하여 '처용설화'를 시적 형상화함으로써 무의미시를 전개한다. 왜 김춘수가 현실과는 동떨어진 설화적 인물인 '처용'을 꿈꾸고 있는 것일까. 이는 그가 역사를 거슬러 올라가면서 이데올로기와 폭력의 원천을 발견함으로써 현실에 놓인 이데올로기적 역사를 비추어보고 있음을 말해준다.

김춘수는 서술적[묘사적] 언술체계를 채용함으로써 시적 언어의 의미, 즉 인간적 관념을 무화하기 위한 시적 실현을 추구한다. 그는 무의미적 시적 추구, 즉 의미적 세계의 해체를 위해 대상세계에 대한 일체의 판단을 백지화하는 현상학적 사유를 채용하게 된다. 그는 언어적 의미의 무화에 대한 실천으로서 후설(Husserl)의 현상학적 환원[판단중지(判斷中止)], 즉 '현상학적 망설임'[1])을 도입한다. 그리하여 그는 대상에 대해 인간이 설정해놓은 관념적 사고를 유보하거나 털어버림으로써 '무의미적 의미'를 추구한다. 그는 이미지가 갖는 기능적 측면을 서술적 이미지와 비유적 이미지로 이항시킨 후 서술적 이미지를 채용한다. 그는 서술적 이미지 중에서도 대상이 배제된 절대적 이미지를 비논리적으로 결합하는 언술체계를 지향한다.

---

1) "김춘수는 사물에 대한 관념의 선입견을 배제하고 '현상학적 망설임'의 태도를 취함으로써 자유의식과 탐구정신을 보여주었다. 그리고 작품 속에서만 존재하는 예술적 정서를 강조함으로써 현실극복의 하나의 대표적 패턴을 이룩했다"(김준오, 앞의 책, 141쪽).

김준오의 말대로 “무의미시는 그에게 있는 그대로의 사물과 있는 그대로의 자신[내면세계]에 도달하는 독특한 인식의 틀이기도 하다”는 차원에서 김춘수의 무의미시는 전통적 ‘의미시(意味詩)’에 대해 도전적인 시 형태를 취한다. 김춘수는 끝내 ‘의미’와 분리될 수 없는 ‘이미지’마저 배제함으로써 언어가 갖는 본질적 요소[소리, 리듬]만으로 무의미시를 실험하기에 이른다. 이는 그가 시적 언어의 실험에 천착한 태도로서 초현실주의의 내면탐구와도 상통하는 지점이다. 김춘수에게 ‘의미시(意味詩)’는 ‘대상시(對象詩)’로, ‘무의미시(無意味詩)’는 ‘비대상시(非對象詩)’로 수행된다. 그가 ‘비대상시’로의 지향성을 갖는 것은 시적 언어의 전통성을 해체하는 차원과 대상에 대한 현상학적 망설임[판단중지]의 도입에서 비롯된다.

그리고 그는 시쓰기의 기법에서 인습적이고 관습적인 측면을 배제함으로써 시적 의미를 해체할 수 있다고 믿는다. ‘비대상시’, 즉 ‘무의미시’는 대상의 근거가 허구라는 인식론적 회의(懷疑)로부터 출발하기 때문이다. 김춘수는 있는 그대로의 내면세계에 천착함으로써 시적 언어가 언어 그 자체의 대상이라는 자립적 시관을 갖는다. 이러한 관점에서 김춘수가 그의 무의미시론[「對象・無意味・自由」]에서 주장한 내용을 요약[2] 하여 재해석하기로 한다. 이는 김춘수의 무의미시가 결코 기층적(基層的)인 의미를 배제한, 즉 ‘의미 없음’이거나 ‘의미 소거’라는 ‘무의미적 무의미’의 시 세계가 아니라 인간적 관념을 배제한 ‘무의미적 의미’의 시 세계임을 파악하는 근거가 될 것이다.

> ①서술적(敍述的) 이미지라 하더라도 사생적 소박성(寫生的素朴性)을 잃었을 때는 ‘이미지(image)’와 ‘대상(對象)’은 거리가 없어진다.
>
> ②‘이미지’가 곧 ‘대상’ 그것이 되는 시(詩)가 무의미시(無意味詩)이다.

2) 김춘수, 「對象・無意味・自由」, 『김춘수 전집2-시론』, 도서출판문장, 1984, 376~380쪽 참조.

③ 무의미시는 '대상'을 놓친 대신에 '언어(言語)'와 '이미지'를 실체로서 인식하게 된다.

④ '무의미(無意味)'란 어휘나 센텐스를 두고 하는 말이 아니라, 한 편의 시작품(詩作品)을 두고 하는 말이다.

⑤ 무의미시는 현기증 나는 자유(自由)와 만나게 된다.

김춘수가 지향하는 '무의미' 혹은 '무의미적 시 세계'란 과연 무엇을 뜻하는가. 이는 '대상'과의 관계성에 의해 파악될 수 있다. '대상 · 무의미 · 자유'는 김춘수가 지향하는 시적 방법론을 집약적으로 나타낸 화두이다. 그가 전개한 관점으로 읽는다면 '대상'은 무의미성을 지향하기 위한 새로운 객체를, '무의미'는 대상을 인식하는 새로운 주체의 시선을, '자유'는 대상으로부터의 구속에서 벗어남으로써 무의미한 세계로부터 맛보는 새로운 해방감을 뜻한다. 이러한 관점에서 '무의미'란 그가 새롭게 이루고자한 시적 방법론을 이끌어가는 중심 화두로서 '대상으로부터의 자유'와 관계된다. '①'~'③'은 '대상'을 중심으로 '언어'와 '이미지'의 관계에 대해, '④'는 '무의미', '⑤'는 '자유'에 대한 정의이다. 이는 김춘수의 무의미시가 '대상 — 무의미 — 자유'의 흐름에 의해 궁극적으로 무의미적 시를 지향하고 있음을 말해준다.

'①'에서, 김춘수는 관념을 생성하는 '비유적 이미지'와 대응되는 지점, 즉 이미지 그 자체로서 이미지가 쓰이는 '서술적 이미지'를 예로 든다. 서술적 이미지는 사물시의 '사물적 이미지'와 등가를 이루는 것으로서 무의미시가 차용한 이미지적 세계이다. 서술적 이미지를 이해하기 위해 '사물적 이미지'에 대한 메를로퐁티(Merleau-Ponty)의 견해를 인용하면, "'사물'이란 우리의 경험에 속하는 사물이 아니다. '사물'이란 경험의 어느 것에서도 결실하는 것이 없는 것 같은 우주, 관찰자가 광경에서 돌아서있는 것 같은 우주, 그런 우주에 우리가 사물을 투영함으로써 사물에서 얻는 이미지, 요컨대 우리가 사물을 무(無)의 가능성과 대질시킴으로써 사물에서 얻는 이미지인 것이다."[3] 이는 사물을 이미지화하는 '無'를 '가능성'으로 놓고 '사물'과 중첩하는 사고가 '대비[비유]'라기보다 '배열[결합]'이라는 차원으로 이해한 관점이다.

'서술적 이미지'란 비유적 이미지와 대응관계를 유지하는 이미지로서 인간적 관념이 철저하게 배제된 사물이나 현상 그 자체의 순수이미지를 일컫는다. 인간적 관념이 배제된 서술적 이미지로 이루어진 무의미적 시 세계는 '순수시'를 지향하게 된다. 물론 '순수시'라 하더라도 단순히 '무의미'만을 지향한다고 볼 수는 없다. 이는 사생적 소박성을 잃었을 때 '이미지'와 '대상'은 거리가 없어진다는 관점, 즉 이미지가 곧 대상 그것이 된다는 관점에서다. 여기서 '이미지'란 이미지 그 자체가 곧 언어화에 의해 생성됨으로 관념이 배제된 순수한 심상의 상태를 말한다. 그리고 '사생적 소박성'을 잃는 것이란 인간적 관념의 개입이 차단되는 것을 말한다. 언어화의 주체[시인]와 대상[세계]이 '거리'를 유지한다는 것은 주체적 관점에서 대상과의 '간격'을 뜻한다. 주체가 주체의 '인상'을 대상에게 '의미'라는 작용에 의해 덮어씌운 상태의 '정도'를 나타낸다. 시와 대상과의 '거리'는 주체의 시선에 의해 좌우된다. 주체의 시선으로 대상을 파악한다는 것은 주체가 대상에 의해 구속받는 경우이다. '이미지'와 '대상' 사이에 거리가 없어진다고 할 때 그 역시 '거리'란 주체와 대상과의 '사이' 혹은 '간격'을 나타낸다.

'②'의 '이미지 = 대상'이라는 등식에서, 이를 오규원 식으로 말하면 '시인은 이미지로 사고한다. 아니 시인은 이미지가 사고하도록 돕는 자'이고, 세잔[Paul Cezanne] 식으로 말하면 '시인은 이미지의 의식이다. 그러므로 나는 이미지의 의식'이라는 등가관계로 정의된다. 이러한 정의는 무의미의 영역을 갖는 조건적 제시에 해당한다. 이는 '이미지 = 대상'이 되는 전제에서 무의미시가 되는 조건이 다양해질 수 있음을 말해준다.

---

3) 메를로퐁티, 남수인 · 최의영 옮김, 『보이는 것과 보이지 않는 것』, 東文選, 2004, 233~234쪽.

'이미지'가 곧 '대상'이 된다고 해서 모두가 무의미적 시가 되는 것은 아니기 때문이다. '①'의 이미지와 대상이 '거리 없음'이라는 관점에서 무의미시는 '이미지'와 '대상'을 중첩시킨 결과로 탄생된 시적 방법론이다. 이미지와 대상은 그 관계성에서 합일[중첩]에 의해서도 나타난다. '의미'와 '무의미'의 중첩은 곧 그 경계를 허물 수 있다는 사실로 인지된다.

'무의미'는 "어쩌면 우리가 의미를 부여하고 기호라고 보는 모든 것들이 뻥 뚫린 것일지도 모른다. 말하자면 기호란 원래부터 공허한 것이다. 이것이 바로 데리다(Derrida)가 기호를 바라보는 관점이다. (…) 예술작품의 의미는 파레르곤처럼 무의미와 의미의 중첩이며, 어떠한 확고한 경계를 지니는 것은 아니다."[4] '무의미'는 대상의 뚫림에 의한 산물이라고 볼 수 있다. 무의미시의 탄생에 기인된 대상적 무의미란 '미장아빔'[마주보는 두 거울에 반대편 거울의 상이 끝없이 비치는 것]의 구조에서 어느 것이 원본이고 복사본인가를 따지는 것과 다름 아니게 된다. '이미지'가 곧 '대상' 그것이 되는 시가 무의미시라고 단언할 수 있을까라는 의문을 갖게 된다. 시가 대상을 이미지화한다는 측면에서 그것은 완전한 무의미적 시의 요건이 될 수 없기 때문이다.

'①'에서 사생적 소박성을 잃은 서술적 이미지는 대상과의 '거리'가 없어지는 것이라고 할 때, 서술적 이미지 그 자체가 곧 대상이 된다.[5] 이는 이미지와 대상이 둘이 아닌 관계로서 이미지가 이미지로만 있는

4) 박영욱, 앞의 책, 108쪽.

5) "시인이 대상과의 거리를 상실한다는 것은 시인이 노래하는 대상이 소멸한다는 것이지만, 이러한 대상의 소멸은 단순한 소멸로 머물지 않고 대상의 구속으로부터 시인이 해방됨을 뜻한다. 대상의 구속으로부터 해방될 때 우리가 만나게 되는 것이 소위 자유이다. 또한 대상과의 거리가 상실된다는 것은 어떤 의미부여 행위로부터도 우리가 해방됨을 뜻한다. 왜냐하면 대상에 구속되는 한 우리는 의미의 일정한 굴레에서 벗어날 수 없기 때문이다. 따라서 대상으로부터의 해방은 시인을 무의미의 영역에 머물게 한다"(이승훈, 『시적인 것은 없고 시도 없다』, 집문당, 2003, 24쪽). 여기서 무의미시가 단순히 대상을 무화시키는 작용으로만 이해해서는 안 된다는 것을 알게 된다. 그러므로 무의미시는 인간이 대상으로부터의 해방이기도하지만 대상이 인간으로부터의 해방이라는 점을 간과해서는 안 될 것이다.

형태를 갖는다. 사생적 소박성을 잃은 서술적 이미지화에 흡수된 '대상'은 주체의 시선에 의해 하나의 이미지로 존재한다. 주체의 시선에는 대상이 사물이거나 현상으로 포착되는 것이 아니라 순수이미지 혹은 절대이미지로 형상화된다. 이를 오규원 식으로 말하면 사변화되거나 개념화되기 이전의 대상을 '날이미지'로 포착하는 경우이다. '이미지'가 곧 '대상'이 되기 위해서는 주체 중심적 사고에서 대상[객체] 중심적 사고로의 이동이 전제된다. '대상'이 주체의 시선과는 무관한 상태에서 대상 그 자체와 절대적 순수에 의해 '자유'를 갖는다. 대상이 대상으로서 존재해야 하는 이유는 그 대상과는 무관한 대상 밖의 세계가 아닌 대상 그 자체인 내면에 있다. '대상'은 사물이거나 현상 그 자체로서 존재할 뿐이며 주체의 시선에서는 오직 '이미지'로 반사될 뿐이다. 이 경우에 '대상'은 주체의 관점에서 순수 혹은 절대이미지로 형상화된다. 이는 주체[시인]가 객체[대상]로부터 해방됨으로써 '자유'를 얻는 것이라기보다는 '대상'이 주체로부터 해방되는 국면을 갖는다. 대상이 주체의 구속으로부터 벗어나면서 오히려 주체가 "대상을 놓친" 국면이 된다. 대상은 대상 그 자체로서 의미를 가질 뿐 주체로부터의 그 어떤 간섭도 받지 않게 되므로 주체의 관점에서는 '무의미'한 대상으로 존재하게 된다.

'대상'에 대한 이미지화가 비록 '순수'이거나 '절대' 그 자체라고 하더라도 그 '이미지'는 주체의 시선에 남게 된다. 이는 시가 언어예술이라는 점에서 이미 전제된 것이기도 하다. 이때 주체의 시선에 포착된 이미지는 '있는 그대로'이거나 '현상 그대로'의 형태를 갖는다. 이는 '주체'가 '대상'을 바라본 시점으로 보면, 그 어떤 인간적 관념도 개입되지 않은 순수한 상태의 이미지로서 인간적 관념이 배제된, 즉 '무관념[무의미]'의 상태가 된다. '대상'은 주체의 관념이 배제된 상태의 '이미지'를 겉모습으로 내세우고, 대상 그 자체는 '이미지' 뒤에 숨어있게 된다. 이는 주체의 관점에서 '대상'이 보이지 않는, 즉 '대상'을 놓친 상태가 되므로 주체와 대상과는 무의미한 관계에 놓이게 됨을 말해준다. 이때 '무의미'란 '대상'에 인간적 관념을 개입시키지 않음으로써 순수이미지로 포착되는 상태를 말한다. '무의미'는 '의미 없음'이라기보다 관념이 배제된 순수이미지의 형상화에 의한 순수의미, 즉 있는 그대로의 의미현상을 뜻한다. 이때 김춘수의 무의미시에서 '의미현상'이란 '의미 소거'가 아닌 '의미 초월'이라는 점에서 '초(超)의미'의 형태로 감지된다. 이는 날이미지시의 날이미지가 '언어 이전의 의미'를 추구한다면 무의미시의 서술적 이미지는 '의미 이전의 언어'를 추구한다는 관점이다. 무의미시의 '탈(脫)이미지'는 이미지로부터의 '이탈'이 아닌 '초월'이라는 '초(超)이미지'로 형상화된다.

'③'에서, 주체에게 실체로서 인식된 '언어'와 '이미지'는 곧 순수대상 그 자체를 일컫는다. '대상'이 주체의 시선에 의해 언어화[이미지화]될 때 대상 그 자체는 숨는 것이 된다. 인간적 관념, 즉 관념적 의미는 주체의 시선에 포착된 '대상'에 덮어씌워진 것으로서 주체와 대상과의 '긴장상태'를 나타낸다. 물론 주체의 시선에 포착된 의미가 아닌 대상 그 자체가 스스로 갖는 본질이거나 현상의 의미는 주체와는 무관한 상태이므로 '긴장상태'를 유발시키지 않는다. 즉 주체가 "대상을 놓친"다고 하더라도 본질적 대상 그 자체는 사라지지 않는다. 주체의 시선으로부터 놓친 '대상'은 주체적 관점에서 관념이 개입되지 않은 '무의미'로 포착된다. '대상'은 주체에게 '무의미적 의미' 혹은 '초(超)의미'로 이미지화된다. 이미지화된 대상 그 자체는 주체와 객체와의 사이에서 어떤 '긴장상태'에 있게 된다. 무의미시에서 주체가 갖는 시적 의식은 순수 혹은 절대라는 지향성을 유지하게 된다. 주체가 주체의 긴장상태를 유지한다고 할 때 비로소 주체는 대상으로부터 무의미적 의미인 "도덕적 긴장"을 갖는다. 대상으로부터의 구속에 의해 '긴장상태'가 되고 그래야만 '의미'가 생성된다고 할 때 그 '의미'란 애초부터 '대상'과는 무관하게 된다. '대상'은 항상 상대적으로 존재할 수밖에 없기 때문이다. 그래서 대상을 놓친 것이냐 아니면 대상으로부터의 도피냐에 따라 의미의 방향성도 다르게 나타난다. 실체인 '대상'을 놓침으로써 '의미'는 '언어'와 '이미지'를 실체로 인식하는 지향성을 갖게 된다.

'④'에서, 어휘나 문장의 작은 국면이 아닌 시의 총체적 국면에서 '대상'을 잃을 때 비로소 무의미적 시 세계가 된다는 것이다. 한 편의 시 속에 비유적 이미지가 다수 수용되었다고 하더라도 전체의 국면이 대상을 잃은 서술적 언어체계로 이루어져있으면 이는 '무의미적 의미'를 지향하게 된다는 것이다. 그리고 한 편의 시작품 속에 논리적 모순을 가진 작은 국면들이 여럿 있다고 하더라도 그것은 무의미적 시편에 방해되지 않는다는 것이다. 언뜻 보기에는 모순을 갖는 것처럼 보이지만 그것은 몇 개의 작은 국면으로서의 형태일 뿐 시편 전체의 의미를 결정짓지는 못하기 때문이다. 무의미적 시편 속에 의미적 시구가 섞여있다고 하더라도 시편의 총체적 국면에 영향을 끼치지 않는다면 '무의미적 의미'는 의미와의 대응이 아닌 의미의 연장선에서 '초월한 자리'이거나 '확대된 자리'로 모색될 수 있다. '무의미' 혹은 '무의미적 의미'가 갖는 의미적 차원은 '의미의 유무'가 아닌 '초월'이거나 '확대'의 관점으로 파악된다. 언어로부터 생성되는 의미란 언어 그 자체에 내재된 것이 아니라 우리의 의식 속에서 이미 소리이거나 뜻으로 존재하기 때문이다. '의미'와 '무의미'는 모두 의식의 범주에 존재하는 것이므로 구분할 수 없는 상태가 된다. 데리다(Derrida)에 의하면 "의미란 무의미와 대립되는 것이 결코 아니다. 의미란 항상 그 자체가 무의미한 것이기도 하다. 이렇게 의미와 무의미가 서로 중첩되어 의미가 무의미기도 하며 무의미가 의미이기도 한 사태를 그는 '이중인상(surimpression)'이라고 부른다. 이는 우리가 피상적으로 알고 있는 변증법적 모순과는 다르다. 변증법적 모순은 무의미를 제거하고 무의미를 의미로 만드는 과정이기 때문"[6])이다. '무의미시'란 '의미[관념]'를 덮어씌울 그런 '대상'을 숨긴다는 차원에서 의미와 무의

6) 박영욱, 앞의 책, 147~148쪽.

미가 등가를 이루는 방법론을 말한다. '무의미시'는 대상에게 주체적 관념이 개입되지 않는 이미지로 형상화된 시편인 것이다.

'⑤'에서, '자유'란 '방심상태'로서 순수한 예술의 추구를 위해 구속으로부터의 자유, 즉 긴장상태의 이완을 말한다. 그리고 '현기증 나는 자유'란 모든 것이 사라진 자리, 즉 '허무'의 공간을 말한다. 여기서 '허무'는 대상이 숨거나 떠난 자리에서 구속이 아닌 자유의 시선으로 대상의 주변까지도 포착하게 된다. 이러한 포착에 의해 무의미적 시는 태동하게 된다. 이는 김춘수가 스스로 무의미시를 "허무의 아들"이라고 표현하거나 "성실하다면 허무[유희]는 언젠가는 초극(超克)되어져야 하며 새로운 의미, 아니 그 의미가 새로 소생하고 대상이 새로 소생할 것"이라고 말한 지점이다. 김춘수의 무의미시란, 대상 그 자체를 '있는 그대로' 포착하려는 노력에 의해 이미지화된 시적 산물이다. 이는 '의미[대상] 없음'이나 '의미 소멸[소거]'이라기보다 인간적 관념을 덮어씌울 대상을 숨겨버린 시적 의식으로의 지향성을 갖는다. 김춘수의 무의미시란 결국 인간[주체] 중심적 사고가 아닌 대상[객체] 중심적 사고로 응시한 결과물인 것이다. 여기서 대상 중심적 사고란 인간 중심적 사고가 갖는 불순함이 제거된 순수 그 자체의 사유를 말한다. 대상 중심적 사고는 객체를 응시하는 주체의 시선이 아니라 객체 그 자체의 순수상태를 표현하려는 시적 추구라는 점에서 '순수시'의 경향을 띤다. 무의미적 시 세계, 즉 무의미시의 개념은 김춘수 시인의 초기와 중・후기 시 세계를 관통하는 '의미[관념]'와 '무의미[무관념]'의 경계에서 순수성을 지향하는 현상학적 방법론에서 이해될 수 있다. 김춘수의 초기 시편과 무의미 시편을 통해 의미와 무의미의 사이에 존재하는 의미적 경계를 살펴보기로 한다. 이는 비록 무의미시편이라 하더라도 그것은 완전한 의미 없음을 추구하는 것이 아니라 어떤 주제적 의미, 즉 무의미적 의미를 낳는다는 관점에서다.

①山은 모른다고 한다.

②물은
　모른다 모른다고 한다.

③속잎
　파릇파릇 돋아나는 날
　모른다고 한다.
　내가 기다리고 있는 것을
　내가 이처럼 너를 기다리고 있는 것을

④山은 모른다고 한다.
⑤물은
　모른다 모른다고 한다.

—김춘수, 「모른다고 한다」 전문('①~⑤'는 인용자 표시)

이 시편은 김춘수의 첫 시집 『구름과 薔薇』[1948]에 실려 있다. 김춘수는 시집의 제목을 '구름과 薔薇'라고 명명한 점에 대해 매우 상징적인 뜻을 지닌다고 말한다. '구름'은 감각으로 설명 없이 부닥쳐왔지만, '薔薇(장미)'는 관념으로 왔다는 점에서다. 이는 그가 "나는 나의 관념을 담을 유추를 찾아야 했다. 그것이 '장미'이다. 이국취미가 철학하는 모습을 하고 부활한 셈이다. 나의 발상은 서구의 관념철학을 닮으려고 하고 있었다. (…) 세상 모든 것을 환원(還元)과 제일인(第一因)으로 파악해야 하는 집념의 포로가 되어 있었다. 그것이 실재를 놓치고, 감각을 놓치고, 지적(知的)으로는 불가지론(不可知論)에 빠져들어 끝내는 허무를 안고 뒹굴 수밖에는 없다는 것을 눈치 챈 것은 50년대도 다 가려고 할 때였다"라고 술회한 지점인 것이다. 이러한 그의 술회는 이미 그가 초기 시세계에서부터 관념과 허무의 인과성(因果性)에 대해 '현상학적 환원'의 관점으로 고민한 흔적을 잘 보여준다.

'①'에서 "모른다"고 하고 '②'에서 다시 반복어조로 "모른다 모른다"라고 표현된 점은 이 시편에서 하나의 언술적 특징으로 나타난다. '①'과 '②'의 차이로는, '모른다'의 주체가 '①'에서는 "山"이고 '②'에서는 "물"이라는 점이다. '②'에서는 '모른다'라고 언술하는 시적 화자의 감정이 점층적으로 강조되는 국면이다. '②'의 "모른다"는 '①'의 "모른다"를 이어받으면서 단순히 강조하는 역할뿐이 아닌 다른 것 혹은 새롭게 나타난 것을 거부하는 태도이다. '산'과 '물'은 개별적인 존재라기보다 "모른다"라고 하는 주체로부터 동일하게 나타난 대상이다. '①', '②'에서 "모른다고 한다"는 '관념을 담을 유추'마저 잃은 채 불가지론의 허무를 안고 뒹구는 모습 그 자체이다. '③'에서는 '모른다고 한다'의 시적 의미를 개념화하기 위해 "속잎/파릇파릇 돋아나는"이라는 이미지를 동원하면서 뒤이어 "내가 기다리고 있는 것을/내가 이처럼 너를 기다리고 있는 것을"이라는 사변을 펼친다. 3연['④', '⑤']은 '①', '②'가 반복적으로 표현되어 아는 것도 아니고 모르는 것도 아닌 상태로서 관념의 극단을 보여준다. 속잎이 파릇파릇 돋아나는 작용에 의해 산과 물이 "모른다"고 한 그 사실은 다시 '모르는 것'이라기보다 '모르는 것을 초월한 의미'로 전복되어 나타난다. 이러한 의미의 전복적 사태는 실재와 감각을 놓치고 난 무의식적 관념의 덩어리를 자신의 시 세계에 녹여버린 결과이다. 또한 "촉각(觸覺)이 더듬어가며 짚어가며 암중(暗中)에서 쓰여진 시"로 자신만의 시적 방법론을 정립하지 못한 채 시작(詩作)한 결과이기도 하다. 이러한 김춘수의 초기 시 세계와 대비되는 무의미시편을 살펴보기로 한다.

①눈보다도 먼저
 겨울에 비가 오고 있었다.
②바다는 가라앉고
 바다가 있던 자리에 군함(軍艦)이 한 척

닻을 내리고 있었다.
③여름에 본 물새는
죽어 있었다.
④물새는 죽은 다음에도 울고 있었다.
⑤한결 어른이 된 소리로 울고 있었다.
⑥눈보다도 먼저
겨울에 비가 오고 있었다.

－김춘수, 「處容斷章 I-4」 부분('①~⑥'는 인용자 표시)

'①'은 겨울비가 내리는 실재[사실]의 풍경이다. 화자는 겨울비가 내리는 풍경을 바라보면서 겨울의 상징인 겨울눈이 내리는 풍경을 연상하고 있다. 이 시편 역시 '①'의 시구가 그대로 '⑥'에서 반복되어 표현되고 있다. '⑥'에서 '①'이 반복적으로 표현되면서 하얀 눈송이를 기다리는 화자의 갈망이 한층 고조되는 국면으로 형상화된다. '②'는 간조(干潮)때의 겨울바다 모습으로서 조수(潮水)가 빠져나간 뒤 해수면이 가장 낮은 때의 겨울바다를 형상화하고 있다. 조수가 빠져나간 자리에는 군함 한 척이 온전한 모습으로 묵묵히 서있는 풍경이다. '③'은 물새 한 마리가 군함 옆에서 잠든 풍경이다. 이러한 풍경 역시 "바다가 가라 앉"은 산물이기도 하다. "군함"과 "물새"는 "바다가 있던 자리"에 공존하는 사물로서 화자의 내면세계를 반추하고 있다. '④'에서 '죽은 물새가 울고 있다'는 장면은 '있는 그대로의 내면세계'를 이미지화하고 있는 국면이다. ⑤'에서 '어른이 된 소리'라는 장면은 물새가 죽은 시점이 '어린 물새'였음을 암시하고 있다. 이 시편의 총체적 국면은 '눈 — 겨울바다 — 군함 — 물새'라는 대상을 따라 연상되는 체계를 갖는다. 눈[雪]보다 겨울비가 먼저 오고, 바다는 가라앉고, 군함 한 척이 닻을 내리고, 물새가 죽어서도 우는 국면이 자유연상에 의해 형상화되고 있다. 이는 화자가 보낸 유년시절의 기억이 되살아나면서 연상되는 현상적 풍경이다.

「處容斷章 I-4」는 김춘수가 「처용단장」 제1부를 "무의미한 자유연상(自由聯想)이 굽이치고 또 굽이치고 또 굽이치고 나면 시 한 편의 초고(草稿)가 종이 위에 새겨진다. 그 다음 내 의도가 그 초고에 개입한다. 시에 리얼리티를 부여하는 작업이다. 전의식(前意識)과 의식의 팽팽한 긴장관계에서 시는 완성된다. 그리고 나의 자유연상은 현실을 일단 폐허로 만들어 놓고 비재(非在)의 세계를 엿볼 수 있게 하겠다는 의지의 기수(旗手)가 된다"(무387면)는 트레이닝 끝에 쓴 시적 산물이라고 밝힌 연작(連作) 중 한 편이다. 그리고 시인은 이 시편의 시작(詩作)동기에 대해 "인상파풍의 사생과 세잔느풍의 추상과 액션페인팅을 한꺼번에 보여주고 싶었으나 내 뜻대로 되었는지는 의문이다"라고 밝힌다. 「처용단장」 제1부가 시인의 유년(幼年) 시간과 공간의 시적 현현(顯顯)이라고 볼 때 이 시편은 "눈보다도 먼저" 겨울비가 내리던 날 "한결 어른이 된 소리로 울고 있"는 시인의 모습을 형상화하고 있다. 「처용단장 I-4」 제1부 이후 김춘수가 무의미시를 전개하는 과정에서 지속적으로 의식과 마찰을 빚고 있다는 점이나 리얼리티를 부여한다는 점은 '완전한 무의미'까지 이르지 못했음을 말해준다. 그래서 본고에서는 무의미적 시가 곧 '무의미적 무의미'가 아닌 '무의미적 의미', 즉 '의미 초월'이거나 '의미확대'라는 전제에서 그의 무의미시편을 해명하게 될 것이다.

2) 살아있는 것의 현상

오규원이 '날[生]이미지'란 용어를 처음으로 사용한 글은 『현대문학』 [1994년 8월호]에 실린 「살아있는 것」이라는 시작노트이다. 그는 『조주록』을 인용하면서 인간 중심적 사고에 의해 왜곡되고 있는 자연과 사물을 구현하기 위해서는 인간만이 '정(定)'하는 언어가 아닌 세계와 함께 언어를 '사는' 방법은 없는 것일까에 대해 고민한다. 그는 이러한 고민을 해결하기 위해 눈앞에 놓여있는 이 세계를 '그 세계의 현상'으로 파악하면 어떻게 되는 것일까에 대해 사유한다. 그는 '현상'은 굳어있는 개념도 아니며, 추상적인 관념도 아니며, 그것은 존재의 살아있는 의미망, 즉 '날이미지'라는 사유를 갖는다. 이 시작노트는 그 후 『현대시학』[1994년 11월호]에 「'살아있는 것'을 위한 주해(註解)」라는 산문으로 보다 상세히 기술되었다가 《중앙일보》[1996.4.9]에 다시 일반적 서술로 바꾸어 발표된다. 이 시점에서 그는 언어를 믿고 세계를 투명하게 드러내려는 노력을 하던 초기 시 세계와 언어와 세계에 대한 불신 때문에 관념과 현실을 해체하고 재구성하려던 중기 시 세계를 지나 명명하고 해석하는 언어의 축인 은유적 수사법을 '중심축'에서 '주변축'으로 돌려버린 후기 시 세계에 서있음을 자각하기에 이른다. 여기서는 그의 시론집 『날이미지와 시』에 언급된 날이미지시의 개념을 요약하여 살펴보기로 한다.

① 날[生]이미지시는 인간 관념(觀念)의 허구를 벗어난 세계의 구현이다.
② 궁극적으로 한없이 투명할 수밖에 없는 세계는 '시의 언어[詩語]'에 의해 구현될 수 있는 가능성의 우주(宇宙)이다.
③ 인간이 '문화(文化)'라는 명목으로 덧칠해놓은 지배적 관념이나 허구(虛構)를 벗기고, 세계의 실체인 '두두물물(頭頭物物)'의 말[현상적 사실]을 날것, 즉 '날[生]이미지' 그대로 옮겨달라는 것이다.
④ 세계는 개체와 집합 또는 상호 수평적 연관관계의 구조이다.
⑤ 날[生]이미지시는 개방적 이미지와 구조이기를 꿈꾼다.

요약한 글에서 '①'~'③'은 '시와 이미지', '④'와 '⑤'는 '구조와 형식'을 정의하고 있다.

'①'은 이념우위의 문화를 재생산하는 중심에 '관념'이 자리 잡고 있음을 나타낸다. 인간세계에서 이념이나 문화가 존재한다는 현실을 피할 수는 없다. 인간세계는 자연의 범주에 속하면서도 그 자연으로부터 이탈한 인간에 의해 '있는 그대로'의 세계가 왜곡된 곳이기 때문이다. 인간 세계의 관념적 허구는 곧 자연세계로부터 소외당한 인간의 소산인 것이다. 오규원은 문학적 전략으로 인간적 관념의 허구를 단순히 부정하는 데에만 그치지 않고 관념 그 자체를 배제하는 쪽을 선택한다. 그는 인간적 관념으로만 이루어진 언어란 곧 관념의 함정을 머금은 허구성 그 자체로서 "미끈거리는 존재"로 보게 된다. 여기서 먼저 그가 인용한 '관념[言]의 함정'을 일깨워주는 조주선사의 선문답을 살펴보기로 한다. 달마대사가 인도에서 중국으로 온 까닭을 묻는 스님들에게 조주선사는 그 질문에 직접적 응답을 피한다. 조주는 스님들에게 관념적 설명 대신에 실재하는 사물을 제시한다. 관념적 설명이 있어야할 자리에 실재의 사물이 놓아진 곳에서 오규원은 설명이 '관념의 우주'라면 실재 사물은 '사실의 우주'라는 점을 인지한다. 그는 조주의 응답이 사실을 '있는 그대로' 제시하고 있음을 이해한 것이다. '제시의 언어'는 '설명하지 않기 위한 언어'를 추구하는데서 비롯된다. 이는 반드시 관념만이 이 세계를 이해하거나 해석하여 드러낼 수 있는 것이 아님을 잘 보여준다.

'②'에서, '나'라는 존재는 자연 속에서 살아가는 인간적 모습이다. '내'가 곧 세계이며 세계는 '내'가 존재함으로써 그 자리에 있다. '나'와 '세계'는 투명한 관계로 상호 인식되어 올바른 존재를 지향함으로써 유지된다. 그리고 '내'가 투명할 수 있는 것은 '세계'라는 거울에 비춰진 '있는 그대로'의 모습일 때 그 가능성을 갖는다. 이는 날이미지시라는 시작품을 통해 왜곡·혼돈·무질서의 세계가 아닌 투명 그 자체를 지향하는 세계의 가능성이다. 시가 말하는 것은 '시인의 말[言]'이 아니라 '작품 그 자체'로서 드러난다. 시는 '시인'이 아닌 '시의 언어[시어]'가 말하게 됨으로써 투명할 수밖에 없는 세계를 순수하게 드러내는 작업의 산물이다. 이러한 시적 사유는 오규원의 말대로 "비극적이게도 새로운 세계를 탐구하는 시인이라는 이름의 우리들 대부분은, 끝없는 치환 또는 대치관념의 사냥꾼에 불과하다. 새로운 세계[의미]는 처음부터 존재하지도 않는 것이며, 우리가 새로운 세계라고 하는 것은 언제 바뀔지 알 수 없는 하나의 대치관념일 뿐인 것이다"라는 지점이다. 이러한 오규원의 시적 사고에서 우리는 시에서 시의 언어가 투명하지 않다면 그 어떤 시적 창조라고 하더라도 그것은 관념의 덩어리에 불과하며 이 세계를 파편화하고 왜곡하는 주범이 된다는 것을 감지하게 된다.

'③'에서, 시인은 의식이 대상을 통해 이미지로 인식한다는 차원에서 '이미지'에 의해 사고(思考)하며 '살아있는 것'이기를 바란다. '살아있는 것'이란 개념화되거나 사변화되기 이전의 두두물물(頭頭物物)의 현상인 '날이미지'이다. '날이미지'는 '나'의 의지이기 전에 '세계'의 의지이다. 오규원은 그의 시에 나타나는 이미지는 '현상적 사실'이거나 '환상적 사실'로 운동한다는 사실을 믿는다. 그 결과 그는 '현상'과 물물의 신화인 '환상'을 사실적 토대위에 '날이미지'로 옮겨놓는다. 그는 '나'와 '세계'를 진리의 화신으로 인식하면서부터 '진리는 늘 눈앞에 있다'라는 선구(禪句)를 인용하여 '날이미지'를 진리의 토대위에 옮겨놓는다. 즉 진리란 다른 것이 아니라 손에 잡히고 눈에 보이는 頭頭物物의 현상 그것이며, 진리가 있는 곳도 따로 있지 않고 당신이 잡고 선 바로 그곳이라는 것이다.

눈앞에 놓여있는 두두물물의 세계는 모든 것이 '사실 그대로'이다. 하지만 인간적 언어는 사실 그대로 놓여있는 세계를 인간적 관념에 의해 심리적이거나 관념적으로 설명하고 드러낸다. 이는 이 세계가 '사실적'이거나 오직 '있는 그대로'의 상태로 존재한다는 진리 그 자체를 간과한 인간적 시선에 불과하다. 시구를 통해 살펴보면, "길 밖에서/메꽃이 하나 기울고/여자가 허공을/거기에 두고/길에 파묻힌다"[「여자와 아이」]에서, '길 밖에서 메꽃이 하나 기울고' 있는 국면은 어떤 심리적 현상이거나 또는 관념적 현상이 아닌 실재적이며 사실적 현상이다. 여기서 '사실적 현상'이란 개념화되거나 관념화되기 이전의 현상 그 자체이다. 오규원은 존재의 본질을 오직 존재의 언어인 '현상적 사실'이라는 관점으로 인식한다. 왜곡되지 않은 '현상적 사실'이 바로 '날이미지로서의 현상'인 것이다. 이는 그 누구도 거기에다 개념적이거나 사변적인 의미를 부여한 흔적이 없는 현상적 이미지[날것 이미지]로서 시화(詩化)된다. 오규원이 날이미지시에서 중요시한 것은 바로 '현상적 사실'이다. 그래서 그는 '사실적 현상'을 '현상적 사실'로 이미지화하는 수사(修辭)를 시적 작업의 중심에 놓는다. 이러한 '현상적 사실'은 곧 '날[生]이미지'로 형상화된다.

'④'에서, '세계'란 무엇이며, '언어'란 과연 무엇인가. 오규원은 이 '언어'야말로 '인간적인 너무나 인간적인 것'이어서 인간적 욕망의 다른 이름이며 또한 천의 얼굴을 한 인간의 욕망 그 자체라고 생각한다. 인간이 자연으로부터 소외당한 가장 큰 이유가 바로 '언어'에 의해 천착한 인간적 욕망이기 때문이다. 그는 '언어'란 이 '세계'의 구조와는 별개로 있는 허구적 도구로서 자연과 인간을 격리하는 주범이라고 이해한 것이다. 이러한 '언어'는 한낱 인간적 욕망의 구조일 뿐 그 어떤 자연물과도 진리적으로 소통할 수 없는 가장 인간적인 구조에 불과하다. 그는 자연과 인간의 간격을 좁히기 위해 '참 나'와 '참 세계'를 구현하고자 시적 변모를 추구한다. 그는 그의 시적 세계를 통해 언어적 욕망의 구조인 '관념'과 그 체계인 '은유'를 밀치는 자리에서 '세계 그 자체'를 지향하는 의식을 갖는다. 이러한 시의식은 "세계는 의미 있는 것도 아니고 부조리한 것도 아니다. 세계는 단지 있는 것"[7]이라는 점을 이해한데서 비롯된다. 비록 인간이 개념 혹은 관념의 가면을 벗어버린다고 하더라도 그것은 세계 그 자체가 갖는 존재적 본질이 아니라 수사적인 것에 불과하다. 인간의 의식에 의해 놓여있는 세계는 모두 '존재 그 자체'의 내재적인 본질 그 자체가 아니라 흔히 말하는 표면적이거나 표현적인 현상이다. '그냥 있을 뿐'인 세계 그 자체와 '수사적' 인간인 시인의 관계는 세계가 개체와

7) 알랭 로브리그예, 김치수 역, 『누보로망을 위하여』, 문학과지성사, 1981, 166~167쪽 참조.

집합 또는 상호 수평적 연관을 갖는 구조일 때 비로소 '있는 그대로'의 현상에 의해 소통될 수 있다.

'⑤'에서, 날이미지시가 '현상 그대로' 이미지화한다라는 관점에서 오규원의 정의대로라면 "날[生]이미지시는 개념화되거나 사변화되기 이전의 의미인 '현상'을 이미지로 하고 있는 세계"이다. 그는 "여기에서의 '현상'은 개념적·사변적 언어와 거리를 두고 있는 감각적·사실적 언어와 관계하고, 왜곡 없이 세계와 닿는 시각적 진실과 직관적 인식을 기저"로 한다는 것이다. 날이미지적 시는 개방적 이미지의 구조를 갖게 된다. 날이미지시의 개념적 이해는 오규원의 초기 시 세계인 '관념적 진실'과 두두물물의 현상을 '날이미지'로 옮겨놓기 위해 '사실적 진실'을 나타내는 아래의 시편들에서 확인된다.

Ⅰ. 빛

떨어지는 순간
빛은
하얀 공간에
꽃병도 없이 어딘가에 꽂힌
꽃이 된다.
낱말도 없는
문장에
꽂힌
한 송이의
꽃이 된다.

Ⅱ. 환상의 땅

건강한 언어의
아이들은
어미의 둥지에서
알을 까고,
고요한 환상의
출장소
뜰에
새가 되어
내려와 쉰다.
의식의
고장 난 수도꼭지에서
쉰다.

—오규원, 「몇 개의 현상」 부분[8)]

이 시편은 "세계를 투명하게 드러내려는 노력"에 의해 나온 오규원의 첫 시집 『분명한 사건』에 수록되어 있다. 이 작품에서는 "하얀 공간"이라는 공간적 이미지를 동원함으로써 "빛은 ~꽃이 된다"라는 시적 의미가 구체화되는 형태를 갖는다. "꽃병도 없이 어딘가에"는 "낱말도 없는 문장에"를 개념화시키는 이미지로 작용한다. "건강한 언어의 아이들은 ~쉰다"라는 시적 의미를 구체화하기 위해 "어미의 둥지에서/알을 까"고, "고요한 환상의/출장소/뜰"이라는 이미지를 동원하며 사변을 펼친다. 「몇 개의 현상」의 'Ⅰ'과 'Ⅱ'에 나타난 현상들은 시적 의미를 구체화하기 위해 사변화·개념화시키는 국면을 갖는다. 이러한 시적 이미지들은 오규원 식으로 말하면 '관념적 진실'이 기반을 이루는 형태이다. 하얀 공간에 빛이 떨어지는 것은 '사실적[진실적]'이나 꽃병도 없이 어딘가에

8) 「몇 개의 현상」은 오규원의 첫 시집 『분명한 사건』[한림출판사, 1971]에 실려 있으며, 'Ⅰ. 빛'과 'Ⅱ. 환상의 땅'으로 구성되어 있다.

꽂힌 꽃이 된다는 것은 '관념[사변]'이다. 건강한 언어가 새가 되어 환상의 출장소 뜰에 혹은 의식의 고장 난 수도꼭지에서 쉬는 것은 '관념[환상]'이다.

'관념적 진실'은 개념화되거나 사변화된 의미로서 굳은 이미지[비유적 이미지]인 'A = B'라는 은유적 수사법에 의해 표현된다. 이러한 표현은 개념적·사변적 언어에 의해 직관적 인식과는 거리가 먼 시적 국면을 갖는다. 오규원이 "사변과 개념화 작업은 물론 시적 대상[세계]에 대한 새로운 의미부여를 목표로 한다. 그 의미부여는 대상과 기호 사이에 지금까지 인간이 부여해놓은 의미의 덩어리 혹은 의미의 파편 위에 하나를 더 포개는 작업이다. 대상과 기호 사이에 관념의 집과 울타리를 만들어, 사물과 기호 사이의 간격을 더욱 벌려놓는 일이다. 세계의 본질에 닿고자하는 사람에게는 이 관념적 진실의 공간이 이럴 수 있다는 사실이 엄청난 충격이다"라는 점에서도 확인된다. 비록 새로운 의미부여라고 하더라도 그것은 대상에 또 한 겹의 덧칠을 하는 행위에 지나지 않는다는 것이다. 이미지가 이미지를 위해 동원되는 것이 아니라 '의미'를 부여하기 위해 동원되는 것이라는 점에서 위 시편들은 '관념적 진실'이 기저를 이루는 시적 구조를 갖는다. 하지만 아래의 시편은 다르다.

①한 여자가 길 밖에
머리를 두고
길 안으로 간다
②여자의 치마 끝에서
길이 몇 번 펄럭거린다
③작고 둥근 자갈과
작고 둥근 자갈 위의 길을 지나
은행나무에 걸린
허공 아래로 간다

④길 밖에서
메꽃이 하나 기울고
여자가 허공을 거기에 두고
길에 파문힌다
⑤허공에 기대고 있던 아이가
여자의 치마를 길 밖으로
잡아당긴다

—오규원, 「여자와 아이」 전문('①~⑤'는 인용자 표시)

'①'에서는 한 여자가 길 위를 걸어가는 현상을 나타낸다. 한 여자의 머리를 포함한 온몸은 "길 안"에 있다. 이는 '사실적'이다. 하지만 관찰자의 시선에서 한 여자의 머리는 "길 안"에 있는 게 아니라 "길 밖"에 놓인 것으로 보일 수 있다. 그러므로 '①'은 객관적 실재인 한 여자가 걸어가는 모습을 통해 '보이는 그대로', 즉 '현상 그대로'를 포착한 '현상적 사실'이다. '②'에서, 길을 걸어가는 여자의 치마가 걸음의 동작에 의해 "펄럭거린"다면 그것은 '사실적'이다. 하지만 관찰자는 여자의 "치마"가 펄럭거리는 게 아니라 "길"이 펄럭거리는 현상으로 인식한다. 그러므로 이는 착시현상에 의해 나타나는 '환상적 현상'이다. 이러한 환상적인 현상도 관찰자의 관점에서는 '사실적'인 바탕에서 이루어지고 있음으로 '환상적 사실'이다. '③'에서, 여자는 "작고 둥근 자갈 위"에 놓인 길을 지나 은행나무 아래를 걸어가고 있다. 은행나무가 허공에 안긴 것이거나 허공이 은행나무에 걸린 현상을 뚫어가며 여자가 걸어가는 풍경이다. 여자가 은행나무 아래를 걸어가는 행위와 허공이 은행나무에 걸려있는 풍경은 모두 사실 그 자체이다. 그러므로 이는 '현상적 사실'의 국면이다.

'④'에서, 여자가 걸어가는 그 길 밖에서 메꽃이 지는 풍경이다. 은행나무에 걸린 허공을 그 자리에 그대로 둔 채 여자는 내리막길을 내려서는 풍경이다. 길 밖에서 메꽃이 하나 기우는 모습과 여자가 허공을 거기에 두고 길에 파묻히는 현상은 보이는 그대로의 '현상적 사실'이다. '⑤'에서, 여자가 두고 간 허공과 그 허공 속에서 기대고 있던 아이는 길 밖 메꽃이 지는 자리로 여자의 치마를 잡아당기고 있는 풍경이다. "머리"가 아니라 "치마"가 길 밖에 있는 모습으로 보이는 현상이다. 이 또한 '현상적 사실'로 드러나는 국면이다. 이 시편의 총체적 국면은 '현상적 사실'이 주류를 이루는 국면으로서 '현상'을 서술하는, 즉 '대상'을 따라 움직이는 시적 구조를 갖는다. 풍경 그 자체가 말[言]을 하는 것, 즉 풍경 그 자체가 독자에게로 옮겨가는 구조이다. 「몇 개의 현상」의 '현상'이 '관념적 진실'을 기반으로 개념화·사변화되어 있다면, 「여자와 아이」에서의 '현상'은 사실성을 골격으로 한 '사실적 진실'을 기반으로 형상화되어 있다. 「몇 개의 현상」이 '은유적' 체계인 반면 「여자와 아이」는 '환유적' 체계의 국면으로서 날이미지로 이루어진 '날이미지적 시'에 속한다. 환유적·사실적으로 인식되는 작품의 수사적 체계는 묘사형태에서 구현되며 작품내용을 구성하는 이미지는 '현상적 사실'과 '환상적 사실'로 형상화된다. 이는 날이미지시가 개념화되거나 사변화되기 이전의 의미인 '현상'을 이미지로 하고 있는 세계임을 나타낸다.

오규원이 투명과 순수 그 자체를 '있는 그대로'이거나 '현상 그대로' 드러내려는 노력은 김춘수와 다르지 않다. 이는 김춘수 시인이 무의미시에서 이미지가 곧 대상이라는 '자유'를 추구하였다면 오규원 시인은 날이미지시에서 살아있는 것의 현상이라는 이미지 그 자체의 '해방'을 추구한다는 점에서 그렇다. 두 시인의 현상학적 시관은 관념적 설명에 의해 세계를 구현하거나 응답하는 것, 즉 인간적 관념의 함정에서 벗어나 '있는 그대로'이거나 '현상 그대로'의 세계 그 자체로 형상화한다. 두 시인은 대상세계를 투명하거나 순수하게 드러내기 위해 '은유적' 체계를 밀치는 대신 '환유적' 체계를 시적 구조의 핵심에 두는 현상학적 언술체계를 갖는다.

2. 현상학적 언술체계

김춘수의 무의미시와 병행하는 '무의미시론', 오규원의 날이미지시와 병행하는 '날이미지시론'의 배경에는 화가(畵家)의 예술적·현상학적 인식의 영향이 자리한다. 화가들이 갖는 인식의 영향으로 두 시와 시론은 미학적 현대성이 그 기저를 이루게 된다. 이는 본서가 두 시와 시론을 중심으로 현상 그 자체가 갖는 시적 의미, 즉 현상적 미학을 발견하고자 하는 이유이기도 하다. 이러한 미학적 관점은 시적 언어체계 속에 나타나는 현상적 의미의 흐름과 언술체계를 고찰하는 방식이다. 현상적 미학을 발견하고자하는 것은 곧 현상 그 자체가 갖는 의미의 운동을 파악한다는 측면이기도 하다. 이러한 관점은 메를로퐁티(Merleau-Ponty)의 '현상과 대상의 관계 및 운동성'에 대한 논의에 근거한다.

> 대상이란 우리가 그것에 시선을 고정하면 더욱 자세하게 지각되며, 이를 통해 현상으로 출현하게 된다고 보았다. 그는 또 우리의 지각은 원래 환영적일 수밖에 없다는 사실에 주목한다. 우리의 몸이 하나의 대상을 완전하게 지각하기 위해서는 모든 시공간에서 바라본 지평을 필요로 하는데, 이러한 지평은 결코 완전하게 달성될 수 없기 때문이다. 말하자면 대상에 대한 지각은, 시공간의 지평을 가능하게해주는 몸의 현재적이고 잠재적인 움직임에 의해서만 가능하다는 것이다. 따라서 지각된 대상의 다양한 모습은 언제나 잠재적 움직임을 통해 나타나게 될 감춰진 부분까지 내포하게 마련이다. 우리가 대상에 대한 시각을 완전하게 소유하지 못하는 것도 이 때문이다. 여기에서 몸의 움직임은 단순히 공간 속에서 일어나는 객관적인 이동이 아니라, 감각적인 성질들을 진동시키는 잠재적인 운동을 의미한다.[9)]

---

9) 메를로퐁티, 김화자 옮김, 『간접적인 언어와 침묵의 목소리』, 책세상, 2005, 112쪽.

어떤 현상의 출현이 주체의 응시에 의해 드러나는 '대상'이라고 할 때 그 '대상'에 대한 시각은 완전한 것인가. '몸의 움직임'을 통해서만 대상에 대한 지각이 가능한 것인가. 지각적인 것이 시간적이고 공간적인 지평을 통해서만 이루어진다고 할 때 이것은 하나의 가능성이나 개연성으로만 볼 수 있을까. '눈[眼]'이라는 '몸[身]'의 움직임을 통해서 대상을 취하는 지각은 과연 몸의 지각에 의해서만 체득될 수 있는 것인가라는 의문을 갖게 한다. '몸 — 눈 — (?)'이라는 지각체계에서 '눈'에 투사되는 대상의 현상은 반드시 '몸'만은 아닐 수 있기 때문이다. 본서는 김춘수와 오규원이 추구하는 시적 목표가 어떤 '대상'에 의해 드러나는 현상적 정황의 의미를 '있는 그대로' 혹은 '존재 그대로' 이미지화하려는 차원에서 그 지향성을 분석하게 된다.

1) 서술적 · 환유적 언술체계

도치법이나 점층법 등이 '형식'에 따른 비유법이라고 할 때 은유와 환유는 '의미'에 따른 비유법이다. 시학적 관점에서 시적 대상에 대한 시인이 적용한 언술체계는 대체로 '은유적' 체계와 '환유적' 체계를 갖는다. 은유적 체계는 각 항의 유사성에 의한 '선택'과 '대치'라는 사고의 축이며, 환유적 체계는 인접성에 의한 '결합'과 '접속'이라는 사고의 축이다. 즉 전자는 은유적 사고, 후자는 환유적 사고이다. 은유적 사고가 원관념의 해명을 위해 의미론적 유사성을 갖는 보조관념을 선택하여 대치한다면, 환유적 사고는 한 국면이 갖는 구조적 차원에서 차용된 보조관념을 결합과 접속으로 배열하는 서술적 체계를 갖는다. 김춘수의 경우, 이미지를 서술적 이미지와 비유적 이미지로 나누고 서술적 이미지를 채용하여 무의미의 시를 지향한 점은 환유적 체계를 차용한 것이다. 은유적 사고의 산물인 '은유적 의미'와 환유적 사고의 산물인 '환유적 의미'라는 관점에서, 은유적 의미는 선택과 대치 관념으로서의 의미를, 환유적 의미는 연상과 결합 관념으로서의 의미를 갖는다. 특히 환유적 의미가 서술적 문맥을 갖는다는 점에서는 사실적 의미를 지향하는 것이 된다. 하지만 환유적 대상물은 감각의 산물인 이미지로 시화된 것이므로 사실적 의미보다는 지각적[감각적] 의미에 가깝다. 이것은 시편 속의 의미가 묘사[서술]에 의하건 진술에 의하건 대체로 관념적인 형태의 해석적[관념적] 의미와 감각적 형태의 표상적 의미로 드러난다는데 있다. 은유적 체계가 우세한 시편은 관념적 의미를 수용한 의미론적 세계를, 환유적 체계가 우세한 시편은 표상적 의미를 수용한 어떤 세계의 국면으로 형상화된다.

본서에서는 김춘수의 무의미시와 오규원의 날이미지시가 지향하는 언술체계에서 은유적 체계보다는 환유적 체계가 우세하다고 보고 현상학적 관점으로 살피게 된다. 이는 두 시의 문맥이 묘사적[서술적]으로 이루어져있는데서 기인한다. 환유적 체계는 표상적 의미[사실적 의미]를 갖는다. 은유적 체계와 대응한다는 차원에서 환유적 체계는 '사실적인 것'을 형상화하기 때문이다. 환유적 체계는 '사실적'인 국면을 가짐으로써 감각[지각]되는 정황을 갖는다. 사실적 정황은 은유적 체계에서 보조관념[대치 관념]이 갖는 기능처럼 환유적 체계에서 시적 의미로 형상화된다. 환유적 언술체계에서 형상화된 의미의 축조는 은유적 세계와는 다른 새로운 의미적 세계인 표상적 구조를 갖는다. 표상적 의미는 '사실적인 것'을 감각적 지각을 통해 환유적으로 인식함으로써 나타나는 의미이다. 이런 관점에서 날이미지시가 사실적 정황묘사를 위주로 한다면 무의미시는 심리적 음영이 강한 암시적 의미를 잉태하는 감각적 묘사에 의존하게 된다.

시에서 주로 사용하는 기본적 수사법으로는 은유적 수사법과 환유적 수사법이 있다. 전통적 시는 주로 환유적 수사법보다 은유적 수사법에 의지하여 시적 표현을 수행한다. 은유적 수사법은 의미를 부여하거나 명명하고 논리화하는데 적절한 체계로서 다양한 의미와 의미들의 질서를 유지하는 역할을 하기 때문이다. 은유적 작용은 인간 관념에 의해 의미되어지고 명명되어지는 세계를 만든다. 또한 그것은 관념적 주관성에 의해 이 세계[존재, 대상]를 왜곡하고 차별하는 파편적 형국으로 존재하고 있음을 대변한다.10) '은유' 혹은 '은유적'이라는 수사가 동일성과 유사성에 무게중심을 두고 있다는 것은 실재하는 세계가 아닌 인간적 언어의 개념적 범주에 있음을 말해준다. '은유적'인 모든 수사적 체계는 세계를 '있는 그대로'이기보다 비틀어보는 시선으로 작용하기 때문이다. 김춘수와 오규원은 전통적 시관에서 벗어나 세계[존재, 대상]를 관념화하고 이론화하는 은유적 언술체계보다 세계를 명시화하고 현상화하는 서술적·환유적 언술체계를 적극적으로 수용하게 된다.

'은유'와 '환유' 혹은 '은유적인 것'과 '환유적인 것'의 특성은 문학과 관련하여서는 다르게 이해된다. 이에 대해 주요 연구자의 논의를 살펴보면, 먼저 김욱동은 수직적 차원의 '은유'가 계열적 선택과 유사성에 기대는 반면, 수평적 차원의 '환유'는 통합적 결합과 인접성에 기댄다. 그리고 은유가 통시성을 중시하는 반면 환유는 공시성을 강조한다. 바꾸어 말하면 은유는 비교적 시간적인 특성이 강하고 환유는 비교적 공간적 특성이 강하다는 것이다. 은유에서 유사성을 밝혀내는 데에는 무엇보다도 유추과정이 필요하다. 우리는 유추를 통하여 두 대상 사이에서 어떤 본질적인 유사성이나 공통점 또는 차이점을 찾아낸다. 한편 환유에서 인접성을 찾아내는 데에는 유추보다는 오히려 연상 작용이 훨씬 더 효과적이다.11) 그리고 권혁웅은 비유의 존재론적 지평과 상호관계를 검토하

10) "은유는 모든 현상을 보자기처럼 하나로 덮어씌워 버리려는 성격을 지닌다면, 환유는 마치 알곡과 쭉정이를 가려내는 키처럼 모든 현상을 낱낱이 가려내려는 성격을 지닌다. 은유가 동일성에 무게를 싣는다면 환유는 차별성에 무게를 싣는다. 은유가 유추 과정을 통하여 유사성을 찾아내거나 만들어낸다면, 환유는 특정한 맥락에서 생겨나는 연상을 기초로 의미를 만들어낸다"(김욱동, 『은유와 환유』, 민음사, 2007, 266~267쪽)라는 논의를 통해서도 재고해볼 수 있다.

11) 김욱동, 앞의 책, 262~263쪽 참조.

는 글에서 은유, 제유, 환유, 상징, 알레고리의 다섯 가지 비유를 도식화로 나타내면서, "수평적 차원이란 비유의 두 대상이 비교 가능한 차원에 놓여 있음을 말하며, 은유가 대표적이다. (…) 수직적 차원이란 비유의 두 대상이 상위와 하위관계(혹은 포함, 종속 관계)를 맺고 있음을 말하며, 제유(提喩)가 대표적이다. 상징(象徵)은 비교에서 생겨났으나 체계 차원으로 고양되었다. 환유(換喩)는 이 각각의 교착에서 생겨나며 다른 네 가지 비유들을 교직하는 중심원리"[12] 라고 밝힌다.이와 같은 언술체계에 의해 김춘수의 무의미시와 오규원의 날이미지시의 시편들은 현상 그대로의 세계를 시적 형상화함으로써 현상적 미학의 재발견이라는 지점에 놓이게 된다.

바닥에게는 낮은 창문도
희망이고

몸이 무거운 나무에게는 떨어지는
잎 하나도 기쁨이다

층계 위에 오래 앉아 있은 나는
내려가는 것이 희망이고
(…)

바람도 아니 부는 4월의 봄은
꽃피는 절망이다

—오규원, 「분식점에서」 부분

12) 권혁웅, 『시론』, 문학동네, 2010, 416~417쪽.

이 시편은 시집 『가끔은 주목받는 生이고 싶다』[문학과지성사, 1987]에 실려 있다. 이 시집은 시기적으로 오규원이 '날이미지시'로 시적 개진을 이루기 직전에 발간되었으므로 은유적 언술체계로 구성되어있다. 즉 "창문" = "희망" "잎" = "기쁨" "내려가는 것" = "희망" "4월의 봄" = "절망"이라는 은유적 등식의 시적 구조를 갖는다. 이 시편을 이루는 국면들은 '낮은 창문이 바닥에게는 희망'으로, '잎 하나는 떨어지는 기쁨'으로, '내려가는 것은 오래 앉아있는 나에게 희망'으로, '꽃피는 4월의 봄은 바람도 아니 부는 절망'으로 작용하고 있다. 특히 "희망"이 반복적으로 표현되면서 "낮은" "내려가는"으로 수식하고 있다는 점에서 관념적 성격이 강하게 드러난다. 이러한 작은 국면들과 총체적 국면들은 하나같이 인간적 관념을 통해 형상화된다. 이는 "희망" "기쁨" "절망" 등의 추상적 시어로 표현된다는 점에서도 그렇다. '분식점'에서 포착한 풍경은 객관세계와는 차단된 공간으로서 시선이 오직 관념적 주관성에 기대고 있는 국면이다. 이러한 국면은 '현상 그대로'이거나 '날것 그대로'의 세계와 다른 관념적 공포에 의해 파편화된 사고로 형상화된다. 하지만 아래의 시편은 다르다.

3
창을 뚫어놓은 집은
모두 나무를 키운다 자란
나무들은 잎을 들고
집의 창 곁에 서고
하늘 앞에 선다 방에서
자주 서성거리는 사람들의
발자국 소리와 그 소리를
따라다니는 땅 밑의
뿌리를 직접 본 사람은 없다

6
하늘에는 집이 없다
너무 멀리 간 길은
무덤 없는 하늘에 묻힌다

―오규원, 「집과 길」 부분('밑줄'은 인용자 표시)

이 시편은 시집 『길, 골목, 호텔 그리고 강물소리』[문학과지성사, 1995]에 실려 있다. 이 시집은 시기적으로 오규원 시인이 날이미지시를 제시한 직후에 발간되었으므로 「분식점에서」와는 달리 환유적 체계로 언술되어 있다. "하늘에는 집이 없다"는 국면은 '사실'이다. 그리고 "너무 멀리 간 길은/무덤 없는 하늘에 묻힌다"는 국면은 '사실적'이다. 이때 '사실'이란 있는 그대로이거나 현상 그대로를 말하는 것으로서 의미화하거나 이해하지 않아도 쉽게 감지할 수 있는 국면을 말한다. '사실적'으로 표현된 시구는 '사실'로 표현된 시구와는 달리 쉽게 정의[의미화]하거나 해석할 수 없는 국면이다. '사실적', 즉 '사실적 현상'은 의도적 의미와는 독립적으로 독자 개개인의 심상에 따라 의미적 운동이라는 형태로 나타난다. '의미적 운동'이란 "하늘에는 집이 없다"와 같이 '사실 그대로' 드러나는 국면이 아니라 "너무 멀리 간 길"과 "무덤 없는 하늘"에서처럼 의미적 모호성을 갖는 국면을 말한다. 의미적 모호성을 갖는 국면들은 개별적 심상에 따라 다양성을 띠게 된다는 전제에서 그 의미운동의 주체는 '살아있는 이미지'가 된다. 살아있는 이미지는 곧 '날것의 이미지'이며, 이러한 이미지의 현상으로 된 시가 바로 '날이미지로 이루어진 시'이다. 이러한 언술체계는, '대상 → 감지 → 언어화 → 작품'으로 이어지는 통로를 갖는 작가의 창작 과정이며, '독자 → 작품 → 언어화 → 감지'로 이어지는 통로는 독자의 감상 과정이다. 하지만 현실에서 대면할 수 있는 것은 실제적 의미의 유기적 구조인 '작품'밖에 없다. '작품' 이외의 과정들은 임의적 층위일 뿐이다. 그러므로 실제와 괴리현상으로 나타나는 의도적 의미는 해석적 의미의 하나에 불과하다. 그렇다면 의미적 운동으로 나타나는 형태는 실제적 의미[13]라는 관점이다.

무의미적 시가 탄생하는 배경에는 김춘수가 스스로 밝히고 있듯이 '말의 긴장된 장난', '말에다 주는 절대 자유', '자유연상이 굽이치고 굽이치는 결과 남게 되는 초고', '논리와 자유연상이 더욱 날카롭게 개입하면서 부서지고 소멸하는 대상의 형태' 등이 있다. 그 배경은 김춘수가 무의미한 자유연상이 굽이치고 또 굽이치고 나면 시 한 편의 초고(草稿)가 종이위에 새겨질 때 비로소 리얼리티를 부여하는 작업을 한다는데 있다. 무의미적 시편의 경우 시행 그 자체로만 읽는다면 각 시행이 드러내는 시적 의미가 무엇인지에 대해 깊이 있게 파악한다는 것은 쉽지 않다. 시적 의미를 파악하기 어렵다는 것은 그만큼 시어 그 자체가 시적 구조에 의해 구속되어있기 때문이다. 무의미적 시편의 경우 개별적인 언어의 자유를 구속하고 있는 의미체계를 파악함으로써 시읽기의 난해함을 극복할 수 있다. 여기서 '언어의 자유'란, 오규원 식으로 말하면 시어에 대한 해방감 혹은 의미적 풀어놓기로서 '날것 그대로'의 언어화이다. 시어로서의 현상이 갖는 시적 의미는 언어의 절대 자유와 해방에 의해 무한한 의미확대를 갖는다. 무의미시에 나타나는 현상의 의미 파악을 위해서는 시적 언어의 절대자유를 그 시적 문맥 속에 놓음으로써 가능해진다. 이것은 논리적 자유연상의 형태를 말하는 것으로서 '현상'을 무화시키고 일상적 의미까지도 초월하는 '초(超)의미'의 시, 즉 '의미확대'의 시로 나타난다.

바다가 왼종일
새앙쥐 같은 눈을 뜨고 있었다.

13) 오규원, 『현대시작법』, 文學과지성사, 2006, 449쪽 참조.

이따금
바람은 한려수도에서 불어오고
느릅나무 어린 잎들이
가늘게 몸을 흔들곤 하였다.
(…)

그해의 새눈이 내리고 있었다.
어둠의 한쪽이 조금 열리고
개동백의 붉은 열매가 익고 있었다.

—김춘수, 「處容斷章 Ⅰ-1」 부분('밑줄'은 인용자 표시)

"바다가 왼종일/새앙쥐 같은 눈을 뜨고 있었다"는 국면은 사실적 배경을 바탕으로 한 환상적 국면이다. "눈을 뜨고 있었다"는 '사실적인 것'에 시인의 의식이 개입되면서 '새앙쥐 같은 눈을 뜨고 있다'라는 환상적 사실로 형상화된다. 환상적 국면에서 '새앙쥐 같은 눈을 뜬 바다'는 시적 화자의 삶에 대한 응시적 태도이다. 이승훈에 의하면, 바다에서 새앙쥐를 연상하는 것은 필연성의 부재로서 일종의 방심상태이며 이는 자유와 통한다는 것이다. 그는 또 이 시의 경우 바다에서 생쥐 눈을 연상하는 것은 화자(話者)가 바다를 보는 게 아니라 바다의 눈을 보고, 바다의 눈은 생쥐 같은 눈이며 이런 눈은 무섭다라고 해석한다. 즉 이런 바다는 화자를 괴롭히는 바다로서 유년(幼年)의 상처라는 것이다. 김춘수에게 "바다"는 그저 바라만 보는 관조(觀照)의 대상이 아니라 시적 화자가 처해있는 삶의 반영으로서의 깊디깊은 바다의 형상으로 포착된다. 또한 그 "바다"는 바닥이 보이지 않는 현상으로 "왼종일"이라는 '오늘'과 '내일'이 구분되지 않는 시간적 순차성 속에서 반복되는 삶의 투시를 드러내는 '현상 그대로'의 이미지로 형상화된다. "바다"는 시적 화자와 동일성을 갖는 범주에서 시화된 무의식적 표상에 의해 명시화되어 팽팽한 긴장감을 갖는다. 이때의 그 "바다"는 이미 바다 그 자체가 갖는 '초(超)사물'의 형태로서 원초적인 '초(超)의미' 또는 '확대 의미'로 포착된다.

김춘수의 무의미시와 오규원의 날이미지시는 서술적이거나 환유적 언술체계를 수용함으로써 있는 그대로의 세계를 시적으로 명료화하는 국면을 갖는다. 두 시는 사변화되거나 개념화되기 이전의 의미, 즉 관념화되기 이전의 의미를 존재의 현상에서 찾아내어 이미지화하는 시로 정의된다. 두 시가 갖는 시적 의미는 인간적 관념을 배제한 순수 그 자체인 날[生]것의 상태, 즉 관념화되기 이전의 국면으로 형상화된다. 날이미지시는 인간적 관념을 배제하는 이미지를 갖는 환유적 언어체계에서, 무의미시 역시 관념적 의미가 발생하지 않는 이미지를 갖는 서술적 언어체계에 의해 시적 출발을 한다. 두 시는 서술적 언어체계와 환유적 언어체계를 지향하는 시적 방법론의 산물이다. 무의미시에서 '서술적 이미지'와 '비유적 이미지'가 갖는 특성의 차이는 날이미지시에서 환유적 언어체계와 은유적 언어체계가 갖는 특성의 차이와 비슷하다. 관념적 의미가 발생하는 이미지와 관념적 의미가 발생하지 않는 이미지를 기준하면 비유적 이미지와 은유적 언어체계는 전자에 속하고 서술적 이미지와 환유적 언어체계는 후자에 속한다. '인접성[서술성]'과 '유사성[동일성]'의 관점에서 비교하면, 서술적 이미지와 환유적 언어체계는 '인접성'을 띠며 비유적 이미지와 은유적 언어체계는 '유사성'을 갖는 언어체계이다. 이 지점에서 언술체계의 인접성[서술성]이라는 관점을 통해 두 시는 서로 만나거나 영향관계에 놓이게 된다.

2) 현상학적 인식방법과 시적 영향

전통적[일반적]인 시는 대상세계에 대해 시인의 사상이나 정서를 언어로 노래한 것, 즉 인간 중심적 사고의 시적 산물이다. 반면에 '존재의 시'라고 할 수 있는 김춘수의 무의미시와 오규원의 날이미지시는 인간 중심적 사고의 산물인 관념을 배제하는, 즉 '현상 그대로'를 이미지화한다. '존재의 시'로 대변되는 두 시와 시론은 전통적 시와 시론이 갖는 인간 중심적 사고를 벗어나 현상적 사고인 대상[존재] 중심적 사고의 새로운 시적 방법론으로 제시된 것이다. 두 시는 인간[주체] 중심적 사고에서 벗어남은 물론 인간적 관념을 생산하는 언술체계마저도 배제한, 즉 살아있는 이미지에 의해 '의미현상'을 구현한다. 두 시가 제시한 시적 방법론은 상호 영향관계에 놓이게 된다. 물론 시적 출발이라는 관점에서도 김춘수의 무의미시가 오규원의 날이미지에 영향을 주었다고 볼 수 있다. 그리고 객관세계인 대상을 인간 중심적 사고로 이해하고 설명하는 것, 즉 휴머니즘에 맞서는 시적 장치로서 출발한다는 점에서도 두 시는 상호 영향관계에 놓이게 된다.

두 시가 갖는 인식의 작용 또한 상호 영향관계를 갖는다. 두 시는 지속적으로 추구한 시의식과 대상과의 관계를 개념적이거나 사변적이기 이전의 시적 언어체계로 인식한 산물이기 때문이다. 여기서 '인식'한다고 할 때, 인식대상은 물질과 관념 등 모든 존재적 세계에 대한 경험을 말한다. 흔히 일반적 경험이란 대상에 대한 선입견과 편견을 덧씌움으로써 인식되는 것을 말한다. 이에 비하여 시적 경험이란 절대적이거나 순수적인 사유로 인식되는 것을 일컫는다. 이러한 인식적 차원에서 '현상'이란 시간과 공간이라는 외부로 나타나는 존재뿐만 아니라 현상학에서와 같이 '의식'이라고 부르는 내부에 나타나는 '존재'를 포함한다. 그러므로 존재는 '존재하는 것'과 '존재를 의식하는 것'으로 구분하여 사유할 수 있다. 존재에 대한 의식은 존재차원과 의식차원으로 구별된다. 존재차원을 외부현상이라면 의식차원은 내부현상인 것이다. 현상학적 인식은 존재차원인 존재현상에서 이루어지게 된다. 현상학적 차원에서 시적 기능이란 언어가 서술하는 어떤 존재에 대한 인식이다. 시적 기능 혹은 시적 활동은 존재적 인식의 차원에서 이루어진다. 시가 언어를 떠나 존재할 수 없다는 점에서 시적 기능은 언어의 의미[개념] 그 자체가 인식되는 차원에서 작용하게 된다.

김춘수와 오규원은 초기 시 세계에서 언어를 통한 관념적 존재의 탐구로 진행하다가 중·후기에 접어들면서부터 무의미적 시 세계와 날이미지적 시 세계를 지향한다. 즉 그들은 초기 시 세계에서 관념적 의미를 수용하다가 중·후기 시 세계로 접어들면서부터 인간적 관념을 배제한 시화를 추구한다. 그리고 시적 언술의 방법론에서도 두 시가 은유적 언어체계로부터 환유적 언어체계로 전환한다. 두 시인의 초기 시 세계와 중·후기 시 세계의 시적 여정에 나타난 시적 구조를 살펴보면 두 시의 시적 인식과 영향관계를 유추할 수 있게 된다.

1
하룻밤 나는
나의 외로운 신에게
물어 보았습니다.

그들 중에는 한 사람도
이방의 사람은 없었습니다.

2
꼭 만나야 할
그들과 내 사이에는
아무런 約束도 없었습니다.

그러나
約束 같은 것이 무슨 소용이겠습니까?
그들이 있기 때문에 내가 있고

내가 있기 때문에 그들이 있는 以上—

—김춘수, 「생성과 관계」 부분('밑줄'은 인용자 표시)

불러다오.
멕시코는 어디 있는가.
사바다는 사바다, 멕시코는 어디 있는가.
사바다의 누이는 어디 있는가.
말더듬이 一字無識
사바다는 사바다
멕시코는 어디 있는가.
사바다의 누이는 어디 있는가.
불러다오.
멕시코 옥수수는 어디 있는가.

—김춘수, 「處容斷章 II-5」 전문

「생성과 관계」는 김춘수의 초기 시집 『隣人』[문예사, 1953]에 실려 있다. 이 시편은 '언어'를 통한 관념적 존재 탐구의 국면을 갖는다. 그리고 "아무런 약속도 없"이 "꼭 만나야 할" 관계와 "약속도 없"으면서 "약속 같은 것이 무슨 소용이겠"는가라는 모순어법에 의해 관념적 사고가 드러난다. "초기 시와 중기 시의 대부분은 존재와 상황과의 관계 속에서 생명의 상승과 하강의 이미지를 보여주고 있는 것이, 이 시인의 보편적인 구조 원리"[14]라는 점에서도 알 수 있듯이 이 작품은 "그들"과 "내"라는 존재적 관계 속에서 생명의 의지를 나타내는 시적 구조를 갖는다. 이 시편과 같이 주로 관념적 존재탐구의 국면을 갖는 것이 곧 김춘수의 초기 시 세계이다.

14) 문덕수, 「김춘수론」, 『김춘수 시 연구』, 흐름사, 1989, 26쪽.

「處容斷章Ⅱ-5」는 『處容斷章』[미학사, 1991]에 실려 있다. 이 시편은 김춘수가 본격적으로 무의미적 시 세계를 지향한다는 시점에서 탄생한 작품이다. 이 작품에서는 반복되는 리듬에 의해 형상화된 이미지 외에는 그 어떤 인간적 관념도 개입되지 않는다. 이러한 시적 형태에 대해 김춘수는 "나는 이런 모양으로 시를 쓰고 있었다. 이것은 거의 초고 그대로다. 그 뒤로 나는 '처용(處容)'으로부터 고개를 돌리고 있다. 그를 보기가 민망하다"라고 말한다. 시인 스스로도 놀라는 듯한 「처용단장 Ⅱ-5」는 앞의 「생성과 관계」와 선명하게 대비된다. "리듬은 시를 언제나 활성화하는 것"[15]이라는 관점에서 「처용단장 Ⅱ-5」는 "리듬의 회복이 생명을 잃어가는 현대시를 다시 소생시키는 의의를 지닌"[16] 작품이다. "순수한 시가 암시하는 세계는 말의 의미로 설명할 수 있는 세계가 아니라 음악의 여운처럼 직접적이면서도 형언할 수 없는 세계이다"[17]라는 관점에서 「처용단장 Ⅱ-5」는 '언어적 의미'와는 간격을 갖는 순수 그 자체인 '의미 초월'에 의해 형상화되고 있다.

무의미시의 주요 방법론인 탈(脫)이미지화는 '이미지' 그 자체마저 벗어나려는 노력의 산물이지만, 「처용단장 Ⅱ-5」와 같이 간접적 의미를 암시하는 시 세계에서는 '탈(脫)'이라기보다 '초(超)'라고 보는 것이 타당하다. 이 작품에서 반복적 리듬에 의해 형상화되는 이미지는 말 그대로 순수이미지 그 자체로서 일상적 이미지를 초월하는 차원으로 이해되기 때문이다. 이러한 검토는 무의미적 의미화와 의미적 무의미화에 대한 절대이미지를 뒤돌아보는 차원에서 다시 '대상'의 자리에 남아있는 '언어'와 '이미지'에 대해 고찰하는 것이기도 하다.

인간의 정신활동은 그 구현 양태에 있어서 언어라는 도구를 사용하게 된

15) 김준오, 『詩論』, 삼지원, 2000, 156쪽.
16) 김준오, 앞의 책, 156쪽.
17) 이상섭, 앞의 책, 191쪽.

다. 그러나 이것은 언어를 통하지 않고서는 인간 정신활동의 결과가 전달될 수 없다는 것이 아니라, 정신활동 자체에 언어의 개념이 들어있다는 뜻이다. 메를로퐁티(Ponty)는 언어 없이는 사유 자체가 존재하지 않는다고 말하였지만, 이것은 철학적 사유의 영역에서 뿐만 아니라 상상력의 영역에서도 동일하게 적용된다. 이미지도 언어의 문제로부터 결코 자유로울 수는 없다. 이것은 언어가 하나의 도구가 아니라 우리 인간 상상력의 근원을 이루는 기초 개념임을 뜻한다. (…) 언어와 이미지는 종속하는 개념이 아니라 서로 공존하는 개념들이다. 왜냐하면 이미지가 언어를 대체하는 것이 아니기 때문이다. 즉 언어로도 될 수 있는 것을 이미지로 표현하는 것이 아니라 이미지는 사물의 전혀 다른 측면을 표현하는 것이다. (…) 인간의 모든 사유는 언어를 매개로 하여 이루어지기 때문에, 흔히 언어는 사고의 기반이라고 말해진다. 즉 메를로퐁티(Ponty)가 말한 것처럼 언어가 없으면 사고도 없는 것이다. 그러나 이미지는 언어 이전의 의식의 활동 단계이다. 이것은 정신적 이미지의 창조성을 생각해본다면 쉽게 이해할 수 있다. 이미지가 없으면 언어도 없는 것이다. 이미지는 인간의 가장 주관적인 표현 형태이고, 그 주관성 때문에 오랫동안 정당한 평가를 받지 못했지만, 바슐라르는 오히려 그 주관성 때문에 이미지가 언어에 선행한다고 생각한다. (…) 언어와 이미지가 서로 종속관계가 아니라 생성의 인과관계, 그리고 차후에는 상호 보완관계를 갖는다는 것을 알 수 있다. 정신적 이미지의 대표적 형태의 하나인 문학적 이미지의 경우를 보더라도 시적 이미지란 시인에 의해 언어의 형태로 주어진 이미지들이다. 시인의 역할은 일상 언어를 사용하여 새로운 이미지를 창조해내는데 있다. 결국 언어와 마찬가지로 이미지는 인간 정신활동의 기본적인 요소이고, 인간의 생활양식을 결정짓는 가장 원초적이고도 핵심적인 요소인 것이다.[18]

인용한 글에서 드러나는 화두는 '이미지가 언어에 종속 되는가'이다.

18) 홍명희, 『상상력과 가스통 바슐라르』, 살림출판사, 2006, 74~77쪽.

이것은 이미지가 단순히 언어의 대체물로서, 즉 언어의 수단으로 인식하는 차원에 머무는 것인가와 관계된다. 언어와 이미지의 관계에 앞서 '언어'와 '사고'의 관계는 무엇인가로 귀결된다. '사고'가 없으면 '언어'도 없다는 것이 아니라 '언어'가 없으면 '사고'도 없다는 점에서 '사고'는 곧 '이미지'와 관계된다. 정신활동 자체에 언어의 개념이 들어 있듯이 사고활동자체에 이미지의 개념이 들어있기 때문이다. 이것은 "이미지는 언어 이전의 의식의 활동 단계"라는 관점이기도 하다. "언어와 이미지는 종속하는 개념이 아니라 서로 공존하는 개념"이라고 할 때 이것은 종속의 형태에 따라 공존한다는 새로운 논의를 갖는다. 이러한 논의는 "언어가 하나의 도구가 아니라 우리 인간 상상력의 근원을 이루는 기초 개념"이라는 점에서 더욱 그렇다. 과연 "인간의 모든 사유는 언어를 매개로하여 이루어지기 때문"일까. '언어'와 '이미지'의 관계는 '언어'와 '사고'의 관계, 즉 '사고'와 '이미지'의 연관성으로 유추된다. 사고의 언어화가 '이미지'라고 한다면 언어가 없으면 사고가 없어지는 게 아니라 단지 '이미지'만 없어지는 것이 되기 때문이다. 김춘수의 무의미시는 초월적 사고에 의해 탄생한다고 볼 수 있다. 초월적 사고는 이미지의 혼란에 의해 무의미한 것처럼 보일 수 있기 때문이다. 그것은 초월적 이미지가 되어 시적 의미의 확대를 이끌게 된다. 이는 언어화에 의해 구현되는 세계와 현상이 비록 '리듬'이나 '주문(呪文)'이라고 하더라도 의미확대의 범주에서 시적인 것이라면 그것은 모두 의미 그 자체가 됨을 암시한다. 이것은 탈이미지와 무의미가 초이미지와 초의미의 범주로 확대되면서 '순수시'로서의 무의미시는 '현상시'가 될 수 있는 가능성을 보여준다. "언어와 이미지가 서로 종속관계가 아니라 생성의 인과관계, 그리고 차후에는 상호 보완관계를 갖는다는 것"은 종속과 공존 그 자체가 함께하는 지점에서 비로소 '생성'과 '보완'의 관계가 이루어짐을 나타낸다.

이러한 관점에서 본서는 주체와 객체, 언어와 이미지, 언어와 사고 등을 초월적 개념이라는 범주에서 김춘수의 무의미시를 살펴보게 된다. 먼저 오규원의 초기와 후기 시 세계에 드러나는 현상적 인식방법과 날것의 이미지화라는 차원에서 몇몇 시편의 국면을 살펴보기로 한다.

1
①言語는 추억에
걸려 있는
18세기型의 모자다.
②늘 방황하는 기사
아이반호의
꿈 많은 말발굽쇠다.
③닳아빠진 認識의
길가
망명정부의 廳舍처럼
텅 빈
想像, ④言語는
가끔 울리는
퇴직한 外交官宅의
초인종이다.

3
언어는, 의식의
먼 강변에서
출렁이는 물결 소리로
차츰 확대되는
공간이다.
출렁이는 만큼 설레는,
설레는 강물이다.

신의
안방 문고리를
쥐고 흔드는
건방진 나의 폭력이다.
광장에는 나무들이
외롭기 알맞게 떨어져
서 있다.

—오규원, 「現像實驗」 부분('①~④'는 인용자 표시)

①잎 진 후박나무 아래 땅을 파고
새끼를 낳은 어미 개
싸락눈이 녹아드는 두 눈을 반쯤 감고
태반을 꾸역꾸역 먹고 있다.
②배 밑에서는 아직 눈이 감긴 새끼가 꿈틀거리고
털 밑으로는 몇 줄기 선혈이 떨어지고

③그 위로 어린 싸락눈은 비껴 날고

—오규원, 「후박나무 아래 · Ⅰ」 전문('①~③'은 인용자 표시)

「現像實驗」은 오규원의 첫 시집 『분명한 사건』[한림출판사, 1971]에 실려 있다. 이 시편은 '언어'라는 하나의 '현상'을 실험하는 시적 국면으로 전개된다. 이 작품은 오규원의 초기 시 세계에서 '언어'를 바탕으로 '존재'의 문제를 다루는 시적 구조를 갖는다. 이 작품은 '시의 언어란 무엇인가'라는 관점에서 그의 초기 시 세계를 대표한다. 시적 언술체계에 있어 은유적 수사법으로 일관되게 표현한 작시법은 시인의 말대로 "모든 경우 나름대로 해석하지 않으면 불안하다"는 지점에 닿아있다. 그는 객관적 현실세계에 대한 해석을 주관적 관념에 의해 수행하였음을 고백한다. 이 시편에서처럼 은유적 해석은 대치관념의 극단을 보여주는 것으로서 '있는 그대로'이거나 '현상 그대로'의 세계를 드러내는데 한계를 갖는다. 오규원은 은유적 언술체계에 한계를 느끼게 되면서 환유적 글쓰기로 전환하기에 이른다.

「현상실험」에서 '언어'는 '①'의 "추억에/걸려 있는/18세기型의 모자", '②'의 "늘 방황하는 기사/아이반호의/꿈 많은 말발굽쇠", '③'의 "닳아빠진 認識의/길가/망명정부의 廳舍처럼/텅 빈/想像", '④'의 "가끔 울리는/퇴직한 外交官宅의/초인종"으로 대치된다. 대치물들은 언어와 매개어도 없이 'A는 B이다'의 형태로 결합된다. 대치되는 국면은 '언어'와 '①'~'④'가 각각 개별적 대치관념일 뿐만 아니라, '①'~'④'의 보조관념에서도 비유적 의미의 대치가 발생할 수 있음을 보여준다. "비유의 근거는 유추, 즉 두 사물 사이의 유사성 또는 연속성에 있다. 두 사물의 동일성(同一性)에 의하여 비유는 성립된다. 이 동일성의 발견을 심리학적 용어로 '전이(轉移)'라 한다. 따라서 비유는 동일성의 원리에 근거하고 있으며 동일성의 서술이다."[19] 「현상실험」은 유사성을 바탕으로 한 은유적 체계를 축으로 하는 구조로서 여러 개의 '대치적' 국면들이 "언어"라는 관념의 해명을 위해 동원된 사물들로 구성되어있다. 이러한 사물들, 즉 "18세기型의 모자" "꿈 많은 말발굽쇠" "퇴직한 外交官宅의 초인종"은 상호 간에 대한 유사성은 두드러지지 않지만 '오래된' 또는 '낡은'과 같은 유사성을 띠면서 "言語"의 의미를 밝히는 인식작업에 차용되고 있다.

「후박나무 아래 · I」은 『사랑의 감옥』[문학과지성사, 1991]에 실린 시편으로 현상세계를 '날이미지'로 형상화하고 있다. 이 시편에서 '①'은 어미개가 태반을 먹고 있는 장면이고, '②'는 '①'의 장면과 중첩되면서 새끼개가 눈이 감긴 채 꿈틀거리고 있는 장면이다. '③'은 '①'과 '②'가 하나의 연으로 구성되어있는 것과 달리 고립되어있으며 '①'과 '②'의

19) 김준오, 『詩論』, 三知院, 2000, 175쪽.

아스라한 장면을 피해 긴장감이 감도는 새로운 장면이 중첩되는 국면이다. 이러한 현상들의 묘사는 앞의 「현상실험」과는 다른 의미적 정황을 보여준다. 이러한 언술구조는 앞의 「현상실험」과는 달리 '환유적' 언어체계를 축으로 이루어져있다. 시편 속에 나타나있는 "후박나무" "어미개" "새끼" "싸락눈" "태반" "선혈"은 "어미 개"를 중심으로 배치된 시간과 공간의 인접성 사물들이다. 이러한 인접성 사물들은 앞의 「현상실험」과는 달리 어떤 관념[사물]의 해명을 위해 차용된 것이 아니라 어떤 국면의 구조적 산물로 배치되어있다. 특히 이 시편에 나타난 사물들은 '환유적' 반응에 의해 위치적 유사성과 의미적 인접성을 결합시키면서 대조적 국면을 갖는다. 이러한 국면은 유사성과 인접성이 '선택'과 '결합'으로 배열되는 구조에 의해 전체적 국면은 환유 지향성을 갖는다. 이는 인접의 문맥을 형성하면서 '환유적' 배경의 시적 구조를 갖는다.

시적 기능에 대한 경험적인 언어학적 기준은 무엇일까? 특히 한 편의 시 작품에 내재하는 필수불가결한 자질은 무엇일까? 이 질문에 대한 해답을 위해서는 언어 행위에 이용되는 두 가지 근본적인 배열 방식, 즉 선택(selection)과 결합(combination)을 상기하지 않으면 안 된다. 예를 들어 '어린이(child)'가 메시지의 토픽이라면 화자는 어린이(child), 아이(kid), 젊은애(youngster), 꼬마(tot) 등 어떤 면에서 동일한 의미를 갖는 현존하는 단어 중에서 하나를 선택할 것이고 그 다음에는 이 화제에 대한 언급을 하기 위하여 의미적으로 동족 관계의 동사들――자다(sleeps), 졸다(dozes), 끄덕 끄덕 졸다(nods), 낮잠자다(naps) 중에서 하나를 선택한다. 이렇게 선택된 두 낱말이 발화의 고리에서 결합되는 것이다. 이때 선택의 근간은 등가성, 유사성과 상이성, 동의어와 반의어 따위에 있고 결합, 곧 배열(sequence)의 구성을 이루는 밑바탕은 인접성이다. 시적 기능은 등가의 원리를 선택의 축에서 결합의 축으로 투사한다(The poetic function projects the principle of equivalence from the axis of selection into the axis of the combination). 다시 말하여 등가성이 배열의 구

성 요소로 승격된다.[20)]

인용한 글에서, 한 편의 시작품으로 탄생하기 위해서는 무엇보다도 시적 기능에 부합하는 “필수불가결한 자질”이 내재되어있어야 한다. 시적 메시지를 이루는 동일한 의미의 범주에 있는 여러 개의 언어[낱말]를 선택해야하는 자유와 그 선택된 언어를 조합하는 서술적 행위가 상호 유사성이거나 등가성을 가질 때 비로소 언어로 이루어진 시적 체계를 완성하게 된다. 그리고 은유적 언술체계와 환유적 언술체계에서 언술의 이중적 특성 및 지향성을 발견할 수 있는 점을 이해하게 된다.[21)] 날이미지시는 ‘인식한 세계를 현상적으로 드러내는 수사적 방법’, 즉 시적 대상으로부터 인간 관념을 배제하고 ‘사물을 있는 그대로 바라보려는 노력의 결과물’이라는 점에서 무의미시의 방법론적 측면과 유사한 범주에 있다.

두 시는 현상적 인식방법에 의해 구현되는 대상세계에 닿아있다. 두 시인은 언어와 세계에 대한 불신과 회의(懷疑)를 갖게 되면서 비유적·은유적 언어체계를 주변으로 돌리고 서술적·환유적 언어체계로 대상세계를 바라보게 된다. 날이미지시의 경우는 외부적 사실, 세계를 ‘있는 그대로’ 보여주려는 의도보다는 “눈에 보이는 사실보다 더 무겁고 충격적인 심리적 총량으로서의 사실감”[22)]을 갖게 된다. 김춘수가 무의미시를 통해 보여주려는 의도, 즉 자신을 존재차원에서 발견하려는 노력을 반영하는 것이기도 하다.

---

20) Roman Jakobson, 신문수 편역, 『문학 속의 언어학』, 문학과지성사, 1997, 61쪽.

21) “인접성에 유사성이 중첩되는 시에서는 환유는 모두가 다소는 은유적이며 은유는 모두 환유적 색깔을 갖는다”(Roman Jakobson, 앞의 책, 78쪽).

22) 최현식, 「시선의 조응과 그 깊이, 그리고 ‘몸’의 개방」, 『토마토는 붉다 아니 달콤하다』, 문학과지성사, 1999, 78쪽.

3. 현상적 의미의 분석 관점

1) 사실적 현상과 현상적 사실

'시가 말한다'라고 할 때 '시'와 '시인'은 따로 존재하게 된다. '시'란 시인에 의해 제시된 시적 내용에 의해 시 그 자체가 스스로 말하는 것이다. 시인은 스스로 쓴 시[작품]에 대해 시인의 관점이 아닌 시적 관점에서 언급하기란 쉽지 않게 된다. 김춘수 시인과 오규원 시인은 끊임없이 자신이 쓴 작품에 대해 무엇인가를 말하고 있다. 그들이 말하는 것은 주로 대상세계를 왜곡하지 않기 위해 인간적 관념을 배제하기 위한 시적 형태에 대해서다. 그들이 추구하는 시적 형태는 주로 시적 언술체계에 대한 변모를 지향하는 관점이다. 그들은 인간적 관념의 배제라는 시적 사고로의 전환을 위해 언술체계의 두 축을 이루는 은유적 사고와 환유적 사고에 대해 관심을 갖는다.

여기서 은유적·환유적 사고에 대해 살펴보면, 은유적 사고가 끊임없이 대치되는 언어인 굳은 의미를 생성한다면 환유적 사고는 인접의 사유를 배열함으로써 살아있는 의미를 생성한다. 환유적 사고는 은유적 사고에 비해 사실적인 것, 즉 사실적 현상들을 직관한 그대로 인식함으로써 살아있는 현상 그 자체를 형상화한다. 여기서 살아있는 현상 그 자체, 즉 살아있는 의미는 취의로 대치된 관념으로서 설명되거나 해석되기 이전의 의미이다. 살아있는 의미는 '사실적 현상'을 이미지화에 의해 '현상적 사실'로 형상화하는 국면에서 획득된다. 이는 '사실적인 것'으로서의 현상이라는 그 무엇을 있는 그대로 인식하는 이미지화이기도 하다. '사실적 현상'은 관념적이거나 개념적인 어떤 국면이 아니라 있는 그대로인 것, 즉 눈에 보이는 그대로의 국면이다. 개념화되거나 관념화되기 이전의 현상, 즉 존재 그대로이거나 있는 그대로의 세계 그 자체인 것이다. 그리고 '현상적 사실'이란 환유적[서술적] 인식의 형태인 사실적 현상을 이미지화한, 즉 시적 내용을 말한다. 사실적 현상을 인식하여 언어화한 시적 내용이 현상적 사실인 것이다. 사실적 현상과 현상적 사실의 차이는 대상세계를 시작(詩作)하기 이전과 이후로 구분한 것이 된다.

김춘수와 오규원은 '사실적 현상'을 언어화한 '현상적 사실'을 중요시하면서부터 새로운 시적 추구를 한다. 그들은 '사실적 현상'을 이미지화하는 수사(修辭)를 시적 작업의 중심에 두게 된다. 두 시의 핵심 이미지인 서술적 이미지와 날이미지는 '사실적 현상'이거나 '사실적 환상'을 언어화한 것이다. 시적 대상의 현상적 의미화는 있는 그대로의 이미지화에 의해 이루어진다. 대상세계에 대한 왜곡의 정도는 이미지의 발현이 대상적 관점이냐 아니면 인간적 관점이냐에 따라 달라진다. 대상 중심적 관점에서는 왜곡의 최소화로, 인간 중심적 관점에서는 왜곡의 최대화로 나타나게 된다. 대상세계가 대상 중심적 관점에서 현상적 사실로 형상화된 시적 의미는 왜곡되지 않은 것으로, 인간적 관점의 관념적 의미는 왜곡된 것으로 나타난다. 현상적 사실은 김춘수의 무의미시에서는 서술적 이미지, 오규원의 날이미지시에서는 날것의 이미지에 의해 형상화된 대상 중심적 관점의 산물이다.

무의미시에서 '의미현상'으로 형상화되는 서술적 이미지는 대상을 취하는 여부에 따라 절대적 이미지와 상대적 이미지로 나누어진다. 무의미시는 상대적 관점, 즉 대상을 무화시킨다는 관점에서 상대적 이미지가 아닌 절대적 이미지로 형상화된다. 절대이미지, 즉 무의미적 이미지는 내면세계를 지향한 개인적 상징이라고 할 수 있다. 김춘수가 지향하는 무의미시의 내면적 세계에는 이데올로기적 시대의 산물인 고독과 허무가 숨어있다. 이를 김준오는 '혼자 있음의 태도'라고 말한다. 김춘수에게 고독과 허무는 그가 추구한 무의미적 시 세계에 있어서 하나의 시적 실험의 방편이라는 시적 도구가 된 셈이다. 절대적 이미지와 상대적 이미지는 서술적 관점에서 분류한 것이다. 서술적 이미지는 비유적 이미지와는 달리 이미지 그 자체가 목적이 된 이미지이다. 서술적 이미지에서 대상을 갖지 않은 이미지가 바로 무의미적 이미지이다. 무의미시가 갖는 이미지는 대상을 갖지 않는 서술적 이미지가 된다. 대상을 갖지 않는 서술적 이미지의 시가 무의미적 시가 될 때 비로소 인간적 관념을 배제한, 즉 인간적 현실을 무화시킨 순수성이 잉태된다. 순수성이란 모방성에 대립되는 것으로서 순수이미지, 즉 절대이미지의 속성으로서 무의미적 시를 이루는 근간이 된다. 무의미적 시를 이루게 되는 절대이미지의 조건은 모방적 요소를 배제한 이미지들이 비논리적으로 결합함으로써 대상이 무화되는 상태이다. 무화된 대상 위에 이미지 그 자체를 위한 이미지들이 비논리적으로 조합된 국면에서 무의미적 시는 탄생하게 된다. 김춘수가 지향하는 의미 해체나 배제의 근거는 외부의 간섭을 차단한다는 전제에서다. 이는 본질적 의미의 거부가 아닌 인간적 관념, 즉 2차적 의미의 거부라고 할 수 있다. 김준오는 김춘수의 무의미시가 의미를 배제한 대신 정조를 환시시킨다면서 무의미시의 정조는 인간의 생활 감정과는 전혀 무관한 '익명의 정조'라고 밝힌다.[23] '익명의 정조'가 무의미시가 제시하는 시적 효과라면 그것마저도 배제되는 지점에서 '의미 없음'의 무의미를 위한 무의미시는 막을 내리게 된다. 즉 '의미 초월'이라는 단계인 무의미적 의미의 세계로 전환하게 된다.

2) 시의식의 지향성

현상적 의미의 분석 관점은 "시인은 무엇을 말하려 하는가, 또는 시인은 어떻게 말하는가하는 질문은 시에 관한 최초의 질문이다"[24]라는 차

23) "예술이 인간적 감정, 인간의 시선을 거부하고 익명의 정조를 노리는 경향을 오르테가는 예술의 비인간화로 명명했다. 일체의 인간적인 것을 극복한데서 예술이 탄생한다는 이런 미학 자체는 문명화=세속화에 대한 부정의 태도표명이다. 시가 현실에 대하여 무의미고자 하는 것은, 그리고 여기서 진정한 시의 의미가 있다는 태도는 현실에 대한 대결 의식이 아닐 수 없다"(김준오, 『현대시의 방법론과 모더니티』, 새미, 2009, 355쪽).

24) 김준오, 『현대시와 장르 비평』, 문학과 지성사, 2009, 327쪽.

원에서다. 이는 '시에 나타난 현상 그 자체가 갖는 의미란 무엇일까'라는 질문으로 귀결되기 때문이다. 어떤 '현상'이 우리에게 하나의 '대상'으로 주어진다는 것은 그 현상의 의미가 인식되어진 결과이다. 이때 '대상'은 주체와 마주하는 위치에서 늘 객체로 존재하며 주체에 반영된다. 그리고 객체인 대상을 인식하는 작용은 대상이 갖는 어떤 상태를 반영한 현상적 차원에서다. 현상적 차원에 있는 대상은 하나의 '의미현상', 즉 '현상적 의미'를 갖는다. 현상적 의미는 '주체'와 '대상'의 간격에서 생성되는 의식의 지향성[25]에서 비롯된다. 이는 주체로부터 대상을 지향하는 시의식의 흐름이다. 주체와 대상의 '사이' 혹은 '간격'에서 생성되는 시의식의 지향성은 동일한 대상을 두고서도 다를 수 있게 된다. 객체로서 존재하는 '대상'이 주체의 관점에 따라 각각 다르게 인식되는 차원을 이해하는 자세는 곧 '의미현상'을 현상학적 관점에서 접근하는 태도이다. 현상학적 관점에서 시의식의 지향성에 대해 구체적으로 살펴보기로 한다.

의식은 자연현상으로 환원될 수 없는 초험적인 것이어서 사물 현상에 비추어 볼 때 자율적이다. 의식의 자율성은 지향성으로 나타난다. 의식은 대상과의 인과적 관계에서 결과되는 것이 아니라 역동적 관계에서 구성된다. 이렇게 구성된 것은 감각될 수 있는 사물이 아니라 그 사물현상의 본질, 혹은 에이도스(eidos)이며, 그 본질의 파악이 인식이고, 이 의식 행위를 의미부여 작용이라 부른다. 이러한 본질 파악의 궁극적 주체는 초험적 자아의 본질 직

25) "의식의 지향성은 모든 의식이 대상에 대해서 갖는 관계를 의미한다. 의식은 대상이 현실적이건 관념적이건 또는 실재하건 상상적이건 간에, 이 대상에 대한 의식이라는 것은 부인할 수 없다. 대상이 아닌 의식이 아닌, 내용이 없는 의식은 생각할 수 없다. 의식은 그 스스로의 안에 폐쇄된 고도(孤島)가 아니라 대상의 표상을 그것의 내용으로 포함한다. 의식이 대상에 대해서 갖는 관계를 지향성이라고 하지만, 이것은 의식과 사물간의 단순한 관계를 특징짓는 것은 아니다. 그것은 의식작용의 본질을 가리킨다. 지향성의 관계는 대상화의 의식작용을 말한다"(차인석, 「현상학에 있어서의 지향성과 구성」, 『현상학』, 고려원, 1992, 19쪽).

> 관이다. 현상학은 앎의 정의와 그 객관성의 성질에 대한 이론일 뿐 아니라 그러한 앎에 도달하는 철학적 방법론이기도 하다. 이른바 현상학적 환원이 그것이다. 그것은 인식대상의 내용에 대한 일체의 믿음을 일단 괄호 속에 보류하는 판단중지를 한 다음 한편으로는 인식 주체자의 순수성을 확보하는 초험적 환원을 수행하는데 있다. (…) 현상학적 앎은 어떠한 전제도 용납하지 않고 의식에 주어진 대상을 있는 그대로 서술해내는데 있다.[26]

이 논의에서, "의식의 자율성은 지향성으로 나타나"는 것이란 주체와 객체 사이에 흐르는 의식이 무한히 다르게 나타날 수 있는 가능성을 자각하는 행위이다. 의식의 자율성에 의해 시의식의 지향성이 각각 다를 수 있음을 자각하는 사고는 곧 현상 그대로를 인식하는 태도이다. 인간중심적 사고의 전유물인 관념적 의미를 배제하려는 시적 의식으로부터 출발한 김춘수의 무의미시와 오규원의 날이미지시는 현상 그대로의 의미를 지향하는 시적 목표를 갖는다. 두 시가 이러한 시적 목표를 갖게 된 배경에는 대상의 숨김과 드러냄, 주체와 반주체의 의식지향 등이 자리한다. 두 시인은 서로 다르게 인식되는 시적 자각 속에서도 '인간적 관념'을 배제하기 위한 의식의 지향성을 지속적으로 추구한다. 두 시인은 현상 그대로의 세계가 갖는 이미지(image)와 이미저리(imagery)를 지향하는 태도에 의해 '현상적 의미'를 재발견하게 된다. 일관된 시적 태도로 나아갈 수 있었던 것은 "언어는 본래 원시시대에는 비유적이고 신화적이었는데 차차 '관념화'되었다고 하는 견해는 시가 인간의 본질과 떨어질 수 없다는 더 큰 신념을 내포하고 있다. 시가 철학이나 과학처럼 관념전달의 목적을 띤다면, 인간은 자기의 본질을 확인할 길을 잃는다는 것"[27]이라는 차원에서다. 언어에 의해 관념화되는 시적 사고로는 인간과 시와의 본질적 관계를 회복할 수 없다는 점에서 두 시인은 원시적

26) 박이문, 「현상학과 문학」, 『현상학』, 고려원, 1992, 108~109쪽.
27) 이상섭, 『문학비평용어사전』, 민음사, 2007, 195쪽.

사고로의 복원을 꾀하고자 한 것이다.

두 시인이 인간적 관념을 배제하기 위한 시적 의식으로의 지향성을 갖는 기저에는 "개념적인 언어는 존재의 의미를 잘 드러내지 못하고 발화인 '파롤(parole)'만이 심오한 존재의 의미를 향해 직접 나아갈 수 있으며, 이러한 파롤 속에 들어있는 침묵의 의미는 예술의 창조적 표현 속에서 가장 잘 드러난다는 것이다. (…) 예술 작품이란 하나의 개념으로 정의될 수 없는 존재를 가시화하는 방식, 즉 표현이라고 정의한다"[28]라는 논의가 작용한다. 여기서 '침묵의 의미'는 곧 회화적 침묵의 의미를 말하는 것으로서 '의미 없음'이 아닌 '의미 초월'의 상태를 지칭한다. 그리고 "회화란 비가시적인 존재를 가시화하는 것"[29]이라는 측면에서 날이미지시는 물론 무의미시 역시 있는 그대로이거나 현상 그대로를 가시화하려는 시적 방법론으로 파악된다. 두 시인은 대상세계의 '비가시적'인 것을 '가시적'인 것으로의 이미지화, 즉 '없음'이 아닌 '초월'을 추구하는 시의식을 갖는다. 이는 두 시인이 시적 가시화 과정에서 인간적 관념을 철저하게 배제함으로써 의미 초월이라는 차원에서 순수의미 그 자체를 추구하는 형태가 된다. 두 시인은 자연으로부터 소외된 인간성을 순수화시킴으로써 자연으로의 회귀를 추구하고자 한다. 이러한 시의식의 지향은 관습적인 언술체계를 현상적 관점으로 접근하면서 있는 그대로의 의미를 추구하는 방법이 된다. 인간적 관념이 배제된 언술체계의 적용은 관념적 의미가 아닌 표상적 의미로 시화된다. 언술체계가 은유적이면 언어구조는 '선택'과 '대치'라는 관념적 의미를 가지며, 환유적이면 '결합'과 '접속'이라는 표상적 의미를 갖는다. 관념적 의미가 아닌 표상적 의미는 인접성이 갖는 사실적 정황의 국면으로서 환유적 체계에 의해 구현된다. 두 시인이 지향하는 시적 의식은 은유적이 아닌 환유적 사고가 된다. 환유적 사고는 곧 표상적 의미를 생성하기 위한 언술체계로

28) 메를로퐁티, 『간접적인 언어와 침묵의 목소리』, 책세상, 2005, 122쪽.
29) 메를로퐁티, 앞의 책, 122쪽.

서 해석적이거나 설명적 지각이 아닌 감각적 지각을 갖는다. 환유적 체계에서는 두두물물의 세계인 사실적 현상이 감각적 지각에 의해 현상적 사실로 형상화되어 표상적 의미를 갖게 된다. 의미생성의 관점에서는 은유적 체계가 '의미 정하기'라면 환유적 체계는 '의미 풀어놓기'의 구조를 갖는다. 환유적 사고는 인간 중심적 사고가 반영되기 이전의 대상 중심적 사고인 것이다. 환유적 언어체계가 갖는 의미는 살아있는 이미지화에 의해 '사실적 정황'으로서의 국면으로 형상화된다. 시의식의 지향성은 있는 그대로의 대상세계를 가시화하고자한 사고에서 비롯된다. 이는 두 시인이 무엇보다도 '현상'을 현상 그 자체로 구현하기 위한 시적 지향을 추구한 산물인 것이다.

순수 그 자체인 '현상'을 중요시한다는 의식이란 무엇인가를 의미하기는 하되 '보이는 시'가 아닌 현상 그 자체를 구현하여 '보여주는 시'로 시화함을 말한다. '보여주는 시'라고 할 때 이것은 불교에서 말하는 "본다는 능동적인 현상을 능식(能識), 보여주는 대상을 소식(所識)으로 보며 이것은 현상학의 노에시스(noesis), 노에마(noema)의 사고"[30]라는 관점에서다. 또한 '보여주는 시'란 "직관의 의식행위에는 시간이 개재하지 않는 것이다. 나의 신체는 의식함과 동시에 존재하고 존재함과 동시에 의식하는 존재양태를 가지고 있는 것이다. 여기에서 우리는, 시인은 다르게 보는 자[視人]임을 알 수 있게 된다. 시인은 범상한 인간들과도 자연과학자들과도 전혀 다른 눈을 가진 자임을 알 수 있게 된다. 이 직관의 시선은 주·객의 대립을 초월하고 그 대상성을 소멸하게 한다"[31]라는 관점이기도 하다. 의식과 존재는 둘이 아닌 하나의 시적 사고에 의해 있는 그대로의 의미현상을 생성하게 하는 원동력이 된다.

'보여주는 시'가 갖는 시의식이란 주체와 객체의 간격이 무화된 의식의 지향성에서 비롯된 시적 사고의 산물인 것이다. '보여주는 시'란 곧

30) 민희식, 『불교와 서구사상』, 山房, 1990, 132쪽.
31) 김진국, 「새의 비상－그 존재론적 환열(歡悅)」, 『현상학』, 고려원, 1992, 156~157쪽.

'현상시'로서 현상 그대로를 이미지화한 시편을 말한다. 인간 중심적 사고의 산물인 '보이는 시'와 대상 중심적 사고의 산물인 '보여주는 시'는 서로 다는 시의식의 지향성을 갖는다. 이는 '보이는 시'가 '관념시'라면 '보여주는 시'는 '현상시' 혹은 '순수시'라는 관점으로 논의하게 된다. 이러한 시적 논의는 주광잠의 논의[32]에서도 알 수 있듯이 시에서 '본다[見]'는 것은 곧 '직관(直覺, intuition)'이며 이때 '직관'이란 어떤 사물의 형상이 시인의 마음속에 나타난 '의상(意象, image)'으로 인식된다. 또 다른 하나는, 본 바의 '의상'이 하나의 '정서'를 반드시 적절하게 표현해야한다는 것이다. 이러한 견해는 시의 창작과 감상에 모두 적용되는 것으로서 '보이는 시'에 비해 '보여주는 시'가 우세하다는 점을 반증한다. '사실적[존재적] 현상'을 '현상적 사실[존재]'의 차원으로 시적 형상화함으로써 현상 그 자체가 갖는 의미를 지향하는 시적 형태는 곧 '보여주는 시'로서의 '현상시[순수시]'가 됨을 알 수 있다.

'현상적 존재'가 갖는 현상 그 자체가 갖는 의미란 곧 존재적 현상을 현상적 존재로 인식하면서 생성되는 의미현상을 말한다. 현상 그 자체가 갖는 순수이미지와 순수의미를 구현하기 위한 전제는 '존재란 무엇인가'라는 원초적인 의식으로부터 비롯된다. 또한 이것은 '시인은 무엇을 말하려하는가'와 '시인은 어떻게 말하는가'의 물음에서 '존재한다는 것은 무엇인가'의 전제가 되기도 한다. 이러한 전제적 관점은 하이데거[Martin Heidegger, 1889~1976]의 다음 논의에서 확인된다.

> 본디 우리가 '존재한다'는 낱말로 무엇을 뜻하고 있는가하는 물음에 대해 우리는 오늘날 어떤 답을 갖고 있는가? 아무것도 갖고 있지 않다. 그렇다면 존재의 의미에 대한 물음을 새롭게 제기해야한다. '존재'라는 표현을 이해 못한다 해서 오늘날 우리가 당혹감이라도 갖게 되는가? 이상스럽게도 하이데거

32) 朱光潛, 『詩論』, 東文選, 1991, 76~83쪽 참조.

> 는 존재물음을 '존재란 무엇인가?'라고 직접 던지지 않고 존재의 의미를 묻고 있다. 이때 하이데거는 존재와 관련되어있는 낱말로서 '존재한다는 낱말' '존재라는 표현'을 사용하고 있다. 이런 식의 진행방식은 무슨 특별한 의미를 갖고 있는 것인가? 존재는 그 낱말의 뜻이나 의미의 분석을 통해서만 접근 가능하다는 말인가? 존재이해라는 것은 존재라는 표현을 이해함을 말하는가? 낱말과 표현의 이해를 의미이해와 동일시해도 되는가? '존재'(또는 '존재한다')라는 낱말의 의미는 곧 존재의 의미인가?[33)]

인용한 글은 '존재'와 '존재한다'는 낱말에 대한 하이데거(Heidegger)의 사유를 고찰한 것이다. '존재'라는 낱말 자체가 '존재한다'라는 의미를 포함할 때, '존재'와 '존재의 의미'는 어떻게 다른 것일까에 대해 하이데거는 '존재'와 '존재의 의미'를 구분하고 있다. 이러한 논의는 '존재'와 '존재의 의미'가 '존재'와 '존재한다'라는 관계를 밝히고자 한 것이다. '존재의 의미'와 '존재한다'라는 것은 곧 '존재 그 자체'를 총체적인 관점에 접근한 사유로서 존재 그 자체는 '존재의 의미 그 자체'이기 때문이다. '존재'와 '존재한다'의 의미는 곧 존재 그 자체의 의미를 뜻한다. 이때의 존재적 의미는 "존재는 존재한다"와 "존재하는 존재는 전적(全的)으로 다만 존재할 뿐이다"[34)]는 말을 나타내는 또 다른 존재로 파악된다. 이와 같은 논의로부터 하이데거가 존재물음을 '존재란 무엇인가?'라고 직접 던지지 않고 존재의 의미를 묻는 그 지점에서 '현상이란 무엇인가'로부터 그 현상의 의미를 구현하는 작업이 시작될 수 있다. 시적 대상인 '존재하는 것'들에 대한 인식은 늘 존재 그 자체를 지향하기 때문이다. 시에서 표현된 시적 대상[존재]은 대상 그 자체를 떠나 의미를 가질 수 없다. 시적 의미는 존재[대상] 그 자체를 지향한 현상의 의미로서 나타나기 마련이다. 현상이 갖는 의미는 '존재' 혹은 '존재한다'라는

---

33) 李基相, 『하이데거의 實存과 言語』, 문예출판사, 1993, 56~57쪽.
34) 사르트르, 『존재와 무』, 동서문화사, 2010, 210쪽.

존재 그 자체가 갖는 의미의 범주에 속하게 된다.

시의식의 지향성이라는 관점에서 시의식도 하나의 의식 활동에 의해 발현되는 산물이다. 이때 의식이란 곧 자기의식으로서 그 주변에 의식의 산물들을 거느리게 된다. 다시 말해 의식에 담겨지는 내용이 자신 밖의 대상으로부터 작용되어진다. 시의식이란 '자기의식'과 '대상의식'이 공존하는 차원의 지향성을 갖는다. 자기의식을 자신의 욕망이 따르는 의식으로, 대상의식을 순수 혹은 절대의식의 상태라고 이해할 수 있게 된다. 시의식의 지향성에 대해 현상학적 관점에 의해 구체적으로 살펴보기로 한다.

현상학의 가장 중심적인 관심은 의식이다. '의식'은 본질적 인식의 대상이다. 현상학은 바로 '의식'의 본질에 대한 사변적 철학이라고 할 수 있다. 외부의 지각 대상인 사물들과 의식의 대상은 서로 완전히 다른 세계를 이루는 것으로 본다. 외부의 사물은 언제나 구체적 양상을 통해서만 부분적으로 인지될 뿐이나, 의식의 세계는 우리가 관심을 집중하면 직접적으로 그 본질을 파악할 수 있는 것이다.[35)]

의식의 본질 그 자체가 곧 시의식이라는 관점에서 두 시는 인간적 관념을 배제한 현상 그대로라는 시적 의식으로부터 출발한다. 시의식의 지향성은 의식적 대상이 아닌 지각적 대상 그대로의, 즉 지각 현상 그대로의 이미지화를 추구한다. 시적 출발점은 있는 그대로인 존재 그 자체의 세계를 지향하는 의식에 의해 '현상 그대로'라는 인식태도에서 비롯된다. 시적 인식의 투명성은 존재 그 자체를 현상 그대로 볼 수 있는 지점에서부터 시작한다. 시인이 하나의 사물, 즉 '사실'이라는 대상을 완벽하

---

35) 이상섭, 앞의 책, 377~378쪽.

게 표현하거나 기술할 수는 없을 것이다. 만일 시인이 어떤 대상을 완벽하게 해석하거나 이해하였다고 하더라도 그것을 완벽하게 표현한 것은 아니기 때문이다. 시에 표현된 시적 대상은 배제이거나 선택에 의해 '사실' 그 자체가 아닌 '사실적'으로 묘사한 것이다. '사실적 묘사'란 곧 대상에 대한 인간 중심적 사고의 '배제'에 의한 '선택'의 산물인 것이다. 이를 '시인은 어떻게 말하는가'라는 물음에 대입하면, 시인은 사실적 지각으로 배제와 선택에 의해 그 사실적 국면을 형상화하는 사람인 것이다.

3) 시적 언술의 지향성

먼저 '언어'와 '의미'의 관계에 대해 논의해보면, 어떤 "사물에 대하여 의식이 존재하는 것과 마찬가지로 사물은 의식에 대하여 존재할 때만 그 존재 의미를 가지는 것이다. 따라서 언어 역시 체험내용이 없이는 그것은 언어가 아니라 하나의 소음에 지나지 않는 것과 마찬가지로, 체험내용은 언어에 의해서만 현상으로서 존재할 수 있는 것이다."[36] 이러한 논의에서 '모든 사유는 언어와 함께 작용하며, 언어 없이는 그 어떤 사유도 가질 수 없다'라는 언어관을 나타내고 있다. 일반적으로 언어를 매개로 하는 서술이란 구체적인 대상에 대해 언어를 통한 관념화를 말한다. 이는 구체적인 대상을 관념으로 대치하는 것이 언어의 본질이라는 관점에서다. 그렇다면 여기서 언어 없이는 그 어떤 의미화나 서술이 불가능한 까닭은 무엇일까. 물론 그것은 언어 그 자체가 곧 의미이며 서술이라는 관점에서일 것이다. 하지만 '언어 없이는 의미도 없고, 서술도 없다'라는 언어관은 재고의 여지를 갖는다. 이는 언어적 의미가 아닌 존재적 의미에서 존재와 의미의 관계를 생각해볼 수 있다는 점에서다. 존재

---

36) 김준오, 『현대시의 방법론과 모더니티』, 새미, 2009, 82~83쪽.

의 표상이 '언어'일 때 '의미'는 언어와 존재 그 어느 쪽에도 완전히 종속되지 않는다는 측면에서다. 이는 또한 사물과 의식, 언어와 현상의 관계가 반드시 언어와 사유의 관계와 등가를 이룬다고 볼 수 없다는 관점이기도 하다. 물론 "시는 어디까지나 인생을 바탕으로 한 지향적 체험의 자유로운 표상"37)일 수 밖에 없다. 언어와 의식의 결합 속에서만 사유가 이루어진다는 시각은 오직 인간 중심적 관점만을 부각시킨 것에 불과하다.

살아있는 생명체는 존재 그 자체가 지닌 의식을 기저로 하여 자연 그대로 혹은 생명 그 자체를 나타내는 고유의 언어를 가진다고 볼 수 있다. 이는 '살아있는 것'이 곧 의식의 지향 그 자체이며 이러한 의식은 '살아있음'을 유지하기 위한 본질적 차원의 구조이기 때문이다. 언어에 앞서 살아있는 의식이 존재하고 있음을 부정할 수는 없을 것이다. 이는 의식이 언어보다 우세하다는 관점에서 의식이 곧 언어형성의 전제가 될 수 있음을 말해주고 있다. 언어 없는 의식이 존재하지 못하는 게 아니라, 의식 없는 언어가 존재할 수 없다는 관점을 갖게 된다. 유기체 혹은 생명체가 갖는 언어란 '살아있다'는 의식 그 자체가 곧 언어작용이 되는 것이다. 이는 주체와 객체의 이항 구조가 아닌, 즉 이 세계가 살아있다는 전제에서 하나로 통합되는 의식 구조임을 암시한다. 시적 언술은 언어 이전의 의식차원에서 객관세계를 있는 그대로 형상화할 수 있어야 한다는 지향성을 갖는다.

한 의식의 대상에 대한 원초적 파악이 개념적일 수 없고 오히려 의미가 불투명할 수밖에 없는 이미지일 수밖에 없다는 것을 전제하고, 그 이미지가 원초적 의미, 또는 하이데거가 말한 전이해적(前理解的) 의미라는 것을 전제할 때, 한 작품의 해석은 자연히 그 속에 나타난 이미지의 측면에서 접근됨

37) 김준오, 앞의 책, 84쪽.

> 은 당연해진다. 이미지는 바슐라르의 표현을 빌자면 그냥 사물현상, 그냥 사건이 아니라 '원초적 언어'이며 뒤랑의 말로 쓰자면 '의미화'이다. 이미지는 객관적 사물 혹은 세계의 인과적 관계로 설명되는 기계적 반영이 아니며 세계의 비젼이 아니라 세계 속에 사는 주체로서의 인간의 표현이다. 그것은 한 주체자가 세계를 어떻게 설정하는가에 의도를 나타낸다. 따라서 근본적으로 사물적인 존재라기보다는 의미적인 존재, 즉 언어 또는 상징이다. 한 문학 작품이 사물현상을 객관화하는 개념의 체계가 아니라 그러한 사물현상에 대한 작가의 원초적 의미화, 즉 이미지들로 구성된 세계임을 인정한다면, 그 작품의 의미를 밝혀내는 작업, 즉 작품해석은 어떤 법칙에 의해서 설명하는 작업이 될 수 있는 것이 아니라 서술을 통해서 궁극적으로는 직관에 의해서만 파악하고 공감하는 작업이 되어야만 할 것이다. 이것은 바로 현상학적 작업이 된다.[38]

위의 논의와 같이 '이미지'가 시의 언어[시어]에서 중요한 특질을 갖는다거나 시의 언어는 곧 '이미지'라는 것은 주지의 사실이다. 이러한 사실에서 '이미지'가 갖는 주요 기능인 환기된 정서가 신선한 감각을 주는 것은 정서 그 자체가 주관적이기 때문이다. 시인은 늘 시적 대상을 향해 특수한 관점으로 대하며 시인의 주관적 감성을 착색한다. 시적 이미지는 실재하는 이미지와 다를 수밖에 없으며, 그 다를 수밖에 없는 이미지의 최소한계를 김춘수는 '서술적 이미지'로, 오규원은 '날이미지'에 의해 시적 형상화한다. 이러한 이미지들과 같이 어떤 한 편의 시 속에 선택된 어떤 이미지들 역시 주관적 정서의 개입에 의해 생성된다. '존재의 시'는 "사물현상에 대한 작가의 원초적 의미화, 즉 이미지들로 구성된 세계임을 인정"하는 차원에서 전통적인 시와 달리 인간이 곧 '비인간화'를 지향하기 위해 자연의식으로 복귀하려는 의지를 반영하는 시적

38) 박이문, 앞의 글, 116~117쪽.

방법론이 된다. '존재의 시'는 다시 '존재 그 자체'를 지향하는 의식으로서 '있는 그대로'의 사고로 회향하는, 즉 원시적 언어관으로 되돌아가려는 자력(磁力)을 갖는다. 이러한 자력은 곧 "세계는 내가 할 수 있는 모든 분석에 앞서 거기에 있다"[39]라고 판단하는 관점이기도 하다. '있는 그대로'의 사고로 회향하는 지점은 곧 '거기에 있는 세계'를 형상화하는 것으로서 인간이 언어화한 현상적 세계가 된다. 다시 언어와 이미지의 관계성에 대해 살펴보기로 한다.

> 사물들 그 자체의 형상을 객관적으로 묘사하는 방식으로 이미지들이 생성되는 경우, 이미지는 언어조직에서 생성되는 것이 아니라 대상 자체에 속한 것이다. 대상 자체의 존재성을 그대로 실현하는 이미지라 할 수 있다. 이러한 경우 시의 의미는 언어 조직 자체에서 생성되지 않고 객관적으로 서술된 장면과 장면의 사이, 혹은 형상들의 사이에서 만들어진다. 이때 시의 의미는 부분적인 형상들로 구성된 전체로서의 풍경에 도움을 입어 형상의 밖에서 생성된다.[40]

위의 논의는 객관적 묘사에 의해 생성된 이미지가 대상 그 자체의 존재성을 실현한 것으로 본 관점이다. '이미지'가 언어이면서도 언어 조직이 아닌 대상 자체에 귀속되는 존재성이라는 점과 의미를 언어와 대상의 관계성에서 '사이'라는 접점으로 응시한 점은 시적 의미의 생성위치를 발견하게 한다. 이는 이미지가 대상 자체의 존재성에 기인한다면 의미는 언어와 대상의 관계성에 의해 발현된다는 관점이기도 하다. 시적 의미를 언어조직이 아닌 대상과 관계성에서 생성되는 관점은 곧 이미지가 대상 자체의 존재성으로 있음을 전제한 것이다. 이러한 논의를 통해 이미지와 의미의 상관성을 파악하게 된다. 어떤 시적 형태가 갖는 의미

---

39) 메를로퐁티, 류의근 옮김, 『지각의 현상학』, 문학과지성사, 2002, 17쪽.
40) 김문주, 『형상과 전통』, 도서출판 월인, 2006, 60쪽.

의 생성은 전체 국면과 작은 국면의 '사이'에서 형상화된 이미지와 이미저리들에 의해 생성됨을 말해준다. '의미'와 '이미지'의 관계에 대한 상호작용성에 대해 롤랑 바르트(Roland Barthes)의 『이미지와 글쓰기』라는 글에서 좀 더 구체적으로 살펴보기로 한다.

> 이미지는 다시 보여주는 것(representation), 즉 요컨대 재생이며, 그리고 우리는 관념적인 것이 체험된 것에 상반되는 것으로 여겨지는 것을 알고 있다. 따라서, 유사는 그 양쪽에서 빈궁한 의미로 느껴지고 있다. 한쪽에서는 이미지가 언어에 비해 매우 초보적인 체계라고 생각하고, 다른 한쪽에서는 의미작용이 이미지의 말로 표현할 수 없는 풍요로움을 고갈시킬 수 없다고 생각하는 것이다. 그런데, 비록, 그리고 특히, 이미지가 어떤 방식으로 의미의 경계라고 한다면, 이미지는 의미작용의 진정한 존재론으로 되돌아가는 것을 가능하게 할 것이다. 그렇다면, 의미는 이미지로 어떻게 가는가? 의미는 어디서 끝나는 것일까?[41]

이러한 논의는 '의미'와 '이미지'의 관계가 원초적 복원을 지향하면서도 경계를 갖지 않은, 즉 이미지의 의미작용이 의도적이건 비의도적이건 선험적 속성을 갖는다는 판단을 갖게 한다. 물론 한 편의 시 속에는 의미와 이미지가 존재할 수밖에 없다. 이때 그 시편 속에서 작용하는 '의미'와 '이미지'의 관계를 어떻게 이해하고 해석할 것인가에 대해 이러한 논의는 새로운 단서를 제시해주고 있다. 즉 이미지가 언어에 귀속되고 의미가 이미지에 귀속되는 체계를 논의함으로써 '관념'과 '체험'의 상반관계를 암시해주고 있다. 이는 의미의 경계가 이미지라면 이미지가 의미작용으로 귀속되는 관계를 전제함으로써 결국 '의미는 이미지로 어떻게 가는가'와 '의미는 어디서 끝나는 것일까'라는 시적 의문을 제시할 수

41) 롤랑바르트, 김인식 편역, 『이미지와 글쓰기』, 세계사, 1993, 86~87쪽.

있다는 것이다. 여기서 의미가 의미지로의 지향성에서 의미의 '흐름'과 '종결'에 대해 의문을 갖는 것은 앞에서 살펴본 의미와 언어와의 관계성에도 반영될 수 있다. 의미가 이미지로의 지향성은 곧 이미지화에 의한 의미를 획득하는 차원을 말하는 것으로서 이는 시적 언술의 지향성에 의해 다양한 의미화가 이루어질 수 있음을 말해주고 있다. 이러한 관점은 본서에서 시적 방법론의 물음으로 제시되는 '시란 무엇인가'와 '시의 언어란 무엇인가'라는 테마와 소통하게 된다. 이러한 시적 질문들은 '존재의 시'로 명명되는 김춘수의 무의미시와 오규원의 날이미지시에 형상화된 이미지와 그 의미현상을 분석함으로써 이해하게 된다.

4) 현상적 의미의 시적 지향성

김춘수의 무의미시와 오규원의 날이미지시는 주체와 객체의 '사이'에서 살아있는 언어체계에 의해 시적 형상화가 이루어진다고 볼 수 있다. 즉 두 시에 생성되는 시적 의미는 주체와 객체의 사이에서 현상 그대로의 이미지를 통해 의미의 경계를 찾아가는 지향성에서 이루어진다. 이는 의미의 경계가 곧 이미지라는 관점이기도 하다. 이러한 시적 지향성은 주체가 언어와 분리될 수 없는 존재일 때, 즉 언어적 존재일 때 객체 그 자체는 언어에 의한 언어의 극복에 의해 있는 그대로 형상화될 수 있음을 말해준다. 이는 주체가 객체에 대해 시적 반성을 갖는 것으로서 주체와 객체가 합일되는 가능성을 암시하는 것이기도 하다. 주체와 객체의 그 '사이' 혹은 '경계'에서 대상세계가 이미지화됨으로써 있는 그대로의 세계인 '현상시'의 차원으로 회귀하는 시적 경향을 띠게 된다. '현상시'란 시적 사태의 본질 혹은 현상 그 자체를 '그대로 바라보기'에 의해 구현되는 시를 말한다. 물론 '그대로 바라보기'라 하더라도 동일한 '존재'나 '현상'을 두고서도 시인과 독자, 시인과 시인은 저마다 다르게 보거나 다른 의식을 가질 수 있다. 다르게 보거나 다른 의식을 갖는다는 것은 곧 다른 의미부여를 일컫는다. 이는 동일한 대상에 대한 다양한 의식의 발현이 어디에서 일어나는 것인가에 대한 현상학적 논의를 통해 확인할 수 있다. 후설(Husserl)이 제창한 '현상학'이란 바로 의식과 대상의 관계를 탐구하는 학문으로서, 이는 '있는 그대로의 사실'을 '그대로 바라보기' 혹은 '그대로 그리기'라는 차원이기 때문이다. 이러한 현상학적 차원은 마그리올라(Robert R. Magliola)가 "현상학은 의식 속에 드러난 '본질'을 인식함으로써 실재에 도달할 수 있다는 믿음을 기초로 하는 것이다"[42]라는 정의에 의해 의식과 대상의 관계가 본질이라는 구심점에서 원초적으로 이탈할 수 없음을 확인하게 된다.

우리의 삶은 늘 일상과 함께 잠들고 일상의 범주 안에서 함께 일어날 수밖에 없으므로 '일상'은 주체에게 새롭거나 감동을 주지 못한다. 그러나 존재 그 자체가 갖는 '본질'과 '현상'에 대한 근본적인 물음, 즉 존재적 관점에서는 다르게 인식될 수 있다. '일상'에서 지나치기 쉬웠던 '의식'이나 '존재'의 문제에 대해, 혹은 존재 그 자체의 '의미'에 대해 존재가 갖는 본질적 측면과 현상적 측면은 '있는 그대로' 인식된다. '있는 그대로'의 객체[대상]는 현상학적으로 '그대로 바라보기'에 의해 새로운 차원의 존재로 드러난다. '바라보기', 즉 인간적 관점의 차이 때문에 발생되는 문제들은 대부분 '의미적 인식'의 문제로 귀결된다. 주체는 하나의 사물이나 사건, 즉 동일한 객체[대상]를 놓고서도 상호 다른 해석과 의미를 붙임으로써 보편적인 충돌에 의한 갈등을 야기한다. 물론 이러한 갈등은 오히려 시적 방법론에 대한 논의를 끊임없이 이어가게 하는 동력으로 작용할 수 있다.

'존재의 시'로 명명되는 김춘수의 무의미시와 시론, 오규원의 날이미지시와 시론이 갖는 시적 방법론은 후설(Husserl)이 '있는 그대로'의 현

42) Robert R. Magliola, 최상규 옮김, 『현상학과 문학』, 예림기획, 1998, 13쪽.

상을 '사태 자체'라고 부른 그 지점에 닿아있다. "후설(Husserl)은 주어진 것은 오직 현상뿐이라는 사실을 주장함에 있어서는 칸트와 헤겔과 의견을 같이한다. 하지만 그는 현상 속에 또 오직 현상 속에만, 현존하는 것의 본질이 주어져 있다고 주장한다."[43] 이는 '현상'과 '본질'을 둘이 아니라 하나[不二]로 본 견해이다. 이는 존재 내에서의 본질과 현상을 '사실 그대로'의 본질적 측면과 '현상 그대로'의 현상적 측면을 하나로 묶는다는 관점이기도 하다. 이것은 앞에서 정의한 의식과 대상의 관계가 '본질'이라는 구심점에서 원초적으로 이탈할 수 없음을 반영하는 것이기도 하다.

후설(Husserl)이 경계한 '의식'과 '대상'을 분리해서보는 태도, 즉 '의식'과 '대상'은 동반자적 관계라는 전제에서 두 시는 현상적 지향성을 갖는다. 현상적 지향성에서 '의식'이란 언제나 '~에 대한 의식'이라는 관점에서 '객체[대상]' 역시 의식 없이는 존재할 수 없다는 관계성으로 나타난다. 이는 무의미시의 경우, 시적 지향성은 '대상의 유무' 차원이 아닌 주체와 대상과의 거리, 즉 의식 차원에서 이루어짐을 암시한다. 이러한 의식 차원에 대한 시적 지향성의 문제는 "묘사는 대상과 관찰자 사이에 일정한 거리[공간]를 두게 한다. 이 거리는 대상을 관찰자적 입장, 즉 방관자적 입장에서 보게 한다. 이러한 거리가 사물의 객관성과 순수성을 확보해준다는 의미에서 김춘수의 공간은 후설(Husserl)적인 공간이다"[44]라는 논의에서 확인된다. 이는 후설(Husserl)이 "의식의 지향적 구조에 대한 통찰은 우리가 이 세계를 경험하는 과정을 해명하는 결정적인 실마리를 제공하기 때문"이라는 지점이기도 하다. 김춘수의 무의미시와 오규원의 날이미지시는 현상학의 전략인 "드러난 사태 그 자체를 있는 그대로 묘사"하는 지점에서 출발하기 때문이다. 여기서 두 시가 출발한 지점이란 곧 '있는 그대로'를 형상화하기 위해 인간 중심적 의식에

43) Robert R. Magliola, 앞의 책, 12쪽.
44) 엄국현, 「무의미시의 방법적 이해」, 『김춘수 시 연구』, 흐름사, 1989, 434쪽.

의해 오염된 대상을 절대화시키는 방법을 채택한 자리이다. 이를 후설(Husserl) 식으로 말하면 사태[작품]를 '있는 그대로' 보기 위해서는 '현상학적 환원'[45]을 거쳐야한다는 조건을 전제로 한다. 궁극적으로 '존재의 시'가 갖는 시적 언술의 지향성은 현상학적 사고, 즉 '판단 중지'를 통해 있는 그대로의 회귀를 꾀하게 된다.

45) "현상학적 환원은 형이상학적인 주장을 하거나 현실에 무엇을 첨가하거나, 혹은 현실로부터 무엇을 추출하는 것이 아니라 존재에 대한 모든 주장을 무시해버리는 것이다. 따라서 판단중지는 오히려 보다 근본적인 타당성에 대한 견해를 분명하게하기 위한 논리적인 절차라 하겠다"(C. A. 반 퍼어슨 · 손봉호 옮김, 「현상학적 환원과 사실적 존재」, 『현상학』, 고려원, 1992, 38~39쪽). 그리고 "현상학적 환원은 따라서 초월적 방법이다"(C. A. 반 퍼어슨, 앞의 글, 41쪽).

제3장 현상적 시 세계의 미학

현상적 미학은 대상을 현상 그대로 관조하는 세계, 즉 '사실적 현상'과 '현상적 사실'의 '사이'에서 존재한다. 이때 '사실적'이거나 '사실적인 것'과 '현상적'이거나 '현상적인 것'의 '사이'란 시적 사유가 갖는 '간격'으로서 시적 형상화의 미학을 잉태하는 동력이 된다. 김춘수의 무의미시와 오규원의 날이미지시에서 발견되는 시적 형상화의 미학은 '사실적인 것'으로부터 사유되어진 '현상적인 것'의 이미지화에 의해 형상화된다. 우리의 눈앞에 놓인 대상세계는 단지 존재하는 그대로인 '사실적'으로 있다. '사실적' 존재는 본질과 현상이 실존하는 '사실적인 것'으로, 즉 '의미현상'으로 형상화되어진다.

이 대상세계에서 스스로 의미 없는 존재란 아무것도 없다. 삼라만상은 모두 '사실적 의미'로 존재하고 있다. 이는 이 대상세계가 스스로 존재하기 위한 이유이기도 하다. '사실적 의미'란 사실적 현상이라는 존재 그 자체가 언어 이전에 이미 '의미'로 있음을 말한다. '사실적'은 사실적 현상으로 '사실적인 것'은 현상적 사실로 이해할 수 있게 된다. 사실적 현상과 현상적 사실의 사이에서 사실과 현상의 간격에 의해 현상적 미학은 잉태된다. 미학적 작용은 대상세계가 있으므로 해서 있는 것이 되고 존재함으로 해서 존재하는 것이 되는 메타적 의미의 형태를 갖는다.

김춘수의 무의미시와 오규원의 날이미지시는 메타적 의미를 생성하는 자리에서 '존재의 시'라고 부를 수 있게 된다. 두 시는 대상세계에 대한 인간적 관점과 대상적 관점이 만나는 지점에서 메타적 의미를 현상적 존재로 형상화하는 시적 방법론을 갖는다. 시적으로 형상화된 현상적 존재는 시적 관점의 간격에 의해 의미현상의 순수성이 결정된다. 그 간격이 크면 클수록 인간적 사고와 언어적 사고에 의해 나타난 현상적 존재는 존재적 현상으로부터 멀어진다. 이는 대상세계를 인식하는 관점에 따라 '의미현상'들의 왜곡된 총량은 다를 수 있음을 말해준다.

현상적 사태를 이해하기 위한 전제로서 '세계는 단지 있다'라고 할 때, '있다'라는 사유는 '사실'이 '사실적'으로 있음을 직관하는 태도이다. 대상세계는 있는 그대로 존재할 수밖에 없다는 차원에서 '사실'은 '있다'라고 할 수 있기 때문이다. 그리고 대상세계가 '있다'에서 '있는 것'이라는 차원으로 인식될 때 그것은 '사실적'으로부터 '사실적인 것'으로 있게 된다. '사실적'이 '사실적인 것'으로 형상화될 때 사실적 의미는 의미현상[현상]으로 승화된다. 사실적 의미 그 자체는 이미 텅 빈 의미로서의 '空(공)'의 속성을 갖는다. '사실'이라는 존재적 의미는 의미 있는 것도 아니고 의미 없는 것도 아니기 때문이다. 空의 속성을 갖는 대상세계는 단지 있는 것이면서도 있지 않는 것이 되고 없으면서도 있는 것이 되는 상태이다. 이를 존재적 특성에서 이해한다면 존재를 구성하는 본질과 현상은 '空의 소용돌이' 상태로 있음을 감지하게 된다. 대상세계가 空의 속성을 갖는다는 관점에서 空의 세계란 존재의 본질과 현상이 둘이 아닌 하나의 범주에 있음을 말해준다.

시적 대상의 형상화에 의한 '의미현상'의 드러냄이란 단지 '있는 그대로의 세계', 즉 '사실적인 것'으로부터 최소한의 왜곡이 존재하는 지점에 있다. 김춘수와 오규원은 대상세계에 대한 왜곡의 최소화를 달성하기 위해 노력한다. 있는 그대로의 세계, 즉 순수세계에 근접하고자 두 시인은 관념이 우세한 전통적 시의식으로부터 벗어나고자 한다. 이는 김춘수가

'역사'라는 미명아래 '이데올로기'와 '폭력'으로 굳어진 개념적 문화로부터 '자유'를 외치고, 오규원이 전통적 의미시의 개념적 태도로부터 '해방'을 꾀하는 자리이다. 두 시인이 배제하고자한 개념적 문화이거나 태도, 즉 전통적 관습은 '사실적'으로 있는 세계를 왜곡한 의식의 산물이다. 이는 두 시인이 개념적 언어의 세계를 벗어나 '자유'와 '해방'의 언어세계를 추구하는 그 자리에서 각각 무의미시와 날이미지시가 제시되었음을 말해준다. 하지만 자유와 해방의 자리에 있는 '언어'라 할지라도 그것은 이미 언어 그 자체일 수밖에 없으므로 대상세계에 대한 최소한의 왜곡은 피할 수 없게 된다. 다시 말하면 어떤 사실이거나 사실적 세계를 사실적인 것으로 언어화한다고 하더라도 언어 그 자체가 갖는 속성을 완전히 배제할 수는 없다. 이를 현상학적 관점에서 보면 '사실적 현상'을 그 어떤 작용에 의해서라도 사실 그대로이거나 있는 그대로, 즉 완벽하게 형상화할 수 없다는 것이다. 이러한 불가능성을 전제로 하여 두 시인은 존재적 왜곡을 최소화하기 위해 '시와 시란 무엇인가'에 대해 지속적인 탐색을 시도한다. 그리하여 두 시인은 '사실적'으로 존재하는 대상세계, 즉 사실적 현상을 현상학적 의식에 의해 '사실적인 것'의 현상적 사실로 형상화한 시편들을 발표하기에 이른다.

세계의 실체는 '사실적 현상'으로 존재하며 그것은 '현상적 사실'의 감각적 표상에 의해 시적 형상화된다.[1] '존재의 시'라고 일컬어지는 김

---

1) '그냥 있다'란 어떤 상태를 말하는 것일까. 그것은 '있는 그대로'이거나 '존재 그대로'를 말한다. 한편으로는 '실존 그대로'이거나 '현존 그대로'이기도 하다. 여기서 '그냥'이라는 언어적 무게는 있는 그대로의 세계가 갖는 내밀함이다. 흔히 '그냥 있는 대상'은 '사실적 현상'으로 있다. 그냥 있는 현상이란 공간적 · 시간적 작용력을 갖는다는 차원에서 곧 살아있는 세계이다. '현상'은 공간적이든 시간적이든 동시성이거나 순차성을 갖게 마련이다. 그림이나 사진이 동시성을 추구한다면 시는 순차성을 추구한다. 순차성은 공간적 · 시간적으로 살아있는 현상으로 있게 한다. 그리하여 시는 순차성에 의해 '살아있는 현상'을 구현한다. 살아있는 현상이 갖는 의미는 '의미현상'으로서 '현상적 의미'가 된다. 현상적 의미는 개념적 의미가 아니라 표상적 의미의 범주에 있다. 세계는 존재를 '현상'이라는 언어적 기능으로 말한다. 시적 형상화의 관점에서 김춘수의 무의미시와 오규원의 날이미지시는 소멸적 차원이 아닌 생성적 차원에서 곧 살아있는 세계를 지향한다. 그리하여 '현상'은 언어가 갖는

춘수의 무의미시와 오규원의 날이미지시는 궁극적으로 대상세계를 투명하고 순수하게 인식하려는 자아의 구현에 있다. 시인이 사고(思考)한 산물은 시적 이미지이며 그 시적 이미지가 사고하도록 돕는 주체 또한 시인 자신이기 때문이다. 두 시인은 인간적 지배심리가 배제된 사실적 관점을 통해 '순수시'이거나 '현상시'를 추구하게 된다. 두 시가 기대는 이미지의 형태는 현상적 사실이거나 환상적 사실이라는 현상적 사고에서 비롯된다. 오규원이 날이미지시편에서 주로 '현상적 사실'로 이미지화한다면 김춘수는 무의미시편에서 주로 '환상적 사실'로 이미지화한다. 두 시인이 추구한 시적 방법론에서는 '현상적 사실'이 주로 개념화되거나 사변화되기 전의 두두물물의 세계라면, '환상적 사실'은 신화이거나 설화의 세계에 가깝다.

김춘수의 무의미시와 오규원의 날이미지시에서 나타나는 '의미현상'을 감지하게 되는 것은 두 시가 '현상'을 바탕으로 한다는 점에서다. 다시 말하면 두 시는 인간적 관념이 더해지기 이전의 순수의미를 갖는 이미지로서의 현상을 갖기 때문이다. 단순히 '현상'이라고 할 때 그 '현상'이란 인간적 관념이 더하기 이전의 순수의미 그 자체의 형태를 갖는다. '현상'이란 언어 이전의 의미, 즉 본질 그 자체가 갖는 의미만을 갖는 세계 그 자체이기 때문이다. 모든 존재가 존재로서 드러나는 것은 하나의 '현상'이라는 형태이다. 존재 그 자체가 갖는 언어적 형태가 곧 '현상'이기 때문이다. 존재적 언어인 '현상'은 인간적 관념으로 굳어진 의미가 아닌 현상 그대로의 살아있는 의미를 갖는다. 이러한 현상을 있는 그대로 구현하는 지점은 환유적 언술체계에 의해 구현된다. 두 시는 주로 서술적 표현인 환유적 수사법에 의해 시 세계의 변모를 꾀한다.

세계는 휴머니즘 사고가 아닌 리얼리즘 사고에 의해 왜곡되지 않는 가운데 있는 그 자체에 의해 그냥 그대로 존재한다. 두 시가 지향하는

의미의 이미지로서 형상화된다.

시의식은 인간의 욕망에 의해 의미화 되거나 조직화된 세계가 아닌 실존 그대로의 세계를 객관적으로 의미화 하는데 있다. 세계를 의미화하고 조직화하는 주체는 인간 이전의 존재적 언어에 의해 구현된다. 언어가 바로 '존재의 집'이라고 할 때, 이 언어는 곧 인간적 언어가 아닌 존재적 언어이다. 존재 그대로의 세계가 갖는 현상은 개념이나 관념이 개입되지 않은 순수 그 자체로 있다. 현상이란 존재 그대로 살아있는 의미체이기 때문이다. 두 시는 살아있는 의미체인 살아있는 이미지를 시적으로 구현하는 방법론이 된다. 두 시인은 언어 이전의 의미를 구현하기 위해 인간적 관념이 명명하거나 해석한 의미가 아닌 살아있는 의미현상을 추구한다. 두 시인이 인식하고자하는 세계는 '살아있는' 현상 그 자체이기 때문이다. 그들은 세계 그 자체로부터 현현되는 언어 이전의 언어인 '현상'을 시적으로 형상화한다.

1. 인고주의 · 리얼리티 의식의 미학

김춘수 시인은 '관념'에 대한 회의(懷疑)와 절망(絶望)에 의해 '시란 무엇인가'라는 의문을 갖고 이미지(image) 위주의 서술적인 시 세계를 추구한다. 이는 현상학적 측면에서 '대상'을 바라보는 시적 방법론과 그 맥락을 같이한다. 김춘수는 서술적 언어체계를 갖는 시 세계에서 서술적 이미지를 이미지 그 자체가 목적인 이미지로 보았다. 이러한 관점은 '이미지'와 '대상'의 거리가 소멸되어 이미지가 곧 대상이 되는 국면을 갖는다는 차원에서다. '이미지'와 '대상'이 합일 혹은 중첩되는 시적 여정에서 무의미적 시가 탄생한다는 것이다. 무의미적 시는 시적 대상을 놓치거나 숨겨버리는 작용에 의해 시적 의미를 잃거나 관념[의미]을 덮어씌울 대상이 사라진 형태를 갖는다. 김춘수는 대상을 놓친 대신에 '언어'와 '이미지'를 시의 실체로 인식하게 되는 지점에서 무의미적 국면은 이루어진다고 말한다. 시의 실체가 '언어'와 '이미지'에 있는 이상 이때의 '언어'와 '이미지'는 더욱 순수한 상태가 된다. 대상을 잃은 '언어'와 '이미지'는 대상을 잃음으로써 대상을 무화시키는 결과가 되고, '언어'와 '이미지'는 대상으로부터도 자유로운 형태가 된다, 이것이 무의미적 시의 정체이다.

오규원은 김춘수가 주로 '시[예술]란 무엇인가'라는 질문을 가졌다면 자신은 주로 '언어[인식]란 무엇인가'라는 질문으로 시에 다가선다고 말한다. 오규원은 대상세계를 새롭게 바라보는 방법이 시를 새롭게 하는 것으로 인식하게 된다. 오규원이 대상세계를 새롭게 바라보기 시작한 그 지점에서 날이미지시론은 태동된다. 날이미지시론이란 전통적 시론이 시적 대상에 대해 인간 중심적 사고, 즉 시인 자신의 사상이나 정서를 언어로 노래한 것에서 이탈한 시적 방법론을 말한다. 다시 말하면 그것은 전통적 시론에 대척하여 대상세계를 새롭게 바라보기에 의한 시적 방법론이다. 오규원은 전통적 시론으로부터 해방할 수 있는 방법론으로서 세 가지의 단계를 제시한다. 첫째는 주체의 사상이나 정서를 빼버리는 것, 둘째는 인간이 인간의 세계를 체계화하려고 만들어놓은 관념 용어를 빼는 것, 셋째는 개념적인 것이나 사변적인 것이나 그러한 비유 혹은 진술 등을 빼버린 상태에서 사물의 현상을 재현하는 것이다. 그는 이러한 세 가지 단계를 거침으로써 주체중심, 인간 중심 사고에서 벗어나게 된다고 보았다. 그는 인간적 관념을 생산하는 수사법마저 소외시킨 상태의 살아있는 이미지들을 시에서 구현하는 것, 그것이 바로 '날[生]이미지시'라고 밝힌다.

김춘수의 무의미시와 오규원의 날이미지시가 갖는 시적 정체는 인간적 관념을 배제하기 위한 수사법으로 서술적·환유적 언술체계를 통해 존재적 시 세계를 지향하는데 있다. 존재적 세계를 나타내는 시 세계는 "시어의 신중한 선택과 배열은 시의 언어용법(usage)이 특수하다는 것, 즉 언어의 일반적 용법, 문법과 다름을 의미한다"[2)]는 지점에 있다. 이러한 시적 지점은 현대시의 방법론적 측면에서 하나의 언어학적 접근방법인 시의 어법과도 관련지어진다. 이는 "시인은 중심의도와 관련하여 낱말을 엄밀히 선택하고 이것을 또 긴밀하게 배치함으로써 세부와 세부, 세부와 전체 간에 유기적 관련을 맺도록 한다. 그리하여 시의 질료로서 유기적 조직 속에 들어있는 언어는 자전적 의미와는 다른 새로운 문맥적 의미를 가지고 있다"[3]는 논의에서도 확인된다. 여기서 "새로운 문맥적 의미"란 시어의 선택과 배열에 의해 또 다른 시적 생명력, 즉 시어에 새로운 의미를 부여하는 시적 어법을 말한다. 이러한 시적 어법은 어떤 의미를 떠나 존재할 수 없는 언어의 자격에 의해 시적 문맥의 상황에 따라 다르게 제시되는 어법임을 말해주고 있다. 이는 시어의 내포적 의미 구조에 의해 '의미현상'으로 현시되는 현상적 의미, 즉 현상 그 자체가 갖는 의미를 서술적 · 환유적 세계로부터 재발견하게 되는 계기가 된다.

1) 극기 · 리얼리티의 정황

시인이 어떤 대상에게 '의미'를 부여한다는 것은 '대상'과의 거리를 유지하고 있다는 반증이다. 이때 '거리'란 인간 중심적 관점에서 생성되는 주체와 객체[대상] 의 사이에 의한 '간격'을 말한다. 시인이 대상과 '간격'을 유지함으로써 시인의 인식이나 인상을 대상에게 포장할 수 있게 된다. 이때 '포장(包裝)'이란 시인의 주관적 인상을 대상에게 덮어씌우는 작용을 말한다. 어떤 이미지에 사생적 소박성이 유지된다는 것은 대상과의 거리가 유지되는 형태이다. 그리고 어떤 이미지에 사생적 소박성이 사라지게 되면 이미지와 대상의 거리가 소멸되는 형태가 된다. 이런 점에서 무의미시는 의식과 대상과의 거리에 대한 관계식을 갖는 시

2) 김준오, 『현대시의 방법론과 모더니티』, 새미, 2009, 87쪽.
3) 김준오, 앞의 책, 109쪽.

적 형태이다. 즉 무의미적 시적 형태는 의식과 대상의 '거리 유무'이거나 '거리 장단'에 의해 추구되는 시적 방법론이다. 이는 무의미시가 의식으로부터 대상을 놓친 것이거나 혹은 대상을 놓아버린 것이라는 지향성을 갖는 근거가 된다.

김춘수 시인은 시로부터 관념공포증을 느끼기 시작하면서 "관념과 대상으로부터의 자유라는 무의미시(nosence poetry)"[4]를 전개해나간다. 무의미적 시의 시적 방법론에 대해 김춘수는 의식이 '대상'을 놓아버린 대신 '언어'와 '이미지'가 하나의 실체로서 인식되는 국면을 갖는다고 보았다. 이러한 견해를 통해 재고되는 점은 과연 실체로 인식된 언어 혹은 이미지에서 '무의미'를 완벽하게 지향할 수 있느냐이다. '언어'와 '이미지'가 시편 속에 그대로 존재하는 한 완전무결한 무의미적 실현은 불가능하기 때문이다. 김춘수가 스스로 창작한 무의미적 시편이라 할지라도 그 속에 잔류될 수밖에 없는 '언어'와 '이미지'에 의해 그가 지향하는 무의미적 시편, 즉 '의미'를 완벽하게 배제한 시편으로 나아가는 데는 한계가 따를 수밖에 없다. 다시 말하면 김춘수가 제시한 무의미적 시편들은 '의미 없음'의 차원이라기보다 '의미의 모호함'이라는 시적 범주에 맴돌게 된다.

> 대상이나 세계에 대한 지각은 완전할 수 없고 언제나 생성 중에 있으며, 단지 세상을 향해 개방된 믿음만이 있을 뿐이고, 바로 이러한 개방성만이 지각의 진실을 증명할 수 있다고 주장한다. 이는 대상은 완전히 정의될 수 없고, 늘 충만한 상태에서만 출현할 수 있다는 것과 일맥상통하는 얘기다. 그러므로 '리얼리티'란 인식론적 실체라기보다는 실존적으로 체득된 세계라고 할 수 있다. 결국 이렇게 시간성이 주체의 사유가 객관적으로 규정할 수 있는 것 이상을 구상하지 못하도록 방해하기 때문에 사유 속에는 항상 시간성과

---

4) 문홍술, 「고독한 무의미 시인이 낳은 빛나는 처용」, 『김춘수 문학앨범』, 웅진출판, 1995, 36쪽.

더불어, 개방되어 있는 의미의 모호함이 나타나는 것이다.[5)]

이 글은 무의미적 방법론에 대한 메를로퐁티(Merleau-Ponty)의 논의이다. 이 논의에서 '대상'이거나 '세계'는 그 자체로서 "언제나 생성 중에 있"는 것이지 '지각'에 의해 존재하는 것은 아니다. 그러므로 "지각의 진실을 증명할 수 있"는 것은 "단지 세상을 향해 개방된 믿음만이 있을 뿐"이라고 본 것이다. 여기서 '세상을 향해 개방된 믿음'이란 곧 '인간적 관념'으로서의 의미 지향성을 나타낸다. 이러한 의미 지향성은 "완전히 정의될 수 없"는 대상에 대한 '거리'로부터 발생하는 것으로서 '모호함'으로 나타난다. 이러한 메를로퐁티(Merleau-Ponty)의 논의는 김춘수가 무의미시를 추구하면서 "이야말로 가장 순수한 예술이 되려는 본능에서 생성되는 것으로서 이것은 '대상'과 '의미'를 잃음으로써 가능하다"는 지점과 만난다. 김춘수는 이러한 가능성을 시적 언어에서 의미를 배제하고 언어와 언어의 배합, 또는 충돌에서 빚어지는 음색이나 의미의 그림자나 그것들이 암시하는 제2의 자연 같은 것에서 찾으려 한다. 하지만 언어에서 의미[기층의미]를 배제한다는 것 자체가 곧 언어 속에 의미가 존재하고 있음을 전제하듯이 언어는 기층의미를 떠나서는 아무것도 이룰 수 없게 된다. 따라서 이는 대상을 놓아버린 의식의 차원, 무의미적 시라고 하더라도 그것이 언어로 이루어진 것이라면 '기층의미'를 완전히 벗어날 수 없음을 반증한다. '리얼리티'를 실존적으로 체득된 세계라고 할 때 그것은 '시간성'이라는 변수에 의해 의미가 개방되는 현상, 즉 '모호함'이라는 차원을 갖는다. 리얼리티의 정황은 최소한의 서술적 언술체계에 의해 시적으로 형상화될 수 있다.

김춘수가 1969년에 출간한 다섯 번째 시집 『타령조·기타』는 종전까

5) 메를로퐁티, 김화자 옮김, 『간접적인 언어와 침묵의 목소리』, 책세상, 2005, 115~116쪽.

지의 '릴케적 공간'으로부터 탈피한 기점에 서 있다.[6] 이 시집에서 김춘수는 "현상 자체만을 냉정히 묘사하는 소위 '서술적 이미지'(김춘수의 용어)의 세계를 전개하기 시작되었다는 점에서 김춘수 시의 전환점을 보여주는 것으로 평자들은 지목한다."[7] 이러한 관점에서 리얼리티의 의미적 모호성을 김춘수의 무의미시편에 나타난 서술적 이미지를 통해 살펴보기로 한다.

①人間들 속에서
人間들에 밟히며
잠을 깬다.
②숲 속에서 바다가 잠을 깨듯이
젊고 튼튼한 상수리나무가 서 있는 것을 본다.
③남의 속도 모르는 새들이
금빛 깃을 치고 있다.

—김춘수, 「處容」 전문('①~③'은 인용자 표시)

이 시편은 일곱 개의 행이 세 개의 문장으로 이루어진 최소 형식에 가까운 작품이다. 이 시편은 '處容(처용)'이라는 시적 화자가 처하고 있는 현실을 통해 화자의 삶에 대한 '인고(忍苦)'와 '극기(克己)'의 차원을 형상화하고 있다. '①'에서 '處容'도 인간이라는 무리에 속하며, 동종(同種)의 무리이지만 서로가 서로를 멸시하고 희롱하는 관계임을 나타낸다. 이러한 인간적 관계에서 화자의 삶이 순탄하지 않음을 감지하게 된다. 특히 "인간들 속에서/인간들에 밟히며/잠을 깬" 국면이 '②'에서 연이어

6) "릴케와의 만남을 통해 김춘수는 시의 존재를 알게 되고, 이후 릴케와 관련된 것은 전부 섭렵한다. 이 릴케는 김춘수의 초기시인 존재론적 시에 결정적인 영향을 미친다"(문홍술, 「고독한 무의미 시인이 낳은 빛나는 처용」, 『김춘수 문학앨범』, 웅진출판, 1995, 28쪽).

7) 김준오, 『현대시와 장르비평』, 문학과지성사, 2009, 358쪽(재인용).

"숲 속에서 바다가 잠을 깨듯"이로 비유되고 있다. 이는 인간과 자연[세계]의 불편한 관계를 암시하고 있다. '②'에서 화자는 "잠을 깬" 후에 "젊고 튼튼한 상수리나무"를 바라본다. '상수리나무'를 바라보면서 화자는 무슨 생각에 젖어있을까. 이러한 화자의 태도는 전체 국면의 핵심적 의미를 내포하는 시구에 의해 암시된다. 무엇보다도 화자는 '상수리나무'를 바라보며 자신과 동병상련의 자리에 서있음을 깨닫는다. "젊고 튼튼"한 나무지만 가을이 오면 어김없이 나뭇잎들은 "금빛"으로 물들어가는 섭리를 피할 수 없기 때문이다. 이 시편에서 유일하게 나타나는 관념적 시구는 '③'의 "남의 속도 모르는"이다. 이러한 관념적 표현으로 나타난 시적 국면의 차용은 화자인 '處容'의 심경을 드러내는 시적 배경이 된다. 그 시적 배경을 더 확장해보면 "남의 속도 모르는 새들이/금빛 깃을 치고 있다"라는 시구로 형상화된다. 여기에 나타나는 시적 의미는 모호성을 갖는다고 볼 수 있다. 화자가 타인과의 관계에 대해 안타까운 심정을 드러내면서도 스스로는 개의치 않으리라고 다짐하는 국면이기 때문이다.

이 시편은 시인 스스로도 오래 전부터 장시(長詩)로 쓸 것을 생각해오다가 이런 모양이 되어버렸다는 작품으로서 하나의 스토이시즘(stoicism)을 나타내려고 하였지만 선명하게 나타나지 않는다고 술회한 작품이다. 이는 그가 이 시편의 시구를 고친 흔적에서도 알 수 있다. '②'에서 "젊고 튼튼한 상수리나무가 서 있는 것을 본다"라는 시구는 "늙고 病든 상수리나무가 서 있다"를 고쳐서 쓴 것이다. "늙고 病든"을 "젊고 튼튼한"이라고 고치고, "서 있다"를 "서있는 것을 본다"라고 고친 것이다. 여기서 시적 화자가 상수리나무를 바라보며 자신과 동병상련의 입장에 있음을 감지하였다는 관점에서는 "늙고 病든"이 문맥상으로 더 잘 어울린다. 하지만 시적 화자는 젊고 튼튼한 상수리나무와 시적 거리를 적당히 유지하면서 그냥 "서 있는 것을 본다"라는 관조적 태도를 보임으로써 화자의 심정을 나타내는 국면을 갖게 된다. 이와 같이 김춘수는 그의 시편에서 관념공포증으로부터 벗어나기 위해 '處容'이라는 시적 화자를 동원하여 서술적 언술에 의해 형상화하고 있다.

①눈 속에서 초겨울의
  붉은 열매가 익고 있다
②서울 근교에서는 보지 못한
  꽁지가 하얀 작은 새가
  그것을 쪼아 먹고 있다.
③越冬하는
  忍冬 잎의 빛깔이
  이루지 못한 人間의 꿈보다도
  더욱 슬프다.

—김춘수, 「忍冬 잎」 전문('①~③'은 인용자 표시)

이 시편 속에 나타나있는 "눈" "초겨울" "붉은 열매" "서울 근교" "꽁지가 하얀 작은 새"는 시제 「忍冬 잎」을 중심으로 이루어진 시간과 공간의 인접성 사물로서 사실적 현상들이다. 이러한 인접성 사물들은 서술적 이미지의 대상으로서 주체를 배제하고 객체만을 드러낸 국면으로 배열되어 있다. 그 국면에 드러나는 것은 오직 그 대상의 '현상[사실적 현상]'뿐이다. 이는 "초겨울"이라는 시간적 시점을 중심으로 하여 "서울 근교"라는 공간적 장소를 배경으로 이루어진 시적 국면을 갖는다. 이러한 사물과 사실적 현상들은 '③'에 표현된 "슬프다"라는 관념을 해명하기 위해 차용된다. 이 시편에 나타나있는 인접성 사물들이 하나의 구조적 산물로 존재함으로써 그 사물들이 환유적 의미를 갖게 되는 것은 연상되는 국면으로서의 의미이다. 인접성 사물들에 의해 연상되는 국면은 대치관념으로서의 의미와는 구별되는 차원이다. 이 시에서 연상되는 국면은 은유적 대치관념과는 달리 무의미시 시작(詩作)의 방법론 중 하나인 '자유연상(自由聯想)'에서 이루어진다.

이 시편에 나타나는 시적 의미에서 "더욱 슬프다"는 의미확대의 차원이다. "슬프다"라는 관념을 해명하기 위해 차용되고 있다는 관점에서 시인 스스로가 시편 전체를 실패한 사례로 꼽는 작품이기도 하다. 하지만 스스로 실패한 것으로 꼽는, 즉 시인 스스로가 반성적 태도를 보인 그 지점에서 이 시편은 새로운 관점으로 해명될 수 있다. 시인 스스로가 시적 반성을 하고 있는 지점에서, '①', '②'는 사실적 현상에 기반을 둔 이미지가 '서술적'으로 엮어져있는 국면이다. 이러한 국면은 인간적 관념이 개입되지 않은 순수한 시적 국면을 갖는다. '①', '②'는 보이는 그대로의 사실적 현상을 현상적 사실로 시적으로 언어화시킨 국면이다. 하지만 '③'은 앞의 '①', '②'와는 다른 국면이다. 시인 스스로도 개작(改作) 과정에 덧붙여진 '③'의 "슬프다"라는 관념이 개입되면서 의도한 시적 구조를 얻는데 실패한 것으로 본 바로 그 지점이다. 시인은 시제인 「忍冬 잎」을 통해 새롭게 현상적 세계를 이해하는데 있어 하나의 방해물로서 '③'에 표현된 "슬프다"를 꼽는다. 시인 스스로가 '③'을 추가함으로써 완성된 시편이라고 한 점에서 "越冬하는/忍冬 잎의 빛깔"은 인고주의적 의식이 있는 현상세계의 차원에서 관념이 아닌 작은 국면으로 형상화되고 있다.

> ①모발을 날리며 오랜만에
> 　바다를 바라보고 섰다.
> ②눈보라도 걷히고
> 　저 멀리 물거품 속에서
> 　제일 아름다운 인간의 여자가
> 　탄생하는 것을 본다.
>
> —김춘수, 「봄바다」 전문('①~②'는 인용자 표시)

"모발" "바다" "눈보라" "물거품"은 시제 「봄바다」를 중심으로 이루어진 시간과 공간의 인접성 사물로서 사실적 현상들이다. 이러한 사실적 현상들은 '②'에 표현된 "아름다운"이라는 관념을 해명하기 위해 차용된다. 시인의 입장에서는 역시 실패한 사례로 꼽을 수 있을 것이다. 하지만 인접성 사물들과 사실적 현상들이 하나의 시적 국면을 이루는 구조적 산물로 있다는 점에 주목하면 그 사물들이 전체적 국면에서는 환유적 의미를 띠고 있음을 알게 된다. 그리고 화자의 시선이 '①'에서 "바다를 바라보고 섰"는 국면과 '②'에서 "탄생하는 것을 본"다라는 국면에서 상호 응시의 중첩을 드러내고 있다. 이러한 응시의 겹침 상태는 '본다'라는 화자의 시선이 '봄바다'를 중심으로 인접성의 배경에 의해 이루어지고 있음을 보여준다. 이러한 관점에서 화자의 시선은 관념적 조작으로 이루어진 국면이 아니라 오직 있는 그대로의 현상을 의식하는 국면에서 연상되는 정황이다. 즉 "봄바다"를 배경으로 서있는 "아름다운 인간의 여자"를 바라보거나 아니면 "봄바다"의 그 자체가 곧 "아름다운 인간의 여자"인 국면인 것이다. 특히 이 시편은 현상 그 자체만을 냉정히 묘사하는 서술적 이미지의 시 세계를 전개해나가는 과정을 감지할 수 있다는 점에서 김춘수 시의 전환점을 암시해주고 있다.

1

그대는 발을 좀 삐었지만
하이힐의 뒷굽이 비칠하는 순간
그대 純潔은
型이 좀 틀어지긴 하였지만
그러나 그래도
그대는 나의 노래 나의 춤이다.

2

六月에 失踪한 그대
七月에 山茶花가 피고
눈이 내리고, 煖爐 위에서
酒煎子의 물이 끓고 있다.
西村 마을의 바람받이 西北쪽
늙은 홰나무,
맨발로 달려간 그 날로부터 그대는
내 발가락의 티눈이다.

3
바람이 인다. 나뭇잎이 흔들린다.
바람은 바다에서 온다.
生鮮가게의 납새미 도다리도
시원한 눈을 뜬다.
그대는 나의 지느러미,
나의 바다다.
바다에 물구나무 선 아침하늘,
아직은 나의 純潔이다.

—김춘수, 「處容三章」 전문

이 시편은 각 연(聯)을 기준으로 '1'～'3'이라는 숫자에 의해 구분되어 있다. 각 연은 시적 독립을 유지하면서도 유기적인 관계로 나타나는 국면을 갖는다. 각각의 연에서는 "그대는"이라는 호칭으로 "그대는 나의 노래 나의 춤이다" "그대는/내 발가락의 티눈이다" "그대는 나의 지느러미/나의 바다다"로, 특히 '3'에서는 "아직은 나의 순결이다"라는 식의 언술체계를 갖는다. 이 시편에 나타난 전체 국면에서는 '處容'을 중심으로 '1'에서 "발" "하이힐" "뒷굽", '2'에서 "山茶花" "홰나무" "맨발", '3'에서 "나뭇잎" "바다" "눈"이라는 사물들이 모두 인접을 이루고 있다. 인접성을 갖는 시적 국면은 환유적 분위기에 의해 있는 그대로이거나 현상 그대로의 의미로 형상화된다. 물론 이러한 측면은 시인이 현상 그대로 묘사하기 위해 이미지를 서술적으로 표현하고자한 지점을 전제로 한 것이다.

'1'에서는 "그대는 발을 좀 삐었지만"과 "그대 순결은 형이 좀 틀어지긴 하였지만"을 동일한 시적 배경으로 놓은 채, 시적 화자는 시적 대상인 "그대"를 "나의 노래, 나의 춤이다"라는 의미화를 지향한다. 이렇게 볼 때 '1'은 "순결을 잃은 자와 순결을 빼앗은 자의 대립에 의해서 순결이 무엇을 의미할 수 있을까에 역점을 두고 있다"라기보다는 상호 동화되어 "그대는 나의 노래, 나의 춤이다"로 귀결된다. '1'에서, "발"은 신체를 지지하는 가장 기본적인 신체부분이므로 "발을 좀 삐었"다는 것만으로도 너와 나의 관계성이 무너지는 국면으로 드러난다. 여기서 "김춘수에게 있어서 '處容'을 매체로 하는 일련의 무의미시는 '무의미'라기보다는 충만한 의미를 넘어선, 뛰어넘는 세계, '초(超)의미'의 세계라고 볼 수 있다"[8]는데 주목하게 된다. 이는 '무의미'를 '의미 없음'이 아닌 '의미초월'이거나 '의미확대'로 보는 점과 맥락을 같이한다.

'1'의 첫 행에서 "좀 삐었지만"이나 넷째 행에서 "좀 틀어지긴 하였지만"의 시구에 표현된 "좀"이라는 부사어가 뜻하는 것은 예사롭지 않다. 여기서 "좀"이라는 부사어는 '1'의 마지막 행 "그대는 나의 노래 나의 춤이"라고 하는 심리적인 무게에 호응되는 크기를 갖기 때문이다. "좀"이 암시하고 있는 시구에서, "하이힐의 뒷굽이 비칠하"면서, "그대 純潔은/型이 좀 틀어"졌다에서 '환유[純潔 → 하이힐]'는 아내의 부정을 사소한 것으로 간주하는 심리적 결과이다. 이 욕망의 움직임, 즉 사소한 것으로 간주되는 "좀"이라는 부사어 때문에 고통은 더욱 생생하게 드러

8) 윤호병, 「김춘수의 시 세계」, 『시와 반시』, 2005년 봄호, 99쪽.

난다. 이 시편은 "처용은 나의 유년의 모습이었다. 그의 이런 탈바꿈은 나에게는 필연적이다. 10수년의 處容과의 악전(惡戰)을 버리고 드디어 나는 내 자신을 새삼 찾아 나선 셈이다. 나는 누구냐?"라고 시인 자신이 언급하고 있는 것처럼 그가 보낸 유년기의 선명한 기억과 밀접한 관계에 놓인다.9)

①그 해의
　늦은 눈이 내리고 있다.
②눈은 山茶花를 적시고 있다.
③山茶花는
　魚缸 속의 금붕어처럼
　입을 벌리고 있다.
④山茶花의
　명주실 같은 肋骨이
　수없이 드러나 있다.

—김춘수, 「幼年時 · 3」 전문('①~④'는 인용자 표시)

이 시편은 네 개의 문장['①' ~'④']와 네 개의 서술어로 이루어져있다. 네 개의 서술어는 "눈이 내리고 있다" "山茶花를 적시고 있다" "입을

9) 김춘수가 "10년 전에 처용은 어떻게 나에게로 왔을까? 그는 동해용의 아들이다. 그렇다. 나는 바다가 되어버린 것이다. 동해가 아니라, 한려수도로 트이는 남쪽 바다. 다도해. 봄에 유자가 익고, 겨울에 죽도화가 피는 그러한 바다. 바다는 자라고 있었고 자라는 동안 죽기도 하고 깨어나기도 했다. 죽은 바다를 어떤 사나이가 한쪽 손에 들고 있기도 하고, 山茶花(산다화)가 질 무렵, 다 자란 바다가 발가벗고 내 앞에 드러눕기도 했다. 발가벗은 바다의 가장 살찐 곳에 산다화가 지기도 하고, 어떤 때는 크나큰 해바라기 한 송이가 져서는 점점점 바다를 다 덮기도 했다"고 회상한다는 점에서 '처용'은 김춘수에게 숙명으로 다가선 자화상(自畵像)이었음을 감지하게 된다. 김춘수가 스스로 밝힌 바와 같이 '현대'라는 지금의 시대를 "역사(歷史) = 이데올로기 = 폭력(暴力)의 3각 관계"라고 보고 이것들로부터 도피와 탈출을 감행하기 위해 '처용'이라는 시적 화자를 도입하고 있다.

벌리고 있다" "수없이 드러나 있다"이다. 이러한 서술적 국면은 '서술' 그 자체에 머물고 있을 뿐, 그 어떤 관념이나 관념적 유추도 허용하지 않는다. 네 개의 서술, 즉 "내리고 있다" "적시고 있다" "벌리고 있다" "드러나 있다"라는 지속상태를 묘사하고 있다. 이러한 동적(動的)인 이미저리(imagery)는 두 가지의 관점으로 이해된다. 하나는 시인이 사물을 결코 정태적으로 바라보지 않는다는 '인식론적 측면'이고, 다른 하나는 모든 존재를 변화에서 파악하는 '존재론적 측면'이다. 전자는 직관적 태도를 말하고, 후자는 어떤 정성에 얽매이지 않는 일종의 존재적 자유와 관련한다. 이를테면 주관적 관념이나 일상적 의미에 의해서 규정된 고정관념을 전적(全的)으로 배제하고 실재의 모습을 자유방임(自由放任)하는 태도로 드러난다. 이처럼 고정적 이미지보다 유동적 이미지를 택하고 있는 시적 국면은 객관세계에 대한 감각적 변이를 신빙한 결과이다. 결국 김춘수의 순수시관은 관념이 배제된 순수언어의 지향 그것[10]으로 해명될 수 있다.

김춘수는 서술적 이미지와 이미저리를 지향함으로써 순수 그 자체의 시작품을 추구한다. '서술적'으로 지어진 작품은 '비유적'으로 지어진 작품에 비해 주관적 관념의 개입이 차단됨으로써 순수한 상태를 유지하게 된다. 서술적 이미지는[김춘수에 의하면] 이미지의 기능적인 면에서 '이미지 그 자체가 목적인 이미지'로 정의된다. 한편 비유적 이미지는 '이미지가 어떤 의미[관념]의 수단이 되는 것'이다. 여기서 '서술적'이거나 '비유적'인 이미지는 한 편의 시가 드러내는 총체적 국면을 기준으로 본 것이다. 즉 어떤 작은 국면에서 표현된 비유적 이미지는 전체적인 국면에 귀속되는 형태로 이해할 수 있게 된다. 이것은 시 한 편이 비유적 이미지 없이 완전한 서술적 이미지로만 표현하는 것이 쉽지 않음을 말해준다. 이런 관점에서 「幼年時 · 3」은 전체의 문장의 종결 구성이 서술적

10) 홍경표, 「脫 관념과 純粹 '이미지'에의 志向」, 『김춘수 시 연구』, 흐름사, 1989, 303~304쪽 참조.

으로 이루어진다는 측면에서 주목된다. 시제 「幼年時」는 시적 주체와 상면되는 반주체적 서술적 이미지의 배열에 의해 형상화되고 있다. 이러한 시적 국면은 현상 그대로의 세계를 이미지화한 것으로서 관념을 배제한 채 순수 그 자체로 드러내는 기법이라는 점에서 오규원의 날이미지시의 기법과 크게 다르지 않음을 알게 된다.

앞에서 살펴본 무의미시 계열의 한 축을 형성하고 있는 '處容'을 소재로 한 시작품들은 김춘수의 복합적 심경을 시화(詩化)한 것이다. 복합적 요소를 띤 시적 작용은 그가 겪은 영어(囹圄)생활의 기억과 유년기의 기억을 되돌아봄으로써 일어난다. 복합적 심경에 대한 시화는 힘겨웠던 기억들을 극복하기 위한 하나의 방법이 된다. 즉 '삶의 탈바꿈' 혹은 '끝없는 시적 변용'을 꿈꾸는 무의미적 시 세계를 지향하는 원동력이 된다. 김춘수에게 '바다'와 '부두'는 일상적 의미를 벗어나 복합적 심경을 시화하는 새로운 의미로서의 버팀목으로 작용한다.

바다에 굽힌 사나이들
하루의 노동을 끝낸
저 사나이들의 억센 팔에 안긴
깨지지 않고 부서지지 않은
온전한 바다,
물개들과 상어 떼가 놓친
그 바다.

—김춘수, 「埠頭(부두)에서」 전문

이 시편은 김춘수가 일본 동경에서 유학하던 시절, 나가사키 항구에서 생계비와 학비를 마련하고자 화물선 하역작업을 하는 동료학생들과 함께 지내면서 발생한 사건을 시화한 것이다. 이 작품은 전체 국면이

'서술어'가 생략된 구조의 국면을 갖는다. 이 시편은 서술적 범주의 언술체계에 의해 관념적 의미가 개입하지 않는 국면, 즉 서술적 나열만으로 구성된다. '바다'와 연관되어 나타나는 시적 언어가 "바다" "온전한 바다" "그 바다"로 이어지면서 리듬적 언술을 갖는다. 여기서 1행의 "바다"는 실재하는 바다를 일컫는다. 5행의 "온전한 바다"와 7행의 "그 바다"는 '물고기'를 환유한 표현이다. 이러한 환유적 배경은 3행의 "저 사나이들의 억센 팔에 안긴"이라는 국면의 작용에 의해 "바다에 몸을 굽힌 사나이들"에 의해 잡혀 올라온 물고기들이 "깨지지 않고 부서지지 않은", 즉 신선함을 표현하는 국면으로 작용한다. "그 바다"가 지향하는 국면은 단순히 눈에 보이는 일상적인 '바다'가 아니라 눈에 보이지 않는 '바다'가 지니는 질서와 생명력의 본질을 응시하는 시적 태도로 형상화된다.

이 시편은 이미지만으로 배열되어있는 구조를 가진 만큼 '부두(埠頭)에서' 바라본 "바다"의 국면을 현상 그대로 묘사하고자 노력한 산물이다. 시적 화자에게 "바다"는 "사나이들의 억센 팔에 안긴" 상태와 같이 만물을 품으면서도 "깨지지 않고 부서지지 않"은 "온전함"을 유지하면서 살아있는 세계로 존재한다. "온전"하게 살아있는 "바다"라는 세계의 국면은 "바다에 굽힌 사나이들" "억센 팔" "온전한 바다" "억센 팔에 안긴 바다" "물개들과 상어 떼가 놓친/그 바다" 등에서 연쇄적 수식구조에 의해 형상화된다. 이와 같은 구조는 1행과 2행에서 "사나이들"과 대응되는 "바다"와 연관되어지는 이미지들이 "하루의 노동"으로 의미화 되는 국면이다. 그래서 이 작품은 '서술적 이미지에도 관념은 있다'라고 한 시인 자신의 말처럼 무의미시의 시적 구조에서도 존재적 현상 너머의 현상 그 자체가 내포하는 의미가 내재되어있음을 보여준다. 시제인 「埠頭에서」 바라본 풍경 혹은 현상적 세계는 "온전"하면서도 "놓친" 바다를 배경으로 한 "사나이들의 억센 팔에 안긴" 애환이 서려있는 국면으로 형상화된다.

이와 같이 김춘수는 "극기 그 자체가 미학이 되는 비밀"을 통해 "구체적 리얼리티를 획득했다"고 볼 수 있다. 즉 "시인이 감각의 노예가 되지 않고, 관념의 노예가 되지 않고 이 두 요소를 구체적 리얼리티로 변용·승화시켰을 때 그는 창조의 땀을 씻을 수 있다. 다시 말하면 시적 자유는 감각을 다스리고 관념을 다스리고 관념을 다듬는 창조의 진통 속에서 누려진다"라는 것이다. 그리고 "이 극기는 감각과 관념의 노예상태를 극복하고 구체적 리얼리티를 창조하는 태도다. 동시에 이것은 삶의 고뇌를 인내하는 태도의 등가물임은 말할 필요도 없다."[11] 그러므로 김춘수의 무의미시론은 시적 의식에서부터 관념의 허구를 배제함으로써 시적 대상이 갖는 존재 그 자체, 즉 있는 그대로의 시적 탐구를 지향하는 리얼리티 의식의 산물이라고 볼 수 있다. 이는 현실적 자아에 대한 극기를 통해 의미를 초월한 의식이 갖는 순수시를 지향한 것이기도 하다. 다시 말하면 김춘수는 무의미시론을 통해 관념의 반대편에 자리한 리얼리티를 지향함으로써 인간 중심적 사고가 아닌 대상 중심적 사고로 묘사하는, 즉 서술적 이미지화를 추구한 것이다.

2) 있는 그대로의 현상 읽기

현상적 미학으로 귀결되는 시적 세계는 '날[生]의미' 또는 '날[生]이미지'로 "시를 살아가는" 세계와 맥락을 같이한다.[12] 이러한 관점은 현상적 의미의 재발견에 의해 새로운 시적 미학으로 대두되기 시작한 '날이미지시'의 태동에서 확인된다. 그러므로 현상적 의미는 곧 '날[生]의미'

---

11) 김준오, 『현대시의 방법론과 모더니티』, 새미, 2009, 351~354쪽.

12) 여기서 '현상적 미학'은 '현상학적 미학'과 동일어로 볼 수 있다. 르네 웰렉(Rene Wellek)은 현상학적 미학(후설류의 것)과 형이상학적 미학을 구분하고 있다. 현상학적 미학은 "대상의 실재성을 괄호 속에 넣어 두고, 그것이 현상으로써 주어져 있는 한, 오직 그 미적 가치만을 탐구한다"(R. R. Magliola, 최상규 옮김, 『현상학과 문학』, 예림기획, 1998, 17쪽).

로서 날[生]현상의 의미가 된다. 오규원은 자신이 펴낸 시집마다 시 세계의 변모가 강하게 드러난다는 지적에 대해 전적으로 동의하진 않지만 전반적인 측면에서 그런 면도 있다고 밝힌다. 그의 시집 중에서 특히 1995년에 나온 『길, 골목, 호텔 그리고 강물소리』는 '현상적 의미'의 재발견에 관한 시적 변모를 강하게 읽을 수 있다. 그의 말대로 시집 제목인 '길, 골목, 호텔 그리고 강물소리'는 시집 속에 수록된 작품과 마찬가지의 의미현상을 일으키면서도 개개의 작품에는 전혀 영향을 끼치지 않으려는 의도가 숨어있다. '길, 골목, 호텔'과 '강물소리'는 그 정서의 뿌리가 각각 인간과 자연 속으로 깊이 내려있는 언어군(言語群)이다. 이는 인간도 자연의 일부라는 사고로부터 함께 수용될 수밖에 없다는 뉘앙스를 가짐으로써 어떤 '의미현상'을 생산한다.

'시란 무엇인가'에서 출발한 무의미적 시는 현상학적으로 '대상'을 보기 시작하면서 '이미지'와 '대상'과의 거리를 지우는 시로 정의된다. 이것은 '이미지'가 곧 '대상'이 되는 시적 형태를 갖는 것이다. '대상'을 놓친 대신에 '언어'와 '이미지'를 시의 실체로 인식하게 되는 시적 형태는 '시의 언어란 무엇인가'에서 출발한 시적 형태와 접점을 이루게 된다. 무의미시는 '시란 무엇인가'에서 '시의 언어[시어]란 무엇인가'로 회귀됨으로써 언어 이전의 존재 그 자체인 있는 그대로의 이미지를 추구하게 된다. 두 시는 '순수함' 그 자체를 나타내는 현상 그대로의 이미지를 추구함으로써 현상학적 대상 보기, 즉 '현상 읽기'라는 시적 세계로서 현상 그 자체가 갖는 의미를 지향한다. 현상 그 자체가 된 언어, 즉 현상화된 언어인 있는 그대로의 이미지로 시화된다.

오규원의 시적 화두는 초기 시 세계에서부터 줄곧 '현상'에 닿아있다. 이러한 '현상'의 특징이 잘 드러나는 작품은 앞에서도 언급한 두 작품 「現像實驗」, 「몇 개의 現象」을 들 수 있다. 이들 작품에서 시인은 대상이 되는 불투명한 관념이나 심상을 '구체적인 사물'로 치환시키거나, 또는 '의물화 · 의인화'시켜 그 추상성을 구상성으로 바꾸어놓는다. 그러나 기본적인 인식방법은 여전히 '무엇은 무엇이다'라는 식의 은유적 사고의 '정의내리기'에 기대고 있다. 그는 은유적 사고의 '굳은 현상'으로부터 벗어나 후기 시 세계에서는 환유적 사고의 '살아있는 현상'을 지향한다. 그의 말과 같이 '현상'이란 '의미 정하기[은유]'에 존재하는 것이 아니라 '의미하기는 하되 무엇 무엇이라고 한정적으로 정하지 않아서 그 자체로 살아있는 의미'를 지향하는 시적 태도의 산물인 것이다.[13)]

> 오규원의 새로운 시론은 표층시의 존재의의를 극명하게 대변한다. (…) 의미에 집착하지 않는 카메라 시점의 현상주의와 삶의 파편들을 편집한 우연성의 환유원리는 총체성과 거대담론이 붕괴된, 그래서 국부적 결정만이 가능한, 불확실성과 미해결성의 포스트모던한 인식소의 필연적 산물이다. 요컨대 '표층시'는 이념의 붕괴에서 온 허무주의의 산물로서 현대시의 문제적 유형이다. 그리고 현대시의 한 가능성이다.[14)]

언어가 '현상'의 하나라면 '언어'는 모든 생물에게 주어진 기득권으로 존재한다. 언어의 존재적 가치가 '현상'에 속한다면, '현상'은 곧 존재적 언어이다. 존재의 언어가 '현상'이라면 존재 그 자체가 '언어'요 '현상'이다. 시인이 언급한 "참된 의미"마저도 하나의 '현상'이며, 그것은 '현상' 너머에 머무는 또 하나의 존재로 드러난다. 현상의 하나인 '언어'는 인간뿐만 아니라 모든 생명체에 기득권으로 존재한다. 아울러 모든 현상

13) 이러한 시적 지향점은, "모든 존재는 현상으로 자신을 말한다. 참된 의미에서, 모든 '존재의 언어'는 '현상'이기 때문이다. 인간의 언어도 그 현상의 하나이다. 존재를 말하는 현상, 인간이 정(定)한 관념으로 이미 굳어 있는 것이 아니라, 定하지 않은, 살아있는 의미인 '날[生]이미지'와 그 언어의 축을 찾아서. 언어와 대상이, 너와 내가, 세계와 내가, 함께 숨 쉴 수 있는 땅에서"라고 밝힌 오규원의 현상학적 시관에서 확인된다. 여기서 "모든 존재는 현상으로 자신을 말한다"라고 한 정의는 오규원이 새롭게 제시한 '날이미지' 시론의 핵심적 내용이다.

14) 김준오, 앞의 책, 291쪽.

이란 모든 존재의 언어, 즉 '존재의 언어'가 곧 '현상'인 시인의 존재관과 언어관이 일치하는 국면으로 나타난다. 존재의 언어인 현상, 그 '현상'은 존재의 언어이기에 '존재'를 말한다. 현상이거나 존재 그 자체인 언어를 덮어쓴 관념적 의미는 이미 '굳어있는 의미'에 불과하다.

인간 중심적 사고에 의해 정(定)한 것이 아닌, 존재 그 자체가 정(定)해져있는 현상, 즉 현상 그 자체가 갖는 의미란 '굳어있는 의미'가 아니라 '살아있는 의미'로 드러난다. '살아있는 의미'란 곧 현상이 그 자체가 갖는 이미지, 즉 현상의 의미가 있는 언어의 축이다. 존재적 의미의 맞은편에 있게 되는 현상 그 자체의 의미는 '굳어있는 의미'가 아니라 '살아있는 의미'이다. 오규원은 존재의 현상 그 자체 혹은 현상화된 언어인 날이미지로 이루어진 세계에서 현상이 갖는 의미와 함께 현상 그대로이거나 그냥 그대로인 세계와 더불어 시적 탐색을 지속한다. 날이미지의 세계는 오규원이 획득한 '날[生]'이라고 명명한 지점에서 현상 그대로 존재한다. 여기서는 오규원이 '날[生]'이라는 명칭을 조주대선사의 말로부터 따왔다는 점에 주목하여 오규원의 「조주의 집」 연작[15]을 통해 살펴보기로 한다.

강원도 영월의 수주에서 넓은 길이
갑자기 턱 끊어져 없어진 武陵에
한 趙州의 집이 있다 당연히
趙州의 집이라 뜰 앞에는 잣나무가 있고
자주 아니 가끔
끊어진 길을 보고도 돌아서지 못하고
곧장 이어지는 길을 묻는 자들이
잣나무의 그늘을 찾기도 한다

15) 「조주의 집」 연작은 「조주의 집 · 1」, 「조주의 집 · 2」, 「조주의 집 · 3」으로서 오규원의 시집 『길, 골목, 호텔 그리고 강물소리』(1995)에 실려 있다.

오늘이 이 趙州의 집 잣나무에는
가슴이 붉은 딱새 한 마리가 왔다
갔다 밑에서부터 네 번째에 있는 가지
동쪽에서 서쪽으로 하늘을
파고 있는 그 가지에 앉았다가
갔다 인간의 시간으로는 약 5분쯤
두 다리로 온몸을 들고 한동안
앉았다가 앞뒤로 몸을
흔들며 동쪽을 보다가
주섬주섬 두 다리를 챙겨
서쪽으로 갔다

—오규원, 「조주의 집 · 1」 전문

"趙州의 집"은 "끊어진 길을 보고도 돌아서지 못하"는 곳, "잣나무의 그늘"과 함께 "길을 묻는 자들"을 만나는 지점에 있다. 시인의 집도 "조주의 집"에서 한 발자국도 떨어지지 않은 곳에 "가슴이 붉은 딱새"처럼 앉아있다. "조주의 집"은 "서쪽에서는/그곳으로 자란 가지들이 모여/모든 잎을 들고 위에 덮힌 하늘의/색깔을 바꾸고 있"[「조주의 집 · 2」]는 곳으로서 사실[사실적]과 그 사실을 잇는 또 다른 사실들이 현상적 풍경으로 있다. 이는 "밑에서부터 네 번째에 있는 가지/동쪽에서 서쪽으로 하늘을/파고 있는 그 가지에 앉았다가/갔다 인간의 시간으로는 약 5분쯤"이라는 현상적 국면으로 형상화된다. 이러한 국면은 조주대선사의 '말[선문답]'처럼 "갑자기 턱 끊어져" 내동댕이쳐지고, 현상은 사실[사실적]과 사실 사이에서 의미를 낚기 위해 "앞뒤로 몸을/흔들"고 있는 국면이다. 오규원이 조주대선사와 만난 곳은 "강원도 영월의 수주에서 넓은 길이/갑자기 턱 끊어져 없어진 武陵"땅이 아니라 "주섬주섬 두 다리를 챙겨/서쪽으로" 날아가는 곳이다. 그곳은 아래에 인용한 선문답에서처럼 조주대선사가 “서쪽으로 갔”을 그 까닭을 묻는 곳이며, 오규원이 「조주의 집」을 연작으로 지은 까닭마저도 그곳에 함께 있다.

> 한 스님이 물었다.
> “무엇이 定한 것입니까?”
> “定하지 않은 것이다.”
> “무엇 때문에 定하지 않은 것입니까?”
> “살아있는 것, 살아있는 것이기 때문이다.”16)

오규원은 이 선문답에서 조주가 다른 선사(禪師)와 달리 “일상의 간결한 언어”로 法을 말한다는 점에 대해 주목한다. 이는 근본적인 불법(佛法)이란 불립문자(不立文字)에 다가 서있으므로 말[言]을 통해 이루어지거나 전달될 수 없다는 점에 기인한다. 하지만 그는 법을 말하는 방편이 입문자(立文字)일 수밖에 없다는 차원에서 조주선사의 “간결한 언어”에 주목한 것이다. 그는 조주선사의 ‘定하지 않는 것이 定하는 것’이라는 선문답을 바탕으로 ‘날이미지’와의 연관성을 고찰한다. ‘不立文字’ 혹은 ‘진리’라는 관점에서 보면, ‘定하는 것’은 모순 속의 가능성을 의미한다. 이는 시인이 세계와 대응하기 위해 ‘定하는 것’에 준하는 언어적 행위를 할 수밖에 없다면, 그것은 가능한 한 세계의 본래 모습에 접근해야한다는 전제에서다.17) 일상에서 언어적 행위란 대부분 반성도 없이 개념화

16) 『조주록』, 장경각, 1991, 58~59쪽. 오규원은 이창기와의 대담에서 “『조주록』은 내가 실제론과 현상의 미학적 측면을 찾다가 만난 책들 가운데 하나이지요. (…) 그러니까 『조주록』은 나의 종교적 관심에서 출발한 독서에서 발견한 것이 아니라 나의 문학적 독서에서 발견한 책이지요. 말하자면 불교서적의 문학적 읽기지요”(날174면)라고 말한다.

17) 이러한 전제는 “대체적으로 환유를 축으로 하는 언어체계는 사실적이다. 시에서는 더욱 그러하다. 이런 성향은 은유적 언어체계가 보여주는 대치관념의 무한한 가능성에 포함되어 있는 관념이란 존재의 허망함과 개인화의 시각에 의해 세계의 파편화 현상에 대한 나름의 응전이다. 그러므로 환유적 작품의 공간에 나타나 있는 ‘환유적 사실’들에 대한 보다 섬세한 관찰이 요구된다. 일차적으로 그것들은 사실이 아

하고, 그 개념화된 것은 '살아있는 세계'에 대응하기 어려운 '굳은 의미'에 지나지 않는다. 이런 점에서 환유적 언어체계가 '사실적'이라는 것에 대해 "시에서는 더욱 그러하다"는 전제에서, 세계와 대응한다는 측면보다도 세계와 공존하기 위해서는 있는 그대로의 존재적 현상에 다가서야 한다. 언어적 행위를 '환유적' 체계의 관점에서 인간의 언어 그 자체가 개념화된 것이 아니라 우리의 시각, 즉 '대상[사물]'과 '언어' 사이로부터 개념작용이 일어난 것이다.

조주선사의 선문답은 '날이미지'에 대한 시적 논리를 뒷받침한다. 참으로 변치 않는, 인간의 관념이나 의미로 덧씌워지지 않는 사물의 본모습을 '定'으로 나타내기 때문이다. 선문답에서 '定'이란 定하지 않은 것, 즉 어떤 관념적 의미로 고정되어있지 않은 것으로 제시되고 있는 점은 관념적 의미로 고정되는 순간 그것은 사물의 본질적인 모습이 아닌 '이미 죽은 의미'로 이해된다. 의미와 이미지의 관계 혹은 이미지의 "定한 것"과 "定하지 않은 것"에 대한 논의를 갖게 된다.[18] 날이미지란 관념적 의미로 고착되기 이전의 순수이미지로서 거기에는 객관적 대상만 있을 뿐, 인식 주체의 판단이나 감정은 개입되지 않는 국면이다. 날이미지는 이처럼 의미화되기 이전의 순수객관에 가까우며 어떤 의미로 가공되기 이전의 날[生]것으로 이해된다.[19] 위 선문답에 대한 검토에서 확인되는

니라 사실적인 것이며, 이차적으로 그것은 감각적 지각과 환유적 인식의 표상적 의미이다"라는 오규원의 논의에서 확인된다.

18) "날이미지는 이미지가 표상하는 내용들이 없는 이미지, 의미를 잡아먹고 사는 이미지이다. 모든 이미지는 비유나 상징이고(이때의 상징은 라깡이 말하는 상징계의 상징이 아니다) 그런 점에서 비유나 상징은 날이미지가 아니라 구운 이미지이거나 끓인 이미지이다(레비-스트로스). 우리는 사물을 보는 게 아니라 사물의 이미지를 보고, 따라서 사물은 이미지이다. 한 마리 새는 새가 아니라 새라는 이미지이고, 우리는 이미지를 먹고 산다"(이승훈, 『모더니즘의 비판적 수용』, 작가, 2002, 129쪽)라는 견해에서 날이미지의 위치를 파악하게 된다. 즉 '무엇이 이미지인 것입니까'로부터 '이미지가 아닌 것이다'라는 문답을 유추할 수 있게 된다. 그러므로 이때의 이미지란 살아있는 이미지로서 '날이미지'인 것이다.

19) 이남호, 「날이미지의 의미와 무의미」, 『오규원 깊이 읽기』, 문학과지성사, 2002, 274쪽 참조.

바와 같이 날이미지는 '定'과 '否定'의 논리로부터 출발하며, 대상세계의 본모습과 현상을 '定'해진 것, 즉 '定'이라 한다면 '定'이 '定'하지 않은 국면이 된다. 따라서 '定'한 것은 아무것도 없게 됨으로써 '定'하지 않은 까닭이 '살아있는 것'이라면 '살아 있지 않은 것'도 없게 된다. 이는 '定'하지 않은 것이 곧 '定'인 까닭을 밝히는 것이기도 하다. 궁극적으로는 '定'과 '否定'의 구별이 무화됨과 동시에 '살아있는 것[生]'과 '살아 있지 않은 것[不生]'은 둘이 아니라 하나이기 때문이다. '세계 내 존재'는 모두 '살아있는 것'이 되어 존재 그 자체를 지향한다. 세계에 존재하는 모든 것들은 '定'하거나 '定'하지 않거나, 살아 있거나 살아 있지 않거나 있는 그대로의 본모습과 날[生]것 그대로의 현상, 즉 존재적 현상을 갖는다.

인간 중심적 사고, 즉 언어적 사고가 개입되지 않는 국면에서는 존재가 곧 현상 그 자체이므로 '존재적 현상' 그 자체로 있게 된다. 이러한 존재적 현상은 언어화에 의해 현상적 존재로 형상화된다. 시화(詩化)된 날이미지적 현상은 '날[生]현상'이랄 수 있는 '현상적 존재'의 날이미지적 의미현상을 띠게 된다. 날이미지적 의미란 곧 현상 그 자체가 갖는 의미를 말한다. 존재의 현상 그 자체가 갖는 의미는 언어적 범주에서 '현상 그 자체가 된 언어'가 된다. 이는 "이미지가 사물이고 거꾸로 사물이 이미지이다. 내가 오규원의 작업을 높이 평가하는 것은 그가 이미지, 그것도 날이미지를 탐구하고 노래하고 보여주기 때문이다. 오규원의 위대성! 그가 추구하는 날이미지는 의미가 생략된, 있는 그대로의 사물, 현상, 대상을 의미한다"[20]는 견해에서, "사물은 이미지이다"라는 논의와 다르지 않다. 즉 날이미지적 의미는 '현상화된 언어로서의 의미'인 것이다. 여기서 '의미가 생략된'이란 곧 '관념의 배제'이다.

조주선사의 '살아있는 것, 살아있는 것이기 때문이다'라는 위 선문답

20) 이승훈, 앞의 책, 130쪽.

에서 차용한 것으로 보이는 오규원의 글을 살펴보기로 한다. 오규원은 1996년 4월 <중앙일보>에 일반적 서술로 바꾸어 「'살아있는 것'을 위한 주해(註解)」라는 글을 발표한다. 이 글에서 그는 그의 후기 시 세계의 출발점은 '명명하고 해석하는 언어의 축인 은유적 수사법을 중심축에서 주변 축으로 돌려버린 위치에 서있는 시기'라고 밝힌다. 이에 대해 그는 환유의 축을 은유의 축보다 더 중심으로 위치시키는 까닭을 인간 중심적 사고의 횡포를 '최소화'하기 위한 것이라고 말한다.[21] 이러한 견해는 곧 인간적 관념의 최소화를 지향하는 사고이다. '언어'는 곧 '의미'라고 정의할 때, 이때의 '의미'는 1차적 의미, 즉 언어 그 자체의 언어적 의미가 아니라 언어가 생성되는 '존재적 의미'를 말한다. 이러한 사고의 배경은 인간이 언어를 매개로 하여 의미적으로 사고하는 것이지 언어 그 자체가 의미하는 것은 결코 아니라고 밝힌 오규원의 관점에서도 나타난다.

개념화된 언어와 사변화된 언어에서의 '의미'란 의미된 것의 의미, 즉 '의미의 의미'로서 2차적인 의미인 '언어적 의미'이다. 여기서 2차적 의미란, 존재적 의미에다 인간 중심적 사고가 덧칠된 의미이다. 이는 인간적 언어를 포함한 모든 존재의 언어가 어떤 형태로든 '의미'를 내재할 수밖에 없다는 전제에서다. 의미 그 자체가 곧 존재를 존재이게끔 하는 실존의 상태이기 때문이다. 이는 존재와 존재의 상호지향성의 문제로서 결국은 동일성을 지향하는 데까지 이르게 한다. 그리고 '언어'와 '현상'의 관계에서 드러나는 의미적 효과는 '언어'에 의해서 세계를 바라보는 것보다 '현상'을 가지고 '본질'을 드러내고자하는 노력에서 이루어진다. 이는 시편들이 갖는 의미공간을 최대한 확장하는 구조이다. 즉 현상 그

21) "은유는 서술하고 단정하지만 환유는 계속 움직인다. 은유는 무엇은 무엇이라고 주장하지만 환유는 그런 주장을 초월한다. 장미는 램프가 아니다. 그러나 은유에선 장미가 램프이고, 은유는 시적 창조와 통하지만 따지고 보면 억지요 강제요 폭력이다. 그리고 모든 사유는 은유이고 폭력이다. 우리가 만나는 것은 차이, 우연, 감각, 접촉이다. 그런 점에서 환유는 바깥의 사유이다"(이승훈, 앞의 책, 63쪽).

자체의 본질을 읽어가는 시적 방법론은 지속적으로 새로운 이미지공간을 제시한다. 이러한 시적 방법론은 인간으로부터 길들여진 관념, 죽은 언어, 질서 등으로부터 이탈하는 것이 모더니즘의 한 방법이라는 오규원의 말에서도 확인된다. 그것은 '보다 진실한 가치'를 제시하기 위한 방법으로 사물의 불투명성을 파헤치고 나름대로의 재해석을 가하는 원리이다. 오규원은 관념화된 은유적 방법으로 '현상'의 본질을 드러내기보다는 현상의 실체는 볼 수 없으나 현상이 가진 다양한 양상을 보여주면서 살아있는 의미를 제시하고자한다.[22] 물론 '살아있는 의미 그 자체'를 지향하는 시적 사고는 '무의미적 의미'와 '날이미지적 이미지'가 순수 그 자체의 의미를 갖게 한다. 인간적 언어가 갖는 속성을 현상학적 차원으로 극대화함으로써 환유적·서술적 언술체계를 근간으로 한 의미 확대의 차원으로 이루어진다.

①개울가에서 한 여자가 피 묻은
자식의 옷을 헹구고 있다 ②물살에
더운 바람이 겹겹 낀다 ③옷을
다 헹구고 난 여자가
이번에는 두 손으로 물을 가르며
달의 물때를 벗긴다
④몸을 씻긴다
⑤집으로 돌아온 여자는 그 손으로
돼지죽을 쑤고 장독 뚜껑을
연다 ⑥손가락을 쪽쪽 빨며 장맛을 보고
아불 밑으로 들어가서는
사내의 그것을 만진다 ⑦그 손은

22) 이연승, 『오규원 시의 현대성』, 푸른사상, 2004, 270쪽.

그렇다 – 언어이리라

–오규원, 「손」[23] 전문('①~⑦'은 인용자 표시)

이 시편은 열세 개의 행이 일곱 개의 문장['①'~'⑦']으로 구성되어있다. 그리고 시제 '손'의 어떤 행위를 시화한 작품으로서 '손 = 언어'라는 언술체계를 갖는다. 이 시편의 핵심소재는 '손'이며, '손'을 통해서 이미지의 연쇄작용에 의해 시적 형상화되고 있다. 이러한 이미지의 연쇄에 의해 어떤 대상세계를 바라보는 눈, 즉 '바라보기' 혹은 '현상 읽기'라는 시적 작용이 암시되고 있다. 이 시편의 시적 흐름은 단지 '언어'라는 소재에 의해서만 '바라보기'가 암시된다기보다 '현상 읽기'를 통해 어떤 대상세계의 본질을 드러내려는 국면이다. 이것은 '언어'를 단지 '기호'로서만 작용하는 데에 그치는 것이 아니라 언어 그 자체가 목적이 되는 실체적 도구로서 인식한 결과이다. 즉 언어 그 자체가 실체로 작용함으로써 '언어 = 현상'이라는 관계성을 형상화하고 있다. 이는, "오규원은 관념화된 은유적 방법으로 현상의 본질을 드러내기보다는 현상의 실체는 볼 수 없으나 현상이 가진 다양한 양상을 보여주면서 살아있는 의미를 제시한다"[24]는 그 국면이다. 이러한 국면은 "한 여자"의 '손'이 "피묻은/자식의 옷을 헹구"고 "물을 가르며/달의 물때를 벗"기고 "돼지죽을 쑤"고 "장맛을 보"고 "사내의 그것을 만"지는 이미지로 연결된다. 이를 시간적 순차성의 관점에서 보면 연쇄적으로 작용하는 이미지들이 하나의 연결고리에 의해 순환적 구조를 이루는 국면으로 형상화되고 있다. 물론 이때 "그 손"은 곧 "언어"로 인식되는 국면으로서 '손 = 언어 = 현상'으로 종결된다. 다시 말하면 "손의 행위를 축으로 한 여자의 욕망과 손의 운동을 보여준다는 점에서 이 시는 인접성 환유의 언어체계를 보여주고 있"[25]다.

23) '김현에게'라는 부제가 붙어있다.
24) 이연승, 앞의 책, 270쪽.
25) 이연승, 앞의 책, 271쪽.

그러므로 이 시편은 주체적 관점의 시선이 개입되지 않은 순수한 언어적 이미지 그 자체로서 형상화된 국면을 갖는다. 이러한 순수이미지로만 제시되는 시편을 통해서 우리는 언어 그 자체가 목적성을 갖거나 혹은 이미지 그 자체가 목적인 세계를 읽을 수 있게 된다. 이는 곧 이 시편이 '날이미지'가 주류를 이루는 날이미지시라는 것을 잘 보여주고 있다. 그리하여 이 시편은 인간 중심적 사고의 산물인 관념적 의미를 밀침으로써 자연스레 '살아있는 현상의 의미', 즉 인접성을 갖는 이미지의 형상화에 의해 현상 그대로의 의미현상을 나타내고 있다. 특히 이 시편에서 나타나는 형태와 같이 '언어'는 한 여자의 '손'과 같이 다양한 기능과 역할 그리고 작용을 현상 그 자체의 이미지로 묘사함으로써 환유적 분위기로 형상화된다. 그리고 날이미지시가 출발하는 시점과 함께 발간된 『사랑과 감옥』[1991]에서는 살아있는 이미지 그 자체의 제시만으로 이루진 시편들이 있다.

①여자가 간다 ②비유는 낡아도
낡을 수 없는 生처럼 원피스를 입고
여자가 간다 ③옷 사이로 간다
④밑에도 입고 TV 광고에 나오는
논노가 간다 ⑤가고 난 자리는
한 物物이 지워지고 혼자 남은
땅이 온몸으로 부푼다 ⑥뱅뱅이
간다 ⑦뿡뿡이 간다 ⑧동그랗게 부풀어
오르는 땅을 제자리로 내리며
길표양말이 간다 ⑨아랫도리가 아랫도리와 같이 간다
⑩윗도리가 흔들 간다 ⑪차가 식식대며
간다 ⑫빈혈성 오후가 말갛게 깔리고
여자가 간다 ⑬그 사이를 헤집고 원피스를 입고

낡은 비유처럼

—오규원, 「원피스」 전문('①~⑬'은 인용자 표시)

이 시편은 화자의 시선이 "여자"가 아닌 "원피스"에 맞추어져있는 국면이다. 특히 인간 중심적 사고인 관념적 의미를 개입시키지 않으려는 시인의 노력에 의해 '원피스를 입고 가는 여자'에서처럼 일상적 생활을 시화하는 기법을 보여준다. "한 여자가/피 묻은 자식의 옷을 헹구"[「손」]는 행위와 같이 시인의 시선은 현실차원의 시간과 공간 속으로 침잠해 있다. 이러한 현실세계의 풍경을 시인은 "있다" "벗긴다" "씻긴다" "만진다"[「손」], "간다" "부푼다"와 같이 모두 '현재형'으로 기술하고 있다. 이와 같이 현재형 종결어로 이루어진 언술형태는 한 편의 시가 갖는 국면에서 시공간적 인접성을 나타내는 경향을 갖는다. "간다"라는 현재형 종결어가 시편 전체에 나타나고 있다는 점에서도 알 수 있듯이 되풀이 되는 이미지의 연쇄적 구성은 언어 그 자체의 순수국면을 현상 그대로 읽게 하는 원동력으로 작용한다. 그리고 주체의 시선에 포착된 현상세계는 모두 현재진행형의 살아있는 존재로서 개별적 본질을 드러낸다. 이를 "어떤 정지된 순간을 강렬하게 묘사하면서 새로운 풍경을 만들어낸다"26)라는 관점에서, "여자가 간다 옷 사이로 간다" "혼자 남은/땅이 온몸으로 부푼다" "아랫도리가/아랫도리와 같이 간다" 등과 같이 사실적 풍경에 어떤 심리적 총량이 얹혀있는 국면으로 형상화된다. 특히 "그렇다 — 언어이리라"[「손」]와 마찬가지로 "낡은 비유처럼"이라는 은유적 언술체계가 마지막 행에 놓인다는 점에서도 그렇다.

여기서 '시의 언어가 갖는 의미란 무엇인가'라는 측면에서, '②'에서 "비유는 낡아도/낡을 수 없는 生처럼"과 '⑬'에서 "낡은 비유처럼"이라는 시구에 시인이 「원피스」를 통해 말하고자하는 의미가 내재되어있다.

26) 이연승, 앞의 책, 273쪽.

'원피스'가 "生처럼"일까 아니면 "비유처럼"일까에 대해 혼란을 야기한다. '원피스'는 '生'이 아니라 '비유'이다. "여자"는 "낡을 수 없는 生으로", "원피스"는 "낡은 비유"로 대응된다. "논노" "뻥뻥" "길표 양말"은 "TV 광고"에서, 그리고 "차가 식식대며" 가는 풍경과 "빈혈성 오후가 말갛게 깔리"는 풍경의 도시적 현실은 "낡은 비유처럼" 가고 있다. 원피스를 입은 "여자"는 인간자체의 존재성보다는 도시적 풍경에서 인접되어 나타나는 사물들과는 또 다른 세계이다. 즉 자연으로의 회귀를 꿈꾸는 걸음으로 도시와 도시의 풍경 사이로 物物을 비추는 국면으로 형상화된다.

비디오 가게 구석에 竹桃花
한 그루 서 있다 창밖은
금지된 장난처럼 햇볕이 가득하고
손님이 없는 가게 안의
플라스틱 盆은 어둠을 퍼 담고 있다
이곳에는 없는 사랑과 모험과 행복의
비디오테이프를 보면서
어둠에 자주 씻겨 竹桃花의
허리는 오히려 금빛이다
손님 없는 틈을 타 주인이
보고 있는 「七彩如來神掌」에서는
모래 바람을 일으키는 掌風이
地上을 까맣게 쓸고 간다
무엇을 보았는가 가지 위의 잎 하나
온몸으로 내리꽂히며
내 발등을 친다
나는 진열대에 꽂힌

「내 인생에 불을 밝혀준 그대」
곁에서
「파라다이스」 곁에서
「카인과 아벨」 곁에서
「지옥의 초대장」을 뽑아들고
잎들과 함께 竹桃花의
햇빛에게 길을 묻는다

—오규원, 「비디오 가게」 전문

시적 화자는 '가게 구석에 서 있는 한 그루 竹桃花'와 '진열대에 꽂힌 비디오테이프'에게 시선을 맞춘다. 주체의 시선에 포착된 현상의 세계, 즉 시적 풍경의 종결어들은 "있다" "간다" "친다" "묻는다" 등 「원피스」에서처럼 모두 현재형으로 기술되고 있다. 전체 국면을 통해 종결어들이 현재형으로 묘사된다는 점에서 이 시편 역시 관념적 의미를 낳는 언어들을 밀치는 국면으로 있다. 이것은 오직 생생한 현실을 '현상 그대로' 구현할 수 있는 이미지로서 일상 속의 작은 풍경들을 담아내는 국면이다. 여기서 그려지는 풍경들은 "플라스틱 盆이 어둠을 퍼 담고" "모래 바람을 일으키는 掌風이/地上을 까맣게 쓸고 가"고 "「지옥의 초대장」을 뽑아들"고 등에서 감지되는 것처럼 부정적 시선이 압도하는 국면이다. 이는 이웃에서 일상적으로 접할 수 있는 '비디오 가게'를 대상으로 "이곳에는 없는 사랑과 모험과 행복"을 찾는 현실존재의 허무함을 나타낸다. '허무'는 지속적 분열의 산물로서 현대인의 삶과 정서를 한마디로 요약할 수 있는 하나의 비디오테이프와 같다. 여기서 지명된 비디오테이프의 이름들은 주체가 인식하는 현실적 상황일 수 있으나 시인 스스로 고안한 허구적 명명들로서 인식의 가능성을 보여준다는 특징을 갖는다. 특히 이러한 비디오테이프의 명명들은 의미적으로 인접의 길을 걸어간다고 볼 때 환유적 분위기를 나타내는 속성들로서 주체가 보내는 시선에 대한 대상의 응답으로 읽게 된다. 주체와 대상을 분리하여 현실의 세계를 부정적 시각에서 바라보는 시적 인식은 결국 비디오가게의 모습을 현상적으로 묘사하게 된다. 현실이라는 부정적 관념에 짓눌린 도시적 산물의 풍경은 비판적 시각으로 바라보는 국면으로 형상화된다.

나는 해변의 모래밭에 지금 있다
바다는 하나이고 모래는 헤아릴 길 없다
모래가 사랑이라면 아니 절망이라면 꿈이라면
모래는 또한 죽음, 공포, 허위, 모순, 자유이고
모래는 또한 반동, 혁명, 폭력, 사기, 공갈이다

수사적으로, 비유적으로, 존재적으로,
모래(사물)와 사랑, 절망(관념)……은
동격이다 우리는 이를
원관념=보조관념의 등식으로 표시한다
그래서 모래는 끝없이 다른 무엇이다
오, 그래서 모래는 끝없이, 빌어먹을

…(…)…

나는 해변의 모래밭에 지금 있다
모래는 하나이고 관념은 너무 많다
모래는 너무 작고
모래는 너무 많다 아니다
관념은 너무 작고
모래는 너무 크다

역사적으로, 문화적으로, 존재적으로,
모래(사물)는 사랑, 절망…에
복무한다 우리는 이것을 인본주의라는
말로 표현한다 오, 빌어먹을 시인들이여
그래서 모래는 대체 관념이다 끝없이
모래가 아닌 다른 그 무엇을 반짝이고

—오규원, 「나와 모래」 부분

이 시편은 "수사적" "비유적" "역사적" "문화적"이 아닌 "존재적"인 사물에 시선을 고정하고 있다. 그리고 "원관념 = 보조관념의 등식으로 표시"하는 "모래(사물)와 사랑, 절망(관념)…"은 '모래 = 사랑, 절망…'이라는 등식으로 성립된다. 이 등식의 좌변과 우변은 은유의 기본적 틀인 'A = B'의 도식으로 형상화되고 있다. 이러한 관점에서 '언어'란 '존재'에 대해 과연 무엇인가. 이때 언어 그 자체는 존재[사실]에 기생되어있는 어떤 관념을 덧붙이거나 해석하는 대체적 매개물에 불과하다. 그러므로 사물로서의 "모래"와 끝없이 대체되는 보조관념들은 무한하게 따라다닐 수밖에 없게 된다. 은유적 관념은 '있는 그대로'의 사물(모래)과 일치할 수 없을 뿐만 아니라 일치하게 만들 수도 없다. 이러한 점에서 은유적 사고는 곧 허구적일 수밖에 없으며 그 허구성에 의해, 비유적 언어체계는 '유사성'에 의해 구속성을 갖는다고 볼 수 있다. 은유적 언어체계가 '유사성'으로 묶여진다면 환유적 언어체계는 '인접성'으로 배열되는 시적 구조를 갖는다. 원관념과 보조관념 사이에 작용하는 공분모는 환유적 언어체계에서보다 은유적 언어체계에서 더욱 선명하게 나타난다. 이 시편에서 "모래"가 모래 아닌 그 무엇으로 반짝일 때, 그 때의 그 "모래"는 모래가 아니라는 것을 나타내고 있다. 여기서 "모래"가 모래로 존재할 수 없는 배경에는 은유적 체계에 의해 주체 중심적 사고의 시선이 고정되어있다. 결국 "모래"는 보조관념을 만드는 주범으로서의 '언어'

일 수밖에 없게 된다. 그러므로 이 시편에 구현되어있는 어떤 존재는 언어의 1차적 모순, 즉 존재 속의 본질이나 현상에 가까이 다가설 수 없는 구조로서의 모순을 갖게 된다. 이는 언어 그 자체를 부정하는 차원이 아니라 "끝없이" 대체관념을 흩뿌리는 은유적 언어체계로부터 발생되는 '관념 심기'를 부정하는 차원이다. 즉 의미하기는 하되 고정된 의미를 갖지 않는 날것의 이미지로 이루어진 환유적 언어체계로 나아가는 시적 의지를 드러낸다.

①감동할 시간도 주지 않고 한 사내가
간다 ②감동할 시간도 주지 않고
뒷머리를 질끈 동여맨 여자의 모가지 하나가
여러 사내 어깨 사이에 끼인다
③급히 여자가 자기의 모가지를 남의 몸에
붙인다 ④두 발짝 가더니 다시
모가지를 남의 어깨 위에 붙여 놓는다 ⑤나는
사람들을 비키며 제자리에 붙인다
⑥감동할 시간도 주지 않고 한 여자의
핸드백과 한 여자의 아랫도리 사이
하얀 성모 마리아의 가슴에
주전자가 올라붙는다 ⑦마리아의 한쪽 가슴에서
물이 줄줄 흐른다 ⑧놀란 여자 하나
그 자리에 멈춘다 ⑨아스팔트가 꿈틀한다
⑩꾹꾹 아스팔트를 제압하며 승용차가
간다 ⑪또 한 대 두 대의 트럭이
이런 사내와 저런 여자들을 썩썩 뭉개며
간다 ⑫사내와 여자들이 뭉개지며 감동할
시간을 주지 않고

나는 시간을 따로 잘라내어 만든다

—오규원, 「거리의 시간」 전문('①~⑫'는 인용자 표시)

이 시편은 스물 개의 행이 열두 개의 문장으로 구성되어 있다. 시인은 이 시편의 시제를 「나는 시간을 따로 만든다」에서 「거리의 시간」으로 수정하였다고 밝힌다. 그리고 시인은 시제를 수정한 이유에 대해 그 스스로가 "제목에 대한 고려"를 감안하여 비롯된 것이라고 하였다. 여기서 제목에 대한 고려란 "작품의 내용에 제목이 깊이 관여하고 싶어한 것", 즉 "제목은 언제나 설명적 요소를 강하게 드러내는 형태로 표현되곤 한 것"으로부터의 벗어남을 말한다.

이 시편에서는 '①', '⑨', '⑩'에서 "간다"와 '③'에서 "붙인다"라는 종결어에 의해서만 행갈이를 하는 시적 배열 구조를 갖는다. 여기서 서술어 '간다 – 붙인다 – 간다 – 간다'의 주어는 각각 "사내" "여자" "승용차" "트럭"이다. 시제 「거리의 시간」을 구성하는 세계는 주로 "간다"라는 이미지의 국면을 갖는다.

이 시편은 "감동할 시간도 주지 않는 시간"으로 '현대'라는 찰나를 형상화하고 있다. 이러한 시적 형상화에 의해 역사적 맥락들이 '지상'에서 '허공'으로 솟아오르고, "감동할 시간"이라는 '시간성'을 '속도성', 즉 '거리의 시간'이라는 국면으로 시적 전환을 갖는다. 시인의 말처럼 당황하리만치 빠른 속도의 시대에서 시간을 지배하는 자가 과연 몇 명이나 될까 의아스러워지는 국면으로 형상화된 것이다. 이는 시인이 지난날에는 '공간'을 지배하는 자가, 오늘날에는 '시간'을 지배하는 자가 세계를 지배하는 시대라고 본다는 점에서도 '속도'는 두드러질 수밖에 없다. 여기서 '현대'라는 혹은 '지금'이나 '오늘'이라는 시간, 즉 '무서운 속도'라는 표현이 낯설지 않은 그 '시간'에 대해 현상 그대로의 의미를 따라가게 한다. 속도의 이탈로 체감되는 '지금' 혹은 '오늘'이라는 시간은 '과학의 시간'이다. 과학의 시간은 있는 그대로의 사실적 현상이 아니라 인간 중심적 사고에 의해 분별되어지는 하나의 현상적 눈금에 불과하다. 하지만 과학의 시간에 비해 '자연의 시간'은 우주의 섭리가 바뀌지 않는 한 변화될 수 없을 것이다. 그러므로 자연의 시간이 아닌 과학의 시간은 "거리의 시간"과 동일성을 갖는 차원에서 현상학적으로 해석되어져야한다.

그리고 이 시편은 "거리의 시간"을 형상화하고 있다. 이 작품에서 '거리와 시간'은 "감동할 시간도 주지 않"고서 우리 스스로 "감동할 시간"을 기대하고 있는 국면으로 재발견된다. '현상적 존재'에 의해 구현되는 현상이 갖는 의미를 나타내는 날이미지 형태의 국면은 사물의 운동이 곧 의미적 운동으로 되살아나면서 날이미지적 태도를 취하게 된다. 이 시편에 나타난 날이미지란 "시간을 따로 잘라내"는 의미의 운동으로서 하나의 현상적 국면으로 형상화되고 있다.

인간을 포함한 모든 존재가 '현상'으로 말한다고 할 때, 모든 존재의 언어와 인간의 언어는 당연히 그 '현상'으로 있다. 오규원이 밝힌 날이미지로서의 현상이란 환유적 의미, 즉 살아있는 의미로서의 현상이다. 이는 인간적 관념에서 현상 그대로를 지향하는 언어의 존재적 복귀를 꾀하는 작업이며 은유에서 환유로 되돌아가는 언어적 되돌아보기 작업이기도 하다. 은유의 되돌아보기 작업이 곧 환유이기 때문이다. 오규원은 인간적 관념을 재해석하거나 재구성한 대체적 관념을 부정한 후, 관념적 의미의 배제를 추구한다.

(1)

①돌밭에서도 나무들은 구불거리며 하늘로
가는 길을 가지 위에 얹어 두었다
②어떤 가지도 그러나 물의 길이 끊어진
곳에서 멈추어야 했다

③나무들이 멈춘 그곳에서 집을 짓고
새들이 날아올랐다 ④그때마다
하늘은 새의 배경이 되었다 ⑤어떤 새는
보이지 않는 곳에까지 날아올랐지만
거기서부터는 보이지 않는
하늘이 시작되었다.

—오규원, 「물과 길 · 2」 전문('밑줄'과 '(1)'과 '①~⑤'는 인용자 표시)

(2)

'①', 1행의 "나무들은 구불거리며 (개미들이) 하늘로/가는 길을~"에서 괄호친 부분을 삭제하고 발표했는데, 그로 인해 "길"이 은유의 성질을 가지게 되었지만, 그 은유는 일차적으로 대체 사물이므로 그냥 두고 보기로 했다.

'②', 4행에서 "멈추어야 했다."는 "멈춘다."로 고쳤다. 그 이유는 "어떤 가지도 그러나 물의 길이 끊어진/곳에서 멈추어야 했다."는 것은 사실에 값하는 현상이기는 하지만 "했다"는 표현이 나무의 의지에 너무 깊이 관여하는 측면이 있으므로, 나무에 덜 관여하기 위해서 '멈춘다'는 보다 객관적인 현상 쪽을 택했다.

'③', 9~10행의 "보이지 않는/하늘"은 그것 자체로는 시각적 상태의 사실적 현상이지만, "보이지 않는/하늘이 시작되었다."라는 표현 속에서는 그 '시작의 사실'을 볼 수 있는 것이 아니므로 관념이다. 그래서 "거기서부터는 새가 없는/하늘이 시작되었다."라고 고쳤다. '새가 없는 하늘'은 무엇보다 먼저 사실적 존재이며, 다른 의미의 존재로의 존재 전이는 그 다음의 문제이기 때문이다.

그 결과, 위의 작품은 다음과 같이 바뀐다.

(3)

돌밭에서도 나무들은 구불거리며 하늘로
가는 길을 가지 위에 얹어 두었다
어떤 가지도 그러나 물의 길이 끊어진
곳에서 멈춘다
나무들이 멈춘 그곳에서 집을 짓고
새들이 날아올랐다 그때마다
하늘은 새의 배경이 되었다 어떤 새는
보이지 않는 곳에까지 날아올랐지만
거기서부터는 새가 없는
하늘이 시작되었다.

「물과 길 · 2」는 오규원이 「살아있는 것」이라는 시작노트와 함께 발표한 시편 중에서 발표 이후 한번 고쳤다['(1)' → '(3)']는 작품이다. '(1)'은 조주선사의 선문답을 인용한 오규원의 시작노트에 실린 다섯 편 중 한 작품으로써, 시인이 제기한 '실존적 문제로서의 언어 문제'에 대한 인식을 드러낸 시편이다. 오규원은 '(1)'의 작품을 시작노트로 발표하면서 '(2)'에서 설명한 것과 같이 고쳤는데, 이를 다시 읽어보면, '(2)-①'에서 서술어 "얹어 두었다"가 받는 주어[주제어]를 보면, 고치기 전의 주제어와 고친 후의 주제어는 다같이 "나무들은"으로 나타난다. 하지만 목적어 "가는 길을"이 받는 주어를 보면, 고치기 전에는 "개미들이"가 되나, 고친 후에는 '물(이)'라는 주어가 생략되고 있다. 주어 "물(이)"이 생략되지 않았다면 이 문장에서 주어가 되는 것은 주제어인 "나무들은"이 되며, 이 주어가 받는 서술어는 "구불거리며"와 "얹어 두었다"의 두 개가 된다. 이러한 현상은 나무들이 나무가 가는 길을 나무위에 얹어두었거나 혹은 개미들이거나 물이 개미들이나 물이 가는 길을 나무들 위에 얹어둔 경우이다. 이러한 배열을 갖는 국면은 오규원 시인이 화가 세잔(Cezanne Paul)에 천착하여 읽은 소산으로 볼 수 있다. 세잔의 그림은 그림을 만들어내는 단순한 재현의 세계가 아닌 "자연의 한 부분을 시도하는"27) 것이며, "'존재 그 자체!'를 시도하는 세계이다. 예술가가 할 수 있는 작업가운데 이것 이상 더 엄청난 일이 있을까"라고 감탄한 바로 그 지점이기 때문이다.

'(2)-②'에서, "멈추어야 했"던 상태이거나 아니면 "멈춘" 상태를 받는 것은 '물'이거나 '나무(가지)'이면서 "하늘로 가는 길"이다. 시인이 설명한대로 "했다"라는 표현이 나무의 의지에 너무 깊이 관여하는 측면이 있다는 것은 "멈추어야 했"던 것은 사물이 아닌 "하늘로 가는 길"이 되므로 '관념'이다. 여기서 "나무에 덜 관여하기 위해서" '멈춘다'로 고친 것이라 하더라도 그것이 "멈추어야 했다"보다 객관적 현상을 갖는다고 보기 어렵다. 시인의 해명은 시구가 좀 더 현상적 의미를 띠게 하는 노력에 불과하다. '(2)-③'을 보면, 9~10행의 "보이지 않는/하늘"을 그 자체로는 시각적 상태의 사실적 현상이라고 설명한다. '시각적'이라는 전제가 붙어있긴 하지만 이미 '하늘은 보이거나 보이지 않는 사실'과는 거리가 먼 현상적 사실이다. 시인이 설명한바와 같이 "보이지 않는/하늘이 시작되었다"의 표현 속에는 그 '시작의 사실'이 볼 수 있는 것이 아니므로 그가 스스로 관념이라고 밝힌 점과도 일치되는 경향을 보인다. 이것이 '사실적 현상'과 '현상적 사실'의 차이이다.

현상적 사실이 사실적 현상을 언어로 옮긴 것이라고 할 때는 시인 스스로 밝힌 사실적 현상으로 받아들일 수 있다. 하지만 사실적 현상과는 무관한 현상으로서 단지 시의 언어 차원에서 보면 그것은 현상적 사실에 국한된다. 이러한 차이는 시인 자신이 고치게 된 이유로 들고 있는, 즉 "'새가 없는 하늘'은 무엇보다 사실적 존재"라고 한 점에서 나타난다. 여기서도 "새가 없는 하늘"은 '하늘에는 새가 있어야 한다'라는 감각을 요구하고 있으므로 완전한 사실적 존재이거나 현상은 아니다. 시인이

27) 메를로퐁티, 오병남 역, 『현상학과 예술』, 서광사, 1983, 191쪽.

"다른 의미의 존재로의 존재전이는 그 다음의 문제이기 때문"이라는 점에서 "그 은유는 일차적으로 대체 사물이므로 그냥 두고 보기로 했다"와 더불어 고치고 또 고치는 과정에서 시인의 심정이 잘 나타나고 있기 때문이다. 고치기 전과 고친 후의 작품은 시인이 해명한 것 이상으로, 그 스스로가 독백처럼 외치고 있는 "세계를 '그 세계의 현상'으로 파악하면 어떻게 되는 것일까"에 대한 가능성을 보여준다.

3) 존재적 의미 풀어놓기

현상적 존재에 대한 '의미 풀어놓기'라는 관점에서, 비인간화를 지향하는 원초적 의식의 중심에는 '언어(言語)'가 자리한다. 언어가 지향하는 현상적 존재의 재발견은 대상을 관조하는 '있는 그대로의 의식'에 의해 형성된다. 존재적 현상은 인간적 사고를 떠나 대상 그 자체의 의식으로 회귀됨으로써 현상적 존재화의 '의미 풀어놓기'라는 언어관을 견지한다. 김춘수와 오규원은 시가 지향하는 목적성으로 꼽히는 '인간적 관념'을 주변으로 밀치면서 시 그 자체가 스스로 존재하는, 즉 '실재(實在)'라는 시관을 견지한다. 두 시인은 시를 '의미하는 것'이 아니라 '존재하는 것'으로 인식한다. 시가 존재 그 자체일 때 시에 수용되는 '이미지'는 단순히 '의미'만을 전달하거나 표현하는 언어적 기호를 넘어서게 된다. 즉 "이미지가 사물 그 자체가 된 자립성과 독립성을 획득"[28]하게 된다. 이는 '이미지'도 이미지 그 자체를 위해 차용됨으로써 '리듬'과 같이 정서를 환기하는 시적 기능을 가진다는 것을 보여준다. 이미지의 자립성과 독립성을 획득하기 위한 두 시인의 노력은 시편의 개작(改作) 흔적에서 확인된다.

---

28) 김준오, 『詩論』, 삼지원, 2000, 163쪽.

①길을 벗어난 곳에 사당이 있다
②동서로 기울어져 있는 지붕에서 쏟아져
내리는 햇볕에 저희들끼리 모여서
밤딸기들이 닥치는 대로 나무와
그늘에 붉은 몸을 내려놓고 있다
③그래도 잎은 붉은 몸과 함께 파랗게
물결친다 사당에서도 개미들은
자기의 그림자에 발이 젖어 있다
④사당을 세운 자들은 이미 사라지고
처마 밑에 진을 친 거미는
속이 없는 진중을 오가며
아직 무겁게 몸을 다스린다 그러나
⑤나팔꽃 줄기는 담장의
중간쯤에서 더 오르지 않고
흔히 본 그런 꽃을
서너 개 내려놓고 있다

—오규원, 「사당과 언덕」 전문('밑줄'과 '①~⑤'는 인용자 표시)

이 시편은 연 구분 없이 열여섯 개의 행이 다섯 개의 문장구조로 구성된다. 그리고 이 시편은 발표 후 비교적 많이 고쳐진 작품으로 알려져 있다. '②', '③'에서 밑줄 친 "뱀딸기들이 닥치는 대로 나무와/그늘에 붉은 몸을 내려놓고 있다/그래도 잎은 붉은 몸과 함께 파랗게/물결친다"라는 시구의 경우, 고치기 전에는 "뱀딸기들이 닥치는 대로/나무와 그늘에 불을 붙이고 있다/그래도 잎은 빨간 불과 함께 파랗게/물결친다"였다. 이 시구에 대해 개작 전과 후를 비교하면 우선 행갈이가 "대로/나무와"에서 "나무와/그늘에"로 바뀌었다. 그리고 "빨간 불"로 비유되던 "뱀딸기"가 "붉은 몸"으로 대체되었다. '③'에서는 "젖어 있지만"이 "젖어 있다"로,

'④'의 "이미 사라지고"는 "무관하게 모두 흩어져서"에서, 역시 '④'의 "무겁게 몸을 다스린다"는 "엄숙하게 몸을 다스린다"에서, '⑤'의 "담장의 중간쯤에서 더 오르지 않고"는 "끝까지 올라갈 생각을 하지 않고"에서 바뀌었다. 시인은 개작 전에 "뱀딸기들이 닥치는 대로/나무와 그늘에 불을 붙"인다는 표현에서 문제가 되는 것은 '불을 붙인다'는 비유라고 밝힌다. 이 비유는 은유적 사고에 근거하는 것으로서, 즉 '빨간 뱀딸기들'이 파란 나무의 그늘에 놓여 '불을 붙인 형상'과 같다는 비유적 해석 차원이다. 시인은 뱀딸기들이 나무와 그늘에 '붉은 몸을 내려놓는다'는 표현은 비유이긴 하나 우리들이 흔히 사용하는 일상적인 동사 비유[내려놓는다]이므로 현실적으로 비유라는 인식 없이 수용하는 표현이기 때문에 그쪽을 선택한 것이라고 설명한다. 그럼에도 시인은 "붉은 몸"을 가시적이고 사실적 현상으로서 여전히 의미적이라고 생각한다.

시인은 또 관념성과 혹은 허위성을 제거하기 위해 눈으로 볼 수 없는 무덤 속의 뼈를 마치 보고 있는 듯 표현한 "각각 다른 무덤 속에서 지금은 뼈로 놀고 있다"를 '④'의 "이미 사라지고"라고 고쳤으며, '엄숙하다'는 말에 배어있는 인간의 도덕적·권위적 체취를 가능한 줄이기 위해 '④'의 "무겁게 몸을 다스린다"로 고쳤다. 인간 중심적 관점을 벗어나려는 노력의 흔적은 개작(改作)과정에서도 쉽게 발견된다. 이 시편은 인간 중심적 관점에서 대상 중심적 관점으로의 시적 지향을 추구한다. 대상 중심적 관점은 "저희들끼리/모여서 뱀딸기들" "개미들은/자기의 그림자에 발이 젖어 있"고 "사당을 세운 자들은 이미 사라지"고에서 대상이 대상 그 자체로서 인접성을 갖는, 즉 환유적 언술체계를 지향하고 있음이 발견된다. 위 시편은 개작 이전에 주로 은유적 언술체계를 축으로 이루어지다가 개작 이후에는 환유적 언술체계가 주류를 이루는 구조로 바뀌고 있다. 또한 시인이 추구하는 시적 변모의 형태는 '관념적 이미지'에서 벗어나 날것의 이미지로 나아간다. 이 시편에서 나타나는 오규원의 시작 태도는 은유적 체계가 갖는 관념적 조작을 피함으로써 자연스럽게

'사실적 현상'을 통해 그 현상이 직접 말하도록 하는 언술체계로 전환된다.

①시간과 시간 사이를
시쇠비름이 파고 든다
②시간과 시간에 밀려
<u>잎과 잎의 얼굴이</u>
<u>달라진다</u>
③시간과 시간 사이의
쇠뜨기가
살갈퀴가
<u>엉겅퀴가</u>
<u>지상에 몸을 둔다</u>
<u>④먼저 몸을 둔 것들은</u>
<u>이미 자기를 닮는다</u>

—오규원, 「잡풀과 함께」 부분('밑줄'과 '①~④'는 인용자 표시)

이 시편은 『작가세계』[1993년 가을호]에 발표되었다가 개작 후 시집 『길, 골목, 호텔 그리고 강물소리』[1995]에 실려 있다. 그 개작 내용을 살펴보면, '②'에서 "잎과 잎의 얼굴이/달라진다"는 "잎과 잎 사이의/거리가 벌어진다"를 고친 것이다. 잎과 잎의 얼굴이 달라지는 것이나 잎과 잎 사이의 거리가 벌어지는 것은 "시쇠비름이 파고"들기 때문이다. 시쇠비름이 시간과 시간 사이를 파고드는 것은 시쇠비름의 성장속도를 반영한다. '쇠비름'은 "얼굴이/달라"지게 된다. 시쇠비름이 시간과 시간 사이를 파고드는 것도 '사실적'이고, 그 시쇠비름에 밀려 얼굴이 달라지는 잎의 모습도 '사실적'이다. '③', '④'에서 "엉겅퀴가/지상에 몸을 둔다/먼저 몸을 둔 것들은/이미 자기를 닮는다"는 "엉겅퀴가/지하의 물길을 바꾼다/물소리가 다른 방향을/파고 지상에 온다"에서 고친 것이다. "엉겅퀴가/지하의 물길을 바꾼다"는 것은 '사실적'일 수 있다. "물소리가 다른 방향을/파고 지상에 온다"라는 표현은 미루어 짐작하는 '사실적인 것'에 가깝다.

시인의 말에 의하면, 이는 미루어 짐작하기가 허용되기 시작하면 사고는 걷잡을 수 없는 관념성을 띠게 되므로 자제한 흔적이라는 것이다. 개작 후의 "엉겅퀴가/지상에 몸을 둔다"와 "먼저 몸을 둔 것들은/이미 자기를 닮는다"는 미루어 짐작하는 차원이 아닌 있는 그대로의 사실적 현상이 현상 그대로 시화(詩化)된 현상적 사실이다. 개작에서 알 수 있는 바와 같이 시인은 끊임없이 인간 중심적 사고에 기인하는 관념적 조작을 피하기 위해 노력함으로써 자연스럽게 객관세계의 현상 그대로를 형상화하고 있다.

①거기까지 가는데 나는
발가락의 티눈에 神經을 쓰며
등골에 땀도 좀 흘려야 했다.
②눈 속에서 초겨울의
붉은 열매가 익고 있다
③서울 근교에서는 보지 못한
꽁지가 하얀 작은 새가
그것을 쪼아 먹고 있다.
④저녁床을 물리고
초저녁에 잠깐 눈을 붙이고 나니
기다리고 있었는 듯
내가 묵은 집의 젊은 아낙은
아무것도 대접할 길이 없다면서
맹물에 잘 물이 든

忍冬 잎을 한 잎
띄워 주었다.

⑤越冬하는
忍冬 잎의 빛깔이
이루지 못한 人間의 꿈보다도
더욱 슬프다.

—김춘수, 「忍冬 잎」 전문('밑줄'과 '①~⑤'는 인용자 표시)

이 시편은 앞에서도 일부 언급한바와 같이 처음에 '①'~'④'와 같이 열여섯 개의 행으로 구성되어있었는데 '②', '③'의 5행만 남겨두었다가 다시 '⑤'의 네 개 행을 추가하면서 완성된다. 시인이 상당한 시일을 두고 고심 끝에 완성된 시가 '①'~'④'까지의 열여섯 개 행이었다. 그는 이렇게 써놓고도 안심이 되지 않아 두고두고 생각한 끝에 서술적인 부분을 삭제한 시가 '②', '③'이라는 것이다. 이것만으로 시인은 한 편의 완성된 작품치고는 역시 불안하게 여겨져 시제 「忍冬 잎」을 생각하다가 '⑤'를 얻어 완결을 짓게 되었다고 스스로 밝힌다. '①'은 시적 화자의 어떤 심경상태를 서술적으로 형상화한다. 이 부분에서 "忍冬 잎"과의 시적 연관성을 찾는다는 것은 쉽지 않다. '④'의 "아무것도 대접할 것이 없다면서/맹물에 잘 물이 든/忍冬 잎을 한 잎/띄워 주었다"에서 보면 호련천(瑚璉川)에 얽힌 전설의 한 부분을 패러디하고 있다. 이 부분이 '⑤'와 같이 고쳐지면서 전체의 국면이 개작 전과는 다른 형태로 형상화되고 있다. 시인은 스스로 이를 좀 지나친 정서의 표현이라고 밝힌다. 이는 시인이 대상 그 자체를 하나의 정서로 수용하기 위해 이미지를 순수하게 사용하려는 시적 노력을 지속한 결과이다. 그 결과 대상에 대해 있는 그대로의 의미를 탐색하고자하는 시적 태도를 갖는다. 이러한 시인의 끊임없는 노력에 의해 이 시편에서는 '⑤'의 "슬프다"라는 부분을 제외하면 그 어떤 주관적 사상이나 감정이 개입되지 않고 있다.

2. 비인간화와 현상적 미학

김춘수의 무의미시와 오규원의 날이미지시가 추구하는 시적 형상의 언어적 체계는 자연과 세계 속의 사물을 '관념'이 아닌 '존재'로 읽어내려는 작업으로서 '현상 언어'를 추구한다. 이러한 작업의 성과는 두 시가 갖는 시 의식의 지향점을 '존재적 현상'의 세계를 응시하고 언어화하는 작품들을 통해 확인할 수 있다.

1) 현상적 되돌아보기

현상적 되돌아보기의 차원에서, 먼저 김춘수가 '묘사의 연습 끝에 관념을 완전히 배제할 수 있다는 자신감'을 얻은 후, 즉 사생적 작업을 통해 하나의 확신을 갖게 된다는 글을 살펴보기로 한다.

> 세잔느가 寫生을 거쳐 추상에 이르게 된 그 과정을 나도 그대로 체험하게 되고, 寫生은 사생에 머무를 수만은 없다는 확신에 이르게 되었다. 리얼리즘을 확대하면서 초극(超克)해가는데 詩가 있다는 하나의 사실을 알게 되고 믿게 되었다. 사생이라고 하지만, 있는[實在] 풍경을 그대로 그리지는 않는다. 집이면 집, 나무면 나무를 대상으로 좌우의 배경을 취사선택한다. 경우에 따라서는 대상의 어느 부분은 버리고, 다른 어느 부분은 과장한다. 대상과 배경과의 위치를 실지와는 전연 다르게 배치하기도 한다. 말하자면 실지의 풍경과는 전연 다른 풍경을 만들게 된다. 풍경의, 또는 대상의 재구성이다. 이 과정에서 논리가 끼이게 되고, 자유연상이 끼이게 된다. 논리와 자유연상이 더욱 날카롭게 개입하게 되면 대상의 형태는 부수어지고, 마침내 대상마저 소

멸한다. 무의미의 詩가 이리하여 탄생한다(무386~387면).

이 글에서, 김춘수가 확신한 것은 '사생(寫生)' 그 자체가 아니라 사생이 사생을 뛰어넘는 지점에서 지향해야할 시의 모습을 만나고 있다는 점이다. "있는 풍경을 그대로 그리"는 것은 있는 풍경을 그대로 보는 것과 다름 아니며 풍경 그 자체는 '보이는 것'과 다름 아니기 때문이다. 시인은 '寫生'이 '寫生'으로 그치지 않음을 보고 시적 깨달음으로 다가서게 된다. "실지의 풍경과 전혀 다른 풍경"은 "풍경의, 또는 대상의 재구성"임에 틀림없으나 그렇다고 "전혀 다른 풍경"이라고 해서 "실지의 풍경"을 떠나 존재하는 것은 아니다. 비록 "논리와 자유연상"의 개입 정도에 따라 대상의 재구성형태는 차이가 나겠지만 "마침내 대상마저 소멸"한 그 지점에서 탄생되는 것은 '무의미적 시'가 될 수 있기 때문이다. 이는 '무의미적 의미', 즉 언어 이전의 현상 그 자체가 갖는 의미를 견지하게 된 산물이다. 이러한 김춘수의 시적 사고는 자신의 시가 충분한 구체성을 띠기 위해 '관념적 의미'를 숨기거나 배제하는 방향으로 나아가게 된다. 또한 그는 주어진 그대로의 삶을 시에서 즐기고 싶다고 생각하기에 이른다. 그는 관념과잉인 자신의 실제생활에 어떤 환기장치, 또는 어떤 균형감각을 회복시켜주는 그런 역할을 담당하고 있는 것이 자기가 만드는 시가 아닐까하고 망설인다.

김춘수는 시적 지향에 대해 지킬 것과 삼가야할 것들, 즉 "관념을 배제하기 위하여 이미지를 서술적으로 쓰자. 순수이미지, 또는 절대이미지의 세계를 만들어보자. (…) 설명을 전연 배격한다. 설명은 관념의 설명이기 때문"이라고 하였다. 이와 같이 김춘수는 '이미지를 서술적으로 쓰'는 목적을 오직 '관념을 배제하기 위'한 시의 어법으로 인식한다. 그는 인간적 관념이 배제된 이미지의 세계, 즉 순수이미지이거나 절대이미지의 세계를 건설하려는 시적 목표를 설정한다. 그가 지향하는 순수이미지 또는 절대이미지가 갖는 시적 의미는 현상적 존재화의 이미지에서 탄생하는 현상 자체가 갖는 의미이다. 그는 이미지를 서술적으로 쓰게 되면 그 이미지는 '순수'이거나 '절대'라는 세계를 이루게 됨으로써 저절로 관념을 배제한다고 믿는다. 시적 묘사에 의해 드러난 그 상태에 대한 어떤 판단, 즉 관념에 대한 설명을 배제하게 되면 절대적 묘사의 세계가 된다. 이는 궁극적으로 어떤 현상이나 상태에 대한 주체적 망설임으로 굳어지며, 이러한 망설임은 관념적 의미를 배제하게 되어 순수한 묘사상태만을 남긴다. 그는 새로운 시적 입지를 지향하기 위해 새로운 시적 사고를 지속적으로 갱신한다.

活字 사이를
코끼리가 한 마리 가고 있다.
잠시 길을 잃을 뻔 하다가
봄날의 먼 앵두밭을 지나
코끼리는 活字 사이를 여전히
가고 있다.
너무 작아서 잘 보이지도 않는
코끼리,
코끼리는 발바닥도 반짝이는
銀灰色이다.

—김춘수, 「은종이」 전문

이 시편은 '논리'와 '자유연상'이 더욱 날카롭게 개입하게 되면 '대상'의 형태는 부수어지고, 마침내 그 '대상'마저 소멸함으로써 무의미시가 탄생한다는 시인 자신의 확신을 드러낸 작품이다. '책장을 넘기다보니 은종이가 한 장 끼어 있었다'라는 부제가 붙어있는 이 작품은 "은종이"가 "코끼리"의 형상으로 묘사되어있는 국면을 갖는다. 시제로 쓰인 '은박지'라고도 부르는 "은종이"는 은빛으로 반짝이며 쉽게 구겨지는 사물이다. 시인에게는 책갈피 속에서 발견한 구겨진 “은종이”의 반짝이는 형상이 꼭 “코끼리”의 모습처럼 보였을 것이다. 반짝이는 ‘은종이’를 가만히 들여다보는 순간 시인은 “코끼리가 한 마리” 걸어가는 형상으로 착시를 가질 수도 있기 때문이다. 화자는 이러한 착시현상의 연장선에서 “잠시 길을 잃을 뻔 하다”가 “봄날의 먼 앵두밭을 지나”가고 있는 국면으로 형상화된다. 그리고 앵두꽃은 봄날에 잎이 돋아날 쯤 하얗게 피어나는데, 이는 하얀 앵두꽃과 은빛 종이가 상관성을 갖는 이유이기도 하다. 화자는 이내 정신을 가다듬고 “活字 사이를 여전히/가고 있”다. 바라봄이 지속되면서 반짝이는 부위가 점점 좁아지는 “은종이”에서 화자는 “너무 작아서 잘 보이지도 않는/코끼리”를 발견한다. “코끼리”는 활자 사이에서 드러눕기도하고 몸을 흔들기도 한다. 이러한 현상적 착시는 현상적 이미지의 재발견으로 포착된다. 시인에게 문득 반짝이며 나타난 책갈피 속 “은종이” 한 장은 생명의 화신(化身)으로 다시 태어나는 ‘의미현상’으로 승화된다.

“코끼리가 한 마리 가고 있다”는 이미지는 ‘자유연상’의 범주에서는 어떤 현상을 나타낸다. “코끼리는 活字 사이를 여전히/가고 있다”라는 이미지는 착시에 의한 현상이며, “너무 작아서 잘 보이지도 않는/코끼리”라는 이미지의 정황을 지속한다. 왜곡된 현상을 다시 착시현상에 의해 포착함으로써 시인은 ‘자유연상’에 의한 현상의 혼란 속에서 새로운 ‘무의미적 의미’라는 ‘의미현상’을 재발견하는 시의식을 보여준다. “活字 사이”로 “코끼리”가 걸어가고 있다는 이미지나 “코끼리”가 “너무 작아서 잘 보이지도 않는” 이미지, 그리고 발바닥이 “은회색”이란 이미지들은 서로 중첩되면서 새로운 ‘의미현상’의 맥락을 이어간다. 이미지와 이미지가 서로 마찰되거나 모순되는 국면이 아니라 구상화된 모습으로 연관되어질 때 그것이 비록 ‘무의미’의 추구라 하더라도 이미지와 이미지 사이에서 현상되는 의미를 붙잡을 수 있다. 이 시편은 부제 ‘책장을 넘기다보니 은종이가 한 장 끼어 있었다’는 그 현상을 통해 나타난 심상을

'있는 그대로' 옮겨놓은 시적 형상화를 갖는다.

①男子와 女子의 아랫도리가
젖어 있다.
②밤에 보는 오갈피나무,
오갈피나무의 아랫도리가 젖어 있다.
③맨발로 바다를 밟고 간 사람은
새가 되었다고 한다.
④발바닥만 젖어 있었다고 한다.

—김춘수, 「눈물」 전문('①~④'는 인용자 표시)

이 시편은 시인의 말대로 "어떤 상태의 묘사"임에는 틀림없다. 하지만 "관념이 배제되고 있다"라는 주장에 대해서는 재고를 갖게 한다. 이 시편은 일곱 개 행이 네 개의 문장으로 구성되어 있다. '①', '②'는 사실적 묘사에 가까운 표현으로서 관념적 의미가 개입하지 않은 국면이다. 하지만 '③', '④'에 와서는 "되었다고 한다"와 "있었다고 한다"라는 추측형으로 종결된다. 추측형 종결구들은 관념을 내포하는 국면으로 형상화된다. 하지만 시인은 이 시가 이미지를 서술적으로 사용한 점에 대해 실패작으로 인정한 「忍冬 잎」을 뛰어넘는 작품이라고 자평한다. 이러한 자평에서 시인 스스로 이 시를 성공한 것으로 밝힌 의도는 과연 어떤 관점에서일까. 그것은 이 시에 나타난 이미지들이 관념의 비유로서 쓰이지 않은 점을 강조한다는 측면에서 더욱 그렇다. 시인이 이 시편에 나타나는 이미지들이 이미지 그 자체를 위하여 쓰인다고 본 점에서 '③', '④'의 시구는 이해하기 어려운 점이 있다. 물론 이는 이미지가 순수 그 자체를 지향한다는 측면에서 이미지를 '서술적'으로, 즉 '묘사'로 일관되게 작시(作詩)한 결과로 '관념적 의미'가 개입하지 않은 국면이다.

시인 자신도 지적하고 있듯이 이 시편은 이미지의 구성에 있어서 혼란을 빚고 있다. 시인 스스로가 "'남자와 여자'와 '오갈피나무'가 무슨 상관일까? 이것은 하나의 트릭이다"라고 밝힌 점에서도 그렇다. 이러한 언급에 의거 두 '대상' 사이의 상관성에 대해 살펴보면, "아랫도리가 젖어 있다"라는 어떤 상태의 관점에서는 상호 동일한 국면을 갖는다. 두 대상에 대한 상관성은 "아랫도리"가 왜 "젖어" 있을까라는 묘사적 언술로 시선을 옮기게 된다. 그래야만 그가 말한 "하나의 트릭"이 성립되기 때문이다. 이때 시인이 말하는 '트릭'이란 어떤 속임수라기보다 어떤 모양을 내거나 뜻을 이루는 것에 더 가깝다. 이는 "남자와 여자의 아랫도리"와 "오갈피나무의 아랫도리"가 동일 국면의 "젖어 있다"라고 형상화하는 점에서 그렇다.

이와 같이 '하나의 트릭'이 작시 의도를 대변해주고 있다는 점은 재고를 갖게 한다. 시작(詩作)의도를 트릭에만 의존한다면 트릭이 발생하는 바로 그 지점에서는 또 다른 관념이 생성될 수 있기 때문이다. 이 시편에 나타난 트릭의 형태는 두 가지의 경우로 볼 수 있다. 하나는 전반부['①', '②'] 안에서 "남자와 여자"와 "오갈피나무"의 상관성이며, 다른 하나는 전반부의 국면과 후반부['③', '④']의 국면이 하나의 작시(作詩) 의도에 의해 나타나는 경우이다. 시인이 말하는 작시의도란 '관념적 의미'를 개입시키지 않는 국면의 생성이다. 트릭을 가한 지점, 즉 대상과 대상 사이와 국면과 국면 사이에서는 작시의도의 산물이 희생될 수 있게 된다. 작시의도에 천착하면 할수록 트릭을 일으킨 지점에 인간적 관념이 묻어날 수 있다. 관념을 말하지 않으려하는 그 의도 뒤에는 또 다른 관념이 숨어있을 수 있게 된다.

①꽃망울 하나가 가라앉는다.
②얼음장을 깨고 깊이 깊이
　가라앉는다.
③어둠이 물살을 그 쪽으로 몰아붙인다.

④선달에 紅疫처럼 돋아난
꽃망울,
저녁에는 함박눈이 내린다.
⑤마을을 지나
雜木林 너머 왔다 간 사람은
아무 데도 발자국을 남기지 않는다.

—김춘수, 「千里香」 전문('①~⑤'는 인용자 표시)

시제 「千里香」은 추상어이면서도 "꽃망울"로부터 연상되는 정황에 의해 구체성을 띤다. 이 시편의 시공간적 배경은 "얼음장" "선달" "함박눈"에서 나타나는 정황과 같이 '한겨울'이다. "꽃망울" "홍역" "함박눈" "발자국"은 시제 「千里香」을 중심으로 시공간적 인접성을 갖는 사물 혹은 현상들이다. '①'과 '②'는 "꽃망울"이 바다 속으로 가라앉는 현상이다. 이는 물속에 비치는 꽃망울을 표현한 것으로서 지상에서와 달리 얼음장을 관통하며 물속으로 비치는 현상이다. '③'의 진술은 착시현상이 현상화된 국면이다. 그것은 '지는 해'를 따라 물결의 방향이 일치할 경우에 발생될 수 있는 착시현상이다. 이러한 현상적 국면은 하나의 발견적 시선에 의한 이미지로서의 가능성을 갖는다. '④'에서 '千里香'의 주체인 "꽃망울"은 "선달"인데도 불구하고 "홍역"같은 형상이다. 하지만 그 위로 어스름과 함께 "함박눈"이 덮는다. '⑤'에서 "雜木林 너머 왔다 간 사람"은 바로 '千里香'을 일컫는다. '천리향'은 형태나 무게를 갖지 않는 감각적 현상이므로 그 어디에도 '사실적 현상'인 "발자국"을 남기지 않는다. 이러한 시적 전개에서 나타나는 의미적 흐름은 사실성이거나 비사실성이거나 오직 현상 그 자체의 이미지를 따라 새로운 '의미현상'으로 형상화된다. 이는 서술적 체계에 의한 이미지의 구현에서 비롯되는 시적 형태이기 때문이다. 무의미시가 이미지로 이루어졌다면 이미지는 곧 의미를 함유할 수밖에 없다. 이는 무의미시를 '의미'의 시점에서 '무의미'를 뒤돌아보게 하는 계기가 된다. 이러한 형태는 김춘수의 시작(詩作)에서 예술적 의도와 표현기법의 특성을 선명히 드러낸 「李仲燮」 연작에서 확인된다.

"이중섭과 김춘수는 원초적 예술 원리를 자기 예술 장르에 담아 성공시킨 대표적인 화가요 시인이라고 할 수 있다. 특히 이들은 현실과 비현실의 일반적 의미를 훨씬 넘는 사물의 내밀한 뜻을 인식하고자 하는 데서 예술의 출발을 시작하고 있다. 예술적 시도의 동질성은 김춘수로 하여금 이중섭의 예술 세계에 많은 관심과 천착을 가지게 했으며, 그는 이중섭이란 예술적 인물을 시의 세계로 변용시킴으로써 선화예술(線畵藝術)의 미적 경험을 시의 질감과 일치시키는 시적 승화의 새로운 지평을 전개시켜 준 것이다. 김춘수는 이중섭을 바로 자신으로 환상(幻想)하며, 이중섭의 충동적인 예술 생명과 경험의 표정을 바로 자신의 예술 표정으로 착각하고 있는 것 같기도 하다."[29] 이 논의는 김춘수의 '예술적 의도'와 '표현 기법의 특성'에서 이중섭의 영향을 부각시키고 있다. 사물의 내밀한 뜻을 인식하는 시점으로 예술의 출발을 정의한 것은 곧 현상과 본질의 관계를 드러내는 예술적 구도를 뜻한다. 김춘수가 이중섭에 대해 자신을 환상한다거나 이중섭의 예술적 표정을 자신의 표정으로 착각하는 것으로 본 견해는 시인과 화가의 만남에 의해 교감되는 어떤 작용을 암시한다. "이중섭이란 예술적 인물을 시의 세계로 변용"한 김춘수의 시적 자세로부터 무의미적 시편에 대한 의미와 무의미의 관계를 파악할 수 있게 된다.

1

①씨암탉은 씨암탉,

---

29) 장충익, 「非現實의 현실과 無限의 변증법」, 『김춘수 시 연구』, 흐름사, 1989, 193~194쪽.

울지 않는다.
②네 잎 토끼풀 없고
바람만 분다.
③바람아 불어라, 西歸浦의 바람아
봄 西歸浦에서 이 세상의
제일 큰 쇠불알을 흔들어라
④바람아,

—김춘수, 「李仲燮 · 1」 전문('①~④'는 인용자 표시)

2
①아내는 두 번이나
마굿간에서 아이를 낳고
지금 아내의 모발은 구름 위에 있다.
②봄은 가고
바람은 평양에서도 동경에서도
불어오지 않는다.
③바람은 울면서 지금
서귀포의 남쪽을 불고 있다.
④서귀포의 남쪽
아내가 두고 간 바다
게 한 마리 눈물 흘리며, 마굿간에서 난
두 아이를 달래고 있다.

—김춘수, 「李仲燮 · 2」 전문('1, 2'와 '①~④'는 인용자 표시)

두 시편에 나타난 핵심소재는 각각 '바람'과 '아내'이다. '1-③'의 "바람아 불어라"라는 간청어조와 함께 "바람아"가 '1-③, ④'에서 반복되어 나타난다. '1'에서 "씨암탉" "네 잎 토끼풀" "西歸浦" "쇠불알"은 "바람"

을 중심으로 한 시공간적 인접성 사물들이다. 그리고 '2'에서 "마굿간" "아이" "구름" "서귀포 남쪽" "게"는 "아내"를 중심으로 한 시공간적 인접성 사물들이다. 이러한 사물들은 '1'과 '2'에서 각각 "바람"과 "아내"의 해명을 위해 차용된 것이라기보다 한 국면의 구조적 산물로 있다. 이러한 사물들이 환유적 의미를 갖는 것은 대치관념으로서의 의미가 아니라 연상되는 이미지에 의해 형상화되는데서 기인한다. 이러한 인접성을 갖는 사물들은 사실의 기반위에서 현상적 사실의 국면으로 형상화된다. 인접성 사물들, 즉 물상(物象)들은 "바람"을 통해 비로소 이미지로 구체화됨으로써 시적 묘미를 갖는다. "바람"은 이중섭의 인간적 고뇌와 그것을 승화시켜가는 예술적 화풍(畵風)을 형상화한다. 「李仲燮 · 1」은 이중섭이 부부(夫婦)를 상징하여 그린 「닭」과 「소」의 연작이 중심소재로 등장한다. '서귀포'는 이중섭 예술의 활동무대가 된 현실적 지명으로서의 이미지와 아내와 이별한 곳으로서의 이미지로 인식되고 있다.

「李仲燮 · 2」에서 '서귀포의 남쪽'은 이중섭의 그림 「家族」에서 표현해내었던 예술의 고향이다.30) 「李仲燮 · 2」에서 "바람만 분다" "바람아 불어라"라던 그 '바람'은 「李仲燮 · 2」에 와서 "울면서 지금" 그 "서귀포의 바람"[「李仲燮 · 2」]으로서 "아내가 두고 간" 그곳, 즉 "서귀포의 남쪽"으로부터 불어온다. 또한 '1-①'에서 "울지 않는" 씨암탉이 '2-②'에서는 "불어오지 않는" 바람으로 형상화된 국면이다. '2-①'에서 '구름위에 있던 아내의 모발'은 「李仲燮」연작의 마지막 시편인 「李仲燮 · 8」에 가서는 아내의 모발을 바다에 담그고 있다. 이는 '구름'에서 '바다'로, 즉 '천상(天上)'에서 '지상(地上)'으로 회귀한 형상으로 시화되는 국면이다. '2-④'에서 "아내가 두고 간 바다"가 「李仲燮 · 3」에서는 "아내가 두고 간/부러진 두 팔과 멍든 발톱"으로 형상화된다. '1'에서는 화자의 직접적인 행위는 없고 대신 "울지 않는다" "바람만 분다" "흔들어라"에 의해

30) 장충익, 앞의 글, 199~200쪽 참조.

화자의 감정을 털어내는 어조로 형상화된다. '2'에서는 "아이를 낳고" "두 아이를 달래"는 화자의 행위가 적극적으로 드러나는 국면으로 전환된다. 「李仲燮」연작의 시편들에서 자주 등장하는 시적 소재는 '바람' '아내' '서귀포' '바다' 등으로 압축되어 형상화되고 있다.

①서귀포 남쪽,
　바람은 가고 오지 않는다.
②구름도 그렇다.
③낮에 본
　네 가지 빛깔을 다 죽이고
　바다는 밤에 혼자서 운다.
④게 한 마리 눈이 멀어
　달은 늦게 늦게 뜬다.
⑤아내는 毛髮을 바다에 담그고,
　눈물은 아내의 가장 더운 곳을 적신다.

—김춘수, 「李仲燮 · 8」 전문('①~⑤'는 인용자 표시)

이 시편은 열 개 행이 다섯 개의 문장으로 구성된다. '①', '②'에서 '바람도 불지 않고, 구름마저 멈추어 선 서귀포의 고요한 풍경'은 현상적 사실 그 자체이다. '③'에서 이 서귀포 남쪽의 그 '바다'는 두두물물의 원천인 '물'의 총합적인 명명이다. 즉 낮에는 두두물물의 형상을 현상 그대로 비추다가 밤이면 또 바다 그 자체로 흐느끼는 것으로서 발견적 시선에 의해 드러나는 국면이다. '④'에서 "게"가 선택됨으로써 일반적 시의 형상화가 보여주는 이미지의 강도를 초월하는 국면이 된다. 이러한 이미지의 인상적 양상은 '달이 늦게 늦게 뜨는' 자연의 섭리를 통해 다시 새로운 충동으로 형상화되는 국면을 지향한다. 달이 늦게 뜨는 현상 그 자체는 '①'과 마찬가지로 현상적 사실의 국면이다. '⑤'는 '④'

의 '늦게 늦게 뜨는 달'에 의해 조성되는 분위기에 이어 나타나는 현상적 사실로서 '무의식적 심상'의 풍경이다. 장충익은 이 시편에 대한 해석을 종결하는 논의에서 "김춘수가 항상 말하고 있는 '의미의 무의미화', 다시 말하면 현상학을 수용하는 내향적 이미지의 시법이 바로 내면적 충동의 외부적 정경 묘사라고 할 수 있다. 관념이나 의미를 배제하려고 노력함에도 불구하고 상징성을 내포한 이미지들을 비상징화의 것으로 바꿀 수 없다는 무의식학의 원리는 무의미만의 시는 존재할 수 없다는 것을 보여준다"[31]고 하였다. 이러한 논의는 「李仲燮」 연작을 뛰어 넘어 김춘수의 무의미시 전체를 겨냥한 것이며, '이미지 형성 이전의 내면적 동기에 의해 이미 의미화로의 형상화를 상징하는 심리적인 메커니즘을 가지고 있다'는 점을 전제로 한다. 이는 시제에서 이미 '이중섭'으로 의미화한데서도 그렇다. 그리고 "이중섭의 선화예술과 예술의 바탕을 이루는 비현실 가치와 무한의 변증법은 김춘수의 시에 보다 많은 의미와 미적 의의를 가지고 등장하며, 또한 변증법은 무의식의 근원을 이루는 리비도(Libido)를 지성화(知性化)시키는 새로운 시의 지평을 열어주었다는 데 그 진가가 되살아난다"[32]는 평가를 갖는다. 이러한 평가에서 이중섭의 예술적 세계를 변용하여 시화한 김춘수의 원초적 이미지화에서 이미 의미화를 지향한 사실이 확인된다. 그리고 '무의식적 의미화'는 그에게 시적 대상을 다른 각도에서 모색하게 하는 계기가 된다. 이러한 인식은 궁극적으로 예술의 본질에 대해 새로운 명제를 갖게 되면서 「李仲燮」 연작시에 나타나는 국면들이 현실과 비현실, 즉 '현상적인 것'과 '환상적인 것'에 대한 시적 인식의 지향성으로 나타난다. 이러한 시적 인식의 지향성은 오규원의 날이미지시에서도 발견된다.

①그때 나는 강변의 간이주점 근처에 있었다

31) 장충익, 앞의 글, 205쪽.
32) 장충익, 앞의 글, 206쪽.

②해가 지고 있었다
③주점 근처에는 사람들이 서서 각각 있었다
④한 사내의 머리로 해가 지고 있었다
⑤두 손으로 가방을 움켜진 여학생이 지는 해를 보고 있었다
⑥젊은 남녀 한 쌍이 지는 해를 손을 잡고 있었다
⑦주점의 뒷문으로도 지는 해가 보였다
⑧한 사내가 지는 해를 보다가 무엇이라고 중얼거렸다
⑨가방을 고쳐 쥐며 여학생이 몸을 한 번 비틀었다
⑩젊은 남녀가 잠깐 서로 쳐다보며 아득하게 웃었다
⑪나는 옷 밖으로 쑥 나와 있는 내 목덜미를 만졌다
⑫한 사내가 좌측에서 주춤주춤 시야 밖으로 나갔다
⑬해가 지고 있었다

—오규원, 「지는 해」 전문('①~⑬'은 인용자 표시)

이 시편은 심층적 날[生]이미지화를 추구함으로써 날이미지의 시적 가능성을 드러내는 작품이다.[33] "강변의 간이주점 근처"의 시적 풍경은 아무런 비유적 화법을 사용하지 않은, 즉 '보이는 그대로'이거나 '현상 그대로' 혹은 '전적(全的)인 그대로'의 시적 풍경으로 나타난다.[34] 「지는

33) 이러한 견해는 "사물을 주관적인 이미지로 변용하지 않고 객관적으로 묘사하는 경우, 주체는 사물들과 함께 풍경을 구성하는 요소로 참여할 수 있으며, 풍경의 바깥쪽에서 사물들의 관계를 묘사하는 시선으로 작용할 수 있다. 이때 주체와 대상의 관계는 주체의 위치에 의해 결정되기보다 대상을 서술하는 언어 표현의 방식에 의해 결정된다"(김문주, 앞의 책, 59~60쪽)는 관점에서 확인된다.

34) "오규원의 「지는 해」가 화자를 포함한 등장인물의 내면세계로부터 일체 배제된 채 시선이 '현상'에만 머문 객관적 서술체를 보여준다. 이런 '표층시'가 처음과 끝이 불분명한 '인접성'의 환유원리에 의해 지배되고 있는 점도 간과할 수 없다"(김준오, 『현대시와 장르 비평』, 문학과지성사, 2009, 118쪽)는 견해에서도 나타난다. 여기서 '표층시(表層詩)'란 문자 그대로 대상의 표면을 미세한 시선으로 묘사한 시를 말하는데, 김준오는 '표층시'를 90년대 탈중심주의의 대표적 유형으로서 평범한 일상을 다룬 '일상시'의 연상선에 놓인다고 보았다. 논자는 '표층시'가 갖는 특징으로, 일상적이고 사실적 대상의 표면만을 철저하게 세부적으로 묘사하고, 외부묘사는 매우 즉

해」는 환유적 원리인 공간적 인접성을 따라 장면들이 배열되어 있다. 이때 각 장면들의 행위가 공간적 이동을 하는 것과 함께 시간적으로는 '①'의 "해가 지고 있었다"에서 '⑬'의 "해가 지고 있었다"로서 해가 지는 시간적 멈춤을 형상화한다. 이 시편에서 각 시행은 주어와 현재완료형 서술어에 의해 완결된 문장으로 구성된다. 이러한 언술체계에 의해 "해가 지"고 있는 장면을 배경으로 사람들의 행위가 삽입되는 국면이다. 이 시편에서 일관되게 나타나는 풍경은 '해가 지는 것'이라기보다 오히려 '사람들이 지는 풍경'으로 반영된다. 이러한 풍경의식은 시적 화자의 그 어떠한 감정도 개입되지 않음으로써 가능한 국면들이다.

이 시편에서는 시적 세부장면들을 기술하는 시선의 주체가 '나'와 '타인'의 존재적 행위가 더욱 선명하게 묘사된다. '나'의 시각적 액자 속에 가두어진 '타인'의 행위들, 시적 관찰자인 '나'와 시적 대상자인 '타인'이 공간적 동시성의 액자 속에서 "지는 해"를 응시하는 국면이다. 이 시편은 전통적인 서정시의 화법에 맞서는 시적 구조를 갖는다. 이 시편에 나타난 시적 구성의 특질을 보면, '지는 해'를 따라 시간적 순차성으로 쫓아가면서도 하늘을 향해 대지에 의지한 존재의 시선을 공간적으로 배열한다. 이러한 풍경의 액자 속에서 서술되는 각 장면의 움직임은 '나'의 시선을 중심으로 펼쳐진 다른 존재(자), 즉 타자의 동적 배열을 보여주는 국면이다. '나'의 움직임, 즉 관찰자는 "강변의 간이주점 근처에 있"으며, "옷 밖으로 쑥 나와 있는 내 목덜미를 만"지는 장면이다. 여기서 "목덜미를 만"지는 행위와 "주춤주춤 시야 밖으로 나"가는 행위, "해가 지고 있"는 장면은 시간의 순차성뿐만 아니라 공간적 동시성도 함께 따라간다. 이러한 존재들의 흔들림 혹은 움직임은 투명성 효과를 가짐으로써 시적 현상의 의미를 '날것'으로 이미지화한다.

시인이 획득한 현상적 존재들이 있는 시적 풍경은 '날것'의 이미지가

물적(卽物的)이며, 순간포착은 갑작스런 체험인 만큼 우연적(偶然的)이라고 정리하였다(김준오, 『詩論』, 삼지원, 2000, 365쪽 참조).

갖는 현상 그대로의 의미로 드러난다. 이 시편에 형상화되고 있는 국면을 토대로 '있는 그대로'라는 사실적 혹은 존재적 양태에 주목해보면, 현상이든 풍경이든 대상세계는 진실성을 갖는 본질적인 모습 그대로 있음을 알게 된다. 사실적 현상이든 현상적 사실이든 그 자체는 모두 '있는 그대로'를 기저로 존재하기 때문이다. 이때 있는 그대로의 '존재적 현상'은 언어화되면서 날것 그대로의 이미지인 '날이미지'로서 형상화되며, 날것의 이미지는 '현상 그대로'의 의미를 내재한다. 이러한 존재 내에서의 현상적 변화는 주체와 대상들을 주체와 반주체들로 바꾸어 놓는다. 이때 주체와 반주체의 사이에서 움직이는 시선들은 여러 가지의 날이미지를 지속적으로 생성시키는 작용을 한다. 이 작품과 같이 한 편의 시가 일관되게 날이미지로 서술될 때 그 시편은 현상 그 자체가 갖는 의미를 나타냄으로써 현상 그대로의 세계에 대한 '주체'와 '반주체'의 관계에서 드러나는 현상적 국면으로 형상화된다.

모든 예술의 기본은 '마음'으로 바라본 하나 또는 그 이상의 풍경이나 정황을 현상 그대로 이미지화시켰을 때 비로소 가능해진다. 이때 그 이미지는 그 시간과 그 공간의 정서를 적절하게 표현하는 구조로 형상화된다. 대상이 갖는 이미지와 이미지 사이에 머무는 정서들이 잘 융화되면 될수록 더 나은 예술적 표현이 된다. 하지만 '언어'란 어디까지나 시적 매체로서의 한계를 지닐 수밖에 없다. 이러한 매체의 한계를 뛰어넘을 수 있는 방법론은 시가 그림보다 더 그림다워야 한다는데 있을 것이다. 이 시편을 다시 읽어보면, '지는 해'를 중심으로 시적 화자와 대상들을 한 편의 동영상처럼 시공간적으로 펼쳐 보이고 있음을 감지하게 된다. '지는 해'의 장면은 '②', '④', '⑤', '⑥', '⑦', '⑧' 그리고 '⑬'에서 반복적으로 나타나면서 시적 긴장을 갖게 한다. 각 국면에 나타나는 '지는 해'의 시적 작용을 보면, '②'에서의 '지는 해'는 '①'의 "그때", 즉 화자가 "강변의 간이주점 근처에 있"을 그때라는 시간적 배경이며, '⑥'의 '지는 해'는 "한 사내가(……) 무엇이라고 중얼거"리는 언어적 배경이다.

'⑬'의 "지는 해"는 "한 사내가(……) 밖으로 나갔"을 그때의 시간적 배경이다. 그래서 "지고 있"는 시간성과 "한 사내"가 움직이는 공간성과의 동시성을 감지하게 된다. "한 사내"라는 자아와 "지는 해"라는 세계가 동시성을 갖는 지점, 그 지점에서 형상화되는 순수이미지들의 결합에서 시적 의미[의미 현상]는 투명하게 드러난다. 그 외 모든 행에서도 이미지의 순수성이 호응되면서 시간적 순차성을 나타내는 날것 그대로의 사실적 이미지로 형상화된다. 이 시편처럼 날것 그대로인 이미지의 배열에 의해 형상화된 '환유적' 언술체계는 일상적 분위기를 '현상 그대로' 전달하면서 그림이나 사진으로서는 감지하기 어려운 감각·지각까지 읽게 한다. 그리하여 독자는 무한한 깊이를 가진 존재적 현상의 가치를 한 편의 시로 대하게 되면서 현상 그대로의 시적 의미를 획득하게 된다.

대방동 조흥은행과 주택은행 사이에는 플라타너스가 쉰일곱 그루, 빌딩의 창문이 칠백 열아홉, 여관이 넷, 여인숙이 둘, 햇빛에는 모두 반짝입니다.

대방동의 조흥은행과 주택은행 사이에는 양념통닭집이 다섯, 호프집이 넷, 왕족발집이 셋, 개소주집이 둘, 레스토랑이 셋, 카페가 넷, 자동판매기가 넷, 복권 판매소가 한 군게 있습니다. 마땅히 보신탕집이 둘 있습니다. 비가 오면 모두 비에 젖습니다. 산부인과가 둘, 치과가 셋, 이발소가 넷, 미장원이 여섯, 모두 선팅을 해 비가와도 반짝입니다.

빨간 우체통이 둘, 학교 담장 밑에 버려진 지전거가 한 대, 동작구 소속 노란 소형 청소차가 둘, 영화 포스트가 불법으로 부착된 벽이 셋, 비디오 가게가 여섯, 골목에 숨어 잘 보이지 않는 전당포 안에 표지판과 장의사 하나, 보도블록 위에 방치된 하수도 공사용 대형 원통 시멘트 관 쉰여섯이 눈을 뜨고 있습니다. 아, 그리고 ××↓↓↓표 가변 차선 표시등 하나도!

> 대방동 조흥은행과 주택은행 사이에는 한 줄에 아홉 개씩 마름모꼴로 놓인 보도블록이 구천오백네 개, 그 가운데 깨어진 것 하나, 둘…… 여섯…… 열다섯…… 스물아홉…… 마흔둘……
>
> —오규원, 「대방동 조흥은행과 주택은행 사이」 전문

'대방동 조흥은행과 주택은행 사이'를 시화한 이 시편은 환유적 언술체계를 사실주의적 지향성과 인식의 틀로서 수용한 대표적 날이미지시에 속한다. 네 개의 연(聯)으로 이루어진 이 시편은 첫 연의 구성 원리와 같이 모든 연이 인접성을 갖는 환유적 체계로 구성된다. 그리고 '사실적 정황 이외는 아무것도 없다'는 시인 자신의 말처럼 처음부터 끝까지 시인의 주관이 개입되지 않으면서 냉담한 어조로만 서술되는 국면이다. 이 시편에서는 도시적 감수성의 최대 공약수의 공간인 은행, 즉 조흥은행에서부터 주택은행에 이르는 실재하는 공간을 시인의 시선이 따라가면서 인접한 정황들로 나열하고 있다. 이런 점은 '언어 선택의 엄밀성'보다도 '언어 배열의 엄밀성'에 치중하고 있다고 볼 수 있는데, 이는 환유적 체계가 '선택'보다 '배열'에 치중하는 형태라고 전제하였을 때 가능하다. '2연'의 "산부인과가 둘" "치과가 셋" "이발소가 넷" "미장원이 여섯"에서 나타난 점층적 표현과 같이 현대사회에서 일어나고 있는 갈등적 사실들이 각각의 명사에 수식되는 수량형용사로부터 그러한 구조는 더욱 선명하게 형상화된다.

이 작품의 시적 화자는 시제에서 시사하고 있듯이 자본주의에 팽배되어 있는 가식적이고 이기적인 물량주의에 오염되어있다. 시인은 이런 시적 화자를 매개로 자본주의의 비인간화에 대해 비판을 가하는 하나의 채찍을 함축하고 있다. 무엇보다도 이러한 시적 구성은 '자세히 보기'의 양상과 대상에 대한 해부학적 시선과 대응되는 '훑어보기'의 시선으로서 환유적 인식에 의해 시화된 것이다. 다시 말하면 우연히 같은 공간의 범주에 존재하게 된 사물들 사이의 인접관계로 나타난 일련의 사물들은 환유

적 인접성의 원리에 의해 전개된 것이다. 이 시편의 묘사적 기법은 극사실주의적인 세부묘사라기보다는 '바라보기' 혹은 '현상 읽기'에 입각한 묘사라는 평범한 정황의 나열에 있게 된다. 그리고 '훑어보기'식의 시선 이동에 의해 묘사됨으로써 사실적 현상이 현상적 사실에 의해 형상화되는 시적 정황을 보여준다. '현상적 사실'이 나타내는 날것의 이미지가 갖는 의미는 '환유적 의미'이거나 '날이미지적 의미'로서 시인과 독자가 갖는 시선의 사이에서 의미현상을 생성하게 된다.

> 뜰 앞의 잣나무가 밝은 쪽에서 어두운 쪽으로 비에 젖는다
> 서쪽 강변의 아카시아가 강에서 채전 방향으로 비에 젖는다
> 아카시아 뒤의 은사시나무는 앞은 아카시아가 가져가 없어지고 옆구리로 비에 젖는다
> 뜰 밖 언덕에 한 그루 남은 달맞이가 꽃에서 잎으로 비에 젖는다
> 젖을 일이 없는 강의 물소리가 비의 줄기와 줄기 사이에 가득 찬다
>
> —오규원, 「우주·2」 전문

이 시편은 "뜰 앞의 잣나무" "서쪽 강변의 아카시아" "아카시아 뒤의 은사시나무" "뜰 밖 언덕의 달맞이"가 "비에 젖는다"는 공간적 동시성에 의해 시간적 순차성으로 현상적 행위가 이루어지고 있다. 사물들은 각각 "비에 젖는" 풍경 혹은 현상으로서 공간적 동시성과 시간적 순차성을 띤다. 현상적 동시성과 순차성의 원리에 의해 "밝은 쪽에서 어두운 쪽으로" "강에서 채전 방향으로" "꽃에서 잎으로"의 공간적 이동과 시간적 질서를 갖는 국면이다. 이러한 공간과 시간들의 질서행위 사이에는 그 어떤 관념적 사유도 개입되지 않고 있다. 시공간적 이동의 동시성이나 순차성은 살아있는 현상으로서의 국면이다. 이것은 살아있는 존재로서 '그냥' 이루어지는 현상적 존재로 있다. '살아있는 현상'이 형상화되는 지점에는 늘 현상 그 자체의 의미가 내포된 국면을 갖는다. 현상이

갖는 의미는 '살아있는 의미'로서 날이미지로부터 생성된다.

현상적 존재들이 개별적으로 갖는 현상적 의미와 대응되는 의미는 '죽은 의미'가 아니라 '굳어있는 의미'이다. '죽은 의미'가 '의미 없음'이라는 '무의미'로 인식된다면 '굳어있는 의미'는 인간적 사고의 산물인 관념이 개입된 의미를 말한다. '굳어있는 의미'에서 관념을 제거하는 순간 '살아있는 의미'로 형상화된다. 풍경이나 사물 혹은 현상은 존재 그 자체로서 공간적 동시성을 가지면서 시간적 순차성을 갖는다. 존재 그 자체가 이동하거나 변화하면서 공간적 비동시성을 가질 수는 있다. 모든 존재는 항상 시간 속에서 우세하게 변화하기 때문이다. 공간과는 달리 정지된 시간이란 존재할 수 없다. 시간은 '흐름'이라는 차원에서 의식과 닮아 있으며, 공간은 현상이나 풍경과 닮아있다. 두두물물의 세계는 의식의 세계와 현상의 세계가 시간성과 공간성을 유지하면서 그냥 그대로 존재하는 국면이다. 사물이 '기표'이고 현상이 '기의'라고 한다면 여기서는 현상이 '기표'이고 의식이 '기의'가 되는 셈이다. 이는 기표와 기의가 존재의 양태에 따라 달라질 수 있음을 보여준다.

2) 날[生]것의 현상적 풍경

김춘수의 무의미시에 자주 등장하는 '바다'가 '가능성'의 세계를 나타내면서도 '역동성'의 세계를 지닌다고 보면, 오규원의 날이미지시에서도 '가능성'의 세계를 엿볼 수 있는 이미지로서 '길'이 있다. 날이미지의 국면으로 형상화되는 '길'은 길 그 자체만 존재하는 형태를 갖는다. '길' 이외의 모든 것들은 '길'의 본질에서 제외된 국면으로 존재하기 때문이다. 이러한 날이미지의 추구는 인간적 관념을 개입하지 않는 사고로부터 기인한다. 새로운 현상적 존재로의 '가능성'을 보여주는 국면으로 시화된다. 이러한 기법은 시화의 과정에서 '현상' 혹은 '정황'을 풀어놓는 방식으로서 현상 그대로의 의미를 재발견하는 국면을 갖는다.

①이쪽과 저쪽으로 가는 길이 하나 있었다
②동과 서인지 남과 북인지로 가는 길이 하나 있었다
③강에서는 다리를 놓고 하늘에서는 다리를
　놓지 않는
　길이 하나 있었다
④메꽃이 기는 산기슭에서는 띠풀이나
　칡덩굴의 길과 함께 가지 않는
　길이 하나 있었다
⑤하늘을 나는 새가 참고로 하지 않는
　사마귀가 함부로 가로지르는 길이 하나 있었다

―오규원, 「길」 전문('①~⑤'는 인용자 표시)

이 시편은 시제가 「그리고 아무것도 주장하지 않을 작정이다」에서 「길」로 바뀌었다. 이러한 시제 바꿈은 "설명적 요소를 강하게 드러내는 형태"를 지양한 산물이다. 이에 대해 시인은 변경 전의 제목에서 '주장'은 작품 속에 있는 또 다른 '주장'이 되는 셈이라면서, 그러한 사고가 독자를 억압하는, 오래된, 잘못된, 인간 중심의 권위적 사고 형태일 수 있다고 판단한다. 즉 그런 식으로 '함부로 정(定)'하는 행위를 절제하는 것이라고 밝힌다. 이 시편은 '길'이 '길' 그 자체로 존재하는 형태의 날이미지에 의해 형상화된 국면을 갖는다. 이 시편의 구조적 특징은 다섯 개의 문장 전체가 "길은 하나 있었다"로 종결된다는 점이다. "길은 하나 있었다"라고 종결되는 서술형식을 갖는 그 '길'은 "이쪽과 저쪽으로 가는 길" "동과 서인지 남과 북인지로 가는 길" "다리를 놓"거나 "다리를/놓지 않는/길" "길과 함께 가지 않는/길" "함부로 가로지르는 길"이다. 이 시편의 '길'은 '길'이 공간적으로 존재하면서도 시간성을 내포한다는 점에서 곧게 뻗은 '길'보다는 굴곡의 이미지로 획득되는 '오솔길' 같은 이미지를 갖는다. 이렇듯 시간적 이미지를 갖는 '길'이란 직선형상이 아니라 곡선형상으로 존재하고 있다고 볼 수 있다. '길'이란 하나같이 서로가 서로를 당겨주고 밀어줌으로써 무한히 이어져있는 '현상적 사실'로도 감지된다. 이때 그 '길'은 시작과 끝이 둘이 아닌 연속적 시간성을 갖는 국면으로 인간화의 맞은편에서 존재한다.

'시간'이란 '길'처럼 이어져 무한히 돌고 도는 무형의 지도(地圖)로 존재한다. 날이미지화된 그 '길'은 공간적 이미지로 존재하면서도 시간적 이미지를 내재하는 현상적 사실이다. 이때 그 '길'은 시간성보다 공간성을 형상화하는 국면에서 새로운 현상으로 의미를 획득한다. ③에서 "강에서는 다리를 놓"고 "하늘에서는 다리를/놓지 않"는 길, 그 길은 구체적 공간과 추상적 공간을 대비한다. 여기서 '길' 대신 '공간'으로 바꾸어 보면, '이쪽저쪽으로 가는 공간' '동서남북으로 가는 공간' '다리를 놓거나 놓지 않는 공간' '길과 함께 가지 않는 공간' '함부로 가로 지르는 공간'이다. 이렇듯 "길"을 '공간'으로 바꾼 자리에서 "길"은 시간적 관점에서 벗어나 새로운 무한의 가능성으로 확산되는 이미지를 획득한다. 이는 "메꽃이 기는 산기슭"의 그 길은 "길" 그 자체의 길을 떠나 무한한 공간인 산 전체로 확산되면서 "메꽃이 기"는 무한한 가능성을 엿보게 하는 국면이다. "길"의 끝없이 펼쳐지는 가능성의 지향은 모든 존재의 생명력을 살아있는 것으로 확산하는 이미지로 구현된다. 이때 '길'은 시공간성을 따라 생명력을 갖게 되면서 상징성을 갖는 또 하나의 가능성으로 승화된다. 비록 "함께 가지 않"거나 "참고로 하지 않"는 길일지라도 그 '길'은 존재 그 자체이면서도 존재의 언어인 현상으로서의 가능성이 있는 공간으로 확산된다. "길이 하나 있"는 현상은 '定해진 것'이 아니라 풍경의 의식으로 '살아있는' 국면으로 형상화된다. 그 '길'을 따라 가보면 "함부로 가로지르는 길이 하나 있"는 그 '길'과 '길' 사이에서 다시 살아있는 현상을 발견한다. 이때 재발견된 '길'은 새로운 현상적 존재의 "길"로 승화됨으로써 하나의 '길'이 아닌 무한한 가능성의 '길'로 나타나는 현상 그 자체가 갖는 이미지로 형상화된다.

경운기가 흙을 움켜쥐며 따라가는 길이
그 길 곁 우거진 고마리들이 허리 아래로
물을 숨기고 있는 길이 고마리들이
물에 몸을 두고 물을 보내는 길이
자작자작 이끼가 올라가는 길이

—오규원, 「자작자작」 전문

시제 「자작자작」의 제재는 '길'이다. 그 '길'은 "자작자작 이끼가 올라가는 길"이며 "경운기가 흙을 움켜쥐며 따라가는 길" "고마리들이 허리 아래로/물을 숨기고 있는 길" "고마리들이/물에 몸을 두고 물을 보내는 길"로 제시된다. "길"은 모두 제목 "자작자작"이라는 부사어에 귀결된다. '자작자작'의 사전적 의미는 '어린아이가 처음 걷기 시작할 때처럼 발을 짧게 내디디며 위태롭게 걷는 모양'이거나 '손이나 발로 자꾸 가볍게 두드리는 소리 또는 그 모양'이다. 용어의 뜻을 따라가며 "길"을 다시 살펴보면, 그 "길"은 모두 '모양'과 '소리'를 함께 표현하고 있다. "자작자작" 따라가는 그 "길"의 '모양'과 '소리'는 주어인 "길"을 수식하면서도 그 주어에 대한 서술어의 역할도 겸하고 있다. 시인이 의도적으로 생략한 서술어로 인해 '자작자작'의 시적 정황은 그 어떤 해석도 거부하는 국면을 갖는다. 그것은 한편으로 그 수식어를 통해 날것의 이미지를 수용하게 된다. 그 이미지를 따라가 보면, "길"이 나타내는 현상들이 하나같이 '보이는 길'이 아닌 '보여지는 길', 즉 '현상적 길'로 나타난다. 여기서 '보이는 길'이 현실적 존재로서 나타난다면 잠깐 동안 '보여지는 길'은 현상적 존재로 수용된다. 시인은 많은 작품에서 '길'을 소재로 하여 날것 그대로의 이미지로 수용하고 있다. 특히 시집 중에서 그 제목에서부터 가장 먼저 '길'을 끌어내고 있다는 점에서도 그렇다.

①물에서 나온 사내가 강을 돌아보며

돌밭에 올라선다 ②강은
주저하지 않고 사내가 빠져나간
자리를 지운다 ③대신 땅에 박힌
돌이 사내의 벗은 몸을 세운다
④얼굴을 닦으며 강 건너편을 바라보는
사내의 몸에서 몸으로 들어가지 못한 것들이
두 다리와 남근으로 각각 모여들어
몇 줄기 물을 이룬다
⑤강 건너에서는 산으로 가던 길이
산속에 몸을 숨겨버린다 ⑥처음도 끝도
숨기고 있는 길을 보며 사내는 곁에 있는
갯버들 가지를 움켜쥐고 턱 하고
꺾는다 ⑦하늘로 가던 나무의 길이
하나 사라지고 그와 함께 지상에서
그 길이 있었다는
사실도 사라졌다

—오규원, 「물과 길 · 1」 전문('①~⑦'은 인용자 표시)

「물과 길 · 1」의 "길"은 「집과 길」의 "너무 멀리 간 길"이라는 그 '길'에 닿아있다. 여기서 "하늘로 가던 나무의 길이/하나 사라지"는 "그 길"은 "무덤 없는 하늘에 묻"힌 "그 길"의 차원이다. 「물과 길 · 1」의 '길'과 「집과 길」의 '길'은 "그 길이 있었다는/사실도 사라졌"다는 언술에서 하늘에 무덤이 없는 것과 지상에 그 흔적이 없는 것과 등가를 이룬다. 이처럼 등가를 갖는 것은 인식의 주체에 의해 발견된 인식대상은 '실상(實像)'이 아니라 '허상(虛像)'이라는 점이다. '허상' 그 자체로부터 등가(等價)를 이루는 요소를 갖기 때문이다. 이러한 이미지는 모두 실상이 아니므로 실상이 아닌 실상은 허상으로부터 구현되며, 그것은 심상(心象)의 범주로부터 다시 실상으로 존재하게 된다. '⑦'에서 "하늘로 가던 나무의 길"은 '실상'이 아니라 '허상'의 "길"이다. 허상으로 이루어진 그 "길"이 갖는 이미지의 기저에는 물론 실상으로 가는 그 "길"과 소통되는 지점이 존재한다. 그 "길"은 다름 아닌 "하늘"이며, '하늘이미지'는 頭頭物物을 하나로 소통되게 하는 원초적 이미지로 존재한다. 시인은 눈앞에 펼쳐진 '사실적 현상'을 인식하여 '현상적 사실'로 언어화함으로써 날것 그대로의 이미지[시적 내용]를 획득한다. 이렇게 획득한 이미지에 의해 새로운 의미, 즉 현상 그 자체가 갖는 의미로서의 "그 길이 있었다는 사실"을 이해하게 된다. 모든 존재는 '현상'으로 스스로를 드러낸다. 이는 모든 존재의 언어가 언어 이전의 '현상'을 드러낸다는 전제를 갖는다.

'②'에서 "강은 주저하지 않고 사내가 빠져나간 자리를 지우"고, '⑦'에서 "하늘로 가던 나무의 길이 하나 사라지"는 그 '사라짐'의 현상은 이 시편의 제목인 "물과 길"이라는 언어 이전의 언어와 소통되면서 비로소 '현상을 내포한 존재의 언어'로 생성된다. 또한 '⑦'의 "그 길이 있었다는 사실도 사라"지는 지움의 미학에 의해 비로소 그 흔적을 남긴다. 이는 시인 자신이 언급한 바와 같이 하나의 '길'이 있다가 사라졌다고 하더라도, 그 '길'은 '길'이 있었음을 말해주는 어떤 흔적을 남기는 것이 아니라, 그 흔적의 자리는 곧 '길과 길 사이'의 현상으로 남게 됨으로써 또 다른 길을 열어가게 된다는 것이다. '흔적'의 존재가 '사실적'이든 '현상적'이든 어느 하나의 선택이라기보다는 두 가지의 흔적이 공존하는 현상, 즉 자리바꿈의 현상을 '물과 길'에서 읽게 된다. 시간과 공간이라는 현상 이전의 현상적 시선으로 보면, "턱 하고 꺽"인 자리에는 '꺽인 자리'도 "하늘로 가던 나무의 길"도 아닌 흔적, 즉 "턱 하고 꺽"인 현상에서 '시간적 현상'의 의미는 순간 속으로 사라지고 오직 '공간적 현상'과 그 의미만 존재하는 국면이 된다. "강"은 '강'이라는 흔적으로, "가지"는 '가지'라는 흔적으로 남는 그 현상과 현상 그 자체가 갖는 의미는 오직 '모든 존재가 현상으로 말한다'는 그 지점에서 현상적 국면으로 형상화된다.

> ①돌밭에서도 나무들은 구불거리며 하늘로
> 가는 길을 가지 위에 얹어두었다
> ②어떤 가지도 그러나 물의 길이
> 끊어진 곳에서 멈춘다
> 나무들이 멈춘 그곳에서 집을 짓고
> 새들이 날아올랐다 그때마다
> 하늘은 새의 배경이 되었다 어떤 새는
> 보이지 않는 곳에까지 날아올랐지만
> 거기서부터는 새가 없는
> 하늘이 시작되었다
>
> ―오규원, 「물과 길·2」 전문('밑줄'과 '①~②'는 인용자 표시)

이 시편에서는 가능성의 세계인 '길의 공간'이 더욱 선명하게 형상화된다. 가지들이 스스로 가야할 길을 '①'에서 "가지 위에 얹어두"고 있는 '현상적 사실'은 가지가 가지의 '길'을 얹어두고 가는 현상으로서 허공으로 향하는 가능성의 공간, 즉 가능성의 세계이다. 가능성의 '길'은 '②'의 "어떤 가지도 그러나 물의 길이/끊어진 곳에서 멈춘다"는 현상적 사실 앞에서 망설이게 된다. 시인은 "멈춘다"라는 현상적 극단을 선택하였지만 '현상적 사실'은 그 극단을 초월한 지점에서 존재하기 때문이다. 가지가 스스로 "가는 길을 가지 위에 얹어"둔 길은 "물의 길"로써 가지는 그 "물의 길"을 따라 나아간다. 이러한 현상은 보이지 않으면서도 보이는 길이며, 정(定)하지 않은 길이면서도 定해진 길이다. 이러한 읽음의 결과를 굳이 삶의 양태에서 일어나는 그 '길'에 대입하지 않더라도, 즉 시편에서 나타내는 현상적 국면 그대로를 읽는 그 자체만으로도 "물의 길이/끊어진 곳"을 지나 무한한 가능성의 세계인 허공을 향해 삶의 길을 다독거리는 장면으로 형상화된다.

의미적 현시는 현상적 사실을 날것 그대로 이미지화함으로써 새로운 이미지의 의미인 '의미현상'을 감지하게 한다. "물과 길"이 갖는 현상 그대로의 의미는 무한한 가능성을 띠면서 인간적 관념이 아닌 날것 그대로의 현상적 사실로 형상화된다. "하늘로 가던 나무의 길"[「물과 길 · 1」]은 "물의 길"로써 "가지 위에 얹어"둔 그 '길'이다. 그 '길'은 "물의 길이/끊어진 곳에서 멈춘"다. 이러한 현상적 사실은 '나무'에 의해서도 '가지'에 의해서도 '물'에 의해서도 아니며 그것은 오직 '하늘'이라는 空의 세계에 의해 이루어진다. '물의 길'이 끊어진 곳에서 '나뭇가지의 길'이 멈춘 그 "하늘로/가는 길"이며, 그 '길'은 멈추어지지 않는 무한의 '길'이다. "물과 길"의 관계는 "하늘로/가는 길"에서 무한한 소통을 갖는 존재로 남는다. 空의 세계는 '무한'이라는 시간과 공간의 함수관계로 있다.

일체의 현상은 본질적 · 존재적 차원에서는 불생불멸의 존재이다. 존재적 현상은 표상의 차원으로 나타나며 인간은 그것을 이미지체계에 의해 현상적 존재로 인식한다. 이때의 현상적 존재는 날것 그대로의 현상으로서 날것의 의미를 갖는다. 돌밭이거나 절벽이거나 간에 모든 나무들은 가지의 형상으로 허공의 자리로 나아가게 되며, 스스로 나아간다는 자연의 섭리 그 자체는 "하늘로/가는 길"에서 새로운 현상의 '길'을 보여준다. 새들이 집을 짓는 지점과 날아오르는 그 지점은 그냥 있는 그대로의 나무일뿐 나무가 멈추었다는 사실과는 무관하다. "그 길이 있었다는/사실도 사라졌다"[「물과 길 · 1」]에서처럼 물의 길이 끊어진 곳에서 '나무의 길'이 멈추었다는 사실은 하나의 현상적 이미지로 있다. 현상적 이미지가 갖는 새로움은 실재하는 존재론적 존재에서 인식론적 존재로의 소통국면을 이룬다. 새들은 "나무들이 멈춘 그곳에서 집을 짓"고 "날아올랐"을 수도 있기 때문이다. 그러한 현상을 발견함으로써 '존재'란 무엇이며 '언어'란 무엇인가라는 사고의 극단을 인식하게 된다.

하늘은 새들이 날아오를 때마다 그 배경이 되고 다시 그 배경은 새가 없는 하늘의 배경 그 자체로 남는다. “새가 없는 하늘”은 “물의 길”이 지향하는 곳이다. 새들은 “나무들이 멈춘 그곳에”서 “물의 길”을 찾아 空의 세계인 하늘을 배경으로 하여 자신이 사라지는 그 극단까지 날아가는 이유를 만든다. 실상과 허상의 만남, 의식과 무의식의 만남 그리고 그 경계를 현상 그 자체가 고스란히 갖는, 즉 현상 그 자체가 내포된 의미의 국면으로 형상화된다. ‘집과 길’이거나 ‘물과 길’이거나 ‘안과 밖’이거나 그것은 모두 ‘길의 길’로서 수용되는 차원이다. 오규원은 끊임없이 가능성의 ‘길’에 내재된 세부적인 길의 양태를 더욱 내밀하게 시화하고 있다.

> 누란으로 가는 길은 둘이다
> 陽關을 통해 가는 길과
> 玉門關을 통해 가는 길
>
> 모두 모래들이 모여들어 밤까지 반짝이는 길이다
>
> —오규원, 「길」 전문

“누란으로 가는 길”은 두 갈래의 갈림길로서 “모래들이 모여들어 밤까지 반짝이는 길”이다. 누란으로 가기 위해서는 “陽關을 통해 가”거나 혹은 “玉門關을 통해 가”거나 두 갈림길 중에서 “누란으로 가는 길”을 선택할 수 있다. 그 “가는 길”에서 “모두 모래들이 모여들어 밤까지 반짝이는 길”은 피할 수 없는 정황이다. 그 “길”은 외재된 가능성에서라기보다 내재된 가능성 속에 존재한다. “누란으로 가”기 위해서는 그 어느 길을 선택하더라도 “모래들이 모여”드는 불안한 길이라는 것을 암시한다. 이는 멀고 험난한 장면을 제시하면서도 “밤까지 반짝이는 길”이라는 가능성의 국면이다. 그 ‘길’은 길의 본질적 의식인 갈 수밖에 없는 현실 그 자체 속에서 현상 그대로 존재한다. 가능성의 '길'은 무한한 공간의 사실적인 '길'이기 전에 이미 마음속에 내재된 '갈림길'로서 존재한다. 시인은 그 갈림길을 통해 '길'을 투사해보기도 하고 수용을 물어오기도 한다. "누란으로 가는 길"은 "물의 길이/끊어진 곳에서 멈"추는 현상적 사실의 '길'이라기보다 사실적 현상의 '길'이라는 국면을 갖는다. '길'이 '길'로서 점점 무게를 더 감지할 수 있는 시작(詩作)은 지속된다.

> 밤새 나뭇가지 끝에 앉았던 새 한 마리
> 새벽하늘로 날아갔다
>
> —오규원, 「저기 푸른 하늘 안쪽 어딘가 많이 곪았는지 흰 고름이 동그랗게 하늘 한 구석에 몽오리가 진다 나무 위의 새 한마리 집에 가지 못하고 밤새도록 부리로 콕 콕 쪼고 있다 밤새 쪼다가 미쳤는지 저기 푸른 하늘 많이 곪은 안쪽으로 아예 들어간다」 전문

이 시편은 제목이 내용보다 긴 작품으로서 "누란으로 가는 길"[「길」]을 뒤돌아보게 하는 국면을 갖는다. 땅에서는 "모두 모래들이 모여들어 밤까지 반짝이는 길"[「길」]이듯이 "저기 푸른 하늘 안쪽 어딘가 많이 곪았는지 흰 고름이 동그랗게 하늘 한 구석에 몽오리"가 지도록 떠 있다. "누란으로 가는 길"과 "새 한 마리/새벽하늘로 날아"간 길은 어디서 만나지게 되는 것인지 도무지 알 수 없는 지점이다. 이는 '길'이 모두 새로운 가능성과 무지의 희망을 내포함으로써 만날 수밖에 없는 운명임을 암시한다.

존재적 형태는 가능성과 역동성을 가진 세계가 아닌 세계, 그곳은 살아있는 세계의 사실이기 전에 하나의 존재 실현의 세계상으로 있다. 존재 실현의 기법은 모든 존재가 갖는 '길'은 무한한 시공(時空)으로 소통하고 있음을 드러낸다. 이 시편에서 '길'은 "안쪽으로 아예 들어"가는 길이 아니라 "새벽하늘로 날아"가는 무궁한 지향성을 갖는다. 현상 그

자체가 갖는 의미로서의 '길'은 가능성이 존재하는 세계로 실현된다.

> ①장미를 땅에 심었다
> ②순간 장미를 가운데 두고
> 　사방이 생겼다 ③그 사방으로 길이 오고
> 　숨긴 물을 몸 밖으로 내놓은 흙 위로
> 　물보다 진한 그들의 그림자가 덮쳤다
> ④그림자는 그러나
> 　길이 오는 사방을 지우지는 않았다
>
> ―오규원, 「사방과 그림자」 전문('①~④'는 인용자 표시)

이 시편은 '길'을 통해 생명이 역동적으로 숨 쉬는 '길'의 세계를 형상화하고 있다. '①'에서 "장미를 땅에 심"는 행위에 의해 '②'에 와서 "사방이 생"기고 '③'에서는 "그 사방으로 길이 오"는 국면이다. "장미를 땅에 심었다"는 행위는 사실적 현상이다. "장미를 가운데 두고/사방이 생겼다"는 장면은 사실적 현상으로부터 현상적 사실로 옮겨지는 "순간"에서 일어나는 '현상학적 망설임'의 산물이다. "사방으로 길이 오고"는 역시 현상적 사실이며 "숨긴 물을 몸 밖으로 내놓는 흙 위로/물보다 진한 그들의 그림자가 덮"치는 장면은 사실적 현상에 가깝다.

문제는 "그림자"의 행위이다. "길이 오는 사방을 지우지는 않"는 행위는 그 그림자가 시적 화자를 대신하는 입장에서 분석하면 가능성의 세계와 역동성의 세계를 초월한 공간에서 하나의 깨달음으로 다가선다. "사방"이 상징하는 방위는 비가시적인 우주까지도 포함하는 세계이며 "장미를 땅에 심"은 행위는 다시 존재의 뿌리인 허공의 한쪽을 차지하게 되는 국면이다. 인간의 사유가 배제된 날것 그대로의 세계는 곧 허공 그 자체이다. 허공에 기대어 존재하는 모든 존재적 현상은 새로운 세계로의 가능성과 역동성을 현상 그대로의 현상으로 형상화된다.

3) 심리적 총량의 미학

'날이미지'는 그 "기본적 발상이 일체의 관념으로부터 해방된 순수한 사물의 움직임을 보여주겠다는 것인데, 실제로 드러나는 효과는 단순하지가 않다. 관념의 해방은 그냥 상투적 의식으로부터의 해방일 뿐 아니라 동시에 습관적 시선으로부터의 해방, 이미지의 사물성 자체의 해방을 포함하기 때문이다."[35] 여기서 관념으로부터의 해방이란 있는 그대로[날 것 그대로]의 세계를 추구하는 하나의 시적 방편이다. 이는 시적 가치가 지향하는 궁극적인 목표가 언어를 사용하여 존재적 현상을 현상적 존재로 드러내는 국면임을 암시한다. 현상 그대로를 관조하는 자세는 시적 사고의 해방으로부터 기인한다. 이러한 시의식은 현상 그대로의 이미지화에 의한 현상 그 자체가 드러내고자 하는 의미를 재발견하는 지점이 된다.

> 밤이 세계를 지우고 있다.
> 지워진 세계에서 길도 나무도 새도
> 밤의 몸보다 더 어두워야 자신을
> 드러낼 수 있다
> 더 어두워진 나무는 가지와 잎을 지워진
> 세계 위에 놓고
> 산은 하늘을 더 위로 민다
> 우듬지 하나는 하늘까지 가서
> 찌그러지고 있는 달을 꿰고 올라가
> 몸을 버티고 있다 그래도 달은
> 어둠에서 산을 불러내어

35) 정과리, 「'밤과 별' 읽기」, 『시와 반시』, 2007년 가을호, 171쪽.

산으로 둔다 그 산에서
아직 우는 새는 없다
산 위에까지 구멍을 뚫고
별들이 밤의 몸을 갉아내어
반짝반짝 이쪽으로 버리고 있다

—오규원, 「밤과 별」 전문

이 시편은 "밤"과 "별"이 달빛이 비치는 산에서 현상 그대로 만나는 국면을 갖는다. "밤이 세계를 지우고 있"는 세계는 일상적인 세계의 모습이지만 "밤의 몸보다 더 어두워야 자신을/드러낼 수 있"는 세계는 관념이 개입할 수 없는 현상 그대로의 세계이다. 이 시편은 존재의 현상 그 자체를 날것 그대로의 현상적 이미지로 재발견하는 자리에 있다. 오규원의 말대로 "날이미지도 이미지이다. 언어로 되어있다. 이 점을 망각하면 존재의 현상을 언어화한 날이미지를 순수존재의 현상으로 오해하게 된다"는 현상 그대로의 세계를 날것의 이미지로 형상화된 경우이다. "더 어두워진 나무는 가지와 잎을 지워진/세계 위에 놓"아 두는 현상은 단순히 나무가 있는 밤의 풍경을 넘어서서 밤으로부터 지워진 세계, 즉 밝아서 어둠으로부터 지워진 세계위에 놓인다. 이런 국면은 그럼 어떤 현상인가. '밤'이 세계를 지운 것은 밤 스스로의 행위가 아니라 '낮'이라는 시간과 공간이 스스로 물러난 이후에 일어난 현상이기도 하다. 이는 "산은 하늘을 더 위로 밀"어 올리고 있는 사이 "우듬지 하나"가 "달을 꿰고 올라가 몸을 버티고 있"는 풍경이다. 이러한 이미지들은 하나의 해방적 이미지로서 '현상 그대로'를 언어로 표현하는 국면을 이끈다. "우듬지 하나"에 몸을 찔린 "달은/어둠에서 산을 불러내어/산으로 둔다"에서 그 현상이 갖는 이미지, 즉 현상적 이미지는 또 어떤가. 산이 하늘을 더 위로 밀어 올리는 지점에 우듬지 하나가 하늘까지 가서 달을 꿰고 있는 국면에서, 그 달은 하늘을 밀어 올리는 산을 부르는 이미지의 연쇄

작용으로부터 다시 별들이 "산 위에까지 구멍을 뚫"고 "밤의 몸을 갉아내어/반짝반짝 이쪽으로 버리고 있"는 현상으로 있다. 현상이 갖는 의미는 시인 스스로가 말한 바와 같이 "해방의 이미지를 위해 시를 쓴다. '날[生]이미지시'는 바로 그런 세계이다"라는 지점에서 '해방'과 '자유'의 이미지로서 새로운 현상을 지향하는 국면을 갖는다.

오규원이 읽어가는 세계란, '언어'와 '자아'의 틈새를 응시하는 국면이다. 세계를 읽는 방법에 대해서 그는 먼저 '사실'을 '사실적'으로 읽을 수 있는 시각의 중요성을 든다. '사실'을 '사실적'으로 읽는 시각이란 무엇일까. 그것이 존재 그 자체를 있는 그대로 읽는 것이거나 현상 그대로 읽는 것이라면 '사실'을 '사실적인 것'으로 온전하게 읽어낼 수 있는 것일까. 이러한 의문 속에서 오규원이 인간적 관념과의 결별을 통해 사실적 현상을 구현하고자 한 까닭을 파악하게 된다. 인간적 관념을 떠나보낸 세계는 '사실'이 '사실적인 것'으로 나타나는 풍경 그 자체이기 때문이다. 그것은 관념적 사고가 개입할 수 없는 날것 그대로의 세계이며 풍경이다. 이러한 현상 그대로의 세계 혹은 풍경은 날이미지의 세계로서 현상 그 자체가 내포된 의미 그 자체로 드러난다. 이는 날이미지의 의미로서 '현상적 존재'가 환유적 언어체계에 기댄 방법이며 치환 또는 대체 관념으로 세계를 쪼개거나 부수는 작업에 지나지 않는 은유적 언어체계를 거부하는 지점에서 시작한다.

'사실'을 '사실적인 것'으로 읽을 수 있는 시각이란 "부정할 수 없는 사실적 현상을 이용하여 살아있는 의미들을 함께 껴안"고 현상적 존재로 회귀하려는 의지의 발로이다. 존재적 회귀는 살아있는 의미의 본질적 지점인 '사실적 현상'에서 획득된다. '사실성'은 세계에 대한 '판단중지'에 의해 생성된 소박한 사생성 또는 사진적 기록성과는 다른 차원에 있다. '사실성'은 사실을 사실적인 것으로 읽는 시각보다도 더 중요한 것, 즉 '사실들이 서로 어울려 세계를 말하고 있다는 사실을 아는 것'이기 때문이다. "세계를 말하"는 사실들은 시적 세계에서 현상 그 자체가 갖는 의미로 대체된다. 어떤 의미현상을 느끼게 될 때 "어떤 현상에서 눈에 보이는 사실보다 더 무겁고 충격적인 심리적 총량으로서의 사실감을 자기의 것으로 받아들이게 된다."[36] '사실보다 더 무겁고 충격적인 심리적 총량'은 왜곡되거나 굳어있는 관념의 세계를 벗어나 살아있는 의미의 국면을 갖는다.

토마토가 있다
세 개
붉고 둥글다
아니 달콤하다
그 옆에 나이프
아니
달빛
토마토와

접시는 편편하다
접시는 평평하다

—오규원, 「토마토와 나이프—정물b」 전문

이 시편은 부제에서 밝힌 것처럼 '정물(靜物)'을 형상화하고 있다. '정물'이란 대상을 확대함으로써 매우 간결하거나 선명하게 나타나는 존재적 형상화를 이룬다. 이것은 그 존재적 이유와 의미까지 함유한다. '정물화'는 이미 움직이지 않는 대상에게 움직일 수 없는 장면을 포착한다는 측면에서 '있는 그대로'의 상태에 가까이 있다. 정물화는 복합적 장면이

36) 최현식, 앞의 글, 같은 쪽.

아니라 단순한 장면을, 시간적 순차성이 아니라 공간적 동시성을 나타내는 국면이다. 이러한 국면은 이미지를 '날것 그대로' 그려내면서도 또 다른 정황을 제시하는 시적 의미로 포착되는 대상으로 형상화한다. 이 시편에서 "토마토" "나이프" "접시"가 간명한 자세로 놓여있는 국면은 그저 놓여있는 '정물'이 아니라 "붉고 둥글"고 "편편하"거나 "평평"한 모습으로 있으며 "달콤하"고 "달빛"처럼 환한 이미지들의 배열로 존재한다.

역접관계를 나타내는 "아니"는 이러한 정물의 회귀성을 탄력적으로 끌고 있다. 정물적 회귀성은 '움직임'으로 승화되면서 정물 아닌 정물의 이면을 지향한다. "아니 달콤하"고 "아니 달빛"의 동일선상에서 현상으로 있는 "편편"함과 "평평"함 사이에는 '아니'가 생략되어있다. 생략된 '아니'는 오히려 사실적 정물에서 관념을 부정하고 새로운 정물을 지향하는 현상 그 자체가 갖는 의미로 나아간다. "아니/달빛"에 나타나는 이미지는 정물인 "나이프"에게 현상 그 자체의 의미를 투시함으로써 살아있는 이미지가 되기 때문이다. "나이프"는 "토마토"를 자르기 위해 "그 옆"에 대기한 상태이고, "토마토"는 "달콤하"기 위해 "붉고 둥글"게 앉아 있는 국면이다. 이러한 정물적 자세는 비로소 "편편"함 위에서 "평평"하게 서로를 응시하는 국면으로 승화된다. 이 시편에 드러난 시인의 시적 응시에 대한 자세는 해방된 언어에 의한 시적 긴장을 심화시킨다는 점에서 시가 존재하는 이유를 잘 보여준다. 이러한 시적 응시의 결과에서 정물적 간격으로부터 드러나는 현상적 언어화는 비유적 이미지를 괄호 밖으로 밀침으로 인해 '정물이 즉 동물'이요 '동물이 곧 정물'이라는 시적 인식을 갖게 한다.

오규원의 시작품을 통해 현상 그 자체가 갖는 의미가 있는 날이미지적 시 세계는 다음의 시편들에서 어떤 심리적 총량의 현상으로 파악된다. 오규원은 「산a」·「산b」를 「산」 앞에 다른 작품 몇을 두어 약간의 간격을 벌려놓았다고 말한다. 즉 그 작품과 작품 사이에는 「오늘과 아침」 「봄과 길」 「자작자작」 「나무」 「나무와 해」 「꽃과 새」 「고려 영산홍」 「염소와 뿔」 「박새」라는 시편을 두었다. 이러한 시편들에서 '산'과 연관된 시적 소재들이 숲처럼 꽉 차 있는 풍경을 감지할 수 있다. 이처럼 시인의 의도적 시적 간격을 통해 날이미지들이 갖는 현상 그 자체의 의미 흐름은 「산a」 「산b」와 「산」에서와 같이 나타난다.

①바람이 불어도
갈참나무가 있었다
②그늘이 있어도
바람이 불었다

―오규원, 「산a」 전문('①~②'는 인용자 표시)

이 시편이 갖는 국면은 "그늘이 있"는 데도 "바람이 불"고 "바람이 불어"오는 데도 "갈참나무가 있"는 세계이다. "그늘이 있"으니 "바람이 불"고 "바람이 불어"오니 "갈참나무가 있"어야 하는 국면은 현상 그대로의 세계이다. "그늘"만 있어도 "바람이 불"고 "바람"만 불어와도 "갈참나무가 있"는 세계이니 '있어야 하는' 당위성에 의해 확고한 존재성을 띤다. 이러한 세계의 풍경은 긍정도 부정도 아닌 세계, 즉 긍정과 부정이 공존하는 국면을 갖는다. '①'에서 "바람이 불어도"는 '②'의 "바람이 불었다"에서 이어져 온 '바람'이고, 역시 '②'의 "그늘이 있어도"는 '①'의 "갈참나무"에 의해 생긴 '그늘'이다. 이러한 풍경은 '산'의 형상처럼 산의 현상이 순회하는 지점, 그 지점은 늘 "그늘이 있"고 "바람이 불"어오는 현상이 존재하는 곳이다. 존재론적 관점에서는 "바람"결도 "갈참나무"도 "그늘"도 모두 다 산에, 산 속에 그냥 있을 뿐이다. '그냥 있는 그대로'는 어쩌면 사실성이나 현상성마저 그냥 그 자리에 놓아두게 된다. 이는 두두물물의 이 세계가 '있는 그대로의 현상 그 자체'에 의해 존재하고 있음을 보여준다. 시편에서 "바람" "갈참나무" "그늘"이라는 인접된 사물들은 서로 뒤섞이듯 연관성을 갖지만, "바람이 불어도/갈참나무가 있"는 인과의 시작과 끝은 불어가는 그 "바람"처럼 잡을 길이 없다. 날것 그대로의 이미지 세계, 즉 현상 그 자체가 내포한 의미가 있는 세계는 '어떤 현상에서 눈에 보이는 사실보다 더 무겁고 충격적인 심리적 총량으로서의 사실감'으로 작용한다.

산골무는 보지 못했다
원추리는 보지 못했다
더덕은 보지 못했다
무덤은 있었다

—오규원, 「산b」 전문

떡갈나무가 있었다
신갈나무가 있었다
바람이 불어도
갈참나무가 있었다
그늘이 있어도
바람이 불었다

졸참나무가 있었다
청떡갈나무가 있었다
키가 작았다
바위 곁에 서서
흰 꽃 피는산사나무의
그늘이 있었다
흰 꽃 피는 파삭다리의

그늘이 있었다
아구장무가 있었다
노란 꽃 피는 고광나무가 있었다

산앵도는 보지 못했다
산골무는 보지 못했다
원추리는 보지 못했다
더덕은 보지 못했다
무덤은 있었다

개쉬땅나무가 있었다
싸리나무가 있었다
바람이 불어도
개옻나무가 있었다
붉나묵 있었다
그늘이 있어도
물푸레나무는
멀리 떨어져 있었다

—오규원, 「산」 전문

「산」은 「산a」와 「산b」가 「산」에 함께 사는 현상으로 이루어진 시편이다. 「산」에는 개체 「산a」나 개체 「산b」가 아닌 또 다른 개체의 합인 「산a」+「산b」나 개체의 곱인 「산ab」도 존재한다. 「산ab」는 개체와 개체의 관계로서 「산a」+「산b」를 넘어서서 「산」으로 귀결된다. 「산b」는 「산a」와 하나의 산맥을 이루는 관계이다. “바람이 불어도/갈참나무가 있”고 “그늘이 있어도/바람이 불”[「산a」]어 오는 현상과는 달리 “산골무”도 “원추리”도 “더덕”은 보이지 않는 ‘산’ 그 자체로 존재한다. 「산b」는 ‘산’ 속의 '산'이라고 할 수 있는 "무덤"이 "갈참나무"와 "바람"처럼 있는 '산'이다. 「산b」는 「산a」와 같이 서술적 이미지의 극단을 지닌다. 인간적 관념이 끼어들 수 있는 한 치의 틈새마저도 허용하지 않는 서술적 형태는 의미적 무의미이거나 무의미적 의미인 현상 그대로의 이미지에 현상적 존재로 있는 국면이다. 눈에 보이는 사실보다 더 충격적인 사실감은 「산」으로 귀결되는 「산a」 + 「산b」 = 「산ab」에서 감지된다.

1
바람이 불어도
갈참나무가 있었다
그늘이 있어도
바람이 불었다

2
산골무는 보지 못했다
원추리는 보지 못했다
더덕은 보지 못했다
무덤은 있었다

'1'과 '2'의 결합으로 다시 태어난 「산ab」는 '있음'과 '없음', 즉 '존재(存在)'와 '부재(不在)'의 현상을 '현상 그대로' 형상화한 국면이다. 존재가 서있거나 움직이는 현상 그 자체라면 '부재'는 곧 "보지 못"한 것이며 '볼 수 없었던 것'으로 존재하기 마련이다. '보이는 것'의 곁에는 늘 '보이지 않는 것'이 존재하는, 즉 존재와 부재가 공존하는 세계이다. 존재와 부재가 더불어 존재하는 세계는 '不二'에 기대고 있는 세계의 현상이기도 하다. 이는 곧 '있는 것'이 있음으로써 '없는 것'이 있고, '없는 것'이 '있는 것'이라면 '있는 것'도 '없는 것'이 된다. '부재'는 존재와 존재 사이에, '존재'는 부재와 부재 사이에서 그냥 '사이'처럼 있는 풍경이다. "보지 못"한 것이 "있었다"의 반대편인 '없었다'로 본다면 "있었다"와 "보지 못했다"는 둘이 아니다. 궁극적으로는 "있"는 것이나 "보지 못"한 것이 그냥 그대로, 현상 그대로 존재할 때 비로소 세계는 날것 그대로의 존재로서 둘이 아니라 하나가 된다. 존재와 부재가 공존하는 날것 그대로의 이미지는 이렇듯 '존재적 현상'의 저 너머에서 현상 그 자체가 갖는 의미로 이루어진, 즉 '눈에 보이는 사실보다 더 충격적인 사실감'의 국면을 갖는 「산ab」의 세계이다. 「산a」 「산b」와 「산」의 간격을 만드는 '날이미지'들이 갖는 현상 그 자체의 의미적 흐름에서 심리적 총량을 감지하게 된다. 아래 시편은 앞의 시편들보다 무게감이 더하는 심리적 총량의 정황을 더욱 내밀한 모습으로 형상화하고 있다.

담쟁이덩굴이 가벼운 공기에 업혀 허공에서
허공으로 이동하고 있다

새가 푸른 하늘에 눌려 납작하게 날고 있다

들찔레가 길 밖에서 하얀 꽃을 버리며
빈자리를 만들고

사방이 몸을 비워놓은 마른 길에
하늘이 내려와 누런 돌멩이 위에 얹힌다

길 한 켠 모래가 바위를 들어올려
자기 몸 위에 놓아두고 있다

—오규원, 「하늘과 돌멩이」 전문

'심리적 총량'을 감지하기 위해서는 먼저 '날이미지시는 날이미지로 쓴 시가 아니다'라는 권혁웅의 논의에 대해 재고하기로 한다. 이는 "시인이 말하는 '새롭게 발견된 다른 의미'들은 '환유적 축'이 아니라 '은유적 축'을 따라가는데, 이것은 각 연에 제시된 풍경들이 사실은 활유[활유는 은유의 일종이다]에 기초해서 변환되기 때문"이라는 견해[37]에 대해 논의하는 것이다. 논자는 허공으로 뻗는 담쟁이덩굴은 가벼운 공기에 "업혀"서 가고[1연]에서, "업혀"를 활유로 보았다. 하지만 "업혀"는 동사 '업다'의 피동사인 '업히다'의 줄임말 형태이므로 "담쟁이덩굴"이 "가벼운 공기"에 업혀있는 묘사는 '사실적'이다. 그러므로 활유적이라기보다는 환유적 언술에 더 가깝다고 볼 수 있다. 그리고 '새가 나는 모습 위에 "푸른 하늘"이 펼쳐져있으며'[2연]에서, "푸른 하늘"에서도 역시 활유적 용법을 찾아보기는 어렵다. 그것은 '환유적' 그 자체로 있기 때문이다. '들찔레 꽃이 떨어지는 것이 들찔레의 의지로 설명되고'[3연]에서, "들찔레의 의지"란 들찔레의 시선, 즉 들찔레의 입장이나 관점에서 본 자세이다. "들찔레가 길 밖에서 하얀 꽃을 버리"는 현상이나 "빈자리를 만"드는 현상 그 자체는 모두 인간 중심적 사고에서 벗어나 대상 그 자체의 시선으로 바라본 국면이다. '길에 얹힌 돌멩이 위에 역시 하늘이 얹혔고'[4연]에서도 시적 국면은 사실적 정황 그대로 형상화된다. '바위 아래가 부스러져 모래가 되었다'[5연]는 '활유'를 유도하기 위한 문장으로 볼 수 있다. 이는 시인의 의도와 해석적 의미가 전혀 다르게 느껴지기 때문이다. "바위 아래가 부서져 모래가 되"는 정황은 찾아보기 어려우며 "모래가 바위를 들어올려/자기 몸 위에 놓아두고" 있는 현상은 '사실적 현상' 위에 발견적 시선이 '환유'로 개입한 국면이다.

그리고 "특히 2연 전체는 지상에서 바라보는 화자의 위치가 전제되지 않으면 얻어낼 수 없는 구절"이라는 논자의 해석에서, 화자의 위치가 전

37) 권혁웅, 「날이미지시는 날이미지시로 쓴 시가 아니다」, 『시와 반시』, 2007년 가을호, 72쪽.

제되어야한다는 점은 재고의 여지를 갖는다. 이러한 시적 국면은 현상 그대로, 즉 "새가 푸른 하늘에 눌려 납작하게 날고 있"는 정황이기 때문이다. 오규원은, 이 작품을 '사실적 날이미지'로 쓴다면 "담쟁이덩굴이 뻗어 있다/하늘에서 새가 날고 있다/들찔레 꽃이 졌다/돌멩이 위로 하늘이 있다/길에 바위가 놓여 있다"는 정도가 될 것이라고 하였다. 이러한 사실적 날이미지가 이 시편에서처럼 발견적 날이미지로 바뀌는 것은 말 그대로 발견적 시선이 개입되기 때문이다. 사실적 이미지 속에서 현상 그대로의 의미현상, 즉 현상적 의미의 상태로 존재하는 이미지를 발견하게 됨으로써 발견적 날이미지화가 된다. 이는 발견적 날이미지의 의미현상, 즉 현상적 의미의 재발견이다. 발견적 이미지를 가능하게 하는 것은 주체 중심의 시선이 아닌 반주체 중심의 시선이라는 시인의 말에 주목하면, "가려져 있던 세계를 드러내는" 것으로서 발견적 날이미지는 사실적 날이미지보다도 더 사실적이고 객관적인 이미지의 형태가 된다. 사실적 날이미지에서 발견적 날이미지로 이행되면서 비로소 현상 그 자체가 갖는 의미는 더욱 선명해진다.

밤새 눈이 온 뒤 어제는 지워지고 쌓인 흰 눈만 남는 날입니다
쌓인 눈을 위에 얹고 물물(物物)이 허공 깊이를
물물의 높이로 바꾸고
나뭇가지에서는 쌓인 눈이 눈으로 아직까지 그곳에 있는 날입니다
뒤뜰에 붙은 언덕의 덤불 밑에는 오목눈이와 멧새와 지빠귀와
그리고 콩새가 서로 다른 방향으로 먹이를 찾고
새들이 먹이를 삼킬 때마다
덤불 밖의 하늘이 꼬리 쪽으로 자주 기우는 날입니다
직박구리 한 쌍이 마른 칡넝쿨이 감고 있는 산수유에 앉아
노란 꽃이 진 자리에 생긴 붉은 열매를 챙기고
열매가 사라진 자리에는 허공이 다시 그 자리를 메우고 있는 날입니다

그러나 콩새 한 마리가 급히 솟구치더니
하늘에 엉기고 있는 덩굴을 빠져나와 동쪽으로 가서는
몸을 그곳의 하늘에다 깨끗이 지우는 날입니다

—오규원, 「물물과 높이」 전문

이 시편은 언어를 통해 시간성과 공간성을 가진 주변 존재들을 복원시키는 국면을 갖는다. 시인이 바라본 시공간적 지점은 "물물이 허공 깊이를/물물의 높이로 바꾸"는 "물물과 높이"이다. "어제"가 "밤새 눈이 온 뒤"에 "지워지"듯이 "허공의 높이"는 "물물의 높이"로 그 존재성을 드러낸다. 허공은 비가시적 존재가 아니라 "흰 눈"이 소복하게 쌓인 가시적 공간의 형상이다. "허공"에 "쌓인 흰 눈"은 허공의 현상적 의미화를 지향한다. "눈"은 물물과 허공 사이에서 경계를 이루고 물물은 "눈"을 받아들고 허공의 반대편에서 "물물의 높이"로 존재하는 풍경이다. 시간성을 품은 공간성의 물물은 '허공'이다. 시인은 공간성의 의미화를 위해 '눈'의 이미지를 포착한다. 포착된 "쌓인 흰 눈"은 "쌓인 눈이 눈으로 아직까지 그곳에 있는" 의미화를 추구한다. 곧 '물물'을 감추고 '허공'의 한쪽을 드러내는 의미이기도 하다. 존재적 현상인 '허공'은 시인에게 새로운 현상적 존재로 인식되면서 날것 그대로의 이미지로 바뀌고 그것은 다시 새로운 현상 그 자체가 갖는 의미의 정황으로 드러난다. 이러한 정황은 허공의 바닥에 하얗게 쌓인 눈의 두께를 통해 여러 '물물과 높이' 중 어떤 하나를 응시하는 국면이다. '물물의 높이'는 "새들이 먹이를 삼킬 때마다/덤불 밖의 하늘이 꼬리 쪽으로 자주 기우는" 또 다른 높이다. 이는 "오목눈이와 멧새와 지빠귀와 그리고 콩새"가 "서로 다른 방향"에서 먹이를 찾는 반응으로 드러난다. "노란 꽃이 진 자리"는 "붉은 열매"가 챙기고 "열매가 사라진 자리"는 "허공이 다시 그 자리를 메우고 있"는 풍경이다. 이러한 행위의 연속성은 시간을 지우고 공간을 끌어당기는 '허공'의 작용에 의해 이루어진다. '허공'이 챙긴 그 자리를 솟구치며 빠져나온 "콩새 한 마리"는 허공의 두께 속으로 다시 사라지는 현상 그 자체야말로 언어로서는 쉽게 표현할 수 없는 존재적 현상 그 자체이다. 존재들의 연쇄적 소멸들이 시인에게는 "물물의 높이"로 드러나면서 현상적 풍경이 된다. 이 시편은 시인이 찾아낸 이러한 날것의 이미지들에 의해 은유적 체계가 아닌 환유적 언술체계로서 존재 그 자체를 현상적 사실로 나타낸 국면으로 형상화된다.

4) 내밀한 '사이'의 미학

현상적 사실을 안다는 것은 사실적 현상에 대한 투명한 사유를 지니고 있음을 암시한다. 이러한 현상적 사실의 의미화인 시적 작업은 단순히 현상적 사실을 보고 느끼는 것과는 다른 차원이다. '의미화'란 의미의 덧붙이기가 아닌 사실적 의미의 발견이기 때문이다. 일반적인 시적 인식은 시적 대상의 의미화 작업이 중시된다. 이는 의미를 떠난 언어가 존재하지 않는다면 존재의 언어는 곧 존재의 의미화로서 시편을 만드는 질료이기 때문이다. 시쓰기는 시적 대상에 대한 의미화 작업을 떠나 존재할 수 없는 것으로서 대상 이전의 대상은 사실적 현상 그 자체이며 존재적 의미 그 자체로 이루어진 사실적 세계가 된다. '언어'가 곧 '의미'라는 전제에서는 언어가 의미를 떠날 수 없다. 이때의 '의미'는 사실적 현상의 본질이 아닌 현상적 사실의 의미가 된다. 이것은 인간적 언어가 아닌 1차적 언어[존재적 언어]에 가까우며 현상적 사실을 날것 그대로 드러내는 의미의 언어인 것이다.

오규원은 "세계는 파편화된 이미지, 파편화된 개념 속에 있지 않다. 세계는 '전적(全的)'으로 있다. 그 전적인 존재의 본질, 존재의 언어는 왜곡되지 않은 사실적 현상을 통해서 보아야한다. 그 왜곡되지 않은 사실적 현상이 날이미지로서의 현상이다"라고 하였다. 여기서 '파편화'와 '왜곡'이라는 관점에 주목해보면, 인간 중심적 사고로 이루어진 언어가 덧씌우고 있는 현실적 세계는 파편화되어있으며 또한 왜곡되어있다는 것이다. 우리가 눈으로 보거나 손으로 만질 수 있는 '현실적 세계'와 그렇게 할 수 없는 '사실적 세계'는 공존하고 있다. 이러한 공존상태는 '전적(全的)'인 세계가 현실적 세계에 가려져있지만 본래 그대로인 그 자체로 존재하고 있음을 보는 태도이다. 이렇듯 세계는 '전적(全的)'으로 존재한다.

오규원이 '날이미지'를 잉태한 지점은 그가 무릉 땅에 머물고 있을 때 화가 세잔(Cezanne Paul)의 그림을 벽에 붙여놓고 감상하면서 지냈다고 한 그 공간이다. 그는 세잔이 무려 20년 동안이나 계속하여 오직 생트빅투아르산을 그렸다는 점에서 세잔의 '산'을 '살았다'라고 표현한다. 그는 세잔의 풍경화를 보며, 그림 속의 존재들이 그렇게 '그냥' 있으면서도 현상 그 자체의 의미가 흐르고 있음을 보았기 때문이다. 이는 세잔의 그림에서 '그냥 있는 세계'의 내밀한 깊이, 즉 '살아있는 의미'에 다가섬으로써 정물적이 아닌 동물적 현상으로 감지된다. 어떤 사물들이 연쇄적으로 이동하거나 포개지는 행위에 의해 개별적 풍경들이 존재하는 세계일 때 한 편의 시는 현상의 집합으로 있다. 즉 내밀한 시 세계의 현상 그 자체가 갖는 의미를 드러내는 작업이다. 개별적 풍경이나 현상들은 주로 '환유성'을 가짐으로써 '인접성'에 의한 시적 의미의 간격을 유지한다. 이러한 인접성에 의한 시적 환유성은 인접의 간격에 따라 현상적 이미지의 구성을 갖는다. 사물 사이의 밀침이나 당김이 아닌 인접 그 자체의 간격으로 존재하는 형태를 보여주기 때문이다. 이러한 존재적 양상은 사물 간의 포개짐으로 나타나는 관념들을 '사이' 혹은 '간격' 속에 밀어 넣음으로써 시적 투명성을 드러내는 국면을 지향한다.

모든 존재의 최초상태는 정적(靜的)으로 존재하게 되며 이는 인접성의 간격에 의해 동적(動的)인 형태로 확대된다. 모든 존재는 동적인 상태로부터 정적인 상태로 회귀하려는 습성을 갖게 되는데 이러한 습성은 있는 그대로[날 것 그대로]의 이미지로 표현되는 현상과 현상 사이에서 발견된다. 날이미지시는 정적인 사물을 '있는 그대로'의 사물로 객관화시키는 한 폭의 그림이 아니라 정적인 사물과 그 사물의 간격에서 새로운 사물을 만들어내는 국면을 지향한다. 이것은 개인의 의식이나 주관이 갖는 닫힌 사고가 아닌 사물이나 현상의 투명한 그 자체의 간격으로부터 빚어지는 이미지를 추구하는 것이 된다. 오규원은 시적 언어의 투명성을 찾아 끊임없이 탐색함으로써 새로운 현상적 세계를 재발견한다. 그는 대상을 투명한 간격으로 재배치함으로써 궁극적으로는 투명시학을 추구하게 된다. 이는 사물이나 현상으로부터 인간적 혹은 언어적 관념을 걷어낸 뒤 현상 그대로의 투명성을 획득하는 시적 작업으로 심화된다.

> 나무가 몸 안으로 집어넣는 그림자가
> 아직도 한 자는 더 남은 겨울 대낮
> 나무의 가지는 가지만으로 환하고
> 잎으로 붙어 있던 곤줄박이가 다시
> 곤줄박이로 떠난 다음
> 한쪽 구석에서 몸이 마른 돌 하나를 굴려
> 뜰은 중심을 잡고 그 위에
> 햇볕은 흠 없이 깔린다
>
> —오규원, 「나무와 돌」 전문

이 시편은 날이미지 작업의 정점을 보여주고 있다. 이 시편은 「나무와 돌」이라는 제목이 암시하듯 일상적인 소재가 있는 풍경을 시적 액자 속에 온전하게 담아내고 있다. 이러한 시적 액자 속에 담긴 총체적인 풍경 혹은 현상은 다시 '나무'와 '돌' 사이사이에 "그림자" "가지" "잎" "곤줄박이"를 놓고 있다. '사이'에 존재하는 대상들은 "뜰" 위의 "햇볕"에 의해 생성되어 움직이거나 사라지는 현상으로 있다. 생성되거나 움직이는 존재들은 "가지는 가지만으로", "곤줄박이가 다시 곤줄박이로"에서 동일성의 복원을 꾀함으로써 날것 그대로의 현상을 극단적으로 묘사하게 된다. 이 작품이 투명시학의 정점에 있는 날이미지로 이루어진 시라는 점에 주목하면, '나무와 돌'은 "새와 나무와 새똥 그리고 돌멩이, 이런 物物과 나란히 앉고 또 나란히 서서 한 시절을 보낸 인간인 나의 기록"이라는 시인의 말을 대변해준다.

그리고 이 시편은 '나무'라는 사물과 '돌'이라는 사물을 접속조사인 '~와'를 사이에 배치시켜 하나의 풍경화인 '현상'으로 결합하는 국면으로 있다. 이러한 국면들에서 시제인 「나무와 돌」 사이사이에 공간적 동시성과 시간적 순차성이 드러나는 존재들로 배열된다는 점에 주목하게 된다. "나무"가 공간적 이미지라면 "겨울 대낮"은 시간적 이미지를 내포한다. 그리고 "그림자"는 "나무"와 "겨울 대낮" 사이를 결합하는 시공간적 이미저리로 있는 현상적 국면이다. 이러한 이미저리의 발견은 개별 현상의 겹침을 통해 접속된 현상, 즉 풍경으로 현상화되는 지점에서 이루어진다. "나무의 가지는 가지만으로 환하고"에서 가지의 자리에 가지가 존재하는 '공간의 동시성'이라는 측면에서 개별적 현상에 대한 의미의 겹침이 일어난다. 이는 이미지가 '현상'과 '의미'가 동일한 시공간에서 개별적 현상으로 존재할 수 있음을 보여준다. "잎으로 붙어 있던 곤줄박이가 다시 곤줄박이로 떠난 다음"에서 "잎"과 "곤줄박이"는 공간적 차원에서 겹침을 이루는 국면이다. 즉 곤줄박이가 의물법으로 잎이 되었다가 다시 곤줄박이로 존재의 회복을 이루는 현상으로 나타난다. "그림자"가 나무 몸속으로 들어가는 내재적 현상에 대응하면서 "잎"에 "곤줄박이"가 붙어 있는 외재적 현상의 결합으로 귀결된다.

"뜰"은 곤줄박이가 떠나보낸 나무가 서 있는 "한쪽 구석"을 저울추로 매달리듯 하늘을 바라보며 누워있다. 햇볕이 쨍쨍한 시간임을 암시하는 "몸이 마른 돌" 하나는 도대체 어디에서 누가 굴렸을까. "뜰"이 돌 하나에 중심을 잡고 흠 없이 평평한 햇볕을 덮고 누운 모습을 보면 그것마저도 그냥 있는 그대로의 현상으로 있다. '돌'을 굴린 주체와 '햇볕'을 흠 없이 깔리게 하는 주체는 '현상'에 대한 우주로의 확산을 의미한다. "돌"을 굴린 주체와 햇볕을 깔리게 한 주체는 다름 아닌 곤줄박이가 곤줄박이로 떠난 현상의 결과물이기 때문이다. "나무와 돌", 그 사이에 존재하는 현상들의 결합과 분리는 시적 의미를 내재한 이미지의 결합체인 "나무"["그림자" "나뭇가지" "나뭇잎" "곤줄박이"]와 "돌"["뜰" "햇볕"]로 이루진다. "나무"와 "돌"은 서로 간에 '사이'라는 관계로 마주하며, 둘은 공간적 동시성과 시간적 순차성에 의해 겹침의 관계를 이룬다. 이는 '나무와 돌 사이'에서 시적 환유가 돌아나면서 현상적 언어를 충실하게 보여주는 서술적 태도로 나타난다. 이러한 관점은 오규원 시인이 추구하는 투명한 시적 언어탐구의 종착점을 살피게 하는 원동력이 된다.

길이 다시 길로 구부러지고
새가 두 다리를 숨기고 땅 위로 날아오르고
메꽃이 메꽃을 들고 산기슭을 기고
개미 한 마리가 개미의 다리로 길을 건너가고

그대 길 밖에서는
돌멩이 하나가 온몸으로 지구를 한 번 굴렸습니다

—오규원, 「몸과 다리」 전문

"길"이 길을 "길"로 삼고, "새"가 허공으로 날아오르면서 "다리"를 놓고, "메꽃"이 덩굴로 길을 내고, "개미"가 개미의 행렬로 길을 닦으면서 걸어간다. 이렇듯 "길"은 또 하나의 몸을 잉태하듯 "길"을 구부리면서 또 하나의 "길"을 현상적으로 생성한다. "길이 다시 길로 구부러지"는 그 사이에서 '몸과 다리'는 둘이 아니라 하나의 결합된 존재로 이어진다. "새"는 높고도 먼 비상을 위해 몸에 붙어있는 스스로의 "다리를 숨겨"야 했으며 이는 길이 길로 구부러지는 현상과 동일한 지점에 놓인다. "메꽃이 메꽃을 들고 산기슭을 기"는 광경은 '몸과 다리'가 시간과 공간의 '사이'에서 어떠한 모습으로 형상화되는지를 현상적으로 보여준다. "개미 한 마리가 개미의 다리로 길을 건너가"는 곳에서 비로소 '몸과 다리'는 대상이라는 차원을 넘어선다. 이들은 하나같이 서로가 서로에게 기대는 존재로서, 그냥 그대로의 현상으로 머물다가 떠난다. 그냥 그대로의 질서를 이탈한 곳에서는 몸은 몸대로 다리는 다리대로 존재하는 형태가 된다. 개별 현상들이 인접성을 가진 또 다른 길과 교차하는 곳에서 몸으로 존재하는 "돌멩이 하나"가 지구 위를 굴리며 따라 도는 풍경이다. 이는 그냥 그대로의 공간적 동시성과 시간적 순차성이 있는 현상 그 자체에서 그려지는 새로운 현상적 풍경이다. 현상적 풍경은 날것 그대로의 이미지를 생성함으로써 다소 낯설게 느껴지는 현상 그 자체가 갖는 의미를 획득하는 국면이다.

이 시편에 나타나는 현상 그 자체가 갖는 의미와 공감할 때 비로소 투명한 시 세계를 읽게 된다. '사이'에 드러난 내밀한 시적 풍경은 '살아있는 의미'를 기저로 하여 형상화되는 현상의 흐름에 의해 새로운 의미를 제시한다. 이러한 지향성에 의한 시적 의미의 운동성은 "길"을 존재하게 하는 "몸"과 "다리" 그 자체이며, '몸과 다리'가 하나로 되어 새로운 현상이 갖는 의미를 빚어낸다. "새"는 나뭇가지에서 발이 있는 다리의 현상으로, 허공에서는 손이 있는 날개의 현상으로 있다. "새"가 날아가는 그 지점에서, "몸"과 "다리"가 둘이 아닌 현상에 의해 각각 새로운 결합을 지향하는 국면으로 형상화된다. "메꽃"이나 "개미"도 마찬가지의 현상으로 있다. "메꽃"을 메꽃의 존재로 피어나게 하는 현상은 바로 "메꽃" 그 자체의 존재적 현상으로서 "몸"도 "다리"도 아닌 현상, 즉 몸과 다리가 둘이 아닌 그곳에서부터 날것 그대로의 이미지가 생성된다. "개미"는 "새"의 현상처럼 몸과 다리가 분리되어있으면서 개미의 행렬이라는 풍경의 다리를 건너간다. 모든 현상들이 걸어가는 존재의 밑바닥에는 몸도 다리도 아닌 "돌멩이 하나"가 숨어있다. 몸속에 다리를 숨긴 현상이나 다리 속에 몸을 숨긴 현상은 "돌멩이 하나"가 스스로 지구가 되는 지점까지 굴러간다. 모든 자연과 자연 속의 사물은 "몸"과 "다리"라는 '사이'에 의해 존재적 현상으로 있으며 이는 인간의 감성에 의해 '현상적 존재'의 국면으로 형상화된다.

날것 그대로의 언어는 오규원의 초기 시편에서 "들은 길을 모두 구부린다/도식주의자가 못 되는 이 들[平野]이/몸을 풀어/나도 길처럼 구부러진다"[「순례 序」]와 "개봉동 입구의 길은/한 송이 장미 때문에 왼쪽으로 굽고,/굽은 길 어디에선가 빠져나와/장미는/길을 제 혼자 가게하고/아직 흔들리는 가지 그대로 길 밖에 선다"[「개봉동과 장미」]라고 읊었던 시적 언어와는 다른 지점에 닿아있다. "길"에 대한 시인의 시적 포착이 단순히 "길"과 나만의 관계가 아니라 "길이 다시 길로 구부러지"는 현상적 깨달음의 경지에 이르고 있기 때문이다. "몸"과 "다리"의 그 '사이'에서 "길"이 길을 투시하고, "메꽃"이 메꽃을 투시하고서야 비로소 '사이'의 내밀함이 다시 살아있는 존재가 된다. 이는 너와 나의 결합과 자연과 인간의 결합뿐만 아니라 자연과 자연의 합일을 지향하는 현상 그대로의 세계이다.

붉고 연하게 잘 익은 감 셋
먼저 접시 위에 무사히 놓이고
그 다음 둥근 접시가
테이블 위에 온전하게 놓이고
그러나 접시 위의
잘 익은 감과 감 사이에는
어느 새 '사이'가 놓이고
감 곁에서 말랑말랑해지는
시월 오후는
접시에 담기지 않고

밖에 놓이고

—오규원, 「접시와 오후」 전문

이 시편에서는 그냥 있는 그대로의 현상적 존재에 관한 시적 인식이 '사이'에 가지런하게 놓여있는 구성을 갖는다. 이는 시제들이 접속조사에 의해 대상과 대상을 관계시키는 형태이기도 하다. 시제가 구상어와 구상어가 결합하는 하나의 이미저리(imagery)로 이루어져있다는 점에서도 그렇다. 「접시와 오후」는 구상어와 추상어의 결합으로 이루어진 몇 안 되는 시제 중 하나이기 때문이다. "나는 창문을 열어놓고 오후의 양광이 엷게 깔린 책상 앞에 앉아 손에 잡히는 세잔의 도록을 다시 펼쳐본다"라는 시인의 독백에서도 알 수 있듯이 이 시편은 화가 세잔의 도록에서 하나의 대상으로 존재하고 있었던 정물화를 묘사하고 있다. 세잔은 "단순한 재현의 세계가 아닌 '자연의 한 부분을 시도하는' 작업이며, '존재 그 자체!'를 시도하는 세계"라고 하였듯이 시인 스스로가 말한 "정물의 의식으로 가득 찬 정물화를 그렸던 것"이다. 이는 예술적 침묵에 천착한 화가와 시인의 정신적 겹침이 한 폭의 정물화에서 만나는 국면이다. "감과 감 사이에는/어느 새 사이가 놓이고"에서 "사이"는 사물의 공간적 산물인 여백의 사물화를 의미한다. "감 곁에서 말랑말랑해지는/시월 오후는/접시에 담기지 않고/밖에 놓이고"는 시간적 이미지와 공간적 이미지가 접속되다가 다시 분리되는 이미지의 운동성을 보여준다. 이는 "감"과 "시월 오후" 사이에서 이미지가 되살아남을 보여주는 현상으로 형상화된다.

이 시편은 앞의 여러 시편들에서 나타난 '사이'의 풍경에 닿아있는 시적 의미들을 총체적으로 정의하는 경향을 갖는다. 존재하고 있는 모든 사물과 풍경에서 감지되는 이미지들, 눈앞에 나타나는 모든 대상들은 '사이'라는 간격 속에서 '현상'을 이미지화하면서 대상들의 세계를 의미의 현상 속에 담는다. 이는 이미지화된 현상적 세계가 나타내고자하는 현상 그 자체가 갖는 의미로서 구현된다. 날이미지가 사실적 현상의 살아있는 의미일 때, 현상이 갖는 의미의 범위를 '살아있는 의미'뿐만 아니라 '굳어있는 의미'까지도 수용하게 된다. 이는 현상적 세계가 '살아있는 것'과 '굳어있는 것'을 분별하지 않기 때문이다. 일원화된 사고는 실존 그대로의 의미가 모두 현상적으로 의미화 될 수 있음을 뜻한다. 조주식으로 말하면, 현상이 갖는 의미란 '定하는 것'과 '定하지 않는 것'을 구분하지 않음으로써 頭頭物物의 '본래 그대로'이거나 '실존 그대로'가 드러나는 국면이다.

> 강과 둑 사이 강의 물과 둑의 길 사이 강의 물과 강의 물소리 사이 그림자를 내려놓고 있는 미루나무와 미루나무의 그림자를 붙이고 있는 둑 사이 미루나무에 붙어서 강으로 가는 길을 보고 있는 한 사내와 강물을 지그시 밟고서 강 건너의 길을 보고 있는 망아지 사이 망아지와 낭미초 사이 낭미초와 들찔레 사이 들찔레 위의 허공과 물 위의 허공 사이 그림자가 먼저 가 있는 강 건너를 향해 퍼득퍼득 날고 있는 새 두 마리와 허덕허덕 강을 건너오는 나비 한 마리 사이
>
> —오규원, 「강과 둑」 전문

이 시편은 자연과 자연 속에 머무는 사물들과 사물들이 현상 그대로 머무는 곳에서 '사이'를 놓아 다가서려는 날것 그대로의 이미지인 현상적 풍경을 형상화하고 있다. 이러한 현상적 풍경은 시화되기 이전에 이미 있는 그대로 놓여있던 존재적 현상 그 자체로서 사물을 오직 사물로 존재케 하는 시적 묘사력에 의해 현상적 세계의 국면으로 형상화한 산물이다. 「강과 둑」은 연이어 실린 「강과 나」, 「둑과 나」와 함께 '사물과 사물', '자연과 자연' 그리고 '사물과 자연, 그리고 인간'의 상호 투시관계를 현상 그대로의 날것 이미지로 형상화된다. '강과 둑'의 풍경은 강과 둑 그리고 나의 존재가 '물이 물에 기대는 강물'처럼 '사이'를 두고

하나의 현상으로 기대고 있는 지점에서 눈에 보이는 그대로의 세계 그 자체로 드러나는 국면이다. 이러한 국면은 "강"과 나 사이에는 언제나 "둑"이 존재하는 현상으로 보이지만 나 자신이 곧 "둑"으로 존재하고 있음으로써 '강과 나'와 '둑과 나'가 둘이 아니라 하나가 되는 의식의 지향을 갖는 현상 그대로의 세계이다.

「강과 둑」의 '사이'가 의미하는 현상은 "대방동 조흥은행과 주택은행 사이에는 플라타너스가 쉰일곱 그루, 빌딩의 창문이 칠백열아홉, 여관이 넷, 여인숙이 둘, 햇빛에는 모두 반짝입니다"[「대방동 조흥은행과 주택은행 사이」]에서 가시적 공간을 나타내는 의미와는 차이를 보인다. 「강과 둑」에서는 두 사물 혹은 이미지의 결합과 분리에 의한 내재적 공간이나 시간을 나타내기 때문이다. 이들은 '사이'에서 일어나는 현상으로서 시간과 공간의 겹침을 의미하면서도 '사이'를 통한 언어의 미학적 궤적을 보여준다. '사이'는 오규원의 시편에서 빈번히 출현하는 시적 장치로서 시간적 의미로는 '찰나(刹那)'의 존재이며, 공간적 의미로는 '동시성'의 존재를 나타낸다. '사이'에 의해 발현되는 존재들은 멈춤의 대상과 동작의 대상과의 사이, 근시(近視)의 대상과 원시(遠視)의 대상과의 사이에서 현상 그 자체가 내포된 의미의 흐름으로 궤적을 이룬다.

이 시편은 대상과 마주보는 대상의 사이, 빠른 대상과 느린 대상과의 사이 등을 환유적 묘사에 의해 현상 그 자체가 갖는 의미들로 채우는 국면이다. 내밀하게 죄여진 세계에서 "강과 둑 사이 강의 물과 둑의 길 사이"의 '사이'와 "강의 물과 강의 물소리 사이"의 '사이'는 유사한 시적 언어의 구성이면서도 시적 울림의 간격은 상당한 차이를 보여준다. 이것은 공간적 동시성과 시간적 순차성의 사이가 드러내는 거리감이다. 거리감이 가깝게 인접될수록 시적 울림이 더해지는 현상으로 나타나기 때문이다. "그림자를 내려놓고 있는 미루나무와 미루나무의 그림자를 붙이고 있는 둑 사이"에서 인접거리의 겹침에 의해 새로운 현상이 갖는 순수한 의미로 바뀌어지고 있다. "뿌리가 없는 나는 몸을 미루나무에 기대고"와 같이 인접성을 바탕으로 하는 물아일체(物我一體)의 시의식을 보여준다. 시어의 배열에 의해 나타나는 현상들의 겹침은 오규원이 “나는 자연과 인간 어느 쪽에도 서있지 않습니다. 나는 자연을 보듯 인간을 보며, 인간을 보듯 자연을 봅니다. 이러한 나의 태도를 나는 세잔의 풍경화나 인물화에서 확인해본 바도 있습니다”라고 말한 그 지점에서 시어의 궤적으로 드러난다. 존재적 현상 혹은 사실적 현상을 보이는 그대로이거나 현상 그대로를 옮겨놓은 「강과 둑」의 ‘사이’의 현상은 “강”에서 “둑”으로, ‘지상’에서 ‘허공’으로, ‘실상’에서 ‘허상’으로, 살아있는 것에서 굳어있는 것으로 다시 살아있는 것으로 현상적 시선을 옮기는 국면을 보여준다. 이는 옮김의 미학이 굳어있는 현상을 살아있는 현상으로 환원하는 시적 자세에서 비롯된 것이다. 이러한 시적 자세에 의해 현상 그 자체가 갖는 내밀함의 세계는 더욱 선명하게 형상화된다.

> 투명한 햇살 창창 떨어지는 봄날
> 새 한 마리 햇살에 찔리며 붉나무에 앉아 있더니
> 허공을 힘차게 위로 위로 솟구치더니
> 하늘을 열고 들어가
> 뚫고 들어가
> 그곳에서
> 파랗게 하늘이 되었습니다.
> 오늘 생긴
> 하늘의 또 다른 두께가 되었습니다.
>
> —오규원, 「하늘과 두께」 전문

이 시편은 시적 대상에 대한 이미지를 상상력의 보편성이 갖는 현상으로 나타나면서 시적 교감을 이루는 국면을 갖는다. 이 시편은 날이미지시의 의미가 인간적 관념이 아닌 현상 그 자체가 갖는 의미, 즉 의미현상이라고 할 때 비록 "새 한 마리"가 열고 들어간 하늘이지만 내밀한 공간적 상상력이 현상으로 존재하는 풍경으로 형상화되고 있다. "하늘"을 "뚫고 들어"간 "새 한 마리"는 과연 어떤 세계를 향해 날갯짓을 하는 것일까라는 궁금증을 자극하는 국면이기도 하다. 이는 지상으로부터 "하늘"을 지향하며 역동하는 풍경에서 "햇살에 찔리"는 현실이라는 가치 혼돈의 세계와 관계를 맺는 국면에서 드러난다. 지상을 떠나 "힘차게 위로 위로 솟구치"는 탈출의 가장자리에서 "파랗게 하늘이 되"는 풍경은 화자의 심경 그대로를 반영한 현상적 풍경이다. '하늘'과 '두께'는 존재와 존재가 겹쳐지는 지점에서 무한한 공간과 시간의 상상력을 열어주는 관계성을 갖는다. "하늘"과 하늘 속의 현상, 그 "두께" 속에서 "새 한 마리"는 안온함과 평화로움을 느끼며 오늘이라는 또 다른 하루의 시간 속으로 존재의 날갯짓을 하는 국면으로 있다. 이 지구마저도 "하늘"을 "열고 들어"와 하늘에 의지하며 시간적 순차성과 공간적 동시성에 의한 '사이'의 현상으로 있듯, 두두물물은 "하늘"과 그 하늘의 "두께" 속에 날것 그대로의 모습으로 존재한다. "새 한 마리"는 하늘에서 "창창 떨어지"는 "햇살에 찔리"며 하늘의 "두께" 속에서 "하늘"을 재어야 하는, 하지만 그 "두께"조차 가늠할 수 없는 "하늘"을 열고 있다. "새 한 마리"는 "하늘을 열고 들어가, 뚫고 들어"가 보금자리를 마련하는 현상적 이미지의 국면을 보여준다. 이러한 국면은 무한히 열려있는 공간의 문을 온몸으로 부딪치며 시간적 순차성과 공간적 동시성의 현상으로 형상화된다. '무한'의 세계는 '몽상'으로 길들여진 곳이며, '몽상'은 다양한 풍경들로 관조된다. '파랗게 된 하늘'은 무한한 세계의 표정으로 영원성의 현상으로 있다. 이런 점에서 "붉나무"의 내밀한 곳으로부터 무한한 세계로의 비상은 상상력의 결합에 의한 새로운 이미지를 보여준다.

우주적 관점에서 "하늘"은 '내면의 무한'에 이르는 심층적인 의미의 결합이다. 저 "하늘"은 곧 "새 한 마리"가 비상한 바로 그 자리, 또는 시인의 내면에서 인식한 그 곳에 묻힌 공간이다. 두두물물은 무한한 세계

속에서 몽상의 나래를 펼치고, 그 가운데서도 "하늘"은 열려 있는 듯 하면서도 궁극적인 지점에서는 닫혀있고, 그 "하늘"을 배경으로 비상(飛翔)하는 생명들은 모두가 촘촘히 죄여있다. "하늘"이 숲이라면 그곳은 고요하면서 전율이 있고, 수많은 삶들이 한데 어우러져 "두께"를 이루고 있는 새로운 현상적 숲이다. 시적 풍경은 "하늘과 두께" 그 '사이'에서 시간적 순차성에 의해 존재하는 시적 화자를 하늘로 솟구치는 "새 한 마리"를 통해 반추하고 있다. 생명의 반추는 곧 존재적 현상을 현상적 존재로 인식하는 과정에서 생성되며, 생성적 반추는 현상을 현상 그대로 읽음으로써 의미현상으로 형상화된다.

뒤뜰 포도나무
덩굴
혼자
하늘을 건너가고 있다
오늘은 반 뼘

—오규원, 「하늘과 포도 덩굴」 전문

이 시편은 "하늘"과 "포도 덩굴"의 '사이'에서 이루어지는 무한한 시공간을 갖는 '몽상'의 의식으로 포착되는 국면을 갖는다. 몽상이 있는 중심부를 향해 생명체의 걸음걸이가 '사이'라는 찰나로 미묘하게 진행되는 과정을 내밀하게 형상화한다. "뒤뜰 포도나무 덩굴"은 왜 "혼자"서 "하늘을 건너가고 있"는 것일까. 왜 "오늘"이라는 부분의 시간적 순차성에서 "하늘"을 단지 "반 뼘"씩만 건너가고 있는 것일까. 포도 덩굴이 "하늘"과 "포도 덩굴"의 '사이'와 소통되는 지점에서 "하늘"의 폭을 재고 있는 것일까. 이 시편은 "하늘"이라는 무한한 시공간적 이미지 속에서 단 하나의 무의식적 영혼이 걸음마를 배워가듯 '사이'라는 찰나의 적분(積分)형태로 형상화되는 국면이다. "하늘"과 "포도 덩굴"의 '사이'와

"반 뼘"과 "반 뼘"과의 '사이'라는 찰나적 행보는 시간적 미끄러짐이라는 연속적 현상에 의해 시적 내밀함을 보여준다. 이러한 현상적 풍경 속에서 사실적 존재인 "덩굴"은 현상적 존재의 날것의 이미지를 스스로 젊어진 채 웅대한 관조의 세계를 현상적 걸음으로 "반 뼘"씩 "반 뼘"씩 나아가고 있다.

대상의 형상이나 의미를 전환하는 상상력은 그 대상의 구조마저 바꾸는 결과를 낳는다. 오규원의 시작품은 수사적 기교로서 세계를 표현하는 것이 아니라 존재적 현상을 현상적 이미지로 읽으면서 자연과 그 자연 속의 사물로부터 의미현상을 끌어내는 시적 실험의 장(場)으로 나아간다. 무엇보다도 오규원에게 시적 실험으로 나아가게 하는데 결정적 영향을 끼친 사람은 바로 '세잔(Cezanne Paul)'이다. 오규원이 "시인도 이제 위대한 화가처럼 각각의 구조[시법]를 짜지 못하면 아무 소용이 없지요"라고 단언한 점에서도 세잔의 영향을 실감하게 된다. 그는 "세잔은 산을 재현한 것이 아니라 산을 창조한 것이다. 그 창조가 「대목욕」까지 이어진 것은 필연"이라는 말로 세잔의 예술적인 가치를 높이 평가하고 있다. 그는 "내가 늘 놀라워하는 세잔의 '그냥 있는' 세계의 내밀한 깊이에서 '그냥 있다'라는 이 주장 속에는 일차적으로 대상이 관념적인 해석에 의해 왜곡되어 있지 않다는 것을 의미하며, 지나치게 단순하다 싶을 정도의 '사실적인 세계가 그곳에 있다"라고 말한다. 세잔의 영향은 오규원을 현상학적 시의식으로 나아가게 함으로써 날이미지를 탄생시키게 하는 동력으로 작용한다.

3. 두두물물의 현상적 전형

시학적인 관점에서 현상적 미학은 보편적으로 존재하는 현상미의 교

집합에 해당한다. 세계에 존재하는 현상적 미는 단순한 것으로부터 복잡한 것에 이르기까지 다양하게 분포되어있다. 이는 두두물물이 현상으로 나타나는 빛이거나 색 그리고 형체 등이 무상하게 존재하기 때문이다. 그러므로 '현상'의 전형이랄 수 있는 무기적 자연물[빛, 색채, 형상, 음향 등]은 형식적 미라는 기본적인 미적 형태를 갖는다고 볼 수 있다. 그러므로 현상적 미는 자연 그대로이거나 있는 그대로 존재하는 시적 구현이라는 관점에서 순수미학이라는 투명성을 견지한다고 볼 수 있다.

김춘수 시인과 오규원 시인은 그들의 초기 시 세계에서 '그대로 있는' 세계, 즉 객관적 대상세계를 '있는 그대로' 구현하고자하였으나 관념이나 개념 등 언어로부터의 구속력에 이끌려 '굳은 의미'를 지시하고 파악하는 세계에 머물게 된다. 두 시인은 스스로 '굳어버린 의미'의 언어체계로는 객관적 대상세계를 투명하게 구현할 수 없다는 인식을 갖게 되면서부터 점점 언어에 대한 사고의 전환을 통해 시적 변모를 꾀한다. 그들이 시적 변모를 꾀하게 되는 시점을 보면, 초기 시 세계로부터 후기 시 세계로 접어드는 지점에서 김춘수는 무의미시와 무의미시론으로, 오규원은 날이미지시와 날이미지시론으로 각각 새로운 시적 추구와 시적 방법론을 정초하기에 이른다. 두 시인이 정초한 시적 방법론은 비유적 이미지와 은유적 언어체계를 주변으로 밀치고, 서술적 이미지와 환유적 언어체계를 중심부로 이동하는 작업이다. 즉 관념적인 것을 배제한 산물이다. 이것은 눈앞에 놓여있는 세계, 즉 객관적 세계를 비유적 언어체계로서는 더 이상 구현할 수 없다는 인식에서 비롯된다. 그리고 비유적 언어체계에 의해 '동일성'을 추구하는 작업만으로는 더 이상 객관세계를 있는 그대로 구현할 수 없다는 판단으로부터 기인한다. 이러한 관점은 곧 눈앞에 놓여있는 세계의 개체들인 두두물물은 '차이성'에 의해 존재하는 것이 '동일성'에 의해 존재하는 것보다 우세한 경향을 보이고 있음을 말해준다.

두 시인은 객관적 세계에 두두물물로 존재하는 대상을 서술적・환유적 언어체계를 통해 또 다른 시적 통로를 발견하게 된다. 두 시인은 각각 '시란 무엇'이며 '시의 언어란 무엇'인가라는 물음과 함께 시적 반성을 갖는다. 물론 이러한 개별적 테마는 시와 시어가 둘이 아니라는 관점에서 상호 교점을 갖게 된다. 이러한 시적 교점에서 '시'와 '시의 언어[시어]'에 대한 회의와 반성은 그들이 새롭게 인식하고자 하는 객관적 세계, 즉 있는 그대로의 세계를 존재 그 자체의 순수이미지로 시적 형상화를 이루는 원동력으로 작용한다. 두 시인이 추구한 시적 목표는 객관적으로 있는 이 세계를 인간 중심적 사고가 아닌 대상 중심적 사고, 즉 대상세계 그 자체가 갖는 현상을 있는 그대로 형상화하는데 있다.

1) '현상'이 있는 순수 미학

객관세계가 갖는 현상적 미는 순수지향이라는 미적 형태를 지향한다. 김춘수의 경우 순수지향이 갖는 미적 형태는 현상학적으로 '대상'을 인식하기 시작하면서부터 형상화된다. 무의미적 시는 이미지와 대상과의 거리를 지우는 작업에서 미적 형태를 이룬다. '시란 무엇인가'라는 테마로 출발한 김춘수의 무의미시는 궁극적으로 '시의 언어란 무엇인가'로 회귀하는 지점에서 현상적 미학을 추구하게 된다. 이는 있는 그대로의 이미지화에 의해 형상화되는 시적 형태를 갖는 원동력이 된다. 현상학적 대상 보기, 즉 현상 읽기에 의해 무의미적 시 세계는 '의미현상'이 갖는 미적 형상화를 이루게 된다.

시적 공간이 이미지에 의해 의미를 쌓아가는 공간으로 제시되면서 시적 본질을 현상적 미(美)라는 차원에서 구현할 수 있게 된다. 이는 '언어'와 '현상'에 대한 새로운 인식의 변화를 보여주는 것으로서 현상 그 자체가 갖는 '美'를 구현하기 위한 가시화작업이기도 하다. 여기서 '가시화'란 현상적 미를 형상화한다는 관점에서 무의미적 의미화의 속성을 지향하는 것을 말한다. '의미 초월'을 지향하는 무의미적 의미화는 현상 그 자체가 드러내는 의미현상을 추구하게 된다. 이러한 현상 그 자체가 갖는 의미현상의 구현은 현상적 미를 극대화 할 수 있는 서술적이거나 환유적 언술체계의 국면에서 형상화된다.

①마당에는 덕석이 깔려 있고
감나무가 잎을 드리우고 있더라.
②空中을
풍뎅이가 한 마리 날고 있더라.
③해가 지고 언덕이 있고
구름이 있고,
피라미 새끼들이
南江上流를 내려오고 있더라.

—김춘수, 「眼科에서」 전문('①~③'은 인용자 표시)

이 시편은 여덟 개의 행이 세 개의 문장으로 이루어져 있는 짧은 시 형식이다. 각 문장 '①', '②', '③'의 종결어미는 추측형 어미 "있더라"로 종결되어있다. 전체 국면이 추측형 종결어미로 이루어진 점은 시제 「眼科에서」 피동적으로 발생하게 된 풍경임을 암시한다. "마당에는 덕석이 깔려 있"다는 풍경에서, 덕석 위에는 고추 등 울긋불긋한 가을걷이 농산물들이 가득 늘려있음을 떠올리게 한다. "감나무 잎을 드리우고 있더라"에서는 감나무 잎 사이사이로 가을햇살이 반짝이고 있다는 현상적 사실도 떠올리게 된다. 화자의 회상이나 상상에 의해 드러나는 풍경은 "안과에"서 치료 중에 이미지화된 현상적 사실의 국면으로 형상화된다. 현상적 사실은 화자가 경험한 사실적 현상에 근거하여 새로운 이미지로 형상화된다. 시적 화자가 "안과에"서 치료 중에 두 눈에 비춰지는 눈 속의 내면적 풍경은 화자의 기억세계가 반영된 공간으로서 시간이 정지된 새로운 공간이다. 이것은 "안과" 내부의 세계가 아니라 화자의 "눈[眼]"

안의 세계에 드러난 국면이다. 가상의 세계는 '눈' 그 자체가 곧 하나의 세계임을 보여준다. "空中"에 "풍뎅이가 한 마리 날고 있더라"는 가상적 이미지는 '자유연상'에 의해 포착된 국면이지만 화자에게는 새로운 세계를 다시 볼 수 있다는 희망을 포착하는 행위이기도 하다.

화자는 "안과에"서 온몸에 광택이 나는 풍뎅이가 허공을 가르며 날아가는 모습을 상상하면서 갱생의 감정을 갖는다. 화자는 풍뎅이가 사라지면서 허공은 점점 어두워지고, 그 사이로 "언덕이 있고/구름이 있"는 세상과 만나는 시간의 소용돌이를 "안과에"서 감겨진 눈을 통해 감지한다. 이 시편 전반에 나타나는 국면들은 시제인 「眼科에서」를 연상하게 하는 정황으로서의 인접성 사물 혹은 현상들로 이루어진다. 이것은 한 편의 시에서 제목과 내용의 관계가 갖는 언술적 행보를 수사적이냐 통사적이냐를 되묻게 하는 국면이기도 하다. 그리고 "이 시의 풍경은 안과에서 바라본 풍경이 아니라, 비문증을 앓는 이의 시선을 은유적으로 설명하는 풍경이다"38)에서처럼 비문증에 의해 나타나는 증상으로써 하나의 내적 풍경일수도 있으나, 본서는 세 개의 문장에 나타나는 대표적인 시적 소재가 각각 "감나무 잎" "풍뎅이" "피라미"임에 주목한다. 이들 소재는 대체로 비슷한 계절에 존재하는 사물들로서 화자가 비문증 치료 중에 떠올린 고향의 풍경에서 인접성을 띠는 사물들이다. 이러한 관점에서 이 시편이 갖는 언술체계는 은유적 체계보다는 환유적 체계가 우세한 국면으로 형상화되어있다.

①어제와 오늘 사이
 비는 개이고
 구름이 머리칼을 푼다.
②아직도 젖어 있다.

---

38) 권혁웅, 앞의 책, 278쪽.

③미루나무 어깨 너머
　바다
　석류꽃 대낮.

—김춘수, 「석류꽃 대낮」 전문('①~③'은 인용자 표시)

이 시편은 의미론적 측면에서 '①', '②'를 전반부, '③'을 후반부로 나눌 수 있다. '①'에서 "비는 개이고"가 시간의 "사이"에서 시적 정황을 이끌고, 그 "사이"에서 "머리칼을 푸"는 "구름"이라는 생성적 이미지로 서술된다. 여기서 생성적 이미지란 날이미지시의 분류 가운데 발견적 날이미지와 유사한 형태로서 '사실적'으로 묘사한 사실적 이미지와는 다른 차원의 이미지를 말한다. 생성적 이미지는 사실성 위에 새롭게 생성된 의미로 묘사되는 이미지이다. 이 시편의 전반부 '①', '②'를 사실적 묘사로 쓴다면 '한 밤중에/비는 그치고/구름이 흩어진다/대지(초목)는 아직 젖어 있다'는 정도가 될 것이다. 사실적 이미지로 나열된 시구가 생성적 이미지로 바뀌는 것은 말 그대로 발견적 시선이 개입되었기 때문이다. 이러한 시적 이미지의 생성은 날이미지시와 유사한 형태로 무의미시의 많은 시편에서도 형상화되고 있다.

이 시편에서와 같이 무의미시에 나타나는 발견적 시선은 어떤 대상, 즉 사실적 현상을 이미지화한 산물이다. '②'에서 "젖어 있"는 것은 '①'에서의 "머리칼"과 '③'의 "바다"로서, "석류꽃 대낮"의 풍경을 발견적[생성적] 이미지로 서술한 경우이다. 이러한 언술적 구성은 "어제와 오늘"이라는 "사이"의 시간 속에서 "비는 개이"고 "구름이 머리칼을 푸"는 일련의 사건들이나 현상들이 있는 그대로의 세계로 그냥 존재하는 국면이다. 시간은 "아직도 젖어 있다"라는 지점의 망설임 속에서 "미루나무 어깨 너머"로 바라보이는 "바다", 즉 "온전한 바다" "그 바다"[「부두에서」]에 비치는 "석류꽃 대낮"을 현상 그 자체가 나타내는 시니피앙의 풍경이기도 하다.

①둑이 하나 무너지고 있다.
②날마다 무너지고 있다.
③무너져도 무너져도 다 무너지지 않는다.
④나일 江邊이나 漢江邊에서
女子들은 따로따로 떨어져서 울고 있다.
⑤어떤 눈물은
榛榴나무 아랫도리까지 적시고
어딘가 둑의 무너지는 부분으로 스민다.

—김춘수, 「落日」 전문('①~⑤'는 인용자 표시)

이 작품은 여덟 개의 행이 다섯 개의 문장으로 구성되어 있으며, 의미면에서 보면 '①'~'③'까지를 전반부, '④'~'⑤'를 후반부로 나눌 수 있다. '①', '②'에서 '둑이 무너진다'는 현상은 '무너지는 둑'의 관점에서는 '사실적'이다. 실재하는 둑은 "날마다 무너지"지는 않기 때문이다. 그렇다면 '날마다 무너지는 둑이 하나 있'다는 묘사는 과연 어떤 현상일까. 이는 '사실적'일 수 있는 어떤 사실성위에 새롭게 발견되는 의미현상을 부여한 형태이다. '①'~'③'까지를 '사실적'으로 다시 쓴다면 '해가 지고 있다/날마다 해가 지고 있다/날이면 날마다 해가 지지만 해는 사라지지 않는다'라고 표현할 수 있을 것이다. 시편에 표현된 국면처럼 사실적 현상이 현상적 사실로 바뀌는 형태는 '지는 해'를 바라보면서 인접성의 사물인 "둑"을 발견적 시선으로 인식하는데서 기인한다.

이 시편의 후반부는 전반부와는 달리 연상되는 현상을 형상화하고 있다. 전반부에서 드러난 현상적 사실의 작용에 의해 후반부는 연상적 혹은 환상적 시선으로 형상화되는 국면인 것이다. 이 시편은 전반부의 현상적 사실과 후반부의 환상적 사실로 구성된다. 이러한 시적 구성은 사실적 현상과 환상적 사실을 동일한 차원에서 경험하게 하는 국면을 갖는다. 이 시편을 다시 읽으면, 해가 질 무렵 저만치 자리한 능선이나 언덕을 바라보면 산마루와 언덕이 발갛게 무너져 내리는 현상을 시화한 것임을 감지하게 된다. "둑이 하나 무너지고 있다"라는 현상은 '지는 해'의 풍경을 현상 그대로 묘사한 결과이다. 물론 "나일 江邊"에서도 "漢江邊"에서도 이와 같은 "落日"의 현상은 일어날 수 있다. 이는 시간적 순차성을 갖는 이 세계의 그 어느 강변일지라도 강물에 비치는 '지는 해'의 모습은 존재하고 있음을 나타낸다. 권혁웅은 '④'를 환유적 연상에 따라 "나일강변"과 "한강변"이 "落日"의 공간으로 제시된다고 하면서 해지는 것을 둑이 무너지는 것으로 표현한 이상, 해지는 곳으로 "江邊"보다 근사(近似)한 장소는 없을 것이라고 해석한다. 논자는 이러한 해석의 배경으로 석양의 빛을 반사하는 곳도 강변이며, 둑이 무너져 넘쳐나는 곳도 강변이기 때문이라면서 강변의 여자들이 "울고 있"는데, 이 역시 눈물과 낙일을 은유한 것으로 보았다. 논자의 이러한 견해는 시인이 "여자들은 따로 따로 떨어져서 울고 있다"라고 표현한 배경과 같은 맥락이다. 시인은 '지는 해'의 강렬한 햇빛이 강물 속으로 비치다가 마침내 강물에 빠져드는 그 순간을 포착한 것이다. 시인은 강물 속으로 깊숙하게 "적시"거나 "스민" 현상을 "화류나무 아랫도리까지 적시고/어딘가 둑의 무너지는 부분으로 스민다"와 같이 형상화하고 있는 것이다.

권혁웅은 이 시편을 은유적 구성과 환유적 구성이 동시에 작용하는 구조로 보았다. 여기서 그가 '①'~'③'이 '유사성'의 관계로 묶인 듯 하다면서 이 시행과 유사성관계에 있는 것이 제목이라고 해석한 점은 맞다. 하지만 그가 시인이 "지는 해"라는 제목을 "해가 진다"라는 산문으로 해체한 후, "둑이 하나 무너지고 있다"라는 시행으로 은유한 것이라는 논의는 재고를 갖게 한다. 그가 이러한 해석의 증거로서 동어반복처럼 보이는 시행, 즉 '①'을 '해는 하나밖에 없다'로 '②'를 '해는 날마다 진다'로 '③'을 '해는 날마다 져도 다 지지 않아서 다음날에 다시 또 진다'라고 풀어쓸 수 있다고 한 점에 대해서는 더욱 그렇다. 과연 '①'의 "둑이 하나"가 '해는 하나'라고 볼 수 있을까. 이러한 견해는 시제 "落

日"과 '유사성'의 관계에서만 시행을 이해한 결과라고 볼 수 있다. '①'에서 "하나"는 수사로서의 "하나"가 아니라 명사로서의 "하나"이다. '하나의 장면' 혹은 '하나의 풍경'으로 이해해야할 것이다. '①'~'③'은 단순히 '해가 진다'라는 서술형 구문이 아니라 해가 지는 풍경, 즉 저녁놀의 아름다움을 통해 자연의 무궁한 섭리를 형상화한다. '①'~'③' 역시 은유적이 아닌 환유적 언술체계인 것이다.

김춘수는 현실에 대한 허무의식이 하나의 시적 의지로 구체화된 지점에서 시적 변모를 실험하게 되는데, "김춘수가 '처용'이라는 고대 인물에 관심을 쏟기 시작한 것은 그의 소설 <처용>이 63년에 발표된 이후 65년에 「잠자는 처용」을, 66년에는 「처용」, 「처용삼장」을 발표하면서부터다. 마침내 3부작이 되리라는 「처용단장」의 1부가 『현대시학』에 1년 반에 걸쳐 연재된다"[39]라는 과정에서도 확인된다. 이러한 시적 여정은 김춘수의 '무의미시'와 '처용'의 관계에 대해 논의하는 계기를 마련한다. 김춘수가 '處容'을 소재로 택한 배경에는 '현대의 특색을 폭력과 성행위의 에너키즘이라는 측면에서 보고 있었다'고 한다. 시인이 폭력을 특히 염두에 두게 된 것은 2차 세계대전이 자신에게 미친 압력 때문, 즉 그의 나이 20세가 조금 넘자 일제 군국주의의 압력을 직접적으로 경험하게 되었으며, 20대 말에 6·25를 겪게 되면서였다고 술회한다. "폭력을 심리적으로 극복할 수 있는 길이 있을까? 그것은 인고주의적 해학(諧謔)이 아닐까? 극한에 다다른 고통을 견디며 끝내는 춤과 노래로 달래보자…… 처용은 나에게는 윤리적 존재였다…… 나는 나 혼자만의 탈출을 우선 생각했다. 생각하지 않을 수 없었다. 그때 또 다른 모양을 하고 處容이 나에게로 왔다. 처용은 나의 유년(幼年)의 모습이었다"라는 지점에서 김춘수는 「처용단장」 제1부를 쓰고 있는 자신을 발견하였다고 술회

39) 김현, 「김춘수의 시적 변용」, 『김춘수 시 연구』, 흐름사, 1989, 141쪽.

한다. 「처용단장」 제1부에서 시인은 '바다'라는 이미지를 그의 시적 공간 속으로 끌어들인다. 시적 공간 속에서의 '바다'는 그냥 그대로의 세계에서 순수 그 자체의 이미지로 있는 현상적 존재로 있다. 무의미시적 관점에서는 '바다'가 허무적 현상으로 비칠 수도 있으나 존재 속의 현상이라는 있는 그대로의 세계에 있는 시적 국면은 무한한 의미현상을 갖게 된다. 이러한 '바다'가 있는 현상적 풍경은 「처용단장」 제1부의 시편들에서 확인된다.

벽이 걸어오고 있었다.
늙은 홰나무가 걸어오고 있었다.
한밤에 눈을 뜨고 보면
濠洲 宣教師네 집
호장의 벽에 걸린 青銅時計가
겨울도 다 갔는데
검고 긴 망토를 입고 걸어오고 있었다.
내 곁에는
바다가 잠을 자고 있었다.
잠자는 바다를 보면
바다는 또 제 품에
숭어새끼 한 마리를 잠재우고 있었다.

다시 잠을 자기 위하여 나는
검고 긴
한밤의 망토 속으로 들어가곤 하였다.
바다를 품에 안고
한 마리 숭어새끼와 함께 나는
다시 또 잠이 들곤 하였다.

—김춘수, 「處容斷章 I-3」 부분

이 시편은 시인이 "무의미시야말로 허무의 아들이다"라고 말하는 대표적 무의미시에 속한다. 허무 속에서 허무의 바깥을 응시하는 세계, 그 허무의 세계에서 내면세계로 환원되는 시적 작용에 의해 무의미시가 탄생된다는 관점에서 이 시편은 허무의 자각에서 발견된 의식이 시화된 산물이다. "벽이 걸어오고" "늙은 홰나무가 걸어오고" "청동시계가 검고 긴 망토를 입고 걸어오고" 있는 현상은 시인의 의식과 그 주변의 현실이 만나는 지점에서 발로되는 의지를 형상화하고 있다. "벽" "홰나무" "청동시계"는 고착된 사물로서 시인에게 비쳐진 가까운 세계를 표상하는 사물들이다. "靑銅時計가/겨울도 다 갔는데/검고 긴 망토를 입고 걸어오고 있"는 국면은 사실적 현상에서 화자의 의식으로 들어온 현상적 사실로 의 형상화이다. 이는 시인이 포착한 있는 그대로의 존재적 현상을 포착함으로써 의미현상 그 자체가 구현되는 국면이기도 하다. 후반부에서 "바다가 잠을 자고" "바다는 숭어새끼를 잠재우"고에서도 '의미의 숨김'으로부터 다시 '의미의 드러남'이라는 순수지향의 의미 재생성을 이룬다. 이는 결국 시적 화자와 동일성의 차원으로 있는 현상적 이미지가 "잠자는 바다"와 "잠재우"는 바다의 국면임을 보여준다. 여기서 그 "바다"처럼 깊게 침잠된 화자의 의식을 현상 그대로의 의미로 읽게 된다. 이 시편은 현상 그 자체가 갖는 의미를 "잠자는 바다"로 침잠시키면서 무의미적 세계를 지향하고 있음을 잘 보여준다.

바다는 가라앉고
바다가 없는 海岸線을
한 사나이가 이리로 걸어오고 있었다.
한쪽 손에 죽은 바다를 들고 있었다.

—김춘수, 「處容斷章 I-4」 부분

내 손바닥에 고인 바다
그 때의 어리디 어린 바다는 밤이었다.
새끼 무수리가 처음의 깃을 치고 있었다.
봄이 가고 여름이 오는 동안
바다는 많이 자라서
허리까지 가슴까지 내 살을 적시고
내 살에 테 굵은 얼룩을 지우곤 하였다.
바다에 젖은
바다의 새하얀 모래톱을 달릴 때
즐겁고도 슬픈 빛나는 노래를
나는 혼자서만 부르고 있었다.
여름이 다한 어느 날이던가 나는
커다란 해바라기가 한 송이
다 자란 바다의 가장 살찐 곳에 떨어져
점점점 바다를 덮는 것을 보았다.

―김춘수, 「處容斷章 Ⅰ-8」 전문(‘밑줄’은 인용자 표시)

김춘수에게 ‘바다’는 그가 태어나고 자란 항구 ‘통영’의 앞바다이다. 어린 김춘수는 밤이면 먼 바다로부터 바다가 우는 소리를 들으며 자란다. “낙엽은 지고 눈이 내린다/잠들기 전에 너는/겨울바다가 우는 소리를 듣고”[「낙엽이 지고」]에서 이미 ‘처용’의 분만을 예고한다. 여기서 처용의 시적 역할은 “안개가 사라지고 구름이 걷힌 뒤 홀연히 나타난 동해 용자 처용의 이미지를 통해 김춘수의 상상력은 현상학적 환원에 의해 순수 자아인 유년을 되찾”[40]는데 있다. 이는 유년기의 공간적 배경이 시인의 무의식 속에 내재되었다가 비로소 「처용단장」의 시적 원형이 되었

40) 김준오, 『현대시와 장르비평』, 문학과지성사, 2009, 369쪽.

음을 말해주고 있다. 연작시로 형상화된 「처용단장」은 유복하게 자라던 고향에 대한 추억에서 유추된 원초적 세계의 지향으로 형상화된다. 「처용단장 I -4」의 "바다"는 바다와 바다 아닌 바다가 해안선을 경계로 일렁거리기 시작하고 "한 사나이"가 썰물에 밀려 떠나간 바다를 끼고서 시간 속으로 걸어오고 있는 현상적 풍경이다. 시적 화자가 다가선 그 "바다"는 늘 죽은 척 숨죽여 있다가도 다시금 허리를 비틀며 일어나 앉는 "새앙쥐 같은 눈을 뜨"[「처용단장 I -3」]는 행위를 반복한다. 이때의 "바다"는 실재의 바다에 앞서 언급한 그 "바다'들과는 다른 모습을 보여준다. 「처용단장 I -1」과 「처용단장 I -3」의 '바다'가 시인에게 포착된 현상적 사실의 이미지라면 「처용단장 I -4」의 "바다"는 사실적 현상 그대로의 "바다"이다. 「처용단장 I -8」의 "바다"는 「처용단장 I -1」의 후반부를 되돌려놓은 정경처럼 "바다"에 시적 화자가 동화되는 국면이다. 되돌려진 그 바다는 "내 손바닥에 고인" "어리디 어린 바다"로서 원초적 이미지를 표상한다. "새끼 무수리가 처음의 깃을 치"는 밤바다는 되감아본 "왼종일"의 시간들이 있는 태초의 모습 그대로를 반영한다. 화자는 "가슴까지 내 살을 적시"는 바다에 동화되면서부터 그 바다의 탄생을 노래한다. 이때의 "바다"는 시간의 간격을 표상하는 이미지로서 존재한다. 관조하던 바다는 내게로 와서 "허리까지 가슴까지 내 살을 적시"며 시간의 간격을 새긴 "테 굵은 얼룩을 지우곤 하"는 깊이로 다가선다. 그 깊이는 "바다"가 "밤"으로 사는 현상 그 자체가 드러내는 의미를 지우고 또 지우기를 반복한다.

울지 말자,
山茶花가 바다로 지고 있었다.
꽃잎 하나로 바다는 가리워지고
바다는 비로소
밝은 날의 제 살을 드러내고 있었다.

발가벗은 바다를 바라보면
겨울도 아니고 봄도 아닌
雪晴의 하늘 깊이
울지 말자,
山茶花가 바다로 지고 있었다.

—김춘수, 「處容斷章 Ⅰ-11」 전문

봄이 와서
바람은 또 한 번 한려수도에서 불어오고
겨울에 죽은 네 무르팍의 피를
바다가 씻어주고 있었다.
산토끼의 바보,
너는 죽어 바다로 가서
밝은 날 햇살 퍼지는
내 조그마한 눈웃음이 되고 있었다.

—김춘수, 「處容斷章 Ⅰ-12」 부분

봄은 가고
그득히 비어 있던 풀밭 위 여름,
네잎 토끼풀 하나,
상수리나무 잎들의
바다가 조금씩 채우고 있었다.
언제나 거기서부터 먼저
느린 햇발의 땅거미가 지고 있었다.
탱자나무 울이 있었고
탱자나무 가시에 찔린
서녘 하늘이 내 옆구리에

아프디 아픈 새발톱의 피를 흘리고 있었다.

—김춘수, 「處容斷章 I-13」 전문

김춘수는 “꽃피는 내 땅의 三月 初旬에/내 사랑은/西海로 갈까나 동해로 갈까나”[「打令調 · 2」]에서와 같은 이미지로 “바다”를 껴안는다. 「처용단장 I-11」에서도 “山茶花”를 상징으로 앞세우고서 바다로 지고, 바다를 가리고, 바다의 살을 드러내고, 바다를 발가벗게 한다. 바닷가에서 유년시절을 보낸 시인이기에 “바다”는 지난날의 아름다운 ‘리듬’으로 동백꽃처럼 피어난다. 시인은 유년 시절의 아름다운 추억을 “바다”의 결에 “山茶花”를 두는 것처럼 ‘꽃’의 이미지로서 극복한다. “김춘수에게 있어서 ‘꽃’이라는 시적 제재는, 초기 시 세계에서 보였던 그런 3차원적 존재의 인식인 ‘너와 나’의 관계에서 「타령조」나 「처용단장」에 오면 더욱 명징하게 인간적인 생명의 존재자로서 ‘너’를 확인하고 또한 무화적 단절을 노래함으로써 유년(幼年)의 황홀한 체험과 추억의 순수 무구한 사랑의 번뇌를 형상화한 것”41)으로 감지된다.

「처용단장 I-11」의 “바다”는 무의미시로 시화(詩化)하는 극단을 보여주는 이미지로서 작용한다. 이 시편에서 ‘바다’는 “손바닥에 고인 바다”처럼 작은 바다가 아니라 “꽃잎 하나로 가리워”진 아름다운 여인을 떠오르게 하는 형상으로 있다. “허리까지 가슴까지 내 살을 적시”[「처용단장 I-8」]는 그런 바다에서 바다 스스로 “꽃잎 하나” 사이로 “제 살을 드러내”는 잊을 수 없는 유년 때의 그 바다이다. “밝은 날의 제 살을 드러내고 있”는 “바다”는 해석하거나 의미할 수 없는 국면의 그 “바다”로서 처용의 품으로 다시 돌아온 현상적 풍경으로 남는다. 「처용단장 I-12」의 “바다”는 “이따금/바람은 한려수도에서 불어오고/느릅나무 어린잎들이/가늘게 몸을 흔들곤 하였다”[「처용단장 I-1」]는 그 “바람”이 다시 “봄이

---

41) 최원규, 「存在와 煩惱」, 『김춘수 시 연구』, 흐름사, 1989, 58쪽.

와"서 불어오는 배경이 되는 곳이다. 여기서 '겨울의 피'를 '봄 바다'가 "씻어주고 있"는 "바다"는 또 다른 표상이다. "그 때의 어리디 어린 바다"[「처용단장 I -8」]는 다시 돌아오지 않고 바다를 "바다가 씻어 주"는 "겨울에 죽"은 그런 바다로서 현상 그 자체의 의미로 있다.

「처용단장 I -13」의 "바다"는 "봄이 와"서[「처용단장 I -12」] 다시 "봄은 가"고 "네잎 토끼풀 하나" "상수리나무 잎들"이 "조금씩 채우고 있"는 그런 형상이다. 시간이 돌고 계절마저 돌고 도는 대자연의 섭리에도 그 바다는 "언제나 거기서부터 먼저/느린 햇발의 땅거미가 지고 있"는 시작과 끝을 이어주는 그런 곳이다. 시인은 "山茶花가 바다로 지"면서 그 "꽃잎 하나로 가리워지"는 바다를 그리워하며 다시 "느린 햇발의 땅거미"를 응시하면서 유년의 추억을 달랜다. 시인에게 '바다'라는 '현상적 존재'에 의해 인식되는 그 순간순간들은 삶의 여정을 통째로 담아 현상 그 자체가 갖는 의미를 "조금씩 채우고 있"는 풍경이다. 「처용단장」의 핵심 이미지로 드러나는 '바다'는 '아름다움' 그 자체와 "그득히 비어 있는 풀밭"을 반영한다. 미적 의식에 의해 선택된 "바다"는 투명한 언어 그 자체로서 현상 그대로의 존재로 이미지화된다. 김춘수의 시는 "바다"가 품고 있는 모정(母情)처럼 투명한 언어 속에서 현상 그 자체가 내재한 의미의 물결 위로 유영하고 있음을 보여준다. 그에게 있어서 '시란 무엇인가'를 일러주는 그 "바다", 삶을 투시하게 하는 그 "바다"의 이미지는 무의미적 의미화에 의해 충격을 무화시키는 국면을 갖는다. 시인에게는 단순히 바라만 보이는 존재 그 자체로서의 바다에 머물지 않고 "제 품에/숭어새끼를 한 마리 잠재우고 있"는 환상의 그 '바다'인 것이다. 이렇듯 무의미적 시편은 현상 그대로의 이미지를 통해 환상적 이미지를 구현하는 방식이기도 하다. 단 하나의 이미지인 "바다"를 통해서도 무한한 현상 그 자체가 갖는 의미를 갖는 시편은 현상 그대로의 이미지에 의해 의미의 생성 혹은 의미의 재발견의 국면을 형상화한다.

2) 두두물물의 사건화

오규원은 주체의 관점에서가 아닌 '두두(頭頭)'의 너머에 있는 관찰자의 관점에서 '살아있는 것'과 '죽어 있는 것'을 분별하지 않는 시적 태도를 견지한다. 그의 시적 관찰은 존재하는 것들에 대해 존재 그 자체로 투영함으로써 현상 그대로의 국면이 갖는 시편을 작시하는 태도로 일관한다. 이광호의 말대로 "그 투명한 존재성을 사건화"하는 것을 보여주는 시가 곧 오규원의 '두두시(頭頭詩)'이다. 이러한 관점은 곧 눈앞에 놓여있는 세계의 개체들인 두두물물은 '차이성'에 의해 존재하는 것이 '동일성'에 의해 존재하는 것보다 우세한 경향을 보이고 있음을 말해준다.

> 잎이 가지를 떠난다 하늘이
> 그 자리를 허공에 맡긴다
>
> —오규원, 「나무와 허공」 전문

이 시편은 두 문장으로 이루어진 '짧은 시의 최소 형식'을 갖는다. '최소 형식'의 자격을 갖추기 위해서는 최소 언어와 최소 이미지로 구성되어야 한다. 이러한 '최소 형식'의 시적 형태는 인간적 관념을 배제한 묘사적 서술로 이루어질 때 가능하다. 그러므로 「나무와 허공」은 시가 갖는 최소 형식의 가능성을 염두에 둔 시적 태도의 산물이다. 이 시편은 최소 형식의 가능성이 현상 그대로의 이미지에 의해 표상될 수 있음을 보여준다. 이 시편에서 '나무'의 자리와 '허공'의 자리는 시간적 순차성과 공간적 동시성의 차원을 갖는다. 그리고 사물로서 존재하는 "나무"와 현상으로 존재하는 "허공"이라는 공간적 세계를 최소 형식이 갖는 시적 국면으로 형상화하고 있다. "잎이 가지를 떠"남과 동시에 찰나적 "그 자리"는 곧 "허공"에게 그 자리를 내어주는 국면이다. 여기서 "그 자리"는 잎이 떠나는 그 순간 가지 위에 존재하지만 물론 잎이기 이전에는 허공에 존재한 공간이다. “그 자리”는 우주의 한 쪽이거나 살아있는 것으로서의 공간이다.

위 시편은 한 개의 문장과 다른 한 개의 문장의 순차성에 의해, 즉 한 개의 행위와 다른 한 개의 행위에 의해 어떤 ‘사건’을 드러낸 국면이다. 이러한 국면은 ‘결합’ 혹은 ‘합일’이라는 작용에 의해 사건의 행위를 표현한다. 단순히 그런 장면이 있다는 것으로서의 ‘사건’이라는 차원에서 “잎이 가지를 떠난” 행위는 곧 ‘가지가 잎을 떨군’ 행위이며, “하늘이 그 자리를 허공에 맡긴” 행위는 곧 ‘허공이 그 자리를 차지한’ 행위이다. 「나무와 허공」에서 나무는 가지들의 공간과 잎들이 갖는 공간의 총합으로써 결코 ‘나무’와 ‘허공’은 둘이 아니다. 나무는 이미 허공 속에서 존재하며 허공과 다르지 않은 존재로 서있기 때문이다. 그것들은 ‘관계’에 의해 ‘존재’를 드러내고 있을 뿐이므로 단순한 사건이 아니라 관계를 수용하는 현상 그대로의 사건인 것이다. 「나무와 허공」은 ‘허공’이 있으므로 해서 ‘나무’가 존재한다는 사실과 ‘나무’가 있으므로 해서 ‘허공’이 존재하는 현상적 관계를 나타낸다.

시제 「나무와 허공」에서, ‘허공’과 ‘나무’ 사이에 있는 공동격 조사 ‘~와~’는 어느 한쪽의 사물이나 현상 그리고 사건에 치우치지 않는 ‘不二’의 의미를 갖는다. 「나무와 허공」에서 “잎”의 공간과 “허공”의 공간은 둘이 아닌 하나의 공간이며, 이러한 공간의 합일성은 시간의 순차성에서만 존재적 양태를 드러낸다. “잎이 가지를 떠”나는 행위는 동일성 속의 차이성을 뜻하는 것으로서 시간적 순차성을 통해 행위가 존재하는 국면이다. “하늘이 그 자리를 허공에 맡”기는 행위는 인과적 관계에 의해 일어난 자연적 행위이다. 일련의 행위에 대해 그 크기를 가늠하기란 불가능할지 모른다. 하지만 “잎이 가지를 떠난” 자리와 “허공”이 다시 차지한 자리는 결코 둘이 아니라는 사실은 자명하다. “잎”이 존재하던 그 자리는 애초부터 잎의 자리가 아니라 “허공”의 자리에서 잎의 자리로 연속적 ‘옮김’을 시도한 산물이기 때문이다. 둘이 아닌 그 자리, “잎”

과 "허공"이 공존하는 그 자리가 '道'와 '진리'를 '頭頭'와 '물물'의 不二로 옮기고 있으며, "잎"은 道요, "허공"은 곧 '진리'의 국면이다.

①딱새 한 마리가 잡목림의
산뽕나무에 앉아
가지를 두 발로 내리누르고 있다
②딱새의 그림자도
산뽕나무에서 내려가지 못하고
가까운 줄기에 바짝 붙어 있다

—오규원, 「새와 그림자」 전문('①~②'는 인용자 표시)

①가지에 걸려 있는 자기 그림자
주섬주섬 걷어내 몸에 붙이고
새 한 마리 날아가네
②날개 없는 그림자 땅에 끌리네

—오규원, 「새와 날개」 전문('①~②'는 인용자 표시)

이 시편들 역시 「나무와 허공」과 같이 최소 형식의 가능성을 보여주는 시적 형태이다. 두 시에서 각각 두 문장으로 배치된 시구는 두 가지의 행위가 순차적인 관계성으로 배열되어있는 구조이다. 「새와 그림자」와 달리 「새와 날개」에는 주격조사가 생략되어있는데, 이는 행위의 속도를 반영하는 시적 구성으로 파악된다. 이는 주어와 서술어의 관계를 주격조사 없이 이어받음으로써 연쇄행위가 아닌 동일행위로 표현하는 효과를 갖는다. 이것은 주어와 서술어 사이에 암시성을 배제한 동일성 혹은 합일성의 시적 표현을 추구한 결과이다. 이 시편들은 '새'를 중심으로 일어나는 장면 혹은 행위들을 표현한다. '새'와 특별히 관계성을 갖는 장면은 "그림자"와 "날개"이다. 그 장면들은 "그림자"가 "붙어 있"거나 "땅에 끌리"는 모습으로 종결된다. '①'에서 "딱새 한 마리"가 "앉"은 장면과 "내리누르"는 장면은 연쇄행위라기보다는 장면의 합일화이다. 역시 '②'의 "딱새의 그림자"도 "내려가지 못하"는 장면과 "바짝 붙어 있"는 장면도 합일화된 이미지, 즉 장면의 중첩현상이다. 이러한 장면의 합일화 혹은 중첩현상은 시간적 순차성이 공간적 동시성에 귀속되는 현상이다. 모든 존재의 행위는 시간과 공간의 축을 중심으로 합일되는 형상으로 볼 수 있기 때문이다. "딱새"의 존재와 존재의 존재인 "그림자"는 둘이면서 둘이 아닌 '不二'라는 관점에서도 그렇다. 시제 「새와 그림자」에서 공동격 조사인 '~와~'를 사이에 둠으로써 '새와 그림자'는 존재와 현상을, 「새와 날개」에서는 존재와 본질의 관계를 나타낸다. 「새와 날개」에서, 새의 그림자가 가지에 걸려있는 국면은 '보이는 그대로'의 현상이다.

그렇다면 첫 행에서, 가지에 걸리지 않은 그림자는 어디쯤 있을까. 눈에 보이지 않던 새의 그림자들, 즉 가지에 걸리지 못한 그림자들은 둘째 행에 와서 그 존재를 드러낸다. '①'에서 "주섬주섬 걷어"낸 그림자는 가지에 걸린 그림자와 걸리지 못한 그림자를 하나의 존재로 나타난다. 비로소 새는 날아갈 수 있다. '①'의 "몸에 붙"인 그림자와 '②'의 "땅에 끌리"는 그림자와의 현상적 관계에서 몸에 붙인 그림자와 땅에 끌리는 그림자는 동일한 차원의 존재적 현상일까. 아니면 몸에 붙인 그림자는 새가 날기 시작하면서부터 왜 땅에 끌리는 것일까. 새는 날갯짓을 통해 날아가는데 왜 "땅에 끌리"는 그림자는 날개가 없는 것일까. 궁극적으로 '새'라는 존재와 '날개'라는 존재의 관계성은 무엇이며 존재의 존재를 존재이게끔 하는 그 존재는 또 무엇일까. 존재들의 관계적 혹은 연쇄적 행위를 쫓아가는 의문들이 이 시편들에 드러나는 현상 그 자체의 의미라고 볼 수 있다.

'현상시'라고 명명할 수 있는 「새와 그림자」와 「새와 날개」는 존재 혹은 현상의 언어화에 의해 무한한 시적 사유를 공유하게 한다. '새와 그림자' 또는 '새와 날개'라는 존재와 현상, 존재와 본질의 사이에는 쉽게 언어화할 수 없는 국면들이 존재하기 때문이다. 이러한 국면은 한 마리 딱새가 가지에 앉은 장면으로 인해 가지를 누르는 장면과 그림자가 바짝 붙어있는 장면을 합일하는 시적 구조에서 형상화된다. 한 마리 새가 날아가는 사실적 현상에 의해 그림자가 붙거나 끌리는 현상적 사실이 일어나고 있는 국면에서도 현상 그 자체가 갖는 의미현상을 감지하게 된다. 이러한 시적 구조는 짧은 시가 갖는 최소 형식의 가능성을 보여준다는 관점에서 현상 그 자체의 의미를 있는 그대로 형상화한다.

나무 밑에는 그늘과
그늘에서 뭉개지다가 남은 발자국
그곳으로 가는 길

—오규원, 「발자국과 길」 전문

나무와 길바닥 사이에 "그늘"이 존재하거나 나무와 하늘 사이에 "햇볕"이 존재하는 것은 '사실적'이다. 길바닥에 "발자국"이 존재하는 것도 '사실적'이다. "나무 밑"의 "그늘"은 나무 위의 "햇볕"이 작용한 결과물로서 나무의 형상이 남기는 흔적이다. "그늘"은 "햇볕"의 각도에 따라 다르게 나타나는 현상으로 '그림자'의 다른 이름이다. 나무그늘은 나무를 축으로 하여 무한공간에 나타나는 사실적 현상이다. "발자국"은 어떤 존재가 남긴 행위의 흔적으로서 있는 그대로 존재한다. "발자국"은 사실적 현상이며 그 위에 그늘이 드리워지면서 발자국과 그림자가 동시에 뭉개지는 것은 현상적 사실이다. "그늘"이 뭉개고 있는 "발자국"은 현상적인 반면 "그늘"이 뭉개고 난 뒤에 남은 "발자국"은 다시 사실적으로 회귀된다. 여기서 "그곳으로 가는 길"이 의미하는 것을 이해하기란 쉽지 않다. '남은 발자국이 길이 되어 그곳으로 향하는 길'인지, '발자국으로 가는 길'인지, 아니면 '나무이거나 그늘로 가는 길'인지 알 수 없기 때문이다. 물론 시제인 「발자국과 길」이 나타내고자하는 의미로 보면 그 길은 '발자국이 곧 길이 되는 현상의 합일'이라고 이해할 수 있다. "발자국"은 길이면서 길이 아닌 "그곳으로" 향하는 존재이다. "길"에 박힌 발자국은 길과는 또 다른 존재로서 길과 합일되는 국면으로 나타난다. 그 "발자국"은 "그늘"의 행위에 의해 무화되었다가 다시 복원되는 존재이다. 무화는 곧 '무상(無常)'을 의미한다고 볼 때 "발자국"이 머무는 그 지점은 곧 "그곳"임과 동시에 "그곳으로 가는 길"이 된다.

①산뽕나무 잎 위에 알몸의 햇별이
　가득하게 눕네
②그 몸 너무 환하고 부드러워
　곁이 있던 새가 비껴 앉네

—오규원, 「나무와 햇볕」 전문('①~②'는 인용자 표시)

이 시편은 '햇별이 눕'고 '새가 앉'는 행위를 단 두 문장으로 구성한 짧은 시 형식이다. 첫 문장의 "산뽕나무 잎 위에 알몸의 햇별"은 "가지에 걸려있는 자기 그림자"[「새와 날개」]와 동일성을 갖는 시적 표현이다. 이러한 시적 표현은 실체가 없는 존재의 자유자재성의 국면을 드러낸다고 볼 수 있다. '①'에서 "알몸의 햇별"이라는 은유적 수사는 '산뽕나무 잎 위에 가득하게 눕네'라는 환유적 체계에 수용되면서 시제인 「나무와 햇볕」의 관계를 암시한다. 여기서 '①'은 "산뽕나무 잎"과 "햇별"의 관계를 "알몸"에 의해 존재와 존재 사이로부터 하나의 새로운 현상으로 형상화된다. 이런 관점에서 '잎마다 가득하게 누워'있는 "알몸의 햇별"을 떠올려보자. 잎은 스스로 눈부시고 햇살은 스스로 평평한 현상으로 있게 될 것이다. 그렇다면 "잎"과 "알몸의 햇살" 그 사이에서는 과연 어떤 일이 벌어지고 있는 것일까. 물론 알몸의 햇살이 잎을 갉아먹으며 뒹굴고 있을지도 모른다. 하지만 이 국면은 다시 '②'

에서 '비껴 앉는 새'의 존재가 "알몸의 햇볕"과 조응되면서 여러 가지 의미현상을 암시하게 된다. "곁에 있"는 새는 한발자국도 옮기지 않았지만 "그 몸 너무 환하고 부드러워" 새가 비켜앉은 모습이 된다. 이 국면은, "새"는 어디서 어떤 나무에 앉아 무엇을 하며 놀던 늘 비켜앉은 모습이라는 의미현상으로 형상화된다. 의미현상으로 형상화되는 '날것의 이미지'는 이 시편에서와 같이 '새' = '잎'이라는 등식으로 '햇볕'과 '나무' 사이에 존재하는 날것 그대로의 세계를 표현하게 된다. 이러한 국면들은 날이미지시의 형태가 아니고서는 표현하기가 쉽지 않음을 감지하게 된다.

여러 곳이 끊겼어도
길은 길이어서
나무는 비켜서고
바위는 물러앉고
굴러 내린 돌은 그러나
길이 버리지 못하고
들고 있다

—오규원, 「산과 길」 전문

바위 옆에는 바위가
자기 몸에 속하지 않는다고
몸 밖에 내놓은
층층나무
한 그루가 있습니다
붉나무도
한 그루 있습니다

—오규원, 「층층나무와 길」 전문

두 시편에서는 각각 '길'을 따라 '산'이 존재하고 '나무'가 존재하는 장면을 시화하고 있다. 「산과 길」에서 길이 길로 존재한다는 것은 길을 길이게끔 하는 존재들이 있기 때문이다. 끊어진 길도 길이므로 그 길은 '비켜선 나무'와 '물러앉은 바위'에 의해 비로소 '길'로 존재하게 된다. 하지만 길 위에 놓아진 '돌'은 다르다. 비록 "굴러 내린 돌"이지만 그 돌은 길이 길이게끔 하는 데는 아무 작용도 하지 못한다. 그 '돌'은 스스로 몸을 던진 것이 아니라 '산'이 놓아버린 존재이기 때문이다. 그러나 길은 '돌'을 내치지 않고 길에 그냥 그대로 놓아둔다. 여기서 길이 길로 존재하는 존재성보다는 그 길이 길로서 존재해야하는 '까닭'에 의미현상을 발견할 수 있다. 즉 길은 존재의 당위성을 "굴러 내린 돌"에 의해 형상화되고 있는 것이다. 존재 그 자체와 존재의 이유는 역설적 의미를 갖는다. 이 시편은 "길은 길이어"서 "굴러 내린 돌"을 "길이 버리지 못하"는 '길'의 세계로 형상화한다. '길'이 길이어서 길이라면 "길은 길이어"야만 하는 존재의 까닭은 '비켜선 나무'들과 '물러앉은 바위'들에 의해서가 아니라 "굴러 내린 돌"을 수용함으로써 밝혀진다. "나무는 비켜서"고 "바위는 물러 앉"은 그 자리가 곧 길이지만 그 길은 산에 기대고 있다. 그 길의 여정이거나 도착점 혹은 출발점은 늘 '산'에서 이루어지기 때문이다. '산'이 '산'으로 존재하는 곳에도 그 산이 끊겨지는 자리가 놓인다. 굴러 내린 돌을 품기 시작하면서 길이 길로 존재하듯이 길을 품으면서 산은 산으로 존재하게 된다. 하지만 굴러 내린 돌은 그 길 위에 멈추어 있지만 그 길은 산이 산으로 끊겨진 곳에서도 다시 길로 존재하는 지향성을 갖는다. 길이 길로서 지향성을 갖는 현상은 산과 길의 관계가 아닌 길과 길의 관계를 암시한다. 이는 산이 정적으로 존재하는 반면 길은 동적임을 반증하게 된다.

현상적 관점에서 '길'의 존재성은 '비켜 선 나무'와 '물러앉은 바위'에 의해 '길'을 '길'로 존재할 수 있다면 이것은 있는 그대로의 세계이다. 하지만 '길'의 세계는 "버리지 못하"는 존재에 의해, 즉 "길은 길이어"서

"버리지 못하고/들고 있"어야 하는 '길'이기에 순수 상태의 길로만 존재할 수 없는 운명을 지니게 된다. '산'과 '길'이 둘이 아니라 하나가 된 그 자리에는 "비켜서"고 "물러 앉"은 풍경 사이로 "굴러 내린 돌"이 존재하기 때문이다. "여러 곳이 끊"어질 수밖에 없는 길의 운명은 이 세계를 그 자체의 현상을 따라 변화할 수밖에 없게 된다. '길'이 '산'과 개별적으로 존재하는 실재의 사물이라는 관점으로 파악할 수 있게 된다. 이에 대해 김문주는 '산길'을 '산'과 '길'로 나눔으로써 「산과 길」이 사물들의 어떤 배치를 동적인 관계로 바꾸어놓는 세계라면서, 산과 길 그 사이에 존재하는 사물들이 활물의 이미지로 탄생하면서 새로운 '길의 풍경'으로 열리게 된다고 보았다. 이러한 사이의 나눔 작용에 의해 '하나로 통합되어 정물로 인식될 사물과 현상을 분리하여 인식함으로써 세계는 보이지 않는 힘들이 겯고트는 역동적인 관계의 풍경이 되는 것으로 해명하였다.42) 여기서 물론 '산길'은 산에만 존재하는 길이다. 하지만 그 산길은 산에 뿌리를 내리고서 허공을 지향하고 있다. 산에 존재하는 그 길이 사물화 되면서 산과 길 사이의 세계를 관조할 수 있게 된다. 이러한 풍경은 활물이미지에 의해 동적 관계로서 열려있는 세계의 관점으로 인식한 것은 산의 속성과 길의 속성을 분리하여 사고한 결과이다.

「층층나무와 길」에서, '길'은 「산과 길」에서의 '길'과는 다른 세계에 존재한다. 우선 「산과 길」에서는 "길은 길이어서" "길은 버리지 못하고"에서 '길'을 직접적으로 지시하고 있다. 하지만 「층층나무와 길」에서는 '길'이라는 표현이 없다. 이는 「산과 길」에서 '산'이라는 표현이 없는 것과 같다. 즉 '산과 길'에서는 '산'의 풍경을 숨기고 '층층나무와 길'에서는 '길'의 모습을 숨겨놓은 것이다. 시제인 '층층나무'와 '길'은 서로 어떤 시적 관계를 갖는 것일까. "바위"들은 「산과 길」에서는 '물러앉은 바

42) 김문주, 「오규원 후기시의 자연 형상 연구」, 『한국근대문학연구』 22집, 한국근대문학회, 2010, 155~156쪽.

위'들이다. "층층나무"와 "붉나무"는 「산과 길」에서 '비켜선 나무'들이 된다. 하지만 이 시편에서 나무들은 단순히 길을 비켜선 상태가 아니라 바위가 "몸 밖에 내놓은" 상태로 있다. 「산과 길」에서는 나무들이 바로 길옆에 존재함으로써 산과 길의 사이에 존재하는 자격을 획득한다. 하지만 「층층나무와 길」에서는 나무와 길의 사이에 바위가 존재하는 국면이거나 나무와 바위 사이에 길이 존재하는 국면이다. 층층나무와 길의 관계에서 '길'의 지위는 산과 길에서 '길'의 지위와는 차원이 다르다. 「산과 길」에서 '길'이 눈에 보이는 '길', 즉 실재하는 '길'이라면 「층층나무와 길」에서 그 '길'은 실재하면서도 실재하지 않는, 즉 있으면서도 없고 없으면서도 있는 '길'인 것이다. 바위와 바위 사이, 바위와 층층나무의 사이, 바위와 붉나무의 사이, 층층나무와 붉나무의 사이에 난 '길'들은 모든 '산길'과는 다른 존재로서의 '길'이다. 어쩌면 '길'은 층층나무와 같이 '층층'이 존재하는지도 모른다. 이는 '길은 그 어디에도 있다'라는 말과 다르지 않다. 시인이 형상화한 길의 세계는 「산과 길」에서는 1차원적 존재로, 「층층나무와 길」에서는 3차원적 존재로 있다고 볼 수 있다.

두 시편에서 나타난 '길'의 세계는 타자가 밀어내는 세계에 의해 존재한다. 이러한 국면은 "길은 길이어서"[「산과 길」]이거나 "바위 옆에는 바위"가 존재하는 '사이와 사이'의 세계이다. '있는 그대로'의 현상 그 자체인 풍경에서 '사이와 사이'는 '타자와 타자'로서 마주보며 서로가 서로를 존재하게 하는 세계이다. "층층나무"는 바위 옆에 있는 바위가 몸속에 가두지 못하고 '그냥 그대로' 세워 둔 존재이다. 이 "층층나무"는 또 다른 존재인 "붉나무"를 불러 세운 뒤에 비로소 '길'의 세계가 된다. '길의 세계'는 바위가 몸속에 가두지 못한 "층층나무"와 "붉나무" 사이와 사이를 걸어가는 풍경이다. 두 시편에 드러나는 '길'의 세계는 길이 길로 존재하기 위해서는 타자와의 관계성을 극복함으로써, 즉 길 그 자체의 정체는 길과 길 주변과의 관계에 의해 존재성을 갖게 됨을 잘 보여준다.

콩새가 산수유나무 밑을 뒤지고
오목눈들이 무리 지어 언덕에서 풀씨를 뒤질 때

식탁 위의 감자튀김(올리브유에 튀긴)
내가 뒤지는

—오규원, 「겨울a」 전문

배추김치를 텃밭 한구석에 묻고
파김치를 그 옆에 묻고
언덕에서는 잡목림 밑에
발자국을 묻고 있는 지빠귀

—오규원, 「겨울b」 전문

두 시편의 시제는 「겨울」이라는 시간과 공간적 환경에서 작용하는 국면을 암시한다. 두 시편에서 '겨울'이란 서로가 서로를 "뒤지"며 구석구석마다 "묻고 있는" 시간과 공간의 총합으로 시화되어 있다. 「겨울a」에서는 겨울나기를 위해 "콩새가 산수유나무 밑을 뒤지"고 "내가 뒤지"는 것은 "식탁 위의 감자튀김"이라는 국면을 갖는다. 이러한 국면에서 주어인 "콩새" "오목눈들" "내"가 낱낱이 뒤지는 행위에 의해 존재하는 주체들이다. 이러한 주체들은 '겨울'이라는 계절적 범주에서 동일한 행위인 동사 '뒤진다'에 의해 작용하고 있다. 이러한 주체들은 '시간'이 갖는 연쇄적 순차성이 아닌 공간적 동시성에 의해 발견되는 행위자들이다. 이는 「겨울b」에도 반영된다. 다른 공간인 "텃밭"과 "언덕"에서 동일한 시간대에 일어나고 있는 상황들이 그것이다. 시적 화자가 "배추김치를 텃밭 한구석에 묻"고 지빠귀가 "묻고 있"는 "발자국"이라는 상황들은 모두 사실적 현상이다. 동시성에 의해 일어나는 상황 혹은 행위들은 이 세계에 헤아릴 수조차 없이 많이 존재하며, 그러한 행위들의 연쇄에 의해 두두물물은 존재성을 드러낸다. 두 시편에서 "오목눈들이 무리지어 언덕에서 풀씨를 뒤질" 바로 그 때 그 "언덕에서는 잡목림 밑에/발자국을 묻고 있는 지빠귀"가 있는 국면이다.

이 세계에 주어진 공간은 모두 '동시성'이라는 총합으로 이루어지는데, 이는 시간적 순차성의 미분(微分)에 의해 하나의 공간으로 드러나고 있음을 반영한다. '겨울a'와 '겨울b'는 동시성 안에 놓여있는 서로 다른 공간이며, 「겨울a」의 "언덕"과 「겨울b」의 "언덕"은 동시성 속에 존재하는 또 하나의 공간으로 존재한다. 이러한 시적 국면에 대해 이광호는, 텃밭 한구석에 배추김치와 파김치를 묻는 행위와 언덕에서 잡목림에 지빠귀가 발자국을 묻는 행위는 공간적으로 이웃한 사건은 아니지만, 같은 시간대에 '묻는' 행위라는 측면에서 연쇄적인 사건이 된다는 것이다. 동시성을 갖는 모든 행위는 연쇄적 사건으로 파악할 수도 있지만 무한대의 시간이나 공간의 차원에서 하나의 사건으로 결합할 수도 있다. 공간적으로 이웃하거나 이웃하지 않는다는 관점은 역시 인간 중심적 사고에 의해 나타나는 것으로 파악된다. 모든 자연과 자연물 그 자체의 섭리는 공간적 동시성과 시간적 순차성이라는 존재의 존재 그 자체에 의한 어떤 현상으로 작용한다.

①어젯밤 어둠이 울타리 밑에
　제비꽃 하나 더 만들어
　매달아놓았네
②제비꽃 밑에 제비꽃의 그늘도
　하나 붙여놓았네

—오규원, 「봄과 밤」 전문('①~②'는 인용자 표시)

이 시편은 '①'과 '②'의 두 문장으로 이루어진 짧은 시 형식이다. '①'에서, "어젯밤 어둠"은 곧 '봄밤'이며 "울타리 밑에/제비꽃 하나 더 만들어/매달아놓"은 것도 '봄밤의 행위에 의한 산물이다. '②'에서, "제비꽃 밑에 제비꽃의 그늘도/하나 붙여놓"은 것도 '봄밤'의 행위이다. '봄밤'이 "제비꽃 하나 더 만들어/매달아 놓"은 행위와 "제비꽃의 그늘도/하나 붙여놓"은 행위는 순차성을 띠는 인과(因果)의 작용으로 형상화된다. 이러한 인과적 작용에 의해, 즉 연쇄적 작용에 의해 사물이 사물이거나 행위가 행위로 존재하는 국면을 갖게 된다. 행위이거나 작용의 순차성은 곧 시간적 순차성을 말하는 것으로서 사건들의 중첩현상이라고 볼 수 있다. 시적 대상의 존재들인 "어둠" "제비꽃" "제비꽃의 그늘" 등은 시간적 연쇄일 뿐만 아니라 공간적 연쇄로도 볼 수 있다. 시제에서 현상과 현상의 관계를 나타낸 접속조사[공동격조사] '~과 ~'는 두 현상이 갖는 행위가 모두 시간적 순차성이거나 공간적 동시성이거나 그 반대의 행위로 나타날 수 있기 때문이다.

외딴 집이 자기 그림자를 길게 깔아놓고 있다
햇빛은 그림자 안으로 들어가지 않고
밖으로 조심조심 떨어지고 있다
바람도 그림자를 밀고 가지 않고 그냥 지나간다
그림자 한쪽 위로 굴러가던 낙엽들도 몸에 묻은
그림자를 제자리에 두고 간다.

—오규원, 「빛과 그림자」 전문

이 시편은 시간의 흐름과 공간의 겹침을 '사실적'으로 묘사하고 있다. "그림자"를 공간의 대상으로 응시함으로써 외딴집에서 '나를 침묵하게' 한다. 이는 대상이 '이 집은 서쪽으로 흐르는 강물 곁이어서 그 적막이 두텁다'라고 한 지점에 닿아있다. "그림자"는 투영된 실체를 넘어 존재적 실체로서 빛과 상생하는 관계로서의 국면을 갖는다. "햇빛은 그림자 안으로 들어가지 않고/밖으로 조심조심 떨어지고 있"는 현상에서, "그림자"는 "외딴 집"에서 살짝 빠져나온 영혼의 실체로 존재하고 있다. "그림자"는 문득 생성된 현상이라기보다 벽과 구석진 곳에 얇게 붙어 있다가 바깥으로 길게 깔린 형상이다. 시인은 그림자를 어떤 구석을 탈출한 평면의 이미지로 발견한다. 특히 "그림자"를 스스로 몸을 숨겨 존재하는 영혼의 실체로 이미지화한다는 점에서 '사실적'이 '현상적'으로 포착됨을 알 수 있다. 그리고 "외딴 집"의 부피가 "그림자"라는 두께로 공간을 비워두고 있을 때, 빛과 그림자 '사이'에는 과연 무엇이 존재하고 있는 것일까. 이는 "외딴 집"으로 서 있어야하는 고독한 공간 배경이 그 '사이'에서 침묵으로 존재하는 국면이다.

'사이'로부터 닿아가는 지점에는 삶이거나 죽음이거나 아니면 삶과 죽음의 경계가 자리하고 있다. 이때의 "그림자"는 실체 없는 관념인 동시에, 그 관념이라는 존재 양식이 "그림자"라는 살아있는 이미지로 변화되는 양상을 보인다. 모든 사물이나 현상은 존재하는 그 주체로서의 생명을 상호 간에 투시함으로써 비록 순간이지만 살아있는 그대로의 이미지 형태로 존재한다. 여기서 "외딴 집" "햇빛" "바람", "낙엽"은 모두 '빛'이라는 매개체를 통하여 느끼거나 보이는 현상이다. 특히 "그림자"는 빛을 통해 대상을 살아 움직이게 하는 제2의 실체라고 할 수 있다. 이 시편은 각각의 이미지들을 '빛'과 '그림자'의 '사이'에 배치시킴으로써 '사이'라는 시공간적 존재에 덧씌워진 언어 그 자체마저도 해체해버리는 형태를 갖는다.

> 구멍이 하나 있다 바닥이 보이지 않는
> 지나가는 새의 그림자가 들어 왔다가
> 급히 나와 새와 함께 사라지는 구멍이 하나 있다
> 때로 바람이 와서 이상한 소리를 내다가
> 둘이 모두 자취를 감추는 구멍이 하나 있다
>
> —오규원, 「구멍 하나」 전문

이 시편은 '구멍 하나'라는 존재적 현상을 재발견함으로써 "구멍" 속에서 우주를 탐색하고 나와 우리의 관계를 들여다보게 한다. 시인은 '구멍 하나'를 "바닥이 보이지 않"는 구멍"으로 묘사하면서 정물의 심상을 벗어나 하나의 현상이거나 풍경으로 그려낸다. 이는 "구멍"과 "새" 사이에 그 깊이를 알 수 없는 "그림자"를 들여놓고 있는 국면으로 나타난다. 그곳은 "그림자"가 "새"를 따라다니는 현상의 내면, 즉 "구멍"이 반영되는 쪽의 의미를 감추고 있다. 이는 구멍이 구멍 그 자체로서 존재하고 있는 내면인 '사이'를 관통하는 지점에서 존재와 또 다른 존재들이 새로운 지점에서 결합될 수 있음을 예고한다. 이 시편은 「구멍 하나」라는 시제에서도 알 수 있듯이 단 하나의 존재가 있는 밑바닥에서 개념화되기 이전의 '사이'를 날이미지로 놓아가는 국면을 갖는다. "바람"은 그냥 있는 모습 그대로 흐를 뿐이지만 "바닥이 보이지 않는" 구멍을 지나면서 "이상한 소리"라는 현상 그 자체의 이미지로 바뀌고 있다. "이상한 소리"는 이미 바람 속에 날이미지로 존재하는 움직임의 현상적 이미지라는 불변의 속성을 갖는다. "구멍"을 들여다보면서 혹은 "구멍"을 빠져나오면서 내는 소리는 모두 그 "구멍"과의 결합상태에서 발생되는 현상이기 때문이다. 결합에서 분리로 나아가는 현상적 사실, 즉 "바람"이 "구멍"을 지나기 이전과 마찬가지로 "구멍"을 떠나는 순간부터 바람과 함께 소리도 자취를 감추게 되는 현상 그 자체이다. 고정된 존재로서의 "구멍 하나"에 "새"와 "새의 그림자"가, "바람"과 "이상한 소리"가 지나면서부터 "구멍"은 비로소 있는 그대로의 존재에서 하나의 현상이 더하여지는 현상 그대로의 국면으로 살아난다. "구멍"을 향한 "그림자"와 "이상한 소리"의 반영은 현상 너머의 상상적 풍경일 수 있으며, 그냥 "구멍이 하나 있다 바닥이 보이지 않"는 지점에 날이미지가 가득 담긴 풍경이다. "자취를 감추"고 난 뒤, "구멍 하나"를 개념화하고자하는 모든 작용들을 뿌리치며 오직 날[生]것 그대로인 "구멍 하나"의 현상으로 형상화한 국면이다.

시인은 그냥 있는 그대로의 '존재적 현상'에 대해 끊임없이 새로운 발견을 추구하면서 '시의 언어란 무엇인가'라는 물음을 현상학적 사고에 연과된 언술체계로 형상화한다. 이는 개념적인 언어와 사변적인 언어를 뒤섞지 않으면서도 '결합'과 '접속'이라는 측면의 언어를 표현해낼 수는 없을까라는 고민을 거듭한 결과이기도 하다. 시인은 사실적 이미지 위에 현상적 이미지를 놓거나 겹침으로써 새로운 시적 의미인 현상 그 자체가 갖는 의미가 드러나는 국면을 지속적으로 탐색하게 된다. 이는 오규원의 짧은 시 형식의 추구에서 발견되는데, 역시 김춘수의 무의미시에서도 발견된다. 김춘수는 「幼年時」를 창작한 후 "또 시가 짧아졌다. 하는 수 없는 일이다. 무리해서 길게 쓸 것은 없다"라고 언급하고 있다. 두 시의 구조[길이]가 점점 짧아지는 추세라는 새로운 공통성을 발견하게 된다. 짧은 시 형식의 구현은 곧 "우리의 통념이 움직이지 않는 사물들에서 아무런 힘을 발견해내지 못하는데 반해, 오규원의 시선은 정적인 사물들에서 힘을 포착해냄으로써 정물을 존재들의 사건의 현장으로써 현상해낸다"43)는 인식 차원의 산물인 것이다.

4. 자유와 해방의 전적(全的) 세계

은유적 언술체계가 '유사성'에 의한 '선택'과 '대치'라는 사고의 한 축이라면 환유적 언어체계는 '인접성'에 의한 '결합'과 '접속'이라는 한 축이다. 이 때, 무의미적 시와 날이미지적 시는 환유적 언어체계의 범주에서 언술되므로 '서술적'이라는 공통성을 갖는다. '서술적'이란, 시간과 공간의 인접성 사물들이 어떤 관념이나 사물의 해명을 위해 차용된 것이 아니라 한 국면의 구조적 산물로서 환유적 의미를 갖는 언술체계를

43) 김문주, 앞의 글, 152쪽.

말한다. 이것은 대치관념으로서의 의미가 아니라 연상되는 관념으로서의 의미를 지향한다. 환유적 의미는 '현상적 의미'로, 연상되는 관념은 '자유연상'으로 이해되는 관점이기도 하다. 환유적 의미는 환유적 사고에 의한 형상화된 이미지의 의미이다. 이는 김춘수의 무의미시에서는 '서술적' 이미지로, 오규원의 날이미지시에서는 '날이미지'에 의해 생성된다. 환유적 사고는 인접의 길을 따라 문맥을 형성함으로써 문맥도 서술적으로 나타난다. 서술적 문맥은 환유적 사고에 의해 이미지화된 산물이므로 환유적 의미란 사실적 현상으로 이미지화된 의미, 즉 감각적 지각의 의미를 드러내는 국면을 말한다.

김춘수의 무의미시는 '대상'을 가지고 있는 만큼 자유롭지 못하다는 사고(思考)에 의해 시화(詩化)된다. 이는 '자유'라는 이름으로 대상을 놓친 서술적 이미지이거나 이미지가 곧 대상인 상태를 갖는다. 그리고 오규원의 날이미지시는 해방적 이미지, 즉 이미지의 개방 혹은 해방으로 나아간다. 이는 사실적 현상을 환유적 사고로 인식한 결과로서 현상적 사실로 형상화된 의미현상을 갖는다. 이는 살아있는 의미로서의 현상 그 자체가 갖는 의미의 국면을 갖는다. 현상 그 자체가 갖는 의미의 재발견은 서술적이거나 환유적인 사고에 의해 형상화된 현상적 이미지에서 이루어진다. 인간적 관념을 배제한다는 김춘수의 무의미시와 오규원의 날이미지시는 현상적 사실의 이미지화에 의해 형상화되는 현상 그 자체가 갖는 의미를 재발견하는 시적 방법론이 된다.

김춘수의 무의미시와 오규원의 날이미지시는 인간 중심적 사고, 즉 주체중심의 관점, 은유적 언어체계, 비유적 이미지, 관념적 사유를 벗어나서 대상 중심적 사고, 즉 객체중심의 관점, 환유적 언어체계, 서술적 이미지, 표상적 사유를 추구한다는 점에서 상호 비슷한 형태로 파악된다. 그 외도 두 시가 유사성을 갖는 것으로는, 하나는 인간 관념[관념어]으로부터 벗어나기 시작하면서 언어가 존재의 현상 그 자체가 되도록 하는 것이고, 다른 하나는 현상 그 자체가 된 언어를 현상적 이미지로서 각각 '서술적 이미지'와 '날이미지'를 구현한다는 점이다. 환유적 언어체계로 이루어진 한 편의 시는 하나의 국면을 나타내는 '언어'가 곧 존재의 '현상' 그 자체와 등가관계를 이루면서 '사실' 혹은 '존재'의 현상적 관점을 갖는다. 현상적 관점에서 포착하는 이미지는 있는 그대로의 현상을 의미화하는 국면을 갖는다.

1) 왜곡의 전복과 만유의 풍경

어떤 존재가 다른 존재로 끝없이 치환되는 은유적 사고에 의한 시적 인식은 보편적으로 수행해온 시적 대상에 대한 의미화작업이다. 이러한 작업은 얼핏 보면 대상세계를 명확히 밝히는 것처럼 보이지만 앞에서 검토한 바와 같이 대상을 수없이 파편화하고 덧칠하는 작업에 불과하다. 언어 그 자체는 하나의 기호체계로 존재하는 것으로서 왜 언어가 존재의 본질, 즉 전적(全的)인 세계를 왜곡해야하는가에 대해 망설이게 한다. 그것이 언어로 표현되어야한다면 그 언어로 표현된 사실적 현상은 있는 그대로 형상화해야한다는 당위성을 갖는다. 왜곡되지 않은 '사실적 현상'이 바로 '현상적 사실'로 이루어진 날이미지로서의 현상이다.

> <u>새 한 마리 허공을 나누다가</u>
> <u>급히 하강하고</u>
> <u>다른 새 한 마리는 위로 솟구치다가</u>
> <u>어느새 하늘이 되었다</u>
> 사내는 낮은 길에 서서 몸을
> 바로 세운다 길이
> 앞뒤로 나누어지며 툭 끊어진다
>
> —오규원, 「처음 혹은 되풀이-새와 돌」 부분('밑줄'은 인용자 표시)

하늘을 열고 들어가
뚫고 들어가
그곳에서
파랗게 하늘이 되었습니다.
오늘 생긴
하늘의 또 다른 두께가 되었습니다.

—오규원, 「하늘과 두께」 부분

위 시편에서 "새 한 마리"가 "솟구치"는 풍경은 사실적 현상이다. 이러한 사실적 현상은 "어느새 하늘이 되"는 사이에서 현상적 사실로 형상화된다. "새"가 "하늘"과 등가관계를 이루는 현상에서 새로운 현상을 재발견하게 된다. 이는 눈앞에 보이는 어떤 현상이 새로운 풍경으로 감지되는 사이에서는 그 어떤 인간적 관념이 개입할 수 없게 되는 국면으로 형상화됨을 보여준다. '어느새 하늘이 되는 한 마리 새'의 현상적 풍경은 "하늘의 또 다른 두께"를 예고한다. "하늘을 열고 들어가/뚫고 들어가" "하늘의 또 다른 두께가 되었습니다"는 허공의 차원을 넘어선 현상적 사실의 '하늘'이다. "하늘"은 '보이는 그대로'의 하늘이며 물의 분자를 가진 모든 현상적 사물이 바다에 모이듯 날개가 있는 모든 사물이 찾아드는 그런 "하늘"이다. "하늘"은 낯선 새 한 마리와 등가를 이루면서 동일성을 갖는다. 하늘은 허공계가 만들어놓은 하나의 지붕처럼 보이지만 그것은 실재하는 사실이 아니다. '하늘'은 실상으로 보이지만 실상이 허상인 채 존재하는 현상적 존재이다. 보이는 그대로의 대상인 "하늘"은 하늘 그 자체로서 현시(顯示)되는 이미지, 날[生]것의 이미지로서 존재하기 때문이다. 이러한 날것의 이미지로서의 "하늘"은 시인에게 무위(無爲)의 공간이며 진여(眞如)의 곳으로 형상화된다. 허공이 있는 하늘은 선(禪)의 '공(空)' 사상과 노장(老莊)의 '무위'를 나타내는 "또 다른 두께"로서 존재한다. 이러한 날이미지로의 현상은 다음의 시편들에서 좀 더 충격적인 양상으로 형상화된다.

> 낯선 새 한 마리가 울지 않고 다리를 숨기고 그곳에 묻힌다 봉분 없는 하늘이 아름답다
>
> —오규원, 「새」 부분

> 바람이 불어도 절은 뒤에 있는
> 하늘에 붙어
> 흔들리지 않는다
>
> —오규원, 「절과 나무」 부분

「새」에서, "봉분 없는 하늘"은 "하늘을 열고 들어가/뚫고 들어가" "하늘의 또 다른 두께가 되었습니다"[「하늘과 두께」]라는 하늘과는 다른 현상의 하늘이다. "하늘"은 실재하는 공간이 아니라 현상 그대로의 공간이므로 그 하늘에는 "봉분"이 존재할 수는 없을 것이다. "봉분 없는 하늘이 아름"다운 것은 새 한 마리가 "그곳에 묻힌" 현상 때문이다. 「처음 혹은 되풀이-새와 돌」와 「하늘과 두께」에서는 "허공"과 "하늘"이 함께, '허공이 있는 하늘'을 나타낸다. "새 한 마리는 위로 솟구치다가/어느새 하늘이 되었다"·"오늘 생긴/하늘의 또 다른 두께가 되었습니다"는 아름다운 "봉분 없는 하늘"과 등가를 이룬다. 앞에서 「새」, 「처음 혹은 되풀이-새와 돌」, 「하늘과 두께」가 '두께'로 표현되는 '하늘'이라면 작품[「절과 나무」]에서 표현된 "하늘"은 '넓이'로 있는 현상적 사실이다. 「처음 혹은 되풀이-새와 돌」, 「하늘과 두께」, 「새」에서 하늘이 하늘 그 자체로서 존재한다면 [「절과 나무」]에 표현된 "하늘"은 만유(萬有)를 감싸는 이미지, 즉 "하늘에 붙어" 있거나 "하늘에 얹혀" 있는 존재이다. 즉 '이마에 얹고 서 있는 하늘' '들어올려지는 하늘' '버려져 있는 하늘'로 있는 국면이다. 지금까지의 '하늘'은 하늘 그 자체로서 '두께' 혹은

'넓이'라는 이미지로 표현되었다면 여기서는 "지붕 위의/한 귀퉁이에 걸린/하늘" "집은/언제나 하늘 속에 있다" "하늘에는 담쟁이가/엉겨 붙을" "축 늘어진 하늘" "나뭇가지의 끝에는 뾰족한 하늘이고/의자의 끝에는 절벽의 하늘"에서처럼 '허공'의 이미지를 나타내는 '하늘'이다. 하늘이 허공을 뜻한다는 점에서도 이는 '넓이'를 나타내는 현상과 '두께'를 나타내는 현상으로 나누어진다.

> 동쪽에서 서쪽으로 하늘을
> 파고 있는 그 가지에 앉았다가
> 갔다 인간의 시간으로는 약 5분쯤
>
> —오규원, 「조주의 집 · 1」 부분

> 그 가지 끝으로 가끔 새가 와서
> 하늘을 보며
> 오오래 앉았다가 간다
>
> —오규원, 「조주의 집 · 2」 부분

> 그 높이의 층층 사이의 허공을
> 빈틈없이 하늘이 찾아들어 잎이며
> 가지의 푸른 배경이 되어 있다
>
> —오규원, 「조주의 집 · 3」 부분

위 시편들에서 분할국면을 갖는 이미지의 세계는 현상 그 자체로 존재할 때 가능해진다. 이러한 국면은 시편들에 나타나는 '허공'과 '하늘'이라는 이원론적 관점을 통해 확인할 수 있다. '조주의 집'이 있는 동네에서 올려다 본 "하늘"은 나뭇가지가 "서쪽에서 동쪽"으로 "파고 있"는 지점이다. '조주의 집'은 새 한 마리가 "인간의 시간으로는 약 5분쯤" 하늘을 파고 있는 나뭇가지에 앉았다가 날아가는 곳이기도 하다. 가끔은 새가 와서는 "하늘을 보며/오오래 앉았다"가 날아가기도 한다. 새가 날아간 뒤 "허공"은 "하늘"이 되어 "가지"의 푸른 배경이 되는 곳이기도 하다. 사물과 사물의 만남과 이동은 현상을 분할하는 국면을 갖는다. 이는 '조주의 집'이 「조주의 집 · 1」과 「조주의 집 · 2」에서는 "하늘"로, 「조주의 집 · 3」에서는 "허공"이라는 국면으로 드러난다. 존재적 관점으로는 "허공"과 "하늘"은 둘이 아니라 하나이지만 현상적 관점에서는 "허공"과 "하늘"은 하나가 아니라 둘이 된다. '허공'은 텅 빈 자리에서 가득 채워진 공간 그대로의 곳이며 '하늘'은 허공을 응시할 때 바라보이는 그대로의 현상이다. 「조주의 집」 연작에서는 空의 세계인 '허공'과 '하늘'이 하나이면서도 둘로 나누어지는 국면으로 형상화된다. 이러한 국면은 층층이 높이로 있는 허공의 사이와 사이로 "빈틈없이 하늘이 찾아들어"선 풍경이며, 잎이며/가지의 푸른 배경이 되"는 지점이다.

뜰 앞의 잣나무가 밝은 쪽에서 어두운 쪽으로 비에 젖는다
서쪽 강변의 아카시아가 강에서 채전 방향으로 비에 젖는다
아카시아 뒤의 은사시나무는 앞은 아카시아가 가져가 없어지고 옆구리로 비에 젖는다
뜰 밖 언덕에 한 그루 남은 달맞이가 꽃에서 잎으로 비에 젖는다
젖을 일이 없는 강의 물소리가 비의 줄기와 줄기 사이에 가득 찬다

—오규원, 「우주 · 2」 전문

비가 온다, 대문은 바깥에서부터 젖고 울타리는 위서부터 젖고 벽은 아래서부터 젖는다
비가 온다, 나무는 잎이 먼저 젖고 새는 발이 먼저 젖고 빗줄기가 가득해도 허공은 젖지 않는다
………………라고 말하는 시도 젖지 않는다

—오규원, 「비」 전문

「비」[『토마토는 붉다 아니 달콤하다』, 1999]는 먼저 발표된 「우주 · 2」[『길, 골목, 호텔 그리고 강물소리』, 1995]의 형식을 패러디한 작품이다. "비가 온다"는 행위와 그 비에 "젖는다"거나 "젖지 않는다"는 상황은 모두 '우주'의 현상을 드러내는 '보이는 그대로'의 형상화이다. "비에 젖는다"[「우주 · 2」]에서는 공간적 동시성에 의해 젖어가는 시간적 순차성의 상황을 나타낸다. 이는 개별공간에 따른 시간적 순차성은 우주의 현상이요 대자연의 섭리에 의해 이루어짐을 보여준다. 그래서 "비에 젖는다"라는 상황은 "우주"를 대표하는 종(種)으로 인식될 수 있다. 첫 문장에서 "대문" "울타리" 벽"은 "바깥에서부터" "위서부터" "아래서부터" 젖는 국면이다. 여기서 젖는 현상은 모두 "비가 온다"라는 전제에서 이루어지는 국면들이다. 「우주 · 2」에서 "잣나무"와 "아카시아" 등이 공간적 방향성으로 현상을 나타내고 있다면 「비」에서는 시간적 차이성이 우세하게 형상화되는 국면이다. 둘째 문장에서도 "비가 온다"라는 전제에서 나무는 잎에서부터 젖고 새는 발부터 젖는 국면이다. 하지만 "빗줄기가 가득해도 허공은 젖지 않는다"는 시구는 "젖을 일이 없는 강의 물소리가 비의 줄기와 줄기 사이에 가득 찬다"[「우주 · 2」]의 현상과 유사성을 띤다. '허공' 그 자체는 이미 젖어 있어 "젖지 않"으며, 강의 물소리는 "젖을 일이 없"기에 젖지 않은 현상을 '현상적 이미지'로 표현하고 있다. 「비」와 「우주 · 2」는 시적 형식과 배열이 유사성을 띠고 있음을 알 수 있다. 특히 마지막 행에서 "………………라고 말하는 시도 젖지 않는다"라고 표현된 시구에서 "비"는 더 이상 '젖지 않은 시'가 됨으로써 '비[雨]'와 "시"는 우주에 젖어 우주를 이루고 있는 만유의 풍경이 된다. 다시 "저녁에는 뜰 앞 강변에서 원산지가 칠레라는/달맞이꽃 위에 머무는/다른 별에서 온 빛을 급히 뭉개며/이름을 알 수 없는 새 한 무리가/달빛 어딘가로 몸을 숨"[「우주 · 4」]기는 우주가 "마른 쥐똥나무 울타리 위로 날"

[「우주·4」]고 있다. 날것의 이미지로 형상화된 이들 시편들을 통해 "비가 온다"라는 탄생의 비밀이 가득한 우주에서 살아있는 세계의 국면을 '전적(全的)'인 풍경 그 자체로 읽게 된다.

2) 현상적 경계의 초월

김춘수는 현실적 존재와는 또 다른 세계를 시화하기 위해 '가능성'을 지향하는 미적 의식을 갖는다. 이는 그가 관념화된 존재로부터 벗어나기 위해 존재에 대한 본질적 사유로의 회귀이다. 그는 존재적 진리를 현상 그대로 형상화하기 위해 발견적 미의식을 포착한 것이다. 그는 발견적 미의식에 의해 현상과 현상이 갖는 경계를 초월하는 시적 국면을 인식한 것이기도 하다. 그는 또 '존재적 현상'을 깊이 있게 응시하면서부터 이를 성찰한 후 초월하려는 시적 구상화를 추구한다. 가능성의 세계를 발견하려는 그의 집념은 이미지 그 자체에 대해서도 절대화 내지는 순수화시키려는 무의미적 단계로 전진한다.

김춘수는 오규원과 마찬가지로 시의 언어 그 자체에서부터 일체의 관념적 요소들을 거부함으로써 순수하게 정화된 이미지로 절대화를 추구한다. 무의미적 시에 대한 김춘수의 집념은 존재적 현상으로부터 구현되어진 현상적 존재마저 초월한 단계에서 독특한 미의식의 세계를 획득한다. 김춘수의 시적 여정은 '가능성'이 있는 세계의 연장선을 동경하는 의식을 갖는다. 이러한 의식은 새로운 가능성의 세계에 대한 시적 자각으로 나타난다. 단계적인 시적 자각을 통해 이루어진 "김춘수의 무의미시는 지적(知的)으로 이해해야하는 시가 아니라, 직관적으로 느껴야하는 시이다. 직관이 최상의 수단이라면 지적 이해는 차선의 방법"[44]이라는 견해와 같이 그는 '지움'과 '초월'이 병행하는 시적 성찰을 통해 현상학

44) 엄국현, 「무의미시의 방법적 이해」, 『김춘수 시 연구』, 흐름사, 1989, 434쪽.

적 방법론을 도입한 시 세계를 열어간다.

> 샤갈의 마을에는 삼월에 눈이 온다.
> 봄을 바라고 섰는 사나이의 관자놀이에
> 새로 돋은 정맥이
> 바르르 떤다.
> 바르르 떠는 사나이의 관자놀이에
> 새로 돋은 정맥을 어루만지며
> <u>눈은 수천수만의 날개를 달고</u>
> <u>하늘에서 내려와 샤갈의 마을의</u>
> <u>지붕과 굴뚝을 덮는다.</u>
> 삼월에 눈이 오면
> 샤갈의 마을의 쥐똥만한 겨울 열매들은
> 다시 올리브빛으로 물이 들고
> 밤에 아낙들은
> 그 해의 제일 아름다운 불을
> 아궁이 지핀다.
>
> ―김춘수, 「샤갈의 마을에 내리는 눈」 전문('밑줄'은 인용자 표시)

이 시편에서 "눈은 수천수만의 날개를 달"고에서 "눈"은 사실적 현상을 갖는 존재이지만, 눈이 "수천수만의 날개를 달"고라는 현상은 환상적 분위기를 갖는다. 앞에 나오는 "눈"이라는 '사실적 현상'의 영향으로 뒤에 이어지는 현상이 환상적 이미지로 되는 구조이다. 이는 '눈이 날린다'라는 현실적 정황과 '눈이 날개를 달았다'는 환상적 사고가 합일되는 국면이 된다. 즉 현실 그대로인 사실적 현상과 현실을 기저로 하여 생성되는 상상력에 의해 일어나는 환상적 현상을 함께 경험하는 시적 국면이다. "눈이 수천수만의 날개를 달"았다는 정황은 사실적으로는 불가능한 이미지이다. 앞의 "눈"이라는 사실적 존재와 동일한 공간에서 "수천 수만의 날개를 달"았다는 작용이 일어나므로 환상적 이미지가 가능하게 된다. 환상적 이미지는 사실적 현상과 동일한 차원에서 이루어지므로 사실성을 벗어나지 않는 이미지의 범주에 있다. "날개"는 하늘로부터 대지를 향하면서 "샤갈의 마을의/지붕과 굴뚝을 덮"는 '살아있는' 존재적 현상으로 있다. "날개"는 생명의 쉼 없는 호흡이라는 이미지를 반영하면서 "눈"을 '살아있는' 존재로 보여준다. "날개"는 심리적 현상을 넘어 하나의 존재적 현상으로서 현상적 사실로 인식되어 형상화를 이룬다. "눈"은 하늘에서 생성되어 대지에 이르러서야 비로소 녹기 시작한다는 사실적 현상으로서 '살아있는 것'과 '살아 있지 않은 것'의 경계를 허물어버린다. 이러한 경계의 무너뜨림은 현상 그대로의 이미지가 갖는 또 하나의 특질이다.

> ①바람이 인다. ②나뭇잎이 흔들린다.
> ③바람은 바다에서 온다.
> ④생선 가게의 납새미 도다리도
> 　시원한 눈을 뜬다.
>
> —김춘수, 「處容三章」 부분('①~④'는 인용자 표시)

이 시편은 '①'의 "바람이 인다"와 '②'의 "나뭇잎이 흔들린다"는 사실성 그 자체만으로 된 사실적 현상으로 형상화되고 있다. 그리고 '③'의 "바람은 바다에서 온다"는 사실성 위에 새롭게 발견된 어떤 현상이 겹쳐지는 국면이다. '어떤 현상'이란 발견적 현상이라기보다 사실적 현상에 더 가깝다. 이 시의 전반부의 '①', '②', '③'은 사실적 현상의 국면을 갖는다. 그렇다면 '④'는 어떤가. '시원하게 눈을 뜬 생선' 또한 환상적이거나 발견적 현상이라기보다 사실적 현상에 더 가깝다. 물론 "시원한"이라는 화자의 정서가 개입됨으로 인해 완전한 사실성을 갖는다고는 볼 수 없다. 하지만 "시원한 눈"라는 시구는 '눈이 시원하다'라는 대상 중심적 사고에서 보면 그것은 있는 그대로의 현상일 수 있다. 이는 '바람이 일고' '나뭇잎이 흔들린다'라는 이미지가 "시원한" 상황을 전제하고 있다는 점에서 납새미 도다리의 눈도 시원하다는 암시에서다.

이 시편의 총체적 국면은 사실적 이미지를 현상적 이미지 그 자체로 포착한 경우이다. 특히 "바람" "나뭇잎" "바다" "생선 가게"는 "처용"을 중심으로 통시적 인접성을 띠는 사물로서 전체 국면에 대한 작은 국면을 갖는 시적 구조이다. 이러한 인접성 사물들은 그 국면이 갖는 구조적 산물이 연상되는 관념으로서 "시원한 눈을 뜬다"라는 의미를 포착하게 한다. 이 시편의 경우, 전체 국면에 대한 작은 국면들에서도 환유적 사고가 인접의 길을 따라 서술적인 문맥을 형성한다. 서술적 문맥 속에 나타나는 환유적 사실들, "바람이 분다" "나뭇잎이 흔들린다" "바람은 바다에서 온다" 등은 사실적 현상들이다. 그렇다면 작은 국면으로 나타나는 "시원한 눈을 뜬다"는 어떤가. 이는 사실적 현상일 수도 있고 심리적 현상일 수도 있는 국면이다. 이 작은 국면에서 그것이 사실적 현상이 아니라하더라도 하나의 이미지화된 현상으로서의 의미현상을 갖는다. 이 시편의 전체 국면은 "시원한 눈을 뜬다"라는 작은 국면을 중심으로 시간과 공간의 인접성 사물에 의해 연상되는 의미현상을 띠게 된다.

> ①한 아이가 나비를 쫓는다.
> ②나비는 잡히지 않고
> 나비를 쫓는 그 아이의 손이
> 하늘의 저 투명한 깊이를 헤집고 있다.
>
> —김춘수, 「라일락 꽃잎」 부분('①~②'는 인용자 표시)

이 시편은 '①'에서 "한 아이가 나비를 쫓는다"에 의해 현실 그 자체를 나타내는 사실적 이미지의 국면을 갖는다. '②'에서 "나비는 잡히지 않"고는 사실적 이미지로서 '사실적 현상'이다. 그렇다면 "나비를 쫓는 그 아이의 손이/하늘의 저 투명한 깊이를 헤집고 있다"라는 국면은 어떤가. 이것 또한 사실성의 바탕 위에 생성된 이미지로 이루어져 있다. "저 투명한 깊이"라는 발견적 시선에 의해 새로운 의미가 부과되는 정황이다. 이러한 발견적 시선은 주체 중심적 시선이 아니라 반주체 중심적 시선, 즉 대상적 관점에서 투영한 시선이다. 이렇게 투영된 시선은 관념적으로 덧씌우진 것이 아니라 가려져있던 세계를 드러내는 작용을 한다. 이렇게 드러난 국면은 독자에게 낯설게 느껴질 수도 있겠지만 충분히 사실적이고 객관적인 현상 그대로의 정황이다. 이 시편에 형상화되는 전적(全的)인 현상은 동일 공간에서 시간적 순차성을 갖는 문맥으로 서술된다. 이러한 서술적 표현은 환유적 세계를 축으로 하는 언어체계를 갖는다는 관점에서 "한 아이" "나비" "아이의 손" "하늘"은 "라일락 꽃잎"을 중심으로 한 시공간적 인접성을 띠고 있다. 인접에 의한 '결합'과 '접속'의 시적 구조는 환유적 언어체계의 축을 이루는 국면으로 있다.

①디딤돌이 달빛에 젖어 있다.
②아내의 한 쪽 발이 놓인다.
③어디선가 가을 귀뚜라미가 운다.
④무중력 상태의 한없이 먼 곳에
아내는 떠 있는 느낌이다.

—김춘수, 「디딤돌 · 1」 전문('①~④'는 인용자 표시)

이 시편은 다섯 개 행이 네 개의 문장으로 이루어진 최소 형식으로 구성되어 있다. 이 시편은 '디딤돌에 놓인 아내의 한 쪽 발'을 형상화한 국면을 갖는다. '②'의 "아내의 한 쪽 발이 놓"이는 정황과 '③'의 "어디선가 귀뚜라미가 운다"는 정황은 사실적 국면이다. 하지만 '①'과 '④'는 '②'와 '③'과는 다른 차원의 정황이다. '①'에서 "디딤돌이 달빛에 젖어 있"는 정황은 시인의 정서가 개입됨으로써 사실성으로부터 거리를 갖는 국면이다. '④'는 화자의 시선이 "무중력 상태의 한없이 먼 곳"이라는 정황을 이어받아 "아내는 떠 있는 느낌이다"라는 사실성으로부터 거리를 유지하는 국면이다. 그리고 '①'에서 "달빛에 젖"는 현상이 앞의 "디딤돌"의 사실성 위에 놓아짐으로써 하나의 심리적 정황이 개입되는 국면을 갖는다. '④'에서 "무중력 상태" "한없이 먼 곳" "떠 있는 느낌"은 '①', '②'의 '사실적 현상'의 도움을 받아 이어지는 국면으로서 환상의 차원으로 감지되어 새로운 이미지로 형상화된다. '①'에서 "디딤돌이 달빛에 젖어 있"는 현상은 심리적 현상과 사실적 현상이 충돌하는 국면이다. '②'와 '③'에서 "아내의 한 쪽 발이 놓인"다와 "어디선가 가을 귀뚜라미가 운"다는 현상은 '사실적'이다. '④'는, "무중력 상태의 한없이 먼 곳"이라는 존재적 현상에 "아내는 떠 있는 느낌이"다의 환상적 심리 상태가 간섭을 일으키는 국면이다. 이 시편의 전체적 국면에서는 각각의 작은 국면들이 갖는 사실적 현상과 심리적 현상들이 겹쳐지면서 또 다른 세계를 형상화되고 있다. 이는 "달빛" "발" "무중력"이 "아내"를 중심으로 인접성을 가지면서 "가을 귀뚜라미"를 통해 모든 사물들을 다시 "디딤돌"을 중심으로 인접성 사물로 묶는 국면이다.

> ①하늘 가득히
>   자작나무꽃 피고 있다.
> ②바다는 남태평양에서 오고 있다.
>
> —김춘수, 「리듬 · Ⅰ」 부분('①~②'는 인용자 표시)

'①'에서 "자작나무꽃 피고 있"는 현상은 "하늘 가득히"에 의해 시제인 「리듬」 그 자체를 반영하는 국면이다. '②' 역시 '바다가 오고 있'는 풍경이 "남태평양"으로부터 시제인 「리듬」의 형태를 유지하는 국면이다. 서술적 이미지의 배열 방식은 어떤 고정적인 의미를 드러낸다기보다 의미적 흐름에 의해 새로운 시적 국면의 형태를 갖는다. "하늘"과 "바다" 사이에서 "자작나무꽃 피고 있"는 현상은 '전적(全的)'인 세계의 모습이다. "바다는 남태평양에서 오고 있"다라는 현상은 현상적 사실이 사실적 현상으로 복원되는 형태이다. 이러한 세계의 모습은 "리듬"의 무의식적 지각에서 이루어지는 현상들이다. 세계의 모습들은 무의식적 배경에서 환유적으로 드러나는 국면을 갖는다. "하늘" "자작나무꽃" "바다" "남태평양"은 "리듬"을 중심으로 인접성을 갖는 국면으로 있게 된다. 환유적 인접성을 갖는 세계의 모습들은 서술적 언술체계를 축으로 하는 사실적 지향성을 갖는다. 즉 환유적 인접성의 축은 은유적 대치성의 축에 맞서는 언어체계의 형국을 갖는다. "자작나무꽃"이 "하늘 가득"하게 피는 현상과 "바다"가 "남태평양"으로부터 "가득"히 오고 있는 현상은 모두 환유적 언어체계로 연상되는 국면을 갖는다. 서술적 문맥으로 드러난 풍경들은 "리듬"으로 연상되면서 인접성을 갖는다. 그리고 "바다"가 "남태평양"이라는 바다라는 인접된 세계로부터 오고 있다. 이는 이미지가 이미지를 부르게 되면서 대상의 형태를 숨기는 국면이다. 자작나무꽃이 피어나고 바다가 바다로부터 오는 세계의 현상을 있는 그대로 형상화한다.

①모과는 없고
　모과나무만 서 있다.
②마지막 한 잎
　강아지풀도 시들고
　하늘 끝까지 저녁노을이 깔리고 있다.

—김춘수, 「리듬 · II」 부분('①~②'는 인용자 표시)

이 시편은 「리듬 · I」과 같이 현재진행형의 형태로 서술된다. '①'에서, "모과는 없고/모과나무만 서 있"는 장면은 사실적 현상이다. '②' 역시 사실성을 갖는다고 볼 수 있지만 "마지막"과 "하늘 끝까지"에서 시인의 정서가 개입되어있다는 점에서 심리적 현상으로 볼 수 있다. '①'과 '②'에 표현된 사실적 이미지와 심리적 이미지는 서로 겹치는 국면을 갖는다. 즉 사실적 이미지에 의한 현상 그대로의 의미와 심리적 중량이 놓인 의미현상이 함께 드러나는 국면이다. 이 시편을 의미적으로 살펴보면, 모과도 없이 서 있는 모과나무와 마지막 한 잎마저 시들어가는 강아지풀 그리고 하늘을 온통 물들이는 저녁노을이 '리듬'의 현상으로 형상화된 풍경이다. 이러한 풍경은 "모과나무만 서 있"는 고정된 국면과 "저녁노을이 깔리고 있"는 유동적 국면을 갖는다. 이는 존재와 현상의 내면적 현상, 즉 있는 그대로이거나 존재 그 자체인 존재적 현상으로 있는 국면에서 하나의 "리듬"이 존재하는 국면이다. 존재적 현상의 국면은 "리듬"이라는 인식의 통로를 통해 현상적 존재로 나타난다. 눈에 보이는 사실적 존재가 갖는 존재적 현상들의 주체, 즉 "모과나무" "강아지풀" "저녁노을"은 하나의 "리듬"이라는 현상적 사실로 형상화된다.

①낙엽은 지고
  그늘이 낙엽을 덮는다.
②저무는 하늘,
  머리를 들면 멀리/바다가 모래톱을 적시고 있을까,

—김춘수, 「얼룩」 부분('①~②'는 인용자 표시)

이 시편 속에서 "낙엽" "그늘" "하늘" "머리" "바다" "모래톱" 등은 "얼룩"을 중심으로 한 시간과 공간의 인접성 사물들이다. 이러한 사물들은 환유적 시적 국면의 구조적 요소로 작용한다. 인접성 사물들이 드러내는 의미현상은 "바다가 모래톱을 적시고 있을까"와 같이 시적 국면을 자유로이 연상하는 형태이다. 이러한 자유연상에 의해 생성되는 관념적 표현은 현상적 사실이 갖는 현상 그대로의 이미지라기보다 미완성의 이미지로 있게 된다. 여기서 미완성의 이미지란 시인이 말대로 '의미의 분

말'을 뜻한다. '①'의 "낙엽이 지고/그늘이 낙엽을 덮"는 현상에서 "그늘"은 낙엽 이전의 잎이거나 낙엽이 만든 그늘이다. "그늘이 낙엽을 덮"는 현상과 "바다가 모래톱을 적시고 있"는 현상은 모두 사실적이다. 여기서 "적시고 있을까"에서 의문형 종결로 표현된 것은 판단의 보류, 즉 판단을 괄호 안에 넣어두는 국면을 보여준다. 즉 현상학적 망설임을 보이면서 이미지를 이미지 그 자체로만 읽게 한다. 시제 「얼룩」은 '그늘이 낙엽을 덮다'이거나 '바다가 모래톱을 적시다'라는 사실적 현상에 관념의 개입을 미리 차단함으로써 현상과 현상의 경계를 초월하는 시의식으로 형상화되는 시적 국면을 갖는다.

> ①바람이 어디론가 떠나고 있다.
> ②골목 위 하늘 한 켠
> ③낮달 하나 사그라지고 있다.
>
> —김춘수, 「봄이 와서」 부분('①~③'은 인용자 표시)

이 시편은 '①'과 '③'의 두 문장과 그 사이에 공존하는 '②'의 국면으로 있다. '①'의 '어디론가 떠나고 있는 바람'이 "떠나고 있"는 곳은 '②'이고 '③'의 '사그라지는 낮달 하나'가 "사그라지"는 곳도 '②'의 "골목 위 하늘 한 켠"이다. 형상화함으로써 화자는 봄이 오는 풍경을 꼭 "골목"의 폭만큼이나 오롯이 바라보이는 "하늘"의 모습을 인식하게 된다. "바람" "골목" "하늘" "낮달"은 "봄"을 중심으로 한 시공간적 인접성을 띠는 사물들이다. 이러한 개개의 사물들은 전체 국면에 대한 작은 국면을 나타내는 구조적 요소로 작용한다. '①'의 "바람"이 "떠나고 있"거나 '②'의 "낮달"이 "사그라지"는 장면은 사실적 현상으로 있는 국면이다. "바람"이나 "낮달"은 세계가 전적(全的)으로 있는 존재 자체의 본질적 요소 중 하나이므로 사실적 현상을 통해 봄으로써 왜곡되지 않은 현상 그 자체로 있게 된다. 전적(全的), 즉 있는 그대로 존재하는 세계의 사물들은 무상(無常)의 섭리를 거역할 수 없는 자리에 있을 수밖에 없다. 이 세계에 존재하는 두두물물은 "떠나"거나 "사그라지"는 무상의 존재인 것이다. 이 세계의 두두물물은 인접성으로 존재하게 되면서 불생불멸이라는 공(空)의 세계를 이어가고 있다. 이 세계는 '空'이라는 축에 의해 '사실적'으로 존재하며 인간은 그것을 '사실적인 것'으로 인식함으로써 세계를 이해하게 된다. "바람이 어디론가 떠나"는 현상과 "낮달 하나 사그라지고 있"는 현상은 환유적 언어체계에 의해 사실적 현상을 사실적인 것으로서의 현상적 사실로 형상화된 것이다.

①해가 지고 있다.
②하늘 가까이 작은 열매 몇 개가
　빛나고 있다.
③여항산 긴 허리를 빠져나온
　바다,
　턱이 뾰족한 아이가
　발을 담그고 있다.
④집에는 가지 않는 그 아이를 위하여
　달이 뜨고 어둠이 오고 있다.

—김춘수, 「顔料」 전문('①~④'는 인용자 표시)

이 시편은 네 개의 문장으로 구성되어 있으며, 개개의 문장들은 "지고 있다" "빛나고 있다" "담그고 있다" "오고 있다"라는 현재진행형 종결어미로 구성되어 있다. 전체적 국면인 네 개의 문장은 모두 서술적 언술체계의 시적 구조를 갖는다. 이러한 서술적 언술체계는 각 문장이 '현재'라는 범주에서 시간적 순차성으로 형상화되면서 시편 전체가 하나의 생성적 국면을 띠게 한다. 이와 같이 생성되는 국면을 시간적 순차성으로 형상화해보면 "해가 지고 있"는 현상, "작은 열매 몇 개가 빛나고 있"는 현상, "아이가/발을 담그고 있"는 현상, "달이 뜨고 어둠이 오고 있"는 현상으로 있다. 이러한 현상들은 모두 사실적 현상으로 나타난 것들이다. 이는 모두 인간 중심적 사고가 개입되기 이전, 즉 개념화되거나 관념화되기 이전의 국면들이다. 현상적 사실 그 자체로 있는 시적 국면은 하나같이 인접성 사물에 의해 이루어지고 있음을 알게 된다. 즉 "하늘"을 중심으로 "해"와 "달"이, "바다"를 중심으로 "열매" "여항산" "아이" "발" "집"이 인접성 사물로 호응하는 국면이다. 그리고 "하늘"과 "바다"의 사이에서 "어둠"이 인접됨으로써 두 국면은 "아이"에 의해 새로운 국면으로 있다.

> 기러기는 울지마,
> 기러기는 날면서 끼루룩 끼루룩 울지마,
> 바람은 죽어서 마을을 하나 넘고 둘 넘어
> 가지마, 멀리 멀리 가지마,
> 왜 이미 옛날에 그런 말을 했을까,
> 도요새는 울지마,
> 달맞이꽃은 여름밤에만 피지마,
> 언뜻언뜻 살아나는 풀무의 불꽃,
> 풀무의 파란 불꽃
>
> —김춘수, 「노새를 타고」 전문

이 시편은 김춘수 시에 대한 의식의 전환, 즉 '현상학적 망설임'을 나타내는 반어적 구조로 구성되어 있다. "울지마" "가지마" "피지마"와 같은 반어적 간청어법은 화자의 유년시절에 주로 사용하였던 어법을 그대로 차용한 언술체계이다. 반어적 간청어법을 차용함으로써 유년 때의 화자 경험이 여과 없이 형상화되는 국면을 갖는다. "기러기는 날면서 끼루룩 끼루룩 울지마/바람은 죽어서 마을을 하나 넘고 둘 넘어/가지마, 멀리 멀리 가지마"는 대상을 직관적 인식으로 유년의 경험을 형상화한 국면이다. 물론 "기러기" "도요새"에게 "울지마"라고 간청한다고 해도 울음을 멈출 리가 없을 것이다. 그리고 "바람"에게 "가지마"라 한들, "달맞이꽃"에게 "피지마"라 한들 그렇게 될 리는 없다. 하지만 기러기의 울음, 죽은 바람, 도요새의 울음, 여름밤에만 피는 달맞이꽃의 억제에 의해 "풀무의 불꽃"이 "언뜻언뜻 살아나"고 있는 현상을 본다. 시간이 지나면서 울음도 그치고 걸음도 멈추고 꽃마저 피는 것을 멈출 때 비로소 "풀무의 불꽃"은 "파란 불꽃"으로 피어오른다. 두두물물의 세계가 고요해지면 고요해질수록, 즉 존재적 현상의 현상학적 머뭇거림이 정점에 다다를 때면 "노새를 타"고서 "풀무의 파란 불꽃"처럼 피어오르는 시적 화자의 내면세계가 역설과 허무가 만나게 된다. 이것은 시적 화자가 노새를 타고 현재가 있는 과거의 시간으로 회감하는 국면으로 형상화된다. 회감으로 형상화되는 시적 국면은 새로운 의미현상으로 귀결되면서 경험을 재구성하게 된다.

나는 죽고
오늘밤
살을 감추는
별 혹은 석류꽃 그늘에
눈뜨는 그대
나는 이미 죽었나니
눈뜨는
그대의 눈물, 깨지 않는 내 밤을
젖게 하여라.

—김춘수, 「살을 감추고」 전문

이 시편은 순수 그 자체의 자아를 탐색하는 과정을 형상화한 국면이다. 여기서 시제 「살을 감추고」가 형상화하는 의미현상을 파악한다는 것은 무리일지 모른다. 표현 그대로 읽으면서 사실적인 것으로부터 드러나는 현상 그 자체를 읽을 수밖에 없을 것이다. 이 시편의 핵심적 시구인 "살을 감추는/별 혹은 석류꽃"에서 관습적 태도를 거부하고 현상 그대로의 세계를 표현하고 있음을 발견하게 된다. 이는 존재 그 자체로부터 현상적 존재를 이끌어내는 시적 사유의 산물이다. 특히 "나는 죽고" "나는 이미 죽었"으므로 "눈 뜨는 그대"와 "눈 뜨는/그대의 눈물"이 호응을 이루면서 허무의식의 정점을 나타내고 있다. "살을 감추는" 현상은 "별 혹은 석류꽃"에서 "눈 뜨는" 현상의 맞은편에서 일어난다. 이러한 호응국면, 즉 상면(相面)의 현상은 존재적 현상의 본질을 탐색하는 사고로서 '나의 죽음'과 "그대의 눈물"로 형상화하는 대응점으로 있다. '그대'와 '나'를 둘이 아닌 하나의 존재로 자아화하기 위해 '죽음'이라는 허무의식을 기저로 표현하고 있다. 그리고 이 시편은 시인이 1954년에 발표한 작품, "죽음은 갈 것이다/어딘가 거기/草綠의 샘터에/빛 뿌리며 섰는 황금의 나무……/죽음은 갈 것이다/바람도 나무도 잠든/한 밤에[「죽음 · 1」]의 연장선상에서 읽을 수 있다. 이미지 그 자체마저 이탈하고자하는 시적 태도는 절제의 미학에서 승화되는 투명성의 시학, 즉 현상적 투명성을 잘 보여준다.

3) 창조적 현상보기

오규원은 말년의 세잔으로부터 '현상 보기'에 대한 방법론을 터득한다. 그는 세잔의 "풍경은 나의 마음속에서 인간적인 것이 되고, 생각하며 살아있는 존재가 된다. 나는 나의 그림과 일체가 된다. 우리는 무지개빛의 혼돈 속에서 하나가 된다"라는 말에서 자신이 지향하는 '시의 언어란 무엇인가'라는 지점과 소통한다. 그 결과 그는 "프로방스 지방의 변하지 않는 겉모습 속에서 세잔은 지질학적인 힘이 바위마다 내재되어 있다는 것과 세찬 수액(樹液)이 나무 안에 흐르고 있다는 것을 깨달았다. 풍경화들에 생기를 불어넣었다"라고 말한다. 이러한 세잔의 깨어있는 예술 감각이 장르를 초월하여 여과를 거치게 되면서 오규원에게 크나큰 영향을 주게 된다. 이것은 오규원이 지향하는 시적 언어의 탐색에 끊임없이 열정을 쏟게 하는 원동력이 되기도 한다. 이는 화가 세잔이 오규원의 시적 방향을 "재현한 것이 아니라 창조한 것"의 세상으로 안내한 셈이 된다. 오규원에게 시적 깨달음을 갖게 한 화가 세잔의 영향성은 아래의 시편들에서 나타난다.

> 서나무는 뜰 밖에서 가지의 끝이
> 하늘로 들렸다 자두나무는
> 뜰 구석에서 목부용은 창 앞에서
> 가지의 끝이 아카시아는
> 길가에서 감나무는 뒤뜰에서
> 하늘로 들렸다 몸이
> 거기까지 올라가 본 잎의
> 무덤들이 들린
> 가지에 몇 개 생겨 있다
>
> —오규원, 「입구」 전문

이 시편은 '입구'의 풍경을 묘사하고 있는 국면이다. 시제 「입구」가 상징하는 지점은 "하늘로 들렸다"에서 감지되듯이 곧 '하늘의 입구'이다. 세계는 모두 어떤 '입구'의 형태로 존재한다고 볼 수 있다. 삼라만상이 존재하는 바로 그 자리는 늘 '입구'의 지점, 즉 '생동하는' 모습으로 있다. 이 시편은 '하늘'을 배경으로 한 그냥 그대로의 세계를 날이미지에 의해 한 폭의 풍경화로 묘사하고 있다. 이와 같이 세계의 풍경을 날이미지로 묘사한 만큼 상투적이지 않다. 현상 그대로를 묘사해낸 풍경은 상투적이 아닌 '자연적'이거나 '사실적'이다. 날이미지로 언어화된 풍경은 '낯설게 하기'의 새로운 포착이다. 여기서 낯설게 하기는 인간 관념이 개입되지 않은 투명성에 의해 생성되는 '시적 긴장'이다. 시적 긴장은 존재적 관점에서 하나의 생명력으로 작용한다. 그렇다면 날이미지로 이루어진 시편에서 주로 시적 긴장이 감도는 까닭은 무엇일까. 이는 대상세계가 '사실적'으로부터 '현상적'으로 언어화되면서 의미현상 그 자체로 존재하기 때문이다. 즉 대상세계를 시화하는 과정에서 인간적 관념을 배제한 결과이다. 이는 날것의 의미 그 자체의 재발견이기도 하다. 인간적 관념을 배제하는, 즉 주체적 관점에서가 아니라 반주체적 관점에서 재발견되는 현상 그 자체는 자연스러운 양태로 '의미화'되기 때문이다.

이 시편에서 시적 긴장으로 작용하는 풍경들은, "서나무" "자두나무" "목부용" "아카시아" "감나무"가 각각 "뜰 밖에서" "뜰 구석에서" "창 앞에서" "길가에서" "뒤뜰에서" 모두 "가지의 끝"이 "하늘로 들"려 있는 "입구"의 세계이다. 여기서 나무의 종류와 나뭇가지의 형상은 각각 다르지만 그 나뭇가지가 지향하는 곳은 모두 "하늘"쪽이다. 나뭇가지들의 끄트머리는 모두 하늘의 '입구'가 된다. "하늘 가득히/자작나무 꽃 피고 있"[김춘수, 「리듬 · Ⅰ」]는 풍경이다. 이 시편에서 "하늘"의 관점에서 보면 각각의 "하늘"은 서나무의 가지 끝에, 목부용의 가지 끝에, 아카시아의 가지 끝에, 감나무의 가지 끝에 닿아 있는 풍경이다. 그러므로 이 시편의 핵심 이미지인 "하늘"은 '우주'의 재발견을 나타낸다고 볼 수 있다. '하늘은 우주이다'라는 사고를 반영한 이러한 낯설음의 긴장은 현상 그대로의 풍경을 재발견한 지점에서 시적 생명력을 갖는다. 날이미지 의식에 의해 포착된 풍경이 있는 현상들은 발견적 시선에 의해 새로운 '현상적 존재'로 형상화된 산물이다. "하늘"을 향해 들려있는 "입구"의 풍경에서 그 현상 그대로의 국면을 감지하게 된다. 이 시편은 사실성으로 존재하는 풍경을 현상 그대로의 이미지로 겹치는 국면이다. 특히 "……가지의 끝이/하늘로 들렸다"라는 국면은 발견적 시선이 아니면 포착할 수 없는 표현이다. 그리고 전체 국면 속에 포착된 작은 국면들은 모두 반주체적 시선으로 관찰되어있어 주어가 생략된 구조를 띠고 있다. 대상 중심적 사고에 의해 주어가 숨겨짐으로써 눈앞에 보이는 대상세계의 의미 현상은 순수성과 투명성을 견지하게 된다.

3
①창을 뚫어놓은 집은
모두 나무를 키운다 ②자란
나무들은 잎을 들고
집의 창 곁에 서고
하늘 앞에 선다 ③방에서
자주 서성거리는 사람들의
발자국 소리와 그 소리를
따라다니는 땅 밑의
뿌리를 직접 본 사람은 없다.

6
④하늘에는 집이 없다
너무 멀리 간 길은
⑤무덤 없는 하늘에 묻힌다

—오규원, 「집과 길」 부분('①~⑤'는 인용자 표시)

이 시편에서 '①', '②', '③'은 비가시적인 현상이 가시화되는 풍경이며 '④', '⑤'는 앞의 '①'~'③'의 영향을 받아 현실과는 거리가 있는 환상적 풍경으로 제시된다.45) 이 작품의 특징은 땅에서 땅 밑으로, 그리고

45) 이러한 분석은 "상상계(想像界)는 현실과 상관없이 관념 속에서만 존재하는 비실재의 세계가 아니라, 지각된 것, 즉 현상에 근거하는 실제 세계의 가능성으로서 실재

하늘로 이어지는 시적 배경으로 구성된 점이다. 이러한 시적 구성은 시제 「집과 길」에서도 암시한다. '집'이라는 이미지와 '길'이라는 이미지는 상호 인접관계를 이룬다. 그러면서도 '집'과 '길'은 또 다른 관계를 느낄 수 있는 이미지들의 결합 혹은 접속이기도 하다. '집'의 이미지는 고정적 이미지로서 평온함과 기다림의 정서를 머금고 있는 반면 '길'의 이미지는 '흐름'과 '지향' 그리고 '전진(前進)'을 내포하는 이미지이다. '길'은 실체와 비실체가 공존하는 이미지로서 세계 어느 곳에서도 인위적 혹은 스스로 존재하는 이미지이다. '집'과 '집'을 서로 이어주는 '길'이 실체로서의 '길'이라면 "너무 멀리 간 길"은 비실체의 '길'이다. 실체의 '길'이라 하더라도 '길'은 늘 그 자리에 머물면서도 유동적인 형태적 이미지로 있다. 그리고 '길'은 이곳에서 저곳으로, 낮은 곳에서 높은 곳으로 흐르고 있는 이미지이다.

이러한 이미지적 관점에서 시적 내용을 들여다보면 시적 긴장[시적 충격]을 감지하게 된다. "따라다니는 땅 밑의/뿌리를 직접 본 사람은 없다"와 "무덤 없는 하늘에 묻힌다"라는 부분에서 그렇다. 이와 같이 시적 긴장이 감지되는 국면은 그 국면을 이루는 시적 배경들이 돌발적이거나 낯설게 하기로 시화되었기 때문이다. 그리고 "창을 뚫어놓은 집은/모두 나무를 키운다"와 "하늘에는 집이 없다"라는 국면에서는 모순성과 당위성의 '사이'에서 시적 긴장을 갖게 한다. 이 시편에 등장하는 소재들, 즉 "나무" "잎" "창" "방" "발자국 소리" "집" "길" "무덤" "하늘"은 "집"과 "길"의 관계처럼 인접 관계를 드러내는 이미지들이다. 하지만 "나무들은

하는 세계다. 한마디로 말하자면 세계의 실재적 가능성이라고 말할 수 있다. 따라서 메를로퐁티는 상상계로 간주된 비가시적인 것은 가시적인 것을 초월하는 것이 아니라 가시적인 것의 잠재성이고, 가시적인 것은 비가시적인 것의 가능성이라고 설명하면서, 상상력은 상상하는 의식을 구성하는 능력에 의해서가 아니라 세계를 향해 열리는 지향성에 의해서 좌우된다고 주장한다. 이처럼 메를로퐁티는 '살'의 개념을 통해 상상력에 대한 현상학적 고찰을 가능하게 함으로써 상상계가 심리적 비실재가 아닌 잠재적 세계임을 밝혀냈다"(메를로퐁티, 김화자 옮김, 『간접적인 언어와 침묵의 목소리』, 책세상, 2005, 121쪽)는 논의에 기인 한 것이다.

잎을 들고/집의 창 곁에 서고/하늘 앞에 선다" "발자국 소리와 그 소리를/따라다니는 땅 밑의/뿌리" "너무 멀리 간 길은/무덤 없는 하늘에 묻힌다"에서와 같이 낯설게 하기의 표현으로 이루어지면서, 즉 일상적 현상이 아닌 낯선 현상으로 감지되면서 시적 긴장을 유발하고 있다. 이 시편 역시 시인의 발견적 시선에 의해 시화된 것으로서 '사실'로부터 '현상'을 포착한 날이미지의 의식으로 이루어진다. 이것은 날것 그대로의 현상, 즉 '집이 없는 하늘'이나 "무덤 없는 하늘"과 같이 현상 그 자체에서 갖는 의미를 내재하기 때문이다.

1
①허공으로 함부로 솟은 산을
하늘이 뒤에서 받치고 있다
②하늘이 받치고 있어도
산은 이리저리 기운다 ③산 밑에서
작은 몸을 바로 세우고
집들은 서 있다

2
④집의 일부는 창을 통해
밖으로 나온다 ⑤그러나 집이
모두 나오는 일은
한 번도 없다 ⑥산이나
하늘이 가끔 창에 붙어 집의
일부가 된다 ⑦창이 되어서도
산은 높고 하늘은 깊고
눈부시며 투명하다
⑧안의 시계가 밖을 보는 것을

방해하지 않는다

—오규원, 「안과 밖」 부분('①~⑧'은 인용자 표시)

이 시편에서 '①', '②', '③'은 비가시적인 현상이 가시화되는 풍경이며 '④'~'⑧'은 앞의 '①'~'③'의 영향을 받아 '환상적 이미지'로 제시된다. '2'에서 "하늘이 가끔 창에 붙어 집의/일부가 된" 이미지는 「집과 길」의 "창을 뚫어놓은 집은/모두 나무를 키운다 자란/나무들은 잎을 들고/집의 창 곁에 서고/하늘 앞에 선다"라는 이미지와 인접성을 갖는다. '하늘'과 '창'이 둘이 아니고 '창'과 '집'이 둘이 아니므로 "안과 밖"도 역시 둘이 아니다. 둘이 아닌 관계는 단절이 아니라 소통의 관계이다. 두두물물은 둘이 아닌 관계로서 존재하며 무한한 소통의 관계로 존재한다. 비록 창이 된 하늘이지만 "깊고 눈부시고 투명"하며 창 밖에 바라보이는 산은 여전히 높다. 시인은 현상 그대로의 실상을 발견적 시선으로 응시하며 그 현상들이 내재하는 의미적 정황들을 재발견하고 있다. 시적 의식으로 바라보는 "안과 밖"의 세계는 경계가 아니라 소통에 의한 일체로서 존재한다.

어두워지자 골목의 구석에서는 가랑잎을 뒤적이던
바람이 가랑잎 밑에서 잠들었다
몇 개의 가등이 사라지는 길을 다시 불러내고
어둠은 가등을 둘러싸고 자신을 태워 불빛을 지켰다
달이 뜨자 지붕과 벽과 나무의 가지와 남은 잎들이
제 몸속에 있던 달빛을 몸 밖으로 내놓았다
달은 조금씩 다른 자기의 빛들에 환하게 와 닿았다
몸속의 달빛이라 기울어진 지붕에서도 달빛은
한 방울도 밑으로 떨어지지 않았다
달빛을 파면서 밤새 한 마리가 세상을 구십 도로 눕혀 보여주더니

다시 가볍게 제자리로 돌려놓고 가버렸다
잎들 가운데 몇몇은 벽 앞으로 떨어지며
벽이 몸 안에 숨기고 있는 균열을 몸짓으로 그려보였다
잎이 지나간 뒤 벽은 그러나 달빛만 가득했다

—오규원, 「지붕과 벽」 전문

이 시편에서 직관(直觀)할 수 있는 시구(詩句)들을 보면, “가랑잎을 뒤적이던/바람이 가랑잎 밑에서 잠들었다” “사라지는 길을 다시 불러내고” “자신을 태워 불빛을 지켰다” “제 몸속에 있던 달빛을 몸 밖으로 내놓았다” “자기의 빛들에 환하게 와 닿았다” “제자리로 돌려놓고 가버렸다” “벽이 몸 안에 숨기고 있는 균열을 몸짓으로 그려보였다” 등이다. 시인이 어떤 대상[현상]을 관조하면서 감지되는 날것의 이미지는 드러나지 않는 현상을 가시화시키는 기법으로서 시편을 사실적 국면으로 형상화하는 역할을 한다. 이러한 국면에서 “달이 뜨자 지붕과 벽과 나무의 가지와 남은 잎들이/제 몸속에 있던 달빛을 몸 밖으로 내놓았다”는 시구와 “몸속에 있던 달빛”이나 “잎들 가운데 몇몇은 벽 앞으로 떨어지며/벽이 몸 안에 숨기고 있는 균열을 몸짓으로 그려보였다”에서 “벽이 몸 안에 숨기고 있는 균열”은 비가시적이다. 비가시적인 부분을 시적 깨달음을 동반하여 사실적으로 드러낸 이미지는 직관에 의해 가시화되고 있다. 직관에 의해 획득된 사실적 현상은 현상 그 자체에 내포된 의미로 가시화되어 새로운 현상적 국면으로 형상화된다. “가랑잎을 뒤적이던/바람이 가랑잎 밑에서 잠”드는 현상이나 “가등이 사라지는 길을 다시 불러내”고 “달은 조금씩 다른 자기의 빛들에 환하게 와 닿”는 현상은 모두 현상적 사실의 국면이다. “세상을 구십 도로 눕혀 보여주더니/다시 가볍게 제자리로 돌려놓”는 “밤새 한 마리”가 있는 세계는 그 세계에 존재하는 모든 두두물물이 비가시적 가시화의 현상으로 있음을 직관적인 시선에 의해 형상화된다. “달빛을 파는 밤새 한 마리”의 이미지에서처럼 두두물물(頭頭物物)은 어느 것 하나 서로 기대지 않음이 없으니 이 또한 가시적 비가시화의 현상적 국면이다. 비가시적 가시화나 가시적 비가시화나 그것은 서로 다르지 않으며 두두물물의 존재적 현상을 현상적 존재로 시화한 결과이다.

현상 그대로를 직관하는 시적 태도, 즉 "어떤 깨달음이 있고나서야 비로소 보이는 현상의 이미지화"는 단순하게 생성된 이미지와는 구별된다. 특히 직관을 통해 시화되는 이미지임에도 불구하고 관념적 사고가 개입되지 않는 국면은 그 직관적 사실 또한 날것의 이미지이기 때문이다. 이러한 시적 국면은 "바람"과 "가랑잎", "가등"과 "길", "어둠"과 "불빛" 등의 인접성에 의해 날것 그대로의 이미지로 표현됨으로써 존재적 현상 그 자체가 현상적 존재로 형상화되면서 의미현상을 나타내게 된다. 비가시적인 "바람"이 가시적 사물인 "가랑잎" 밑에서 잠드는 현상을 깨닫게 됨으로써 "바람"은 "가랑잎"과 인접성을 가지면서 가시화된다. "바람"이 현상적 존재로 이미지화되면서 현상적 의미를 갖는다. "가등"과 "길", "어둠"과 "불빛"의 경우도 이와 유사하게 분석된다.

> 길을 가던 아이가 허리를 굽혀
> 돌 하나를 집어 들었다
> 돌이 사라진 자리는 젖고
> 돌 없이 어두워졌다
> 아이는 한 손으로 돌을 허공으로
> 던졌다 받았다를 몇 번
> 반복했다 그때마다 날개를
> 몸속에 넣은 돌이 허공으로 날아올랐다
> 허공은 돌이 지나갔다는 사실을
> 스스로 지웠다
> 아이의 손에 멈춘 돌은

잠시 혼자 빛났다
아이가 몇 걸음 가다
돌을 길가에 버렸다
돌은 길가의 망초 옆에
발을 몸속에 넣고
멈추어 섰다.

—오규원, 「아이와 망초」 전문

이 시편에서 "아이는 한 손으로 돌을 허공으로/던졌다 받았다를 몇 번/반복했다"는 행위는 사실적 현상이다. 뒤에 이어지는 "그때마다 날개를 몸속에 넣은 돌이 허공으로 날아올랐다"는 정황은 사실적으로 불가능한 이미지이다. 앞의 사실적 정황은 같은 공간에서 '돌이 몸속에 날개를 집어넣고 날아오른다'는 환상적 날이미지화가 가능하도록 도움을 주게 된다. "아이가 몇 걸음 가다/돌을 길가에 버렸다/돌은 길가의 망초 옆에/발을 몸속에 넣고/멈추어 섰다"는 이미지 또한 동일한 차원에서 이루어지는 경우이다. 환상적 날이미지는 사실적 현상과 동일한 차원에서 이루어지기 때문에 사실성을 벗어나지 않는 날이미지시의 공간에 있다. "그때마다 날개를 몸속에 넣은 돌이 허공으로 날아올랐다"는 정황은 사실적으로 가능하지 않은 이미지라는 점에서는 환상적 날이미지의 성립을 위한 하나의 시적 트릭으로 보인다.

이러한 시적 트릭을 날이미지에 의해 인식되었다는 점에서 보면 "돌" 그 자체는 "날개"와 "몸속"은 둘이 아니며, "돌"은 환상적으로 날아오르는 게 아니라 사실적 정황의 국면으로 형상화된다. "돌이 사라진 자리는 젖고/돌 없이 어두워"지는 현상 또한 사실적 정황이면서도 환상적 이미지로 형상화되는 경우이다. 돌이 사라짐으로써 충분히 젖을 수 있으며 돌 없이도 언제든 어두워질 수 있기 때문이다. 날이미지적 시관으로 바라보는 세계의 현상은 사실적 정황 그 자체가 곧 날이미지이며 이 또한 관념이 개입하지 않는 순수 그 자체의 현상으로 존재하게 된다. '돌'이 '망초' 옆에서 앉았는지 서있는지 모르도록 날개이거나 팔과 다리를 몸 속에 넣고 있는 형상은 사실적 현상 그 자체이다.

①앞의 길이 바위에 막힌 붓꽃의
무리가 우우우 옆으로 시퍼렇게
번지고 있습니다
②그러나 왼쪽에 핀 둘은
서로 붙들고 보랏빛입니다
③그러나 가운데 무더기로 핀 아홉은
서로 엉켜 보랏빛입니다
④그러나 오른쪽에 핀 하나와 다른 하나는
서로거리를 두고 보랏빛입니다
⑤그러나 때때로 붓꽃들이 그림자를
바위에 붙입니다
⑥그러나 그림자는 바위에 붙지 않고
바람에 붙습니다

—오규원, 「꽃과 그림자」 전문('①~⑥'은 인용자 표시)

강 건너 돌무덤
강 건너 돌무덤 옆에
돌무덤
옆에
강 건너 여자
옆에
강 건너 애기똥풀

—오규원, 「덤불과 덩굴」 전문

시인이 사물의 이미지를 끌어내고자하는 역동성은 반복적 표현에 의해 형상화되는 국면을 갖는다. 「꽃과 그림자」의 "그러나"와 "보랏빛입니다"와 「덤불과 덩굴」의 "강 건너"와 "옆에"가 그것이다. 이러한 반복적 표현은 "선입관이나 속단적인 판단을 중지하고 존재 근거를 반성적으로 밝히려는 방법"[46)]인 것이다. 즉 객관적 순수 그 자체인 사물을 현상학적 환원[현상학적 판단중지]을 통해 존재 그 자체의 근거를 밝히려는 방법론이다. 이러한 방법론은 순수한 시적 의식에 의해 사물의 생성력을 이미지의 구성력으로 합일하는 새로운 국면을 보여준다. 「꽃과 그림자」에서 '②'~'⑥'은 '꽃'과 '그림자'가 이미지의 확산에 의해 "붓꽃"이라는 생명의 구성력을 형상화하고 있다. "그러나"에 의해 "붓꽃"은 "보랏빛"으로, 붓꽃의 "그림자"는 '①'의 "바위에 막힌" 존재로서의 생명력을 '⑥'에 와서 "바위"가 아닌 "바람"에 붙이는 순수성의 지향을 보여준다. 끊임없이 "번지고 있"는 생성력은 단일한 이미지로의 구성을 통해 꽃이거나 그림자가 아닌 "보랏빛"으로 지각되고 있다. 이러한 사건의 공간으로 존재하는 사물의 세계는 이미지의 운동에 의해 의미확대의 존재 그 자체로 회귀하는 시적 형상화이다. 이는 "기본적으로 사물들의 관계양상이 부상되는 이러한 풍경은, 궁극적으로 이 세계를 구성하는 존재들의 실감을 드러내는 현상학(現象學)이라고 할 수 있다"[47)]는 측면이다.

「덤불과 덩굴」은 내가 나를 자아로서 순수하게 파악하려는 철저하고도 보편적 방법이라는 '판단중지'에 의한 국면이다. '현상학적 환원'에 의한 자아는 그 자체의 순수한 의식의 생명을 가진 것이라는 지점에서 이미지의 구성력을 보여준다. 이 시편의 시적 핵심장면은 시인과 "강 건너"와 사이에 건널 수 없는 강물이 흐르고 있다. 그 강 건너에는 '돌무덤'이 있고, '돌무덤 옆에 또 돌무덤'이 있고, 그 '돌무덤 옆에 여자'가 있고, 그 '여자 옆에 애기똥풀'이 있는 풍경이다. "돌무덤 옆에"와 "돌무

46) 김준오, 『현대시의 방법론과 모더니티』, 새미, 2009, 30쪽.
47) 김문주, 앞의 글, 161쪽.

덤/옆에"라는 반복적 어조 및 분행(分行)을 통해 화자의 의식지향성을 감지할 수 있다.[48] 인용한 두 편의 시를 통해 오규원이 추구하는 날것 그대로의 현상세계 또는 그 현상학적 시 세계를 파악하게 된다. 날것 그대로의 이지미로부터 발견하는 시인의 현상학적 의식은 정적인 풍경 속에 내재하는 존재의 작용력을 역동적으로 읽어내려는 작업으로 나아간다.

4) 주문(呪文)이 있는 초탈의 미학

소쉬르는 언어기호를 소리 이미지와 개념이 합쳐진 복합적 총체, 곧 구조라고 하였다. 그는 그 기호의 두 측면을 각각 '기표(signifiant)'와 '기의(signifie)'라고 명명하면서 이와 같이 의미되는 소리와 의미되는 개념 사이의 관계를 '자의적'이라고 하였다. 이를 무의미시와 관계하여 살펴보면, '소리'와 '개념' 혹은 '기표'와 '기의'가 자의적인 관계라는 지점에서부터 무의미시는 출발한다고 볼 수 있다. 여기서 '자의적 관계'란 하나의 언어이더라도 언어적 이원화를 이룰 수 있다는 점에서 독립적 관계가 된다. 언어의 소리 또는 소리 이미지를 '개념'과 독립적 관계에서 보면 이때 그 언어는 무의미 언어, 즉 무의미어가 된다.

> 무의미가 시의 특징적 현상이며 그만큼 시는 광범위한 언어적 사실을 보여준다고 한다. 김춘수에게 '무의미'는 시의 고유영역이다. 그의 무의미화 작업은 서술적[묘사적] 이미지의 선택으로부터 출발하여 '자유연상'과 같은 이

---

48) 이는 "아무런 의미도 제시되지 않았는데 세 존재가 함께 놓이면서 서사적 충동이 발동되어 이들을 묶는 정황이 생성된다. 여기에 '강 건너'라는 표현이 상징적인 의미를 추동하면서 '애기를 돌무덤에 묻은 여자'의 서사가 탄생한다. (…) 이 작품은 주관을 담지 않은 언어표현으로도 얼마든지 다양한 의미가 구성될 수 있음을 단적으로 보여준다. 주관이 개입하지 않은 사물들이 함께 놓인 이미지만으로도 의미의 '덤불과 덩굴'은 무성해질 수 있는 것이다. 이미지의 현상학이라고 할 만한 사태"(김문주, 앞의 글, 159~160쪽)인 것이다.

미지들의 비논리적 결합을 거치게 된다. 그것은 드디어 「처용단장」 2부에 이르러 '이미지'마저 제거하고 '소리'로써만 시적 긴장을 지탱하려는 경지에 도달한다. 이미지의 언어에는 아무래도 의미가 스며들 우려를 느꼈기 때문이다.[49]

'소리'가 독자적 의미를 가진다고 할 때 그 소리는 '시적 소리'이다. 시에서 '소리'는 의미를 떠나 존재할 수 없는 것이 아니라 소리 그 자체가 곧 시적 의미가 된다. 그러므로 시편이 비록 '무의미'를 지향하더라도 그것은 시적 표현에 의해 독자와 만나면서 의미화 될 수밖에 없다. 그렇다면 의미와 의미의 겹침[중첩]에 의해 재(再)의미화 된 산물이 '무의미'로만 존재 가능한 것인가. 의미와 의미의 뭉개짐에 의해 '리듬'으로만 남게 되는 것일까에 대해 의문을 갖게 한다. 이는 의미와 의미의 겹침이 의미의 소멸[뭉개짐]이 아니라 의미의 생성[현상적 의미의 재발견]을 낳을 수 있다는 논점을 갖게 한다. '시적 소리'가 나타내는 이미지는 비논리적일 수밖에 없지만 이러한 비논리적인 '소리 이미지', 그 자체마저 밀쳐버린 국면에서도 의미는 생성하게 된다.

돌려다오.
불이 앗아간 것, 하늘이 앗아간 것, 개미와 말똥이 앗아간 것,
女子가 앗아가고 男子가 앗아간 것,
앗아간 것을 돌려다오.
불을 돌려다오. 하늘을 돌려다오. 개미와 말똥을 돌려다오.
女子를 돌려주고 男子를 돌려다오.
쟁반 위에 별을 돌려다오.
돌려다오.

—김춘수, 「처용단장Ⅱ-1」 전문

49) 김준오, 앞의 책, 128~130쪽.

이 시편은 「처용단장 2부」를 여는 대표적 무의미시이다. 이 시에 열거된 시적 소재들은 '의미'와 '무의미'의 경계에서 중첩을 이루는 국면을 갖는다. "앗아간 것"들을 "돌려다오"라고 절규하는 주체적 언술은 'A=B' 방식의 대체방식이 아니라 'A=A'라는 환유적 방식이다. 이것은 "불"이 "불"로서 돌아오기를 바라고, "하늘"이 "하늘"로서 돌아오기를 바라고, "개미와 말똥"이 "개미와 말똥"으로 돌아오기를 바라고 있는 국면이다. 더 나아가 "女子"가 "女子"로 돌아오기를 바라고, "男子"가 "男子"로 돌아오기를 바란다. 여기서 "앗아간 것"은 모두 화자로부터 아내에게로 일어난 것들이며, "돌려다오"라고 절규하는 것들은 모두 아내로부터 화자에게로 지향하는 것들이다. 제시된 대상들은 화자가 "돌려다오"라는 절규에 의해 그 가능성을 갖는다. 그렇다면 7행의 "쟁반 위의 별"은 어떤가. 이것은 앞서 "앗아간 것"도 아니므로 돌려받을 수 있는 것도 아니다. 그렇다면 "쟁반 위의 별"이란 앞서 열거한 대상들과는 다른 차원의 존재라고 볼 수 있다. 그것은 "돌려다오"라고 절규하더라도 돌려받을 수 없는 존재로 볼 수 있기 때문이다.

김준오는 반복으로 전경화 된 시적 구성에 대해, 이 반복성은 의미와 조화된 소리가 아니라 의미를 파괴하고 이미지마저 파괴하는 주술적 리듬을 형성하는 원리이며 이런 주술성은 언어의 선택과 배열에 나타난 비논리성에서도 입증된다고 하였다.[50] 비록 '기표'에만 치중하여 분석한 측면이 강하다고는 하나 반복성을 따라가는 소리 이미지들이 갖는 의미를 느낄 수는 있다. 이는 소리 이미지들이 이쪽에서 저쪽으로("불이 앗아간 것" → "불을 돌려다오"), 저쪽에서 이쪽으로("쟁반 위에 별" → "앗아간 것") 의미를 실어 나르는 흔적을 보이고 있기 때문이다. 이와 같이 소리이미지들이 갖는 주술적 리듬의 성향은 반드시 비논리적이라고만 볼 수 없다. 비록 비논리 속의 논리가 아니라하더라도 독자의 상상

50) 김준오, 앞의 책, 130쪽.

력 속에서도 논리적 전경화를 가질 수 있다. 이 시편에서 '처용'을 떠올리면 "돌려다오"라고 간청하는 의미이거나 결코 간청하는 것이 아니라 회한의 의미이거나를 감지할 수 있다. 그리고 이미지의 반복성에 의해 '앗아간 것'은 독자의 관점에 따라 무한하게 대치될 수 있을 것이다. 그러므로 이 시편은 '처용의 심정'을 시화한 노래라는 점에서 어떤 의미와 이미지의 '파괴'하는 주술적 리듬에서 그치는 것이 아니라 오히려 반복적 언술에 의해 시대적 간청이거나 소시민의 간청을 '숨김'에 의해 표출하는 구조라고 볼 수 있다.

이 시편의 "불이 앗아간 것, 하늘이 앗아간 것, 개미와 말똥이 앗아간 것"에서 "女子가 앗아가고 男子가 앗아간 것"으로의 전환과 "女子를 돌려주고 男子를 돌려다오"에서 "쟁반 위에 별을 돌려다오"로의 전환은 몽타주기법[51]을 차용한 것이다. 이러한 수법은 러시아 형식주의자들이 시적 기능을 소리와 무의미어의 관계로까지 확대한 점이나 문학을 문학답게 하는 문학성은 무엇보다도 '낯설게 하기'에 있다는 주장과 맥락을 같이한다.[52] 이러한 '낯설게 하기'는 있는 그대로의 자리로 되돌려놓기로서 인접성의 환유체계의 관점으로는 날이미지시에서 적용되고, 인접

51) 김준오는 김춘수의 무의미시를 창조하는 주된 기법으로 '몽타주기법'의 차용을 들고 있다. 이것은 야콥슨(Roman Jakobson)이 제시한 용어로서 사물을 원래의 장소에서 추방하여 같은 시간, 같은 장소에 공존케 하여 우리의 지각을 어렵게 하고 낯선 느낌의 충격을 주며, 사물들을 인위적거나 폭력적으로 인접성[환유적]의 관계에 놓이게 하는 수법이다. 그리하여 낯설게 하기란 이미지의 목적이 대상에 유사한 의미를 표현하는 것이 아니라 대상에 대한 독특한 '지각', 곧 '비젼'을 창조하는 수법이다(김준오, 앞의 책, 133쪽).

52) 러시아 형식주의자들이 주장한 '낯설게 하기'defamiliarization란 자동화와 대립되는 개념으로 V.쉬클로프스키에게는 예술의 법칙으로 현양된다. 우리의 지각이 습관화될 때 이것은 기계적인 것이 되어 우리는 사물의 정체를 올바로 파악할 수 없게 되며 복잡한 삶들이 무의식적으로 영위된다면 그러한 삶은 결코 존재하지 않았던 것과 같다는 전제 밑에서 다음과 같이 '낯설게 하기'의 개념을 도입한다. "…예술은 우리가 삶의 지각을 회복하도록 한다. …돌을 '돌답게' 해준다. 예술의 목적은 사물을 이미 알려진 대로가 아니라 보이는 대로 지각하게 한다. 예술의 기법은 사물을 낯설게 하고 형식을 어렵게 하며 지각을 힘들게 하고 지각에 소요되는 시간을 연장한다"(김준오, 앞의 책, 131쪽).

성의 환유가 몽타주 기법에 의해 개별적 환유체계로서 극단적 낯설게 하기, 리듬을 지향하는 언어체계는 무의미시에서 차용된다.

> ①살려다오.
> ②북치는 어린 곰을 살려다오.
> ③북을 살려다오.
> ④오늘 하루만이라도 살려다오.
> ⑤눈이 멎을 때까지라도 살려다오.
> ⑥눈이 멎은 뒤에 죽여다오.
> ⑦북 치는 어린 곰을 살려다오.
> ⑧북을 살려다오.
>
> —김춘수, 「처용단장 II-3」 전문('①~⑧'은 인용자 표시)

이 시편 역시 "~다오"라는 청유형으로 종결되는 언술체계를 갖는다. 이 시편의 특징은 '①'~'⑧'의 모든 행이 "~다오"라는 종결구조로 표현된다는 점이다. 그리고 청유형 종결어인 "~다오"가 「처용단장II-1」에 이어 이 시편에서도 도입 행에서 모두 홑낱말로 구성된다는 점도 그렇다. 이 시편 역시 「처용단장II-1」과 마찬가지로 반복구조를 갖는다. '②'는 '⑦'에서, '③'은 '⑧'에서 반복적으로 표현된다. 화자가 "살려다오"라고 간청하는 대상은 "어린 곰"과 "북"이다. "어린 곰"과 "북"은 "살려다오"라고 간청하는 국면에서는 타자의 관계에 놓인다. "북치는" 행위를 하는 것은 "어린 곰"이지만 "북"소리도 "어린 곰"의 행위에 따르기 때문이다. "살려다오"와 "죽여다오"가 교차하는 절규의 삶에서 화자는 "북치는 어린 곰"과 "북"이라는 대상을 놓고 한 판 춤을 추고 있다. 이러한 국면은 "눈이 멎을 때까지라도 살려다오" "눈이 멎은 뒤에 죽여다오./북 치는 어린 곰을 살려다오"라는 모순어법에 기대고 있다.

전체 국면에서 '⑥'의 "죽여다오"를 제외한 행에서는 모두 "살려다오"

라고 간청한다. '⑥'의 "죽여다오"는 오히려 '죽음'을 지연시키는 효과를 갖는다. 다른 한 편으로는 "살려다오"의 사이에서 "죽여다오"는 모순어법으로 드러나는 국면이다. "살려다오"와 "죽여다오"에서 나타나는 모순적 어법은 무의미를 지향한 대상의 무화에 기여하게 된다. 이러한 관점은 시인 스스로 말하고 있는 '무의미시는 의미의 배제가 아니라는 점'에 귀결된다. 다시 말하면 의미를 배제하기 위한 '무의미'가 아니라 언어 이전의 의미를 드러내기 위해, 즉 언어적 의미를 벗어버리기 위해 '무의미'를 지향한다는 것이다. 이 시편에서와 같이 '처용의 심정'을 노래하였다는 점에서 충분히 관념적일 수 있는 구조에서 탈피하여 이미지를 반복하여 제시한다는 점에서 현상시의 표현기법을 수용하고 있다. 무의미시란 관념적 의미인 언어적 의미의 반대편에 있는 현상 그 자체가 갖는 의미를 구현하는 국면을 갖는다.

애꾸눈이는 울어다오
성한 한눈으로 울어다오.
달나라에 달이 없고
人形이 자라서 脫腸하고
말이 자라서 辭典이 되고
起重機가 올라갔다 내려오고 올라갔다 내려오고
올라갔다 내려온다고
애꾸눈이가 애꾸눈이라고
울어다오. 성한 한눈으로 울어다오.

—김춘수, 「처용단장Ⅱ-4」 전문

이 시편도 청유형 종결어미인 "~다오"가 되풀이되는 국면이다. 청유형은 「처용단장」 2부의 시편들에서 나타나는 특징이다. "애꾸눈이"에게 "울어다오"라고 간청하는 국면에서, "애꾸눈이"는 사전적 의미로 '한쪽

눈이 먼 사람을 낮잡아 이르는 말'이다. 이어서 "성한 한눈으로 울어다오"라는 국면에서 화자가 비록 "애꾸눈이"지만 한편으로 "성한 한눈"을 갖고 있음을 나타낸다. 화자의 "성한 한눈"은 '애꾸눈'에 종속되어 늘 울고 있으며, "애꾸눈이"는 한쪽 눈을 감고서 대상[세계]을 바라보며 살아가는 국면이다. 이러한 국면은 시적 화자가 처한 현실을 이미지화한 것이다. 화자는 "애꾸눈"이 아닌 "성한 한눈"으로 세계를 응시하거나 받아들임으로써 과거와 현재가 아닌 미래를 바라보는 국면을 갖는다. 여기서 '미래'란 처용이 나아가야 할 '길'이며 '세계'이다. "달나라에 달이 없"다는 것이나 "人形이 자라서 脫腸하"는 것이나 "말이 자라서 辭典이 되"는 것이나 "起重機가 올라갔다 내려오"는 것이나 그것은 모두 실재적 현상에서 빗나간 간격에 의해 형상화된 것들로 보인다. 하지만 "달나라에 달이 없"다라는 국면은 사실적일 수도 있다. 달은 달에서 존재하는 것이 아니라 달 밖에서 존재한다고 볼 수 있기 때문이다. 그러므로 이는 사실적 현상이 된다. 그리고 "人形이 자라서 脫腸하"는 국면은 사실적이 아닌 환상적이다. 물론 자라거나 탈창하는 인형이 존재할 수는 있을 것이다. 하지만 있는 그대로의 현상이라는 관점에서는 사실적이라기보다는 환상적 현상에 가깝다. 그러므로 이 국면은 현상적 환상으로 형상화된 것으로 볼 수 있다. "말이 자라서 辭典이 되"는 국면도 마찬가지다. 하지만 "起重機가 올라갔다 내려오"는 국면은 사실 그대로의 이미지로 형상화한 것이다. 그러므로 현상적 사실로 형상화된 국면이다. 이러한 국면들은 모두 "애꾸눈이가 애꾸눈이라고"를 꾸며주는 국면이다. 즉 "애꾸눈이가 애꾸눈이라고"라는 국면은 "달나라에 달이 없"다는 국면과 다르지 않기 때문이다. 이와 같이 형상화된 시적 형태에서 드러나는 의미는 다음과 같이 유추된다. 화자가 목격한 아내의 불륜 현장은 비록 "성한 한눈"에 의한 결과이다. 하지만 화자가 살아온 삶은 줄곧 "애꾸눈이"로 비유되는 삶의 여유이다. 이러한 모순적 어법에 의해 시적 낯설기가 형성된다. 그 결과 '처용'이 신체적으로는 성한 두 눈을 갖고 있지만 심리적으로는 "애꾸눈이"의 신세로 살아가고 있음을 형상화한 시편으로 파악된다.

①불러다오.
②멕시코는 어디 있는가,
③사바다는 사바다, 멕시코는 어디 있는가,
④사바다의 누이는 어디 있는가,
⑤말더듬이 一字無識 사바다는 사바다,
멕시코는 어디 있는가,
⑥사바다의 누이는 어디 있는가,
⑦불러다오.
⑧멕시코 옥수수는 어디 있는가,

—김춘수, 「처용단장Ⅱ-5」 전문('①~⑧'과 밑줄은 인용자 표시)

'①'은 '⑦'에서, '②'는 '③'과 '⑤'에서, '④'는 '⑥'에서 되풀이되고 있다. '①'은 "불러다오"라는 홑낱말로 된 청유형 어미로 종결된다. "불러다오"는 '①'과 '⑦'에서 "멕시코" "사바다" "사바다의 누이" "멕시코 옥수수"를 간청하는 어조로 표현되고 있다. 청유형인 "불러다오"와 함께 '①'과 '⑦'을 제외한 모든 행에서 "어디 있는가"라는 의문형 종결어로 반복되면서 시적 리듬이 고조되는 국면을 갖는다. 이러한 되풀이식 표현에 의해 시적 의미는 '의미'와 '무의미'의 경계에서 긴장을 고조시키는 역할을 한다. "멕시코" "사바다" "사바다의 누이"와 "불러다오" "어디 있는가"라는 시어가 되풀이되면서 전체 국면을 하나의 리듬으로 노래하는 경향을 보이고 있다. 이러한 언술체계는 연쇄적 무화를 이끄는 언어 배열에 해당한다. 그리고 이러한 시적 형태는 시인이 묻고 또 묻고 있는 '시란 무엇인가'라는 지점에서 아무 것도 말하지 않으면서 모든 것을 말하려는 '순수시'의 형태를 갖는다. 시적 현상은, "어디에 있는가"는 "멕시코” “사바다”와 “사바다의 누이” 그리고 “옥수수”로 일관된 현상적 흐름을 갖는다. 무의미적 의식에 의해 배열된 시어들은 가능성의 개방적 구조를 띠게 되면서 하나의 자유 그 자체의 형태로 나타난다. 이러한 형태가 갖는 시적 의미는 순수성을 지향함으로써 ‘탈(脫)이미지’에 앞서 ‘탈주관’, 즉 ‘탈개념적’이고 ‘탈사변적’인 의미현상을 갖는 국면으로 분석된다.

이 시편은 ‘소리’들의 말놀이로만 이루어지는 무의미시의 대표작으로 여겨져 왔다. 이 시편이 갖는 무의미적 형태를 점검하기 위해 새로운 관점으로 살펴보기로 한다. ‘의미 없음’이 아닌 ‘의미 초월’이라는 관점으로 분석해볼 필요가 있기 때문이다.[53] 이 시편 역시 제재는 ‘처용’이다. 그렇다면 “멕시코” “사바다” “사바다의 누이” “멕시코 옥수수”는 ‘처용’과 무슨 시적 연관성을 갖는 것일까. ‘처용’을 배제한 상태에서 시적 내용만 보면 반드시 비논리적 결합이라고만 할 수 없기 때문이다. 그리고 “멕시코”에서 “멕시코 옥수수”로, “사바다”에서 “사바다의 누이”로 진행되는 시적 이미지는 반드시 절대 심상에만 귀속된다고 볼 수 없다. 이 시편은 단순히 대상의 무화작용으로만 구성된다기보다 어딘가에 숨겨진 대상의 그림자를 발견할 수 있는 구조임을 알게 된다. 그림자로 드리워진 대상의 존재적 현현은 “말더듬이” “一字無識”이라는 시구에서 암시되기 때문이다.

“사바다”와 “멕시코”의 사이에서 감지되는 시적 대상인물은 ‘처용’으로 연상된다. 이는 “어디 있는가”라는 찾음 의식에서도 나타난다. ‘처용’은 아내를 잃은 것도 잃지 않은 상황도 아닌 ‘空’의 자리에 놓인다. 처용의 눈앞에 놓인 상황은 자신과 아내의 사이에 새로운 존재적 대상이

53) 김춘오는 이 시편에 대해 “언어에서 의미를 제거하고 남은 소리만으로 주술적 익명의 정조를 환기하고 있는 점에서 이 시는 인간적 시점을 벗어나 더 이상 나아갈 수 없는 극점에 와 있다”라고 해명하였다. 즉 대상이 완전히 무화된 ‘無’이거나 ‘空’의 상태에 닿아있기 때문이라는 것이다.

있음을 부인할 수 없는 형태가 된다. 여기서 "어디 있는가"는 의문형은 아내가 아닌 처용 자신을 부르고 있는 국면이다. 즉 이미지가 이미지 그 자체를 위해 소모되는 국면인 것이다. 그리고 이러한 시적 구조에서 몽타주기법을 찾기란 쉽지 않다. 시어가 하나같이 논리적으로 연결되어 있어 '처용'을 떠올리면 자연스럽게 처용적 의미가 감지되기 때문이다. 시인은 자유연상이거나 방심상태에서 시작(詩作)하였다고는 하나 '순수'라는 의식에서 보면 무의미적 무의미가 아닌 무의미적 의미를 추구한다고 볼 수 있다.

이 시편에서는 처용의 목소리가 논리적 구조로 형상화된다고 볼 수 있다. "불러다오"와 "어디 있는가"의 시구가 반복되는 목소리는 시적 리듬을 따라가면서 처용이 간청하는 국면으로 형상화되기 때문이다. "시인의 바로 실존 그것"이라는 관점에서는 시가 대상으로부터 완전히 분리되어있음을 말한다. 하지만 이 시편은 대상으로부터 완전히 떠나있기보다는 오히려 대상을 찾아나서는 구조를 갖는다. '방심 상태'라고 해서 반드시 무의미적 시편이 되는 것은 아님을 보여준다. 비록 대상은 비논리적 결합에 의해 무화적 상태를 갖는다고 하더라도 결합에 의해 발생되는 낯설게 하기로부터의 의미는 이미지나 이미저리를 통해 새로운 국면으로 생성될 수 있다.

잊어다오.
어제는 노을이 죽고
오늘은 애기메꽃이 핀다.
잊어다오. 늪에 빠진
그대의 蛾眉,
휘파람새의 짧은 휘파람,

물 아래 물 아래 가던 새,

본다.
호밀밭에 떨군
나귀의 눈물,
딱나무가 젖고
뭇 별들이 젖는다.
지렁이가 울고
네가래풀이 운다.
개밥 순채,
물달개비가 운다.
하늘가재가 하늘에서 운다.
갠 날에도 울고 흐린 날에도 운다.

–김춘수, 「처용단장Ⅱ—8」 전문

이 시편에서는 "돌려다오"[「처용단장Ⅱ-1」], "살려다오"[「처용단장Ⅱ-3」], "울어다오"[「처용단장Ⅱ-4」], "불러다오"[「처용단장Ⅱ-5」]에 이어 "잊어다오"[「처용단장Ⅱ-8」]라는 간청어조로 구조화되어 있다. 이러한 표현기법은 '처용'의 심경을 있는 그대로 나타내는 형태로서 시적 화자의 심경을 토로하는 국면을 갖는다. 첫 연에서 제1행의 "잊어다오"는 이어진 제2행의 "어제는 노을이 죽"고와 제3행의 "오늘은 애기메꽃이 핀"다라는 시적 배경에 의해 간청어조가 고조되는 국면을 갖는다. 제4행의 "잊어다오"는 이어진 "늪에 빠진/그대의 蛾眉"와 "휘파람새의 짧은 휘파람"을 이끄는 국면이다. 제1행의 "잊어다오"는 '오늘'과 '내일'이라는 시간적 순차성을 통해 기대와 희망을 나타낸다. "어제는 노을이 죽"었지만 내일에는 다시 내일의 노을이 생겨날 것이고, "오늘은 애기메꽃이 핀" 풍경이지만 내일은 애기메꽃이 떨어지는 풍경이 될 것이라는 섭리를 일깨워준다는 선적(禪的) 의미를 내포한다.

제4행의 "잊어다오"는 제1행의 구조와 대응되는 지점에서 '자신이 가진 자신의 몸'과 '휘파람새가 부는 휘파람소리', 즉 메타적 의미로 나타난다. 풍경의 순환적 섭리는 모두 '시간'을 따라 일어나는 현상들이다. '시간'은 길처럼 쭉 뻗어 있는 상태가 아니라 쳇바퀴처럼 제자리에서 맴돌고 있기 때문이다. 첫 연에서 시적 화자는 모든 일들을 눈앞에서 일어나는 풍경의 변화를 통해 애써 잊고자한다. 시적 화자가 잊고자하는 것은 "늪에 빠진/그대의 蛾眉", "휘파람새의 짧은 휘파람"이다. "늪"은 처용이 맞닥뜨린 참담하고 고통스러운 상황과, "아미"는 아름다운 아내와, "휘파람새의 짧은 휘파람"은 역신의 유혹과 연관된다는 것이다.[54] "늪"에 대한 해석을 재고해보면, "늪에 빠진" 대상은 '처용' 자신이 아니라 "아내"이다. 첫 연에서 '처용'은 단지 "잊어다오"라며 간청하고 있다. 첫 연에서는 죽거나 피어나거나 빠지는 행위들로 나타나고, 둘째 연에서는 가거나 보거나 떨구거나 젖는 행위들로 표현된다. 마지막 연에서는 내내 우는 행위만 있다. 이러한 행위에서 현상 그 자체로부터 드러나는 이미지의 국면이 감지된다.

자유연상을 통해 묘사를 극단적으로 추구하면서 무의미를 지향하고 있다는 김춘수의 「처용단장」 2부에서는 '의미 없음'의 추구라기보다는 이미지의 극단에서 순수의미를 생성하는 국면으로 있음을 알 수 있다. 즉 이미지가 사라진 소리이거나 리듬으로 인식되는 주문(呪文)마저도 초탈하는 시 세계를 보여주고 있다. 이러한 관점은 인간적 관념이 배제된 어떤 순수한 이미지로 이루어진 국면일 때, 그것은 현상 그대로가 갖는 의미를 지닐 수 있다. 「처용단장」 2부는 아무것도 말하지 않으면서 모든 것을 말하는 국면이라는 점에서 순수를 지향하는 자리에 있다. 이는 의미를 배제하는 것이 아닌 인간적 관념을 거부하는 자리이다. 그 자리에서 시인은 순수의미를 허용하는 자세를 취하고 있는 것이다. 이러한

54) 권혁웅, 「날이미지시는 날이미지시로 쓴 시가 아니다」, 『시와 반시』, 2007년 가을호, 5쪽.

시적 태도는 무의미는 무아(無我)와 통하고 의미는 자아(自我)와 통하는 위치에서 실존 그대로의 현상이 갖는 '의미현상'을 취하게 된다.

일반 독자들은 김춘수의 무의미시와 오규원의 날이미지시를 대하면서 난해함에 앞서 낯설음을 가질 수도 있다. 이는 두 시가 관습적 형태를 벗어나 새롭게 제시하는 시적 형태[보여주는 시적 형태]를 지향하는데 기인한다. 그리고 시편이 낯설다는 것은 설명해주는 시구가 아닌 현상만을 제시해주기 때문이다. 관념적 시편이 시적 이해의 길을 열어주고 있는 반면, '현상적 사실'이거나 '환상적 사실'로 이루어진 시구들은 제시할 뿐이기 때문이다. 있는 그대로의 사물이거나 세계이므로 오히려 이해하기 쉽다고 생각할 수 있으나 그 현상이 갖는 근거를 이해하기란 쉽지 않다. 눈앞에 현현된 세계는 인간적 관념이 덧칠하기 이전의 현상 그 자체이므로 투명할 수밖에 없으며 투명성이 더하는 만큼 낯설다는 것이다. 즉 세계가 세계 그 자체의 현상으로, 존재가 존재 그 자체의 현상으로 있는 것을 직관에 의해 이해하기란 쉽지 않다는 것이다. 이런 점에서 두 시에 나타나는 이미지의 현상, 즉 서술적 이미지이거나 날이미지가 추구하는 현상적 사고는 살아있는 세계[존재]를 투명하게 이해하려는 소산인 것이다.

제4장 현대시에 나타난 현상적 미학의 특징

김춘수의 무의미시론과 오규원의 날이미지시론은 현대 시사(詩史)에서 가장 주목되는 시적 방법론에 속한다. 무의미시론과 날이미지시론은 대상세계에 대한 일체의 인간적 관점, 즉 관념을 배제하기 위해 현상학적 환원을 도입하는데서 출발한다. 그들에게 현상학적 관점은 있는 그대로의 대상세계를 형상화하는 일종의 리얼리즘 기법을 채용한 것이다. 두 시인은 시적 구현에서 관념을 전달하고 명명하는 의식으로부터 벗어나 존재 그 자체를 추구하는 시적 노력을 지속한다. 이와 같이 김춘수와 오규원은 문무(文武)를 겸한 시인이다. 그들은 자신들의 시적 포부를 이루고자 각각 나름의 시학(詩學)을 펼친다. 그들의 시학은 스스로가 제시한 산문적(散文的) 진술의 형태로서 자신들이 시작(詩作)한 시편들을 확고하게 받치고 있다.

그들은 세계[자연] 속의 사물[대상]에서 인간적 관념을 배제하고 가능한 한 '있는 그대로'의 존재적 의식으로 인식하고자 노력한다. 그들은 새로운 시적 방법론에 의해 확고한 시적 세계관을 드러내고자 노력한다. 무의미시에서 의미를 배제한다는 것이나 날이미지시에서 이미지를 날

것으로 인식한다는 것은 그들의 세계관과 맞물려있다. 그들은 한국 현대시의 관념적 성향에 대해 우려를 갖게 된다. 그리하여 그들은 새로운 시적 세계관을 추구하게 된 것이다. 즉 그들은 현대문명이 지향하는 관념우위의 문화적 충격을 자연으로의 회귀라는 시적 형태를 통해 완화하고자 한 것이다. 그들은 관념우위의 문화 속에서 탄생되는 한국 현대시의 미학적 획일성을 하나의 '보이지 않는 충격'으로 인식하게된 것이기도 하다. 이러한 인식에 의해 그들은 문화적 의미의 재생이 아닌 관념배제와 현상적 읽기라는 새로운 시적 미학을 추구하게된 것이다. 이는 두 시인의 미학적 입장이 있는 그대로의 대상세계를 개방하고 풀어내는 사고로의 지향성을 갖게 하는 동력이 된다.

두 시인이 추구하는 시적 세계는 주체의 관점이 아닌 객체의 관점을 중시하는 태도로 일관한다. 이러한 시적 태도는 한편으로 시인의 관점이 아닌 독자의 관점을 지향하는 자세이기도 하다. 즉 시편 속에서 설명하거나 진술이 아닌 보여주거나 제시하는 구조를 가짐으로써 문화적 사고에 길들여진 독자의 눈을 투명하게 만드는 역할을 한다. 이러한 시적 노력은 살아있는 현상, 그 현상을 드러낸 이미지에 의해 세계와 더불어 존재하는 인식으로의 유도를 시도하는 차원이다. 그들이 갖는 시적 변모는 시인 자신뿐만 아니라 독자의 인식이 문명적 관점으로부터 휴식하는 의지를 반영한 것이기도 하다. 이 세계가 지닌 사실적 현상들을 명시화가 아닌 해방적 의미로 드러냄으로써 독자가 갖는 심상에 충격을 더해주는 역할을 기대하게 된다. 두 시인은 세계 그 자체가 갖는 사실적 현상에 대해 미학적 관심을 배경으로 시화하고 있는 것이다. 이는 '우리 시 무엇이 문제인가'에 대한 해답으로 세계를 새롭게 바라보는 시적 방법론을 제시한 것이기도 하다. 그들은 궁극적으로 '아무것도 말하지 않으면서 모든 것을 말하는 시'를 지향한 것이다.

1. 현상적 미학의 특징

본서는 김춘수 시인의 무의미시와 오규원 시인의 날이미지시에서 형상화된 현상 그 자체가 갖는 시적 의미를 현상학적 관점으로 고찰한 것이다. 이런 점에서 두 시에 드러나는 시적 특징이 '현상이란 무엇인가'에 귀결된다. 여기서는 두 시를 비교하면서 '현상'의 개념과 함께 두 시인이 갖는 현상적 사고를 살펴보기로 한다. 오규원은 날이미지시론에서 '현상'을 "의미 하기는 하되 무엇무엇이라고 한정적으로 정하지 않아서 그 자체로 살아있는 의미"라고 하였다. 여기서 '현상'을 '살아있는 의미'라고 할 때 그것은 '의미 있는 현상'을 지향한 현상 그 자체를 말한다. 즉 수없이 존재하는 현상들의 소용돌이 속에서 개별적 현상이 갖는 살아있는 의미가 곧 '현상'인 것이다.

현상학이란, 의식 속에 드러난 '본질'을 인식함으로써 실재에 도달할 수 있다는 믿음을 기초로 한다. 이때 '현상'은 본질적 요소가 가미된 '존재'의 또 다른 이름인 것이다. '현상'은 통시적 · 공시적 관점을 초월한, 즉 고전과 현대, 동양과 서양을 막론하고 시적 대상의 중심에 있다. 존재 그 자체는 '있는 그대로의 세계'이지만, 인간적 시선은 항상 어떤 '대상'들을 지향한다. 어떤 대상들은 모두 인간의 '의식'에 의해 인식되어진다. 두두물물이 존재한다는 존재적 당위성에 기인하면, '대상'이란 있는 그대로 존재할 수밖에 없다. '존재적 대상'이라는 차원을 인간과의 관계성으로 볼 때 그것은 인간 이전의 문제인 것이다.

대상의 유무와 그 크기를 가늠하는 것은 인간적 의식에 의해 이루어진다. 이러한 인간적 의식에 나타나는 모든 대상들은 '현상'이라는 대상적 존재로 인식되어진다. 주어진 그대로의 모습을 '현상'이라고 할 때 그 현상은 '살아있는 의미'로서의 '의미 있는 현상'으로 현시된다. 이러한 관점을 바탕으로 두 시는 존재 그 자체를 사실 그대로, 있는 그대로, 그냥 그대로, 보이는 그대로 인식하고자하는 데서부터 시적 출발을 한다. 이는 두 시와 시론이 존재적 대상을 대상적 존재로 인식하는 의식적 차원으로 승화된다. 이것은 또한 후설(Husserl)이 어떤 왜곡도 없이 '있는 그대로' 주어진 모습의 대상을 현상학적 출발점으로 삼는 것이라는 관점이기도 하다.

대상으로서의 '현상'은 다양한 각도에서 정의될 수 있다. 후설(Husserl)에게 '현상'이란 대상으로 있는 '의미현상'을 말하며, 하이데거(Heidegger)에 있어서 '현상'이란 '자체 내에 자체를 나타내는 것'을 뜻한다.[1] 하지만 하이데거(Heidegger)가 '존재'와 '존재자'를 구별하면서 존재자로서의 인간만이 존재의 의미를 물을 수 있다고 한 점은 재고를 갖게 한다.[2] 그리고 사르트르(J. P. Sartre)는 「존재의 무」를 쓸 때 반야심경(般若心經)에 심취해있었으므로 작품을 '존재의 현상학적인 시도'라고 말한다.[3] 이것은 불교의 연기(緣起)에 대한 새로운 해석의 시도로 볼 수 있다. 인연(因緣)에 의해 생기고 일어나는 존재가 바로 '현상'이기 때문이다.[4]

---

1) 여기서 '내에'의 "내"는 현상이 감춰진 상태로부터 '들어올려지거'나 '꺼내놓여진다'는 것을 뜻한다. 이런 관점에서 '현상'이란 어느 순간에 명백하게 보이는 것이 아니기 때문에 해석, 즉 해석학적 행위를 요한다. 그 결과로 하이데거류의 현상학은 '해석학적 현상학'이라 불리게 된다(R. R. Magliola, 최상규 옮김, 『현상학과 문학』, 예림기획, 1998, 97쪽 참조).

2) 후설과 하이데거의 차이는 '현상' 개념에서도 드러나는데, "후설의 '현상' 개념에서 강조되는 것은 무엇보다 '대상적 의미'다. 그러나 하이데거는 대상적 의미만이 아니라 은폐된 것을 드러나게 해주는 역할의 의미도 강조한다"(박승억, 앞의 책, 114쪽). 여기서 하이데거가 강조하는 후자의 정의는 직관에 의해 세계[대상]를 이해할 수 없는, 즉 '해석'이라는 단계를 거쳐야 한다는 측면에서 '살아있는 현상'이 아닌 '굳어있는 현상'에 가깝다고 볼 수 있다.

3) 반야심경에서 모든 것이 실체로서 없다는 것은 모든 것이 '현상'으로서는 있다는 것을 뜻하므로, '연기(緣起)'에 의해 '有'와 '無'는 상호 역전을 하게 된다. 그래서 모든 것이 실체가 없이 존재한다는 사실이 무엇보다 중요하다. 이런 관점에서 불교적 '연기'가 갖는 현상학적 차원을 이해하게 된다. 이는 현시되는 '현상'이란 존재는 모두 '인연(因緣)'에 의해 생멸됨으로써 그 실체는 있을 수 없다는 것이다. 이러한 연기론(緣起論)을 바탕으로 하여 오규원 시인과 김춘수 시인의 현상관(現象觀)을 살펴볼 수도 있을 것이다.

4) 이는 "다음 찰나의 것은 앞 찰나의 것인 인(因)이 되어 그 결과로서 있게 된 것이므로 그 둘은 인과의 관계, 즉 연기적(緣起的) 관계 속에 있다. 그러나 연기로 연결되

오규원은, 은유란 'A=B'라는 식의 의미 정하기, 즉 끝없는 대체관념이라는 생각을 갖는다. 그는 대체관념을 대신할 수 있는 '의미적 정황으로서의 현상'을 초기 시 세계로 되돌아간 자리에서 그것에 나타난 인식적 방법을 다시 보게 된다. 날이미지에서의 '현상'은 의미 정하기[은유]에 의해 존재하는 것이 아니라, 즉 '의미'가 정해진 것이 아니라 '의미하기는 하되 무엇 무엇이라고 한정적으로 정하지 않아서 그 자체로 살아있는 의미'라고 정의되는 관점이다. 이러한 사고는 곧 '의미 정하기'가 아닌 '의미 풀어놓기'에 의해 존재를 '존재하는 것'으로 보는 태도이다. '존재하는 것'이라는 당연성에 기인하여 대상적 의미의 '현상'은 존재한다. 시적 언어체계에서 나타나는 존재의 언어, 즉 '현상'은 시인과 작품 사이 혹은 시인과 독자의 의식 사이에서 '의미현상'으로 생성된다. '현상이란 무엇인가'에 대한 의식적 운동은 무의미시와 날이미지시에 나타난 '의미현상'으로 귀결된다. 이는 "문학 작품은 현상학적 환원 작업인 일종의 현상학적 서술"로 간주되며 "문학 작품을 쓴다는 것은 현상학적 서술을 함"이라는 관점에서 이루어진다.

김춘수는 "설명을 전연 배격한다. 설명은 관념의 설명이기 때문이다. 이렇게 되면 가치관의 입장으로는 일종의 회의주의가 되기도 하고, 현상학적 망설임[판단중지, 판단유보]의 상태, 판단을 괄호 안에 집어넣는 상태가 빚어진다. 묘사된 어떤 상태만을 인정하되 그 상태에 대한 판단[관념의 설명]은 삼가키로 한다"라는 견해를 갖는다.5) 김춘수는 자신의 시

고 인과(因果)로 관계 지워지기 위해서라도 그 둘은 서로 다른 것이어야 한다. 존재론적으로 그렇게 다른 것임에도 불구하고 어제의 장미와 오늘의 장미를 동일한 하나의 장미로 보고, 한 촛불이 다 타오르도록 그 불꽃을 동일한 하나의 불꽃이라 여긴다. 하지만 그것은 실제로 자기 동일적 무엇인가가 변화하는 현상의 배후에 실체로서 존재하기 때문에 그런 것이 아니다. 찰나 생멸하는 현상 배후에 상정되는 사물의 자기동일성이란 단지 우리의 언어 구조에 따른 개념적 동일성뿐이다"(한자경, 앞의 책, 83쪽)라는 논의에서도 나타난다. 이와 같이 사물과 현상은 '동일성'의 차원이 아니라 '차이성[순차성]'에 의해 존재 가능한 상태를 지속할 수 있다. 모든 존재는 한 순간이라도 그대로 있는 것은 아무것도 없다는 측면에서 존재물은 존재하기 위해 존재할 수밖에 없는 진리이다.

에서만은 가능한 구체적이고 싶었으며 그만큼 관념을 말하고 싶지 않았다. 그는 관념과잉인 자신의 실제생활에 환기를 시켜주는 어떤 장치로서 시를 '살아있는' 순수 · 절대이미지로 지향하면서 묘사절대주의의 시 세계로 나아간다. 이때 '묘사절대주의', 즉 '서술적 시 세계'를 지향한 그는 현상학적으로 대상을 보게 된다. 오규원과 김춘수의 '현상'과 '의미'에 대한 관점, 즉 의미 있는 현상의 차원에서 그들은 유동적이거나 다양성을 지향한다. 두 시인은 "현상학적 입장에서 볼 때 인식대상은 물질로 환원될 수 있는 대상이 아니라 '현상'으로의 대상"이라는 관점을 갖는다. 김춘수는 무의미시론에서 '있는 그대로의 사물'을 형상화하는 현상학적 사고에 더하여 '자신을 있는 그대로' 드러내고자 노력한다. 김춘수에게 있는 그대로의 자신이란 곧 '방심상태'에서의 시화를 말한다. 이러한 방심상태는 '자유연상'과 관계되어지는 것으로서 의미를 생성하는 의식 그 자체를 배제한, 즉 무의식의 상태에서 시적 작업을 수행하는 상태를 말한다. 무의미시론은 의미를 생성하는 의식과 함께 의미와 상생하는 대상을 무화시킴으로써 그가 체험한 현실[역사, 이데올로기, 폭력]로부터 도피하고자 한다. 그는 세계상실이 아닌 세계거부의 시점에서 무의미적 의미를 갖는 시를 추구하기에 이른다.

이러한 두 시가 갖는 현상학적 관점의 특징은 두 시인의 시적 여정을 뒤돌아보면서 대담한 기록들에서도 확인된다.

한국시의 한 계보는 이상(李箱)에서 김춘수로 그리고 이승훈과 오규원으

---

5) "김춘수의 무의미시론은 현대 시사에서 가장 주목되는 방법론이다. 시에서 의미를 제거한다는 그의 방법론은 바로 그의 세계관이다. 왜냐하면 그의 무의미시론은 사물에 대한 일체의 기성관념이나 판단을 '보류'하는 회의주의에서 출발하기 때문이다. 후설(Husserl)의 현상학이 그의 방법론으로 채용된 것이다. 그에게 현상학은 '있는 그대로의 사물'을 드러내는 일종의 리얼리즘이다. 그래서 무의미시는 일차적으로 관념을 전달하는 '비유적metaphorical' 심상 대신 '묘사적description' 심상을 채용한 것이다(김준오, 『현대시와 장르 비평』, 문학과 지성사, 2009, 335쪽). 여기서 '묘사적' 심상은 김춘수의 용어인 '서술적 이미지'이다.

로 이어지고 있다. 오규원 선생의 건강 문제로 무산되긴 했지만 처음 우리는 이 대담을 '김춘수와 오규원', 두 분의 자리로 기획했었다. 한 젊은 비평가의 지적처럼, "최근에 오규원이 보여준 날이미지의 시는 그 무엇을 제시하기 위한 언어가 아닌, 그 무엇 자체인 언어를 지향한다. 그런 점에서 오규원은 김춘수의 嫡子인 셈"이기도 하고, "'시란 무엇인가'와 '시의 언어란 무엇인가'라는 질문의 차이에도 불구하고, 이런 시의 존재론, 혹은 언어의 존재론에 대한 질문 자체가 억압되어온 한국적인 상황에서는 두 분 시인들의 작업이 갖는 문학사적 무게는 함께 논의될 수밖에 없겠"기 때문이었다.[6]

한국 현대시의 한 계보로서 이상(李箱)에서 김춘수로 그리고 오규원으로 이어지고 있다는 점과 오규원이 김춘수의 적자(嫡子)인 셈이라는 점은 무의미시와 날이미지시의 시적 영향관계를 유추하게 되는 근거가 된다. 그리고 "대담을 '김춘수와 오규원' 두 분의 자리로 기획했었다"라고 언급한 점에서 두 시의 영향관계가 당대의 시적 담론으로서 매우 중요한 위치에 있었음을 말해준다. 대담에서 김춘수는 대상, 의미, 주제가 없는 언어 그 자체의 유희를 무대상시 혹은 비대상시로, 날이미지와 무관념성을 날이미지시로 보았다. 그는 오규원이 제시한 날이미지시가 자신이 주장하는 무의미시와 일맥상통한 것으로 본 것이다. 무의미시와 마찬가지로 날이미지시가 '무관념성'으로부터 출발하였기 때문이다. 이러한 김춘수의 견해는 두 시가 갖는 시적 출발, 즉 시적 목표가 서로 다르지 않음을 말해준다. 특히 "오규원이 김춘수의 嫡子인 셈"이라고 단언한 점에서는 날이미지시가 무의미시의 영향아래에 있음을 나타낸다. 이는 두 시의 탄생 시점, 즉 김춘수가 무의미시 제시 이후에 오규원이 날이미지시를 제시한 점을 강조한 견해이기도 하다. 이러한 시적 영향관계는 오규원이 날이미지시를 제시하면서부터 지속적으로 김춘수의 무의미시

6) 강현국, 「大餘 김춘수 선생의 시와 삶, 그리고 산문」, 『시와 반시』, 2002년 가을호, 52~53쪽.

를 언급하고 있다는 점에서도 잘 나타난다. 이는 주로 날이미지시가 무의미시의 연장선상에서 새로운 시적 방법론으로 자리하고 있음을 말해주고 있다.

김춘수의 무의미시 연장선에서 오규원의 날이미지시가 제시되었다는 측면에서 김춘수의 주장에 비해 오규원의 견해는 다소 간격을 갖게 된다. 김춘수가 무의미시와 비대상시 그리고 날이미지시에 대해 '색채는 조금 다르지만 근본은 같은 거'라고 말하는 반면, 오규원은 날이미지시와 무의미시의 시적 지향 등 변별성을 적극적으로 부각시키고 있기 때문이다. 두 시인이 서로 시각을 달리하는 그 지점은 바로 '시란 무엇인가'와 '시의 언어란 무엇인가'의 관점에 기인한 것이기도 하다. 이러한 관점을 바탕으로 본서에서는 두 시가 상호 만나고 갈라지는 교점을 중심으로 고찰한 것이다. 두 시가 각각 '시'와 '시의 언어[시어]'의 지향에서 상호 동행하는 시적 추구를 '무관념'의 달성이라 보고 현상학적 관점에 의해 고찰한 것이다. 이는 완전한 동일성을 갖는 시적 방법론이 존재할 수 없다는 차원에서 두 시가 갖는 교점을 현시하는 관점이기도 하다. 두 시가 상호 만나고 갈라지다가 다시 만나고 있다는 관점에서 두 시에 나타난 현상적 미학을 발견하고자 한 것이다. 이는 김춘수가 '시[예술]란 무엇인가'라는 탐색으로부터 '무의미'라는 해답을 찾았다면, 오규원은 '시의 언어란 무엇인가'라는 탐구에서 '날이미지'라는 해답을 찾은 것이라는 시적 방법론을 해명하는 작업이기도 하다. 그 결과 두 시의 시관으로부터 '시'의 존재론과 '언어'의 존재론과의 교점을 시적 범주에서 감지하게 된다.

다음은 "두 분 시인들의 작업이 갖는 문학사적 무게는 함께 논의될 수밖에 없다"라는 관점에 대해 살펴보기로 한다. 두 시인이 함께 논의되어야하는 당위성은 대상세계를 새롭게 바라보는 방법을 통해 '시'를 새롭게 하고, 시를 새롭게 하기 위해 '시의 언어[시어]'를 새롭게 하는 방법론을 추구한다는 점에 있다. 이는 오규원이 김춘수의 시를 일컬어 '예술적 인식'이라 하고, 자신의 시는 '인식적 예술'을 지향한다고 말하는 점에서 나타난다.7) 이는 오규원이 자신의 견해에 대해 "내 질문의 서두는 언어[인식]란 무엇인가이고 김춘수 시인은 시[예술]란 무엇인가"라고 정의하는 점에 기인한다. 이러한 정의는 오규원의 시적 추구에 대해, 방법은 다르지만 김수영의 '반시론'이나 김춘수의 '무의미시론'을 떠올리게 한다는 이창기의 질문에 오규원이 대답한 내용에서도 확인된다. 이 물음에 대해 오규원은 "김수영, 김춘수 같은 예술가적 기질이 강한 시인들이 많기를 희망합니다. 예술가적 기질의 시인은 '시를 삽[生]니다'. 그러나 지사적 기질의 시인이나 선비적 기질의 시인은 시를 살지 않고 '시를 부리기' 때문에, 때로는 시를 고통 없이 아무렇게나 버립니다. 우리 시의 이런저런 질곡에는 이들도 한몫을 했습니다. 그러나 속물적 기질의 시인들은 그 수에 비해 별로 영향이 크진 않습니다"(날170면)라고 답한다. 여기서 "예술가적 기질이 강한 시인"으로 김춘수를 꼽은 점에서도 알 수 있듯이 "시를 삽(生)니다"라는 관점은 곧 오규원이 김춘수가 제시한 시적 방법론의 범주에 있음을 반증하고 있는 셈이다.

오규원은 김춘수가 제시한 시적 방법론인 무의미시론을 관통하는 새로운 시적 방법론인 날이미지시론을 추구하고 있다는 점에서 '새로움'의 무게를 달리하게 된다. 오규원은 주로 미학적 입장에서 김춘수를 앞세워 말하면서 두 시론에 대한 변별점을 통해 상호 개별적 특성을 부각시키고 있다. 이러한 두 시론의 비교 관점은 연구자들의 논의에 의해 객관적

7) 여기서 '예술적 인식'과 '인식적 예술'의 차이는 예술을 인식하는 것과 인식을 예술화하는 것으로서 시가 예술이라면 언어는 예술의 질료가 된다. 오규원이 "자신의 질문의 서두는 언어(인식)란 무엇인가이고 김춘수 선생은 시(예술)란 무엇인가입니다. 나는 전복의 사회학을 이루는 기본적 골격은 언어란 무엇인가로부터 출발했기 때문에 그렇게 된 것입니다. 그러니까 내 경우에는 세계를 새롭게 바라보는 방법이 시를 새롭게 하지요"(날212면)라는 관점에서 보면, 진정한 언어가 '아무것도 말하지 않는 것'이라면 그것은 관념의 침묵인 것이다. 시에서 침묵한다는 것은 사회에 대한 간섭의 배제이며, 이러한 침묵이 갖는 시적 방법론이 곧 오규원이 말하는 '전복의 사회학'과 소통되기 때문이다. 여기서 '시의 침묵은 곧 언어의 침묵이다'라고 할 때 전자는 무의미시를 후자는 날이미지시를 일컫는 것이 된다.

으로 파악하게 된다. 여기서는 주요쟁점이 되는 연구자의 논의, 즉 권혁웅과 정과리의 논의에 대해 살펴보기로 한다.

권혁웅은 야콥슨 이론과 날이미지시론을 비교분석하는 과정에서 날이미지시론의 은유적 축과 환유적 축은 야콥슨의 글에서 도출한 것으로 논리의 비약이 따른다는 것이다. 논자는 환유적 사고가 반드시 '현상적 사고'를 보여준다고 할 수 없으며, 조주의 선문답에서 보면 그것은 환유적인 대답이 아니라 은유적인 운동이라고 보았다. 논자는 김춘수가 든 비유적/서술적이란 대립쌍이 그대로 오규원의 해석적 = 관념적/감각적 = 표상적이라는 대립쌍에 승계되어있다는 것이다. 그는 또 오규원은 김춘수가 '비유적인 = 불순한 = 관념적인'이라고 계열화한 항목을 '은유 = 해석적인 = 관념적인'이라는 축으로 이어받았고(비유가 은유의 축으로 축소된 것에 유의하라). 김춘수가 '서술적인 = 순수한 = 존재론적인'이라고 계열화한 항목을 '환유 = 감각적인 = 표상적인'이라는 축으로 이어받았으며, 물론 오규원은 김춘수의 시론이 자신의 것과는 다르다고 생각했다[8]는 점에 주목하고 있다. 이러한 논의에서 "관념적인" 것으로부터 "존재론적인"과 "표상적인"이라는 축의 이동은 두 시인의 시론이 만나는 지점을 명확하게 정의하고 있다. 특히 김춘수의 시적 관점이 그대로 오규원의 시적 관점으로 이어진다는 점은 두 시인의 시적 추구에 대한 영향관계를 잘 보여주고 있다.

정과리는 오규원이 세계를 세계의 현상으로서 파악하겠다는 시적 태도와 환유적 태도는 같은 것인가라는 점에 대해 의문을 표시한 다음, 현상적인 사실을 시로 구현[묘사]하기 위해서는 주관적 의식이 개입할 수밖에 없다는 점을 들고 있다. 그는 또 '날이미지'와 '무의미', '날이미지시'와 '무의미시'를 동일한 범주로 검토하면서, 무의미시가 순수객관의 세계라면 날이미지시도 크게 벗어나지 않는다는 것이다. 그리고 논자는

8) 권혁웅, 「날이미지시는 날이미지로 쓴 시가 아니다」, 『시와 반시』, 2007년 가을호, 56~75쪽.

"세계 그 자체가 순수하고 객관화된 존재라고 한다면 '순수'와 '객관'은 하나의 세계 속에서 상호보완적인 관계를 갖는다. 착각을 불러일으키면 동일 차원이 되나 그것은 존재 불가능한 것일 때 날이미지시와 무의미시의 지향점은 어디이든지 간에 동일할 수밖에 없을 것이다. 날이미지는 순수 객관이 아니라 주관으로부터 솟아난 대상의 현전을 가리킨다"[9]라고 밝힌다. 이러한 견해에서 두 시와 시적 요소를 동일한 범주에 두는 관점은 두 시와 시론의 영향관계가 온전하게 이루어졌음을 잘 보여준다. 그리고 두 시와 시론을 상호보완적 관계로 작용한다고 본 점도 마찬가지다. 이러한 논의들은 대상세계를 객관적 사고로 구현하고 있는 무의미시와 날이미지시의 시 세계를 하나의 연장선에서 검토하고 있다는 점에서 의의를 갖는다. 그리고 이러한 논의는 본서에서 구명하고자 하는 두 시와 시론의 현상적 미학을 발견한다는 연구목적을 뒷받침하는 견해이기도 하다.

본서는 두 시인의 주장 그 자체를 '판단중지(判斷中止)'의 시점에 고정시키고 두 시의 출발점과 주요 시편에 나타난 시적 의미의 지향성에 대한 현상학적 접근을 바탕으로 고찰한 것이다. 먼저, 이러한 고찰의 근거가 될 수 있는 김춘수의 무의미시론이 갖는 문학사적 의의, 가치, 중요성에 대한 글을 통해 살펴보기로 한다.

오규원이 주장하는 '날이미지의 시'는 방법론적으로 김춘수와 비슷하다. 그가 말하는 날이미지는 그동안 그가 추구한 관념의 재해석, 관념의 해체 다음 단계에 해당하고 그것은 사변화되거나 개념화되기 이전의 의미, 곧 관념화되기 이전의 의미를 존재의 현상에서 찾아내어 이미지화하는 것을 뜻한다. 이런 시쓰기가 방법론적으로 김춘수의 무의미시와 비슷한 것은 김춘수나 오

9) 정과리, 「'어느새'와 '다시' 사이, 존재의 원환적 이행을 위한」, 『새와 나무와 새똥 그리고 돌멩이』 해설, 문학과지성사, 2005, 83~138쪽.

규원이나 시에서 관념을 배제한다는 점이고 이런 관념 배제는 대상 혹은 존재를 전제로 하기 때문이다. 말하자면 대상을 전제로 대상의 의미 혹은 관념을 제거한다. 나는 대상을 전제로 하지 않고 따라서 대상의 의미를 제거하는 게 아니라 대상이 없는 상태, 곧 '비대상'에서 출발하기 때문에 방법론적으로는 이들과는 다르고 인식론적으로는 무의미, 탈관념, 비대상을 추구한다는 점에서 이들과 비슷하다. 그러나 김춘수의 무의미시와 오규원의 날이미지시는 방법론적인 차이를 보여준다. 김춘수가 탈관념 곧 묘사적 이미지에서 마침내 탈이미지의 세계로 나아간다면 오규원은 관념화되기 이전의 의미를 이미지로 재구성한다. 그런 점에서 그도 말하듯이 김춘수가 무의미를 지향한다면 그는 의미를 지향하고 그러나 이 의미는 개념화, 관념화를 거부한다는 점에서 결과적으로 무의미에 속한다. 요컨대 김춘수가 관념 이후라면 오규원은 관념 이전이고 김춘수가 탈이미지를 추구한다면 오규원은 이미지를 추구한다. 따라서 오규원의 날이미지는 김춘수의 묘사적 이미지를 새롭게 해석하고 이런 해석은 불교적 사유를 동기로 한다.[10)]

이승훈은, 김춘수의 무의미시와 오규원의 날이미지시가 대상 혹은 존재를 전제로 관념을 차단한다는 점에서 두 시가 유사성을 갖는다는 것이다. 이러한 견해는 시 세계에서 인간적 관념을 차단한다는, 즉 두 시가 갖는 시적 추구가 상호 만나고 갈라진다는 지점을 관통하고 있다. 그리고 논자는 김춘수가 '관념 이후'에서 묘사적 이미지[서술적 이미지] 혹은 탈이미지를 추구하고, 오규원이 '관념 이전'에서 날이미지를 추구한다는 점을 두 시가 갖는 차별성이라고 보았다. 이러한 견해 또한 두 시의 시적 방법론이 '관념 이후'로부터 '관념 이전'으로 회귀한다는 차원, 즉 '관념 배제'라는 시의식을 갖는다는 점에서 상호 유사성의 범주에 있음을 보여준다. 이는 무의미시가 지향하는 서술적 이미지 또는 탈

10) 이승훈, 「무의미 시론의 문학사적 의의」, 『시와 반시』, 2005년 봄호, 77~78쪽.

이미지와 날이미지시가 지향하는 날이미지가 '관념 배제'라는 지점에서 상호 만난다는 관점이기도 하다. 이승훈은 '방법론'과 '인식론'의 측면에서 김춘수와 오규원이 만나는 지점을 정리하고 있다. 논자가 스스로 자신의 시적 지향에 대해 밝히고 있는, 즉 방법론의 측면에서 자신이 이상 시인과 비슷하고 인식론의 측면에서 김춘수 쪽이라는 말에서도 확인된다. 이러한 견해는 김춘수가 '존재란 무엇인가'라는 인식론적 질문으로부터 대상의 소멸을 위해 사물의 존재 근거에 대해 의문을 갖고 허무와 대결한다는 점에서 자신과 지향성을 같이한다고 본 것으로 파악된다. 하지만 이승훈은 무의미시와 날이미지시가 '방법론'으로 비슷하다고 전제해놓고서, 다시 두 시가 '방법론적'인 차이를 보여주는 경계에서 의미와 무의미의 중첩을 끌어내고 있다. 그는 의미와 무의미의 경계에서, "아직도 미적(美的) 후진성을 벗어나지 못하고 시쓰기에 대한 자의식도 없이 시를 쓰는 소박한 시인들이 판을 치는 우리 시단에 김춘수가 주장한 무의미, 무의미의 의미는 계속 우리 시의 화두가 된다. 다시 묻자, 무의미란 무엇인가?"[11]라고 주장한다. 이러한 주장은 의미와 무의미의 차이성보다는 "무의미의 의미"를 시대적 화두로 놓고 있다는 점에서 두 시에 나타난 현상적 관점을 반영하고 있다. 즉 의미와 무의미가 상호 중첩됨으로서 그 경계에서 무의미적 의미로서 관념을 배제한 존재의 시를 추구할 수 있다는 점을 암시하고 있다. '의미'와 '무의미'의 중첩에 대한 사고는 현상에 내재된 의미의 재발견에 대한 구명, 즉 무의미시와 날이미지시가 만나고 갈라지는 부분으로서의 의미적 흐름을 분석하는 기준이 된다.

두 시인이 주장하는 견해를 괄호 속에 넣어두고 객관적 관점에서 비교한 논의를 바탕으로 두 시에서 형상화된 현상적 미학을 대비하여 살펴보기로 한다. 오규원이 지향하는 '의미'란 개념화와 관념화를 거부하

11) 이승훈, 앞의 글, 78쪽.

는 차원의 관념적 무의미인 '언어 이전의 의미'이다. 그는 날이미지적 시를 전개하면서 '관념의 재해석', '관념의 해체'라는 과정을 거치게 된다. 이러한 시적 여정은 김춘수의 무의미시가 추구한 '탈관념적' 의식과 만나게 된다. 이는 김춘수의 무의미시가 관념적 세계에서 끊임없이 관념을 벗어나려는 노력, 즉 관념화되기 이전의 상태로 회귀한다면 오규원의 날이미지시는 관념화되기 이전의 상태에서 다시 출발한다는 관점이다. 김춘수는 서술적 이미지[묘사적 이미지]를 추구하면서 대상을 잃어가는 작업, 즉 관념이 붙어있는 대상을 무화시키는 작업을 지향한다. 궁극적으로 관념을 벗어나기 위해 그는 이미지마저도 벗어나려는 '탈이미지화'를 추구한다. 이때 그가 벗어나려고 한 대상과 이미지는 궁극적으로 관념 이전의 상태, 즉 '현상 그대로'의 의미세계를 지향한다. 이에 반해 오규원은 관념화되기 이전의 세계에서 의미를 찾아 '날것 그대로'의 이미지화를 추구한다. 무의미시는 '관념 이후'에서, 날이미지시는 '관념 이전'에서 그 관념을 배제하는 것이 된다. 관념 이후와 이전은 결국 관념의 배제라는 지점에서 서로 만나게 된다. 두 시인은 '관념 배제'라는 시적 목표를 이루기 위해 무관념적 의미의 세계, 즉 무의미적 의미 혹은 날이미지적 의미를 지향한다. 여기서 '무의미적 의미'의 지향이란 곧 의미는 반드시 무의미를 기저로 하여 형성됨을 뜻한다.

무의미시가 지향하는 정점과 날이미지시가 지향하는 정점은 관념이 배제된 살아있는 '의미현상'이라는, 즉 순수 그 자체의 지점에서 만나게 된다. 이러한 시적 교감은 '의미'와 '무의미'라는 경계에서 현상학적 관점으로 시적 분석을 가능하게 하는 계기가 된다. 한편으로 '의미'와 '무의미'의 중첩이 일어난다고 보면 의미와 무의미의 경계를 파악하는 것 자체가 곧 '의미현상'을 해명하는 것이 된다. 의미와 무의미의 중첩이란 '의미'의 영역과 '무의미'의 영역을 교집합으로 놓은 국면을 말한다. 이는 두 시에 나타난 의미현상을 통해 현상적 미학을 발견하는 계기를 마련한다.

①뜰 앞의 잣나무로 한 무리의 새가
날아와 자리를 잡고 앉는다
②그래도 잣나무는 잣나무로 서 있고
잣나무 앞에서 나는 피가 붉다
③발가락이 간지럽다
④뒷짐 진 손에 단추가 들어 있다
⑤내 앞에서 눈이 눈이 온다
⑥잣나무 앞에서 나는 몸이 따뜻하다
⑦잣나무 앞에서 나는 입이 있다

—오규원, 「잣나무와 나」 전문('①~⑦'은 인용자 표시)

'①'은 "잣나무"와 "새"를 중심으로 앞뜰의 풍경을 그린 '날것 그대로'의 국면이다. 이 국면은 "뜰 앞"이라는 배경을 기저로 '잣나무 — 새 — 나'의 관계를 암시한다. '①'의 국면을 이어받아 '②'~'⑦'에서는 "나"를 관계시키면서 '잣나무와 나'의 '사이'를 구체화한다. 뜰 앞에 잣나무가 서 있고 그 잣나무에 한 무리의 새들이 날아와 앉는 풍경 사이로 눈[雪]이 내리는 시간, 화자는 그 풍경과의 관계를 통해 형상화된다. 이러한 시적 형상화는 전체 국면에서 두 부분으로 나눌 수 있다. 하나는 뜰 앞에 있는 사물들인 "잣나무"와 "새" 그리고 "눈"으로서 '뜰'을 중심으로 하여 인접성을 이룬다. 다른 하나는 뜰에 서서 뜰 앞을 응시하는 화자를 중심으로 있는 주변물인 "피" "발가락" "손" "단추" "몸" "입"이 인접성을 이룬다. 후자의 작은 국면들에 드러난 '피 — 붉다' '발가락 — 간지럽다' '손 — 들어 있다' '몸 — 따뜻하다' '입 — 있다'의 구조는 모두 "잣나무 앞에서" 일어난 현상들이다. 그리고 '새 — 앉는다'는 "뜰 앞"에서, '눈 — 온다'는 "내 앞에서" 일어나는 현상들이다. 이러한 현상들은 모두 눈앞에 존재하는 '사실적 현상'들, 즉 있는 그대로의 현상들이다. 시인은 뜰 앞에 펼쳐지는 풍경에서 "잣나무는 잣나무로 서 있"는 개별적 존재 그 자체들을 관념이 아닌 현상 그 자체가 갖는 의미를 통해 날것 그대로 이미지화한다. 여기서 '날것'이라는 이미지화를 거친 현상 세계는 '현상적 사실'로 형상화된다. '잣나무는 잣나무'로, '새는 새'로, '나는 나'로 대체관념이 아닌 살아있는 의미적 풍경으로 있게 된다.

이 시편의 중심 소재인 '잣나무'와 '나'는 상호 침범할 수 없는 공간적 풍경 속에서 의식을 공유하는 세계이다. 이것은 눈앞에 드러난 모든 존재의 본질과 현상들은 무엇 무엇이라고 定할 수 없는 物物의 세계임을 반영한다. "새가/날아와 자리를 잡고 앉는" 행위는 "뜰 앞의 잣나무"가 존재하기에 생성되는 '의미현상'이다. "잣나무는 잣나무로 서 있는"처럼 정적인 행위는 날아와 자리를 잡는 새가 있음으로써 존재를 드러낼 수 있기 때문이다. '내'가 '나'로 서 있기 위해서는 역시 뜰 앞의 풍경이 있음으로써 가능한 국면이다. 전체 국면에 드러나는 화자의 시선은 주체중심의 사고를 벗어나 객체중심의 사고로 이동하고 있다. "나는 피가 붉다/발가락이 간지럽다"라는 날것 그대로의 현상은 곧 "잣나무 앞에서" 일어나는 현상이 아닌 '잣나무 그 자체에 내재된 현상'으로 있게 된다. 날것 그대로의 현상을 재발견하는 시인의 시선은 주체와 객체, 즉 의미와 무의미의 경계에서 순수 그 자체를 지향한 의식으로 살아나고 있다.

①가을일까,
또 가을이다.
②어딘가 개고랑 같은 곳에
산이 하나 그림자를 드리우고 있다.
③장난감 무소를 탄 손자 녀석이
산을 보며 신이 나 있다.
④돌아설까 하다가 다시 보니
어딘가 개고랑 같은 곳에

그림자를 드리우고 산이 하나
제 무릎과
제 목을 잘라낸다. ⑤피가
거무데데하다.

―김춘수, 「산」 전문[12]('①~⑤'는 인용자 표시)

'①'에서 "가을일까"라는 물음과 "또 가을이다"이라는 응답의 관계는 "가을"이 다시 "가을"로 존재하는 국면으로서 "잣나무는 잣나무로 서 있는"[「잣나무와 나」] 국면과 동일한 구조를 갖는다. 여기서 "또"는 물음과 응답의 사이에서 시간적 순차성을 나타낸다. "또 가을"은 앞의 "가을"과 동일성이 아닌 시간적 순차성에 의한 연속성을 형상화하고 있다. "가을"이 다시 "가을"로 존재하는 순차적 풍경은 대상을 대상 그 자체가 지우는 국면으로 있다. 'A=B'가 아닌 'A=A'의 언술방식은 인접성의 극단으로서 "잣나무는 잣나무로 서 있는"[「잣나무와 나」]것처럼 존재가 존재로 있는, 즉 '의미 정하기'식이 아니라 '의미 풀어놓기'식의 구조로 있다. 이러한 구조는 있는 그대로이거나 현상 그대로를 드러내는 '의미현상'의 세계이다. 또한 이는 인간적 관점이 개입할 수 없는 순수 그 자체로서 절대이미지와 의미현상의 세계를 드러내는 방식이다.

시제 「산」이라는 대상을 기준으로, '②'는 화자의 시선에 의해 형상화된 직접적 풍경이고 '③'은 화자의 시선에 감지된 간접적 풍경으로서 타자의 시선에 잡힌 풍경이다. 이러한 풍경 인식에서 "산이 하나 그림자를 드리우고 있"는 현상은 '사실적'이다. '손자 녀석이 장난감 무소를 탄' 현상도 '사실적'이다. 사실적 풍경이나 현상에 의해 감지된 대상은 관념이 배제된 현상 그대로의 이미지화, 즉 현상적 풍경으로 언어화됨으로써 '의미현상'으로 형상화된다. "산이 하나 그림자를 드리우고 있는"과 "산

12) 김춘수, 『김춘수 시전집』, 현대문학, 2008, 763쪽.

을 보며 신이 나 있"는 풍경은 '사실적인 것'을 기반으로 하는 '현상적인 것'으로의 이동 국면을 갖는다.

'④'는 '②'를 도치시키면서 되풀이하는 국면이다. 그리고 "돌아설까 하다가 다시 보"는 화자의 시선은 주체적 작용과 반작용이 갖는 갈등적 국면이다. 이러한 국면은 산이 "제 무릎과/제 목을 잘라"내는 자위적 행위와 같은 극단적 국면을 예시하고 있다. "돌아설까 하다가 다시 보니"는 "산"을 "피가/거무데데하다"라는 현상적 풍경을 암시하는 국면으로 형상화되고 있다. "산"은 단풍을 수놓은 '가을 산'이므로 개울엔 고요가 흐르기 시작하면서 산그늘이 찾아들기 시작하는 계절이다. 그리고 "어딘가 개고랑 같은 곳에서"의 "어딘가"는 화자의 심상에 담긴 불확정한 지점으로서 가을 산의 그림자가 개울에 비쳐지는 곳이다. "거무데데"한 산색으로 바뀌어가는 풍경은 늦은 오후 산그늘이 내리기 시작하는 가을 산을 형상화한 국면이다. 이러한 국면들은 화자의 눈앞에 놓인 현상 그대로의 세계를 인간적 관점을 통제하면서 응시하는 형태이다. 시인은 묘사적[서술적] 언술을 통해 '사실적인 것'에 대한 현상을 '현상적 사실'로 이미지화하고 있다.

시편 「잣나무와 나」 그리고 「산」에서의 언술체계는 대상세계를 바라보는 시인의 의식이 살아있는 '의미현상'으로 형상화된다. '있는 그대로'의 대상적 존재의 추구는 현상이 갖는 현상 그대로의 '의미현상'으로 드러난다. 오규원의 날이미지시와 김춘수의 무의미시는 현상적 의미의 재발견이라는 지점에서 주체의 관점으로부터 객체로의 이동을 실현하면서 형상화되고 있다.

2. 세계의 실재적 현상화

김춘수의 무의미시와 오규원의 날이미지시가 차이성을 나타내는 지점은 '대상'이라는 객체의 관점이다. 이것은 '대상을 소멸하느냐' 아니면 '대상을 살리느냐'에 귀결되면서 두 시와 시론의 비교 논의를 이끌게 된다. 이는 김춘수가 대상의 '소멸'을 지향하는데 반해 오규원은 대상의 '생성'을 모색한다는 견해에서 확인된다. 이러한 견해에 대해 검토의 전제가 되는 것은 김춘수가 시에서 '대상'을 지운다고 가정하더라도 그 '대상' 대신에 '이미지'가 남게 되어 그 이미지가 다시 '대상화'된다는 측면이다. 무의미시가 관념을 배제하려는 노력에 의해 서술적 이미지를 차용하게 된다는 관점에서 그것은 대상의 '소멸'이 아니라 대상의 '희생', 혹은 대상의 '숨김'으로 볼 수 있게 된다. 김춘수의 무의미시가 '대상의 소멸'이 아닌 '대상의 숨김'으로 파악하는 차원은 의미론적 관점에서 '의미의 소거'가 아닌 '의미의 초월'이 된다. 대상을 숨김으로써 대상이 갖는 의미는 오직 대상 중심적 사고에서 관념이 아닌 순수이거나 절대이미지로 형상화되기 때문이다. '대상'과 '의미'라는 이항 구조의 핵심 문제는 대상과 의미의 간격이거나 의미와 무의미의 경계에서 현현되는 어떤 작용일 것이다. '의미'와 '무의미'가 경계를 갖는 지점에서 현현되는 의미와 무의미의 차이성은 두 시적 방법론을 파악하는 중요한 요소이다. 두두물물을 하나의 개념[의미]으로만 정의한다면 그것들의 차이성은 없어지고 동일성만 남게 될 수 있기 때문이다.

하지만 객관세계가 동일성이 아닌 '차이성'에 의해 존재하고 있음은 자명하다. 두 시인이 교감하는 시의식은 그들의 견해에서 드러나고 있다. 김춘수의 경우, 무의미시가 대상도 없고 주제도 없는 시적 방법론이라는 관점을 갖는다. 이에 대해 오규원은 시가 주제나 대상이 없으면 당연히 그 세계가 심리적일 수밖에 없고 그 때문에 또한 관념적인 일면을 벗어날 수가 없으며 그런 연유로 무의미시는 시의 행간(行間) 어딘가에 관념을 숨겨놓고 있다고 말한다. 하지만 김춘수는 이미지를 기능면에서 '서술적인 것'과 '비유적인 것'으로 구분한 뒤에 관념을 목적으로 하고 있는 경우라 하더라도 그 관념을 무시하고 '이미지'만을 보게 된다고 말한다. 이러한 견해는 오규원의 관점에서 무의미시가 어떤 관념을 숨겨놓은 것이라 하더라도 그것이 김춘수의 관점에서 이미지가 어떤 관념을 위하여 쓰이는 경우가 아닐 때 그것은 순수한 시 세계가 됨을 말해준다. 이러한 견해들은 아래의 시편들을 통해 확인할 수 있다.

①활자 사이를
　코끼리가 한 마리 가고 있다.
②잠시 길을 잃을 뻔 하다가
　봄날의 먼 앵두밭을 지나
③코끼리는 활자 사이를 여전히
　가고 있다.
④너무 작아서 잘 보이지도 않는
　코끼리,
⑤코끼리는 발바닥도 반짝이는
　은회색이다.

—김춘수, 「은종이」 전문('①~⑤'는 인용자 표시)

'①'은 활자와 활자 사이를 직관하는 응시의 국면이다. 즉 응시지점에서는 코끼리 한 마리가 활자와 활자 사이를 "가고 있"는 국면을 갖는다. 이는 '응시하는'이라는 어떤 순간적 작용으로부터 형상화된 어떤 국면일 것이다. 이 시편에서는 '응시(凝視)'가 '착시(錯視)'로 감지되면서 '환상적 사실'로 형상화된 국면으로 파악된다. '②'는 활자와 활자 사이를 지나가던 코끼리 한 마리가 문득 "앵두밭"과 마주치는 국면이다. 여기서 "앵두밭"은 활자와 활자 사이에 그려놓은 삽화(揷畵)이다. 그리고 '③'은 삽화 위를 걸어가던 코끼리가 "앵두밭"과 마주치면서 "길을 잃을 뻔 하다"가 다시 활자와 활자 사이를 "여전히" 걸어가고 있는 국면이다. '④'에서 활자와 활자 사이는 이 세상에서 가장 좁은 '길'이다. '코끼리'는 그 '좁다란 길'에서 자기 몸을 한없이 움츠리며 지나가고 있는 국면이다. '②', '③', '④'는 모두 사실과 착시의 이중구조를 기반으로 하는 '환상적 사실'의 국면을 갖는다. 그리고 '⑤'는 코끼리의 형상으로 착시현상을 일으킨 시선에 의해 '코끼리의 발바닥'이 "은회색"으로 보인 국면이다. 이 국면은 "은종이"의 반짝거림에 의해 '코끼리의 발바닥'이 "은회색"인 것처럼 보이는 착시현상이므로 역시 '환상적 사실'이다. 물론 '환상적 사실'이라는 그 자체가 곧 착시현상을 전제하는 것이기도 하다. 한 편의 시적 국면에서 '사실적 환상'이 '환상적 사실'로 이미지화됨으로써 현상적 '의미현상'으로 형상화된다. 시제인 「은종이」는 시인의 착시를 기반으로 환상적 사실이 서술적 언술체계에 의해 환유적으로 형상화된 시편이다. 이 시편은 책갈피 속에 끼워진 "은종이"를 소재로 순수직관에 의해 창작된 것이다. 이 시편의 총체적 국면은 현상 그대로 인식한 '두두물물의 말'인 것이다.

①길이 끊어진 곳에 멈추어
서 있는 길이 있습니다
②서 있는 길과 마주보며 집이
한 채 있습니다 서 있는
길을 보며 집이 앉아 있습니다

③지붕에는 날개가 있는 새가
앉습니다 새가 간 뒤에 지붕은
이번에는 오로지 지붕이 됩니다
④지붕과 창으로 이어지는 길은
햇빛이고 방으로 이어지는 길은
어둠입니다

⑤허공에서 생긴 새들의 길은
허공의 몸 안으로 다시 들어갑니다
⑥몸 안으로 들어간 길 밖에서
다른 새가 날기도 하고
뜰에서 천천히 지워질 길을
종종종 만들기도 합니다

⑦서 있는 길 뒤에서
흔한 꽃 몇몇이
피다가 멈추고 피다가 멈추며
꽃 질 자리를
감추고 있습니다
⑧감추고 있는 그곳까지
감추어질 길이 있습니다

—오규원, 「지붕과 창」 전문('①~⑧'은 인용자 표시)

이 시편에서 1연은 '집과 길', 2연은 '지붕과 새', 3연은 '새와 길', 4연은 '길과 꽃'의 국면으로 각각 시적 독립성을 띠고 있다. '①'은 "길이 끊어진" 지점과 "서 있는 길"이 만나는 곳에서 하나의 길이 객체로서 존재하는 현상적 사실이다. '②'는 "서 있는 길"과 "집 한 채"의 사이에 '마주 봄'의 간격이 존재하며, "한 채"의 집은 "서 있는 길"을 응시하는 국면으로서 역시 현상적 사실이다. '①'과 '②'는 '길'이 '길'로 끊어지거나 서 있고, '길'과 '집'은 다시 '집'과 '길'로 집합을 이루는 국면으로 형상화된다. '③'에서는 '새'에게 날개가 필수라면 '지붕'에게도 날개가 있음을 형상화한다. 지붕의 날개는 새의 날개와 시공간적 집합관계에 있다가 잠시 뒤 새가 날아간 뒤 지붕은 지붕 그 자체로만 존재하는 국면을 갖는다. '④'에서는 '햇빛의 길'과 '어둠의 길'은 '길이 아닌 길'을

‘길’로 삼아 시작과 끝도 없이 방황하는 국면을 갖는다. 개방된 공간에는 “햇빛”이, 구속된 공간에는 “어둠”이 ‘길’을 내는 그 ‘길’은 온전하게 다가설 수 없는 ‘길’이다. 그 ‘길’은 ‘새의 길’과 다르지 않으며 흔적조차 남기지 않는 ‘영혼의 길’이기 때문이다. ‘③’과 ‘④’에서 ‘지붕’과 ‘새’의 관계는 ‘햇빛’과 ‘어둠’의 관계로 형상화된다. 그리고 ‘존재가 존재로 있는’, 즉 있는 그대로의 대상의 중첩이 ‘지붕’은 오로지 ‘지붕’으로 남아 있게 하고, ‘창’은 ‘창’으로 있게 할 때 ‘방’은 ‘방’으로만 머물게 된다. ‘⑤’에서 ‘허공’이란 모두 “새들의 길”이거나 ‘집’으로 존재하며, “새들의 길”은 허공의 몸 안에서 생성되는 ‘길’의 국면이다. 그 ‘길’은 곧 허공의 여백이 승화되어 휴식하는 곳이기도 하다. 새들은 허공이 제공한 쉼이 있는 ‘여백’을 따라 세계에 의지하면서도 다시 허공의 ‘여백’을 일구어 나간다. 새가 새로 존재하기 위해서는 허공이 그 허공이 아닌 어떤 ‘여백’으로 있어야함은 ‘사실적인 것’이다. 하지만 새는 세계로서의 허공에 의미할 뿐 그 허공을 몸속으로 들여놓지는 않는다. 이 시점에서 새와 허공은 둘이면서도 둘이 아닌 현상적 존재로 형상화된다.

‘⑥’은 ‘새’가 제 몸의 크기만큼만 허공에 집을 지은 곳에서 다시 집으로 들어가는 길을 구할 때, 그 길의 밖에서는 다시 ‘다른 새’가 허공에 길을 내거나 집을 짓는 국면이다. 여기서 “길 밖”은 허공 그대로 있는 곳이며 “다른 새”가 또 ‘길’을 내며 존재하는 세계이다. 길 안의 허공과 길 밖의 허공은 둘이 아닐 수도 있다. 그것들은 공간적 동시성에서 ‘새의 길’에 의해 시간적 순차성을 띠기 때문이다. 이러한 국면은 동시성과 순차성이 공존함으로서 세계가 동화되는 ‘현상적 사실’로 형상화된다. 그리고 ‘⑥’의 국면에서 새들이 허공이 있는 뜰, 아니 허공 속에 존재하는 뜰에서 뜰과 함께 존재하는 새가 “종종종 만들”어가는 길을 통해 지나가는 현상이다. “천천히 지워질 길”에서 ‘지워가는’ 주체는 ‘뜰’이나 ‘새’가 아닌 ‘허공’ 그 자체이다. 역시 존재가 존재로 있는 관점에서 허공이 허공의 몸을 채워가는 현상이기도 하다. 허공이 몸을 채우는 곳에서 새의 길은 지워지는 현상을 갖는다. 이러한 현상적 사실 역시 사실적 현상을 바탕으로 이미지화된 '의미현상'이다.

'⑤'와 '⑥'에서 새들의 길은 늘 허공 속에 존재하며 그 길 밖에는 또 다른 새들의 길이 허공에서 만들어지는 현상의 형상화이다. '⑦'과 '⑧'은 1연의 "서 있는 길"과 "한 채"의 집 사이에 몇몇의 꽃이 멈추듯 피어나는 국면이다. "피다가 멈추고 피다가 멈추"는 '몇몇의 꽃'은 새가 허공에서 길을 만들어가듯 허공 속으로 집을 짓는 현상이다. 하지만 꽃이 점유하는 허공은 꽃이 지면서 다시 허공으로 귀속되는 곳이다. 꽃이 피다가 멈추는 시간적 순차성을 따라 허공도 함께 동화된다. 그리고 "감추어질 길"은 허공이 늘 허공으로 존재하는 불생불멸의 자리이다. 이러한 묘사적 형상화에 의해 드러나는 '의미현상'은 사실적 현상이 현상적 사실에 의해 숨겨지는 자리이기도 하다. '①'에서 '⑧'까지는 '사실적인 것'을 기반으로 사실적 현상이 현상적 사실로 드러나면서 형상화된 '의미현상'을 드러낸다.

현상학적 관점에서 김춘수의 무의미시와 오규원의 날이미지시는 전통적인 의미구도를 전복하는 경향을 띤다. 본 논제의 핵심적 문제는 '의미'와 '무의미'의 간격 혹은 경계를 고찰하는데 있다. 이러한 현상적 체계에서 형상화된 '의미'와 '무의미'는 최소한 상호 중첩되는 형태를 갖는다. 대상세계를 '의미'와 '무의미'의 중첩으로 인식하는 태도는 곧 오규원의 날이미지시와 김춘수의 무의미시의 시적 경계를 무화시키는 요소로 작용한다. 대상세계가 갖는 있는 그대로의 이미지는 날이미지시의 '날의미'와 무의미시의 '무의미' 혹은 '초의미'의 경계를 와해시키는 지점에서 재발견된 현상적 의미에 의한 미학적 현대성이 구현된다.

3. 해방과 자유의 시화

오규원은 '시의 언어란 무엇인가'라는 질문을 갖고 이미지 혹은 시적 의미를 '풀어놓기', 즉 '해방'의 관점으로 시화한다. 그는 해방적 이미지, 즉 해방의 언어구조[언어의 해방 구조]와 해방적 의미를 구현하기 위해 인간적 관념을 차단하는 시의식을 지향한다. 그리고 김춘수는 '무엇이 시인가'라는 질문을 갖고 '대상·무의미·자유', 즉 대상으로부터의 자유를 어휘나 센텐스 차원이 아닌 한 편의 시작품 안에서 총체적 '무의미'를 구현하기 위해 인간적 관념을 배제하는 시 의식을 지향한다.

'시 정의의 역사란 오류의 역사'라는 엘리엇의 말에 비추지 않더라도 두 시는 해방과 자유를 추구하는 일탈의 자리에 놓인다. 말 그대로 '자유'를 추구하는 '자유시'라고 명명되는 동시대적 시편들이 흔히 시작 과정의 공개와 시론의 개진을 통해서 향상된다고 볼 때 김춘수와 오규원은 그 중심에 서있다. 하지만 두 시인의 시적 방법론이 상호 교점을 갖는다는 점에서 오규원 스스로 심리적 묘사의 세계라고 일컫는, 즉 무의미시와는 차이를 보이고 있다는 시편을 그의 해석에 의해 살펴보기로 한다.

(1)

①나비가 동에서 서로 가고 있다
②돌이건 꽃이건 집이건
　하늘이건 나비가 지나가는 곳에서는
　모두 몸이 둘로 갈라진다 갈라졌다가
　갈라진 곳을 숨기고 다시
　하나가 된다

③그러나 공기의 속이 굳었는지

혼자 길을 뚫고 가는 나비의 몸이
울퉁불퉁 심하게 요동친다

—오규원, 「봄과 길」 전문('(1)'과 '①~③'은 인용자 표시)

(2)

이 작품은 나비 한 마리가 날아가는 짧은 순간을 사실적으로 묘사한다. 이 사실적 풍경이 낯설게 보이는 것은 발견적 이미지로 되어 있기 때문이다. 그러나 지나가는 나비와 만나는 때는 모든 존재의 몸이 둘로 갈라지는 순간이며, 나비의 날아가는 모습이 불균형적으로 보이는 것도 사실이다.(날197, 198면)

'(2)'는 '(1)'을 해석한 오규원의 시작노트이다. 물론 시인의 시작노트를 염두에 두고 시를 해석한다는 것은 한계가 있을 수 있다. 하지만 여기서는 오규원 스스로 선행하여 해석하고 있다는 점에 주목하여 재해석하기로 한다. '①'에서 "나비가 동에서 서로 가고 있"는 시간은 순간적 찰라일 뿐이다. 여기서 "동에서 서로 가"는 상황을 '찰라'라고 본 것은, 나비가 날아가는 동안의 시간과 거리를 미분하면 곧 나비가 날아가는 그 순간들을 적분한 시간과 거리가 되는 관계를 일컫는다. 그리고 "동에서 서로"는 방향성을 현상에 주입한 형태로서 시작과 끝을 알 수 없는, 즉 그 경계점을 파악할 수 없는 '空의 세계'를 암시하는 국면이다. 이러한 암시적 제시는 단순히 날아가는 나비와 다른, 즉 사실적으로 묘사하는 시적 태도에서 비롯된다. '(2)'에서 "나비 한 마리가 날아가는 짧은 순간을 사실적으로 묘사"한다는 것은 '사실적인 것'을 기반으로 한 현상적 사실을 형상화한 것을 말한다. 그리고 "지나가는 나비와 만나는 때는 모든 존재의 몸이 둘로 갈라지는 순간"은 '나비와 모든 존재의 관계'에 앞서 시인의 관조가 모든 존재를 둘로 나누어지게 하는 심리적 현상을 형상화한 것이다. '존재'와 '나비'가 만나는 때는 순간의 연속적 현상으로서 착시현상을 기반으로 형상화된다. 나비가 존재와 만나는 현상은 현상적 관점으로는 '사실적인 것'일 수도 있다. 하지만 나비는 허공을 떠나 다른 존재와 합일될 수 없다는 섭리에서 나비가 존재와 만나는 현상은 비접촉관계를 형상화한 국면을 갖는다. 그리고 "갈라졌다가/갈라진 곳을 숨기"는 주체는 나비도 아니고 존재들[돌, 꽃, 집, 하늘]도 아닌 존재를 존재로 있게 하는 어떤 작용이다. 나비가 나비로서 존재하기 때문에 날아갈 수 있듯이 나비의 주변에 배치된 존재들 또한 순간적이든 연속적이든 있는 그대로의 현상으로 존재하기 때문에 그 자리에 있게 되는 것이다. 즉 "다시/하나가 된" 사실 그대로의 대상세계 그 자체인 것이다.

'①'이 시제인 「봄과 길」을 시적 형상화한 국면이라면 '②'는 '봄'과 '길'의 역동적 현상을 묘사하고 있다. 이러한 국면을 이어받아 '③'에서는 다시 존재가 존재로 있는 현상을 회귀하는 국면을 갖는다. 여기서 "그러나"라는 역접관계가 아니더라도 "공기의 속"과 "나비의 몸"은 "굳었"기 때문에 "요동"치고 있는 국면을 갖는다. 나비가 날아가는 그 길은 허공이라는 '공(空)의 세계'이며 나비가 요동치는 현상은 나비의 작용이라는 '사실적 세계'이다. 그리고 "공기의 속이 굳었는지"라는 현상은 관찰자의 착시를 기반으로 드러난 환상적 국면이다. 이는 현상과 환상이 혼란으로 야기되면서 심리적인 '길'은 굳어 있고 '봄'은 요동치는 국면으로 형상화된다. 주체의 심리적 세계가 나비의 날아간 흔적을 사유하면서 비로소 모든 존재들이 "갈라진 곳을 숨기고 다시/하나가 된다"라는 현상으로 봉합된다. 그리고 "나비의 날아가는 모습이 불균형적으로 보이는 것도 사실"이라는 노트에서, "불균형적으로 보이는 것"이 사실이라면 "공기의 속이 굳었는지"는 사실이 아닐 수 있다. 이러한 시적 국면은 '봄'과 '길' 사이에 존재하는 존재들의 인접성, 즉 환유적 언술체계를 바탕으로 형상화함으로써 새로운 '의미현상'으로 획득된다.

바다가 왼종일
새앙쥐 같은 눈을 뜨고 있었다.
이따금
바람은 閑麗水道에서 불어오고
느릅나무 어린잎들이
가늘게 몸을 흔들곤 하였다.

날이 저물자
내 肋骨과 肋骨 사이
홈을 파고
거머리가 우는 소리를 나는 들었다.
베꼬니아의
붉고 붉은 꽃잎이 지고 있었다.

그런가 하면 다시 또 아침이 오고
바다가 또 한 번
새앙쥐 같은 눈을 뜨고 있었다.
뚝 뚝 뚝, 阡의 사과알이
하늘로 깊숙이 떨어지고 있었다.

가을이 가고 또 밤이 와서
잠자는 내 어깨 위
그 해의 새 눈이 내리고 있었다.
어둠의 한쪽이 조금 열리고
개동백의 붉은 열매가 익고 있었다.
잠을 자면서도 나는
내리는 그

희디흰 눈밭을 보고 있었다.

—김춘수, 「處容斷章 I-1」 전문[13)]

이 시편의 제1연에서는 "바다" "느릅나무 어린잎"의 푸른색의 이미지가, 제2연에서는 "베꼬니아의/붉고 붉은 꽃잎"의 붉은색 이미지가, 제3연에서는 다시 푸른색의 이미지인 "바다"와 붉은 색의 이미지인 "사과알"이, 제4연에서는 "계동백의 붉은 열매"의 붉은 색 이미지와 "희디흰 눈밭"의 흰색 이미지로 배열된다. 제1연과 제2연에서 푸른색 이미지와 붉은색 이미지가 대조를 이루고, 제3연에서는 각각 푸른색 이미지와 붉은색 이미지가, 제4연에서는 붉은색 이미지와 흰색이미지가 대조를 이룬다. 대조적인 색상 이미지의 배합으로 인해 드러나는 시적 풍경은 한 폭의 액션페인팅 화법으로 그려진 그림을 연상케 한다.[14)] "바다가 왼종일/새앙쥐 같은 눈을 뜨고 있었"을 때 시적 화자는 "閑麗水道에서 불어오"는 바람결을 만지며 "가늘게 몸을 흔들곤 하"는 느릅나무 잎들을 응시한다. 바다가 "새앙쥐 같은 눈"을 다시 감기 시작하면서부터 "肋骨과 肋骨 사이/홈을 파고/거머리가 우는 소리"도 함께 들리기 시작한다. 그 순간, 어둠이 내린 세계에서는 "내 늑골과 늑골 사이/홈을 파"는 것처럼

13) 「處容斷章」[1991]은 제1부 「눈, 바다, 山茶花」, 제2부 「들리는 소리」, 제3부 「메아리」, 제4부 「뱀의 발」로 구성된다. '處容'은 신화적인 인물로서 김춘수가 「처용」, 「처용삼장」 등을 쓰게 되면서 선택된 시적 대상이다.

14) 이런 관점에서 액션페인팅 화법의 창시자인 잭슨 플록과 김춘수가 만나는 장면에서 김춘수가 언급한 내용을 살펴보기로 한다. "내가 무의미시를 생각할 그 무렵에 우연히도 잭슨 플록을 알게 됐어. 깜짝 놀랐어. 아이쿠, 내가 생각하고 있는 걸 이 사람이 이미 해버렸구나, 그림으로. 그게 뭐냐 하면, 시에서 말하자면 의미를 지워버리는 거란 말이야. 거죽만 남기는 것, 흔적만 남기는 것, 무얼 그렸는지 알 수가 없는…… 그런 의미로서 내 선배가 그 사람이야"(강현국, 앞의 글, 52쪽). '의미를 지워버리는 거'라는 김춘수의 말은 '의미를 배제하는 것일까' 아니면 '의미를 초월한 것일까'에 대해 생각하게 한다. 그림이든 문학이든 이미지가 존재하는 곳엔 반드시 의미가 잠재될 수밖에 없다는 당위성을 뒤로하더라도 여기서 '거죽'이나 '흔적'만 남기는, 즉 색상이거나 언어에 의해 이미지로 나타난다면 이미 의미를 떠나 존재할 수 없다. 그리고 '무얼 그렸는지 알 수 없는……' 상태란 곧 무엇인가를 나타내려는 목적성을 동반할 수밖에 없는 역설적인 상황으로 있다.

"붉고 붉은 꽃잎이 지고 있"는 국면이다.

"왼종일"은 그냥 하루가 아니라 하루라는 '길이'를 지연시키는 심리적 요소가 배어있는 탄력적 시간이다. 즉 "왼종일"이라는 시간적 순차성 위에 공간적 풍경이 "무얼 그렸는지 알 수 없는" 형상으로 페인팅 되어있는 국면이다. 물론 바다가 생쥐 같은 '눈'을 뜰 수도 있을 것이다. 하루가 시작될 때나 끝날 무렵이면 바다도 잠에서 깨어나거나 잠에 드는 모습으로 있기 때문이다. 이러한 낯선 국면이 화자와의 관계에서 긍정적이냐 부정적이냐는 2차적 문제이다. 문제는 화자의 혼란한 삶이 '왼종일 "이라는 지연만큼이나 "새앙쥐 같은 눈"을 가진 저 바다처럼 파편화되어 있다는 것이다. 바다가 파편화되었다는 것은 곧 화자가 처해있는 공간적 삶이 혼란스럽게 출렁이고 있음을 나타낸다. 바다가 생쥐 같은 눈을 뜨고 있는 풍경은 부정적 이미지로 남게 된다. 하지만 바다가 "왼종일" 생쥐의 눈으로 있을 때 한려수도에서 "이따금" 바람이 불어온다. 바다로부터 불어오는 바람결은 참으로 시원하다. 제1연의 "바다" "느릅나무 어린잎"처럼 "바람"도 푸른색의 이미지를 띠는 국면으로 형상화된다. 그 "바람"도 바다로부터 불어오고 있다는 점에서, 바다는 물이 물로 있는 시공간의 국면이다. 비록 바람은 바다에서 불어오지만 바람을 일으키는 것은 물이 물로서 바다에 있는 그대로 존재하기 때문이다.[15] 그래서

15) '물'에 의해 생성되는 모든 현상은 바다에 모여 다시 바다에 의지함으로써 또 다른 존재와 현상으로 새로운 세계에 진입하는 총체적 현상으로 승화한다. 이러한 존재적 현상은 다시 시적 의식에 의해 현상적 존재로 인식되면서 원초적 이미지를 벗어나기 시작한다. '물'과 '바다'라는 현상적 존재는 관념이나 개념 등 인간적 사유가 배제된 순수 그 자체의 이미지로서 존재한다. 모든 생명체가 갖는 내면적 존재로서의 '물', 그것은 존재 가능의 존재로서 물이 물로 귀화하는 자리로 나아간다. 시인은 비가시적 존재가 가시화되는 그 매개적 기능을 '물' 혹은 '바다'라는 이미지를 통해 수행하고 있다. 무의식적 존재인 '물'의 순환구조가 바다에서부터 이루어진다는 자연적 섭리에서 보면 '바다'가 드러내는 국면은 가능성과 역동성이 있는 현상으로 나타난다. 이러한 시적 탐색은 늘 인간 중심적 사고에서 벗어난, 즉 존재 그 자체가 스스로 있는 순수한 상태에 닿아 있다. 인간 중심적 사고가 침투하지 않은 존재란 곧 '존재적 현상'을 말한다. 오규원 식으로 말하면, 인간의 생각이나 판단이 배제된 살아있는 현실로서의 존재가 된다. 이는 존재가 현상으로 스스로 말하는, 즉 살아있

바다는 "생쥐 같은 눈"으로 화자와 마주치게 되는 국면을 갖는다. 물이 물로 있는 바다는 두두물물이 용해된 또 하나의 세계이다. 세계를 용해한 바다는 "다시 아침이 오"는 "바다"처럼 다시금 새로운 세계를 여는 시작점이라는 국면이다. 날이 저물자 '내'가 '바다'가 되고 바다에서 거머리 우는 소리가 들린다. 바다는 다시 내가 서 있는 땅으로 와서 나의 "肋骨과 肋骨 사이"에 "홈을 파"기 시작한다. 그 홈에서 '거머리가 우는 소리를 들었다'니, 불현 듯 그 소리에 의해 바다가 솟아오른 듯하다. 바다가 솟아오른 곳에 "붉고 붉은 꽃잎이 지고 있"는 풍경이다. 날이 저물자 삭신은 쑤시고 서쪽 하늘 구름조각은 저녁놀에 하나 둘 산마루를 넘는다.

다시 또 "왼종일"이 바다 위에 내려선다. "阡의 사과알이/하늘로 깊숙이 떨어지" 일출의 시간, "다시 또" 아침이 아침으로 존재한다. 시적 화자는 "다시 또" 바다로부터 생쥐 같은 '눈'과 마주치게 된다. "다시 또" 바람이 불어오고 "다시 또" 날은 저물어 갈 것이다. "왼종일"이라는 시간적 테두리를 돌면서 화자는 늑골과 늑골 사이에서 거머리 우는 소리를 듣는다. 그 소리는 꽃잎이 찢어지듯 붉은 소리일 것이다. 하지만 제4연에서 화자는 생쥐 같은 눈이 아닌 "희디흰 눈발을 보"게 된다. 인욕의 하루하루가 그렇게 지나가고 다시 계절이 바뀌는 시간, 화자는 작년의 그 눈[雪]이 아닌 "새 눈이 내리"는 풍경을 잠자는 어깨로 받고 있다. 여기서 "잠을 자는 나는" 곧 처용이요, 춘수이다.

4. 존재의 순수화와 투명화

김춘수의 무의미시와 오규원의 날이미지시가 갖는 특징 중의 하나로

는 현실을 드러내기 위해 인간적 언어를 차용한 것일 뿐인 하나의 시적 국면으로 나타난다.

드러나는 것은 그들이 만나고 있는 화가(畵家)들과 연관된다는 점이다. 김춘수와 오규원이 함께 본 화가로는 '세잔(Cezanne Paul)'이 있다.[16] 김춘수는 세잔이 '생트빅투아르산'을 그린 작품이 그 구상성을 잃고 추상화로 접어드는 시기로서 말년의 시기, 즉 색채가 구조를 결정한다는 사실을 극적으로 보여주는 시기에 만난다. 오규원이 만난 세잔(Cezanne Paul)은 초기의 관념적 작품이나 후기의 「목욕하는 여인들」과 같은 유의 관념적 조작 흔적이 있는 작품을 제외한 작품으로서, 문학적인 또는 상징적인 그림을 벗어난, 그림 그 자체일 뿐인 작품들과 만난다.[17] 그 외에 김춘수가 샤갈을 만나고 마르셀 뒤샹을 거쳐 잭슨 폴록의 액션페인팅과 만났지만,[18] 오규원은 고흐를 만나고 뒤샹을 만나고 팝아트 계열의 화가들과 만나고 에드워드 호퍼, 크리스티앙 부이에와 같은 새로운 리얼리스트들과 만난다.

두 시인에게 끼친 화가의 영향, 즉 김춘수는 처음부터 무엇인가 그리려는 의도를 가지고 있는 그림 작품보다 내면에 충실한 작품에서 무엇인가를 찾고 있었다면, 오규원은 새로운 사실성의 그림 작품에서 무엇인가를 구하고 있었다는 측면으로 나타난다. 시적 세계에서 두 시인과 화

16) "나는 아직도 자연으로부터 배우고 있으며 서서히 진전을 보고 있는 것처럼 느껴진다"(메를로퐁티, 오병남 옮김, 『現象學과 藝術』, 서광사, 2006, 185쪽)라고 말하는 세잔은 하나의 정물화를 위해 100번을 그렸을 만큼 긴 작업 시간을 가졌으며, 단 하나의 초상화를 그리기 위해 모델을 150번이나 앉혀 놓았다고 한다.

17) 이는 오규원이 자신의 시 세계 변화에 영향을 끼친 것을 소개하는 자리에서, "나는 자연과 인간 어느 쪽에도 서 있지 않습니다. 나는 자연을 보듯 인간을 보며, 인간을 보듯 자연을 봅니다. 이러한 나의 태도를 나는 세잔 풍경화나 인물화에서 확인해본 바도 있다"(날175면)라고 밝힌 점에서도 나타난다.

18) 이승훈은 '무의미, 비대상, 날이미지'라는 글의 서두에서, "김춘수의 경우 묘사의 극한이 세잔느와 관련된다면 자유연상은 액션페인팅 미학으로 발전한다. 그의 말에 의하면 무의미 시는 인상파풍의 사생과 세잔느풍의 추상과 액션페인팅을 동시에 형상화하려던 시도가 그렇다. '처용단장 제1부'가 그렇다. 나는 이런 시도로서의 무의미 시를 제 1단계 무의미 시라고 부른 바 있고 그것은 광의라는 용어에 유의하시기 바란다"(이승훈, 「무의미 시론의 문학사적 의의」, 『시와 반시』 제51호, 2005 봄, 73쪽)고 하면서, 김춘수가 제 1단계의 무의미 시를 부정하고 제 2단계 무의미 시를 시도한다는 것이다. '처용단장 2부'가 여기에 해당하는데, 그것은 허무의 빛깔을 보려는 노력이 제 2단계 무의미 시로 발전한다는 것이다.

가와의 만남이 지속적으로 이루어진다는 점은 무의미시와 날이미지시의 태동에 있어서 크나큰 원동력으로 작용한다. 이것은 한국 현대시가 서양화가와 조응을 이룬다는 관점에서 매우 중요한 사건이다. 그리고 이는 시와 그림이 둘이 아닌 하나의 예술적 가치를 발현하고자 하는 이미지와 의미의 탐색과정이라고 할 수 있다.

오규원은 김춘수의 무의미시에 대해 '대상' 그 자체는 소멸되더라도 대신 그 '이미지'가 남게 되며, 그 이미지가 다시 대상화되어 사실성을 얻게 됨으로써 궁극적으로는 '무의미'하다고 할 수 없다는 견해를 갖는다. 오규원은 무의미시가 탄생하는 지점에 대해 김춘수와 입장을 달리한다. 이와 반면에 이승훈은 오규원의 날이미지시와 김춘수의 무의미시가 상통하고 있는 지점에서 두 시와 시론 모두 '관념'이라는 가면을 부정하며 해체한다고 보았다. 하지만 시적 대상과 시적 공간의 측면에서는 두 시를 다르게 보았다. 우선 무의미시는 대상 자체가 소멸된, 즉 대상을 지워버리고 언어와 이미지만을 실체로서 취급하는데, 그것은 철저하게 언어 속의 공간이다. 그리고 날이미지시는 대상 자체가 살아있으므로, 그 대상을 보고 '날이미지'를 얻는다는 것이다. 무의미시는 대상 자체가 소멸되거나 지워져버린 상태가 아닌 대상을 현상학적 판단중지, 즉 괄호 속에 넣음으로써 대상을 보류한 상태를 갖는다. 이는 이승훈의 주장대로라면 언어와 이미지가 곧 '대상'이라는 점에서 이미지화된 대상은 '소멸'이 아니라 '숨김'이라는 관점에서다. 이러한 시적 체계는 언어와 이미지가 대상에 기댈 수밖에 없으며, 이는 대상이 앞서고 언어와 이미지가 뒤따르는 차원에 기인한다.

이승훈은 날이미지시와 무의미시가 다른 점으로서, 김춘수의 무의미시가 대상 또는 기의와 단절되어 있음으로 해서 기표만의 공간이 된다면, 오규원의 날이미지시는 구체적 대상을 보고 그것을 언표(言表)함으로 해서 대상과 기의와 기표가 동시에 작용하는 공간이라고 보았다. 여기서 날이미지시가 시에서 대상과 기의와 기표가 동시에 작용하는 공간이라면 무의미시는 기표만의 공간이 아니라 대상과 기의가 괄호 속에 묶여져 있는 공간이다. '드러난 기의'와 '숨겨진 기의'는 현상 그 자체가 갖는 의미로서 존재하며 이러한 현상적 의미는 절대이거나 순수라는 시적 분모를 갖는다. 이러한 관점에서 존재의 순수화와 투명화를 갖는 시편을 살펴보기로 한다.

> 집의 門들이 닫혀 있다 열린 세계의 닫힌 창이 하늘을 내 앞으로 반사한다 태양이 없는 파란 공간이다 그래도 눈부시다 낯선 새 한 마리가 울지 않고 다리를 숨기고 그곳에 묻힌다 봉분 없는 하늘이 아름답다
>
> —오규원, 「새」 부분

집이 집으로 있는 존재는 '門들'이 닫혀있거나 열려있는 풍경이다. 집의 문들이 닫혀있을 때 그 문들은 열려있는 세계를 지향한다. 열린 세계와 닫힌 창은 이항 구조가 아니라 세계라는 일원적 구조로 소통하는 자리에 있다. 세계와 내가 반사되는 자리에 문들이 닫혀있고 창이 닫혀있다. 열림과 닫힘은 동일한 작용으로서 집이 집으로 존재하게 한다. 그 집에 내가 존재하고 집에 달린 창으로 세계만 보이는 공간이다. '空의 세계'는 태양이 존재하는 한 파란 공간이 된다. 창의 크기만큼 바라보이는 세계에는 태양이 사라지고 없다. 그 태양은 비록 창에서 비켜나지만 그곳은 파란 공간이고 눈부신 공간의 속성을 그대로 두고 간다. 파란 공간은 창밖의 세계에 있고 눈부신 공간은 창 안의 세계에 있다. 파란 공간이든 눈부신 공간이든 그 자체는 '空의 세계'가 의미로 있는 곳이다. 그 空의 세계에 집을 짓고 내가 존재한다. 나의 존재는 새가 다리를 숨기고 있는 자리이다. 내가 새가 되는 세상은 문들이 닫혀있는 집에서 열린 세계를 지향하는 공간이다. 이 시편의 핵심적 국면은 나에게 새가 모두 낯설어지면서 나도 나를 보고 낯설어하는 풍경이다. 종종 나는 울지 않는 새를 보고 울지 않는다고 사유한다. 그 사유마저 낯설다. 내가 다

리를 숨기는 곳은 곧 낯선 세상이다. 낯선 세상이 내어준 자리에 한 마리 새가 되어 내가 묻히는 풍경이다. 하지만 세계는 아직도 파란 공간 그대로이다. 세계에 묻힌 다리가 또 다른 세계를 향해있지만 그 세계는 눈부시게 반사한다. 세계라는 봉분이 모두 세계 속에 있어 그 세계는 더욱 파랗게 눈부시다. 있는 그대로의 존재적 현상은 내가 새가 되고 새가 내가 되는 지점에서 너무 익숙하기에 더 낯설게 된다. 이를 익숙한 풍경으로 다시 읽어보면 "다리를 숨기고 그곳에 묻"히는 '새'는 나뭇가지에 날아와 앉은 모습이다. 새는 허공에 묻히고, 허공은 있는 그대로의 풍경이다. 허공은 곧 "하늘"이며 새가 "그곳에 묻"힌 허공은 "봉분 없는 하늘"이 된다. 시인은 '새'를 "봉분 없는 하늘이 아름"다운 풍경과 등가로 놓는다. 그렇다면 "낯선 새 한 마리가 울지 않고 다리를 숨기고"에서 그 '다리'를 '숨기'는 주체는 과연 무엇일까. 무한적 사유를 갖는 '空의 세계'에서 주체는 객체가 되고 객체는 주체가 되는 혼란 속의 질서이다. 다리를 숨기고 그곳에 앉은 낯선 새 한 마리처럼 "하늘"에는 헤아릴 수 없을 만큼 수많은 "봉분"들이 존재한다. 하지만 "하늘" 그 자체가 무덤들의 "봉분"을 만들지는 않는다. "봉분 없는 하늘"은 무덤 수만큼이나 많은 '의미현상'을 뿌려 놓는다. 이 시편의 시적 내용은 모두 사실적이며, 사실적인 만큼 낯선 현상으로 형상화된다.

김춘수와 오규원의 시적 지향은 관습화된 시각과 관념화된 언어를 포기함으로써 나타난 순수언어 그 자체이다. 김춘수는 관념으로부터 떠나면 떠날수록 내 눈앞에서는 대상이 무너져 버리곤 한다면서 시에서 대상이 소멸한다는 것은 곧 관념의 파괴라고 말한다. 그는 사라진 관념적 대상 대신에 언어와 이미지를 실체로 인정하면서 언어 속의 공간이라는 범주로 시적 탐구를 지속한다. 김준오에 의하면, '사물(thing)'과 일정한 거리를 두고 그것을 '대상(object)'으로 정립시킴으로써 그 대상의 존재 의미를 인식하는 것이 묘사의 한 기능일 때, 사물은 주체의 관심이 지향하기 전의 상태이고, 대상은 주체의 관심이 지향했을 때의 상태이므로, 사물과 대상은 인식론적 측면에서 엄격히 구분된다는 것이다. 그리고 오규원의 시에서는 '대상'이 살아있는 경우로서 그 살아있는 대상으로부터 날것의 이미지를 구현한다. 김춘수가 관념을 낱낱이 부숴버렸다면 오규원은 관념을 벗겨내고 있다. 김춘수의 무의미시와 오규원의 날이미지시는 관습화된 시각과 관념으로 포장된 언어를 벗어나 시적 순수를 지향함으로써 관습화된 의미를 배제하고 있는 것이다. 여기서 관습화된 의미의 배제란 곧 인간적 관점을 차단함으로써 있는 그대로를 현상적으로 인식하여 새로운 '의미현상'을 형상화하는 국면을 말한다.

> 한 사내가 앞서 가는 그림자를 발에 묶으며
> 호프집 앞을 무심하게 지나가고 있다
> 세 사내가 묵묵히 남의 그림자를 길로 밟으며
> 호프집 앞을 지나가고 있다
> 길 건너편의 플라타너스 잎 하나가
> 지나가고 있는 한 사내의 발 앞까지 와서 굴렀다
> 한 아이가 우와하하 하며
> 앞만 보고 뛰어갔다

—오규원, 「거리와 사내」 전문

시제 「거리와 사내」는 이미 사내가 거리를 지나가고 있는 풍경임을 암시한다. 시적 주관의 투명한 렌즈 속에 들어온 "거리"라는 풍경 속에서 "사내"가 "무심하게" 그리고 "묵묵히" 지나가는 풍경이 겹쳐진다. 풍경에 의식이 겹쳐진 "무심하게"와 "묵묵히"는 주관적 묘사의 형태를 띠는데 이는 "그림자를 발에 묶으며"에 와서 극치를 이룬다. 이를 묘사자의 의식이 개입됨을 인식한 후에 다시 읽어보면, 모든 광경의 국면은 역시 "무심하게"와 "묵묵히"라는 심리상태로 귀결된다. 하지만 "무심하게"

는 묘사자의 주관적 의식이기 전에 앞선 풍경의 존재적 현상을 현상적 존재화한 국면을 암시한다. 시선의 범주에 들어오는 대상들, 즉 시적 풍경을 포착한 시적 국면은 주관과 객관의 이분법적 경계에서 풍경 그 자체의 이미지로 형상화된다. "그림자를 발에 묶으며" "그림자를 길로 밟으며" "와서 굴렀다" "앞만 보고 뛰어갔다" 등의 표현은 현상적 존재의 형태로 나타나기 때문이다. "그림자를 발에 묶"는 행위와 "잎 하나"가 "발 앞까지 와서 굴"리는 행위의 의미는 사물들에서 현상적으로 형상화된 '의미현상' 그 자체이다.

> ①네가 뿌리고 간 씨앗은 자라
> 　채송화가 낮에는 마당을 덮고 있다.
> ②가장 키 큰 해바라기 하나는
> 　해가 다 질 때까지
> 　네 있는 쪽으로 머리를 박고 있다.
> ③수박은 잘 익어 살이 연하다.
> ④바다로 눈을 씻고
> 　오늘밤은 반딧불을 보고 있다.
>
> —김춘수, 「수박」 전문('①~④'는 인용자 표시)

이 시편은 네 개의 문장이 여덟 개 행으로 구성되어 있다. 시제 「수박」은 ③에서 "잘 익어 살이 연하다"라는 '사실적 현상'이다. 시인 스스로가 '수박'이라는 제목은 좀 당돌한 느낌이 들지도 모르는 것으로서 독자와 더불어 수수께끼풀이 같은 장난을 해보고 싶은 그런 심정으로 붙였다는 것이다. 시인은 "「수박」은 말하자면 내용과는 엉뚱한 제목이 붙어있다. 이러한 트릭은 독자를 오도시켜 작가가 말하고자하는 내용과는 다른 곳으로 헤매도록 한다. 말하자면 겨냥을 빗나가게 하는 miss the point 수법이며, 이것은 무의미를 만드는 방법의 하나인 것이다"[19]라고 말한다.

무의미작업이라는 전제를 갖고 의도적으로 제목과 내용을 벌려놓았다는 것이다. 이러한 시인의 의도를 염두에 두고 읽어보면, "씨앗" "채송화" "해바라기" "해" "머리" "바다" "반딧불"은 시제 「수박」을 중심으로 한 인접성 사물들이다. 이 사물들은 "수박"을 통해 연상되는 산물로서 주로 '여름'이라는 시간적 인접성을 갖는다. 시간적으로 인접된 국면은 바다가 있는 여름풍경을 포착한다. 여름풍경을 관찰하는 지점은 시적 화자의 시선에 의해 한 폭의 그림처럼 펼쳐진다.

'①', '②'는 '사실성' 그 자체만으로 이미지를 형성하는 국면으로서 '현상적 사실'이다. '③', '④'는 "살이 연하다"와 "바다로 눈을 씻고"에서 화자의 정서가 개입되려는 흔적을 보인다. '③', '④'는 '①', '②'에서 나타나는 '사실성'에만 기초한 이미지들과는 달리 '사실성' 위에 새롭게 발견되는 의미적 정황을 부과한다. 부과된 의미적 정황은 단순히 화자의 정서가 개입되었다기보다 발견적 시선이 개입된 것이다. '발견적 이미지'로 드러나는 국면은 주로 반주체 중심의 시선에 의존한다. '③', '④'는 가려져있는 상황이 하나의 시적 구조물로 드러난다는 점에서 주체의 시선과 반주체의 시선이 합일(合一)하는 국면이다. 시제와 내용을 함께 분석한 결과 "수박"은 시인의 말대로 시를 쓰는 재미의 하나일 뿐만 아니라 시를 음미하는 즐거움의 하나를 더해주고 있다. 시적 공간을 '①'~'④'로 구분할 수 있는데, 각각의 시적 공간은 감각적 지각에 의해 드러나는 대상인 "채송화" "해바라기" "수박" "반딧불"에 의해 서술적인 축을 형성한다. 각각의 대상들은 '①'에서 "채송화"는 "낮에는 마당을 덮고 있다"의 특성을 가지며, '②'에서 "해바라기"는 "해가 질 때까지 네 쪽으로 머리를 박고 있다"로, '③'에서 "수박"은 "잘 익어 살이 연하다"라는 특성으로 묘사된다. 하지만 '④'에서 "반딧불"의 특성은 '①'~'③'과는 다르다. '④'의 시적 공간은 '③'으로부터 연관성을 가짐으로써 "수박"

19) 엄국현, 「무의미시의 방법적 이해」, 『김춘수 시 연구』, 흐름사, 1989, 439쪽.

이 "반딧불"에 의해 반사되는 국면을 갖는다. 대상의 특성이 서술적으로 이미지화되는 시적 공간은 대상의 순수화와 투명화를 지향하면서 연상 작용이 가능한 국면이다. 이것은 시인이 시적 의도에 의해 대상을 설명하거나 해석하지 않고 현상 그대로의 묘사적 시화(詩化), 즉 서술적 이미지에 의해 창출하는 새로운 시적 세계이다.

존재적 '순수'와 '투명'을 이루는 시적 의미를 갖는다는 점에서 무의미시와 날이미지시는 각각 '서술적 이미지'와 '날이미지'를 지향하고 있다. 이러한 이미지들은 인간적 욕망의 시적 구조[관념]와 언술체계[은유]를 이탈하여 순수화와 투명화를 지향한다. 이러한 시적 지향성은 두 시가 갖는 시적 의미를 사실적 현상을 현상적으로 사실화하면서 그 현상이 갖는 의미, 즉 '의미현상'의 범주 안에서 드러내는 작용으로 있다. 그것은 현상 그 자체에 내포된 의미가 '순수시' 혹은 '현상시'를 지향함으로써 두 시의 기저를 이루는 시적 요소가 된다.

> 바보야, 우찌 살꼬
> 바보야,
> 하늘수박은 올리브빛이다 바보야,
> 바람이 자는가 자는가 하더니
> 눈이 내린다 바보야,
> 우찌 살꼬 바보야,
> 하늘수박은 한여름이다 바보야,
> 올리브 열매는 내년 가을이다 바보야,
> 우찌 살꼬 바보야,
> 이 바보야,

—김춘수, 「하늘수박」 전문

시인은 스스로 이 시편에 대해 "이미지를 버리고 주문(呪文)을 얻으려고 해보았다"고 고백한다. 다시 말해 이미지를 버림으로써 대상이 철저하게 파괴되는, 즉 이미지를 버림으로써 대상도 없고 주문만 있는 상태를 추구한다는 것이다. 여기서 시인은 과연 어떠한 '이미지'를 버렸다는 것이며, 또한 '주문'이 어떤 형태로 얻어진다는 것일까. 이 시편의 경우, 이에 대해 '순수'이거나 '투명'하게 이해하기란 여간 어렵지 않다. 시인이 "하늘수박"이라는 대상을 놓고 그 주위를 한없이 맴돌고 있기 때문이다. 주문의 핵심은 시 전반부의 "바보야, 우찌 살꼬/바보야"와 후반부의 "우찌 살꼬 바보야/이 바보야"이다. 이는 "하늘수박"이 의인화되어 시적 대상인 '바보'로 표현된 형태이다. 이미지가 리듬의 음영이라면 리듬과 이미지의 관계는 동떨어진 것이 아니라 합일의 관계로 있다. 리듬의 음영인 이미지가 의미도 비유도 아닌 '무의미'일 뿐이라는 점은 이해하기 어렵게 된다. '음영' 그 자체도 '의미'를 띠기 때문이다. 이때의 '의미'는 오히려 무의미적 의미의 범주라고 분석한 현상 그대로가 갖는 의미에 더 가깝다. 현상 그 자체가 갖는 의미가 '리듬' 그 자체와 동일성을 갖기 때문이다. '가치관 공백(空白)이란 그것을 의식하는 사람들에게는 허무(虛無)란 말이 된다'는, 즉 무의미시가 탄생하는 지점에 대한 김춘수의 견해를 살펴보기로 한다.

> 허무는 자기가 말하고 싶은 대상을 잃게 된다는 것이 된다. 그 대신 그에게는 보다 넓은 시야가 갑자기 펼쳐진다. 이렇게 해서 '무의미시'는 탄생한다. 그는 바로 허무의 아들이다. 詩人이 성실하다면 그는 그 자신 앞에 펼쳐진 허무를 저버리지 못한다. 그러나 旣成의 價値觀이 모두 편견이 되었으니 그는 그 자신의 힘으로 새로운 뭔가를 찾아가야 한다. 그것이 다른 또 하나의 偏見이 되더라도 그가 참으로 誠實하다면 허무는 언젠가는 超克되어져야 한다. 성실이야말로 허무가 되기도 하고, 허무에 대한 制動이 되기도 한다. 이리하여 새로운 의미[대상], 아니 의미가 새로 소생되고 대상이 새로 소생할

것이다. '道德的인 긴장'이 진실로 그때 나타난다(무379면).

위 글에서 김춘수의 무의미시가 어떠한 과정을 지나게 되는가를 파악하게 된다. 먼저 "誠實(성실)하다"란 무엇을 말하는 것일까. 이에 대해 그는 '懷疑(회의)를 모르는 소박한 사람'과 '예민한 사람들'을 중첩시키고 있다. 그리고 "허무는 언젠가 超克(초극)되어져야 한다"라는 조건으로 '성실'을 제시하고 있다. '의미'와 '대상'이 새로 소생한다는 것이다. 새로 소생한 의미는 곧 관념적 의미가 아닌 '언어 이전의 의미', 즉 '초월적 의미'를 일컫는다. 무의미시란 단순히 '허무'만을 지향한 시적 형태가 아닌 가장 순수한 시가 되려는 시적 방법론이라는 것이다. 정한모는 "김춘수의 무의미시란, 기존의미를 부정하고 허무를 극복하는데서 시작되는 소멸의 시론인 동시에 생성의 시론으로 요약할 수 있다고 보았다.[20] 이러한 견해는 단순히 의미의 소멸만이 아니라 소멸의 기저에서 의미의 생성을 이루는 무의미시론으로 본 점에서 주목하게 된다.

날이미지시가 시적 대상으로부터 시인[관찰자]의 관점을 배제하고 대상[사물]을 현상 그대로 바라보려는 시적 태도의 산물이라는 점에서 무의미시와 유사성을 갖는다. 김춘수와 오규원은 현상학적 인식방법이라는 시적 태도를 견지하였으며, 관습화된 시각과 관념화된 언어에 대한 개선의식에서도 유사한 시적 지향을 갖는다. 그들은 전통적 시의 언어체계인 은유적 언어체계를 주변으로 밀치고 환유적 언어체계를 중심으로 시적 대상을 바라보고 있다는 점에서도 그렇다. 그들은 언어적 관념과 의미를 배제한다는, 즉 존재적 세계[본질적 세계]를 본질로 회귀시키고자 하는 능동적인 태도를 갖는다는 점에서도 그렇다.

김춘수의 무의미시론이 극단적 의미의 배제를 통해 언어적 고립주의

20) 정한모, 「金春洙의 '意味와 無意味'」, 『김춘수 시 연구』, 흐름사, 1989, 12쪽.

에 서성거렸다면, 오규원의 날이미지시론은 존재적 세계와 언어적 세계가 조화를 이루는 시적 탐구를 지향한다. 김춘수가 무의미시 제시 이후 있는 그대로의 이미지에 의해 관념을 초월한 의미를 지향한다는 측면에서 오규원의 날이미지시에 영향을 준다. 본고에서는 의미를 지향하기는 하되 '있는 그대로의 의미', 즉 인간 중심적 사고에서 생성되는 의미가 아니라 '세계 내 존재'의 관점에서 자생되는 의미를 '살아있는 의미'로 보고 두 시를 함께 해명한 것이다. 두 시가 갖는 현상 그 자체가 갖는 의미에 나타나는 미학적 현대성이라는 시적 효과를 이끌어내게 된다. 무의미시에 적용된 '서술적 이미지'와 날이미지시에 적용된 '날이미지'에 나타난 의미적 관계에 대해 살펴보기로 한다. 날이미지[서술적 이미지]가 의미 이전의 이미지라고 할 때, 이때의 '의미'란 관념이나 개념 등 인간 중심적 사고에서 덧씌워진 의미, 즉 2차적 의미를 말한다. 날이미지[서술적 이미지]가 2차적 의미[언어적 의미] 이전의 이미지라고 할 때, 1차적 의미[본질적 의미]는 그냥 그대로 있는 현상의 의미가 된다. 1차적 의미, 즉 본질적 의미는 세계[대상, 사물]와 함께 둘이 아닌 하나로서 존재하기 때문이다. 세계와 둘이 아닌 의미, 그것이 바로 현상 그 자체가 갖는 의미이다. 이러한 현상 그 자체의 의미는 인식 주체의 프리즘이나 언어의 프리즘과는 무관한 것으로서 절대 순수 그 자체로 드러나는 시적 국면에서 발견된다.

무엇보다도 김춘수의 무의미시와 오규원의 날이미지시가 갖는 특징은 시적 '순수성'과 '투명성'이라는 시적 가치를 지향한다는 점이다. 이러한 관점은 두 시가 지향하는 시적 여정이 친연성을 갖는다는 데서 기인한다. 두 시인은 인식론적·관념론적 시관을 반성하고 존재론적·현상학적 시관으로 전환하는 시적 사고에서 각각 무의미시와 날이미지시를 정초하였기 때문이다. 이러한 시관의 전환으로부터 두 시는 서술적 이미지와 날이미지가 환유적 언술체계의 범주에서 동일한 시적 지향성을 갖게 된다. 두 시는 환유적 이미지의 속성에 의해 살아있는 의미의 현상 그 자체를 견지하게 된다. 두 시인이 추구하는 시적 태도는 만나고 갈라지는, 즉 인간적 관념과 개념을 밀치는 정점에서 궁극적으로 동일한 지점을 갖는다. 동일한 지점이란 무의미시와 날이미지시에 형상화되는 '의미현상'에 의해 현상적 미학을 견지하는 시적 구조를 말한다.

제5장 결론

본서는 김춘수 시인과 오규원 시인의 총체적 시 세계를 관통하는 무의미적 시편과 날이미지적 시편을 통해 이들의 시에 형상화된 현상적 의미를 구명하는데 목적을 두었다. 두 시[김춘수의 무의미시와 오규원의 날이미지시]에 작용한 언술체계로부터 형상화된 시적 의미를 해명함으로써 현상적 미학을 조명하였다. 두 시가 시적 변모의 방법론으로 제시되었다는 점에서 본서는 현상학적(現象學的) 이론을 적용하였다. 본서에서 현상학적 관점으로 고찰한 것은 대상세계를 인식하는 시적 방법론의 변화가 이들 두 시와 시론에서 발견되었기 때문이다. 그리고 두 시에서 형상화된 현상적 시 세계가 '시란 무엇인가'와 '시의 언어[시어]란 무엇인가'에 대한 시적 모색이라는 한국 현대시의 최근 인식과 맞물려 있다고 판단했기 때문이다.

본서에서는 한국 현대시의 최근 풍경이 '시'와 '시어'에 대한 근본적인 인식의 전환을 이루는 지점에서 두 시에 형상화된 시 세계에 대한 분석을 수행하였다. 두 시에 나타난 시적 변모는 대상세계가 주체의 내적 관념을 통해 형상화하는 전통적인 시작(詩作) 태도에서 벗어나 '관념(觀念)'이 아닌 '존재(存在)'로의 형상화였다. 이러한 시적 탐색은 한국 현대시가 모색하는 시적 변모의 중심을 관통하는 두 시의 시 세계를 현상학적 방법론에 의해 접근함으로써 가능하였다. 현상학적 관점에 의한 '의미현상'의 탐색은 한국 현대시가 대상과 뜻을 실현하는 언어체계로부터 벗어나 시와 시의 언어[시어]가 구현하는 존재적 세계에 대한 인식의 지평을 확대하는 효과로 나타났다.

김춘수와 오규원은 '시란 무엇인가'와 '시의 언어[시어]란 무엇인가'에 대해 지속적으로 현상학적 물음을 던짐으로써 각각 새로운 시적 방법론을 정초하였다. 이는 두 시인이 긴 시력(詩歷) 동안 줄곧 시와 시론을 병행하면서 '시'와 '시어'에 대한 남다른 고민과 회의(懷疑)를 통해 시적 변모를 견지한 산물이었다. 그들의 방법론적 시적 탐색은 궁극적으로 전통적인 시작(詩作) 태도에서 벗어나 대상을 '존재'로 읽어내려는 시적 추구였다. 이러한 작업은 한 편의 시가 더 이상 특정한 의미에 종속되는 것으로부터 벗어나야한다는 의미론적 자율성에 기인한 탐색이었다. 두 시는 존재차원의 의식적 회귀에 의해 있는 그대로이거나 현상 그대로의 이미지로 형상화되었다. 그들의 방법론적 시적 작업은 전통적인 시의 관성(慣性)에서 벗어나 한국 현대시의 심화를 앞당기는 역할을 하였다.

두 시는 인간적 관념이 배제된 존재적 관점의 인식으로부터 '의미현상'이라는 시적 이미지로 형상화되었다. 두 시에 형상화된 현상적 의미는 주로 무의미시의 경우 서술적 이미지와 탈이미지의 경향에서, 날이미지시의 경우 날이미지와 환유적 이미지의 경향에서 구현되었다. 즉 두 시에 형상화된 시적 이미지들은 주로 서술적·환유적 언술체계의 문맥을 따라 형성되었다. 이와 같이 두 시에 적용한 현상학적 언술체계는 대상세계를 '동일성' 혹은 '유사성'의 원리에 의해 특정한 의미로 종속시키는 은유적 체계를 멀리하고 환유적[서술적] 체계를 중심으로 이루어졌다. 환유적·서술적 언술체계는 은유적 체계와 달리 '인접성'과 '연쇄성'을 갖는 속성에 의해 현상 그 자체가 갖는 의미현상으로 형상화되는 특징을 보였다. 이는 전통적인 시적 재현의 방식과는 달리 객관세계에 내재해있는 본질을 현상 그대로 형상화하는 방식이었다. 두 시가 지향한 시 세계는 사실적 현상에 덧씌워진 인간적 관념[관념적 의미]을 배제한, 즉 대상적 관점의 현상적 사실로의 형상화였다.

본서에서는 두 시의 문맥을 구성하는 언술체계로부터 형상화된 의미의 지향성을 현상학적 관점으로 고찰하였다. 두 시가 갖는 의미적 흐름은 현상 그대로이거나 있는 그대로의 시적 국면을 따라 현상적 사실로 형상화된다. 즉 사실적 현상인 대상세계가 언어화되면서 현상적 사실로 이미지화[서술적 이미지, 날이미지]된 '의미현상'으로 형상화된 것이다. 여기서 의미현상, 즉 현상 그 자체가 갖는 의미는 김춘수의 경우, 인간 관념이 시를 받쳐줄 수 있을까라는 시적 회의(懷疑)로부터 벗어나 이미지 위주의 서술적인 시 세계를 만들겠다는 의지에 의해 구현된다. 그리고 오규원의 경우, 시적 질료인 '언어'를 통해 관념적 허구에서 벗어난 세계를 날것 그대로의 이미지에 의해 구현한다. 궁극적으로 두 시인이 구현하고자 한 시적 세계는 인간이 '문화(文化)'와 '전통(傳統)'이라는 명목으로 덧칠해놓은 지배적 관념들을 배제한 '두두물물(頭頭物物)'의 형상이었다.

한편, 본서에서는 두 시에 대한 시적 구조의 분석이라는 차원에서 무의미적 시편의 '무의미(無意味)'와 날이미지적 시편의 '날[生]이미지'가 갖는 언술체계에 따른 시적 의미의 형태에 대해 분석하였다. 이러한 연구 관점은 존재론적 언어체계 속의 의미론적 언어의 운동이라는 언어의 체계적 구성요소와 관련된다. 주로 한 편의 작품은 총체적 국면의 의미와 전체 국면에서의 작은 국면이 갖는 의미로 형상화되기 때문이다. 이는 한 편의 작품이 갖는 시적 국면을 유기적 의미형태, 즉 살아있는 의미현상을 재발견하는 관점이기도 하다. 본서는 두 시에서 유기적으로 형상화된 의미현상을 구명함으로써 '현상적 미학(現象的美學)'을 고찰할 수 있었다.

두 시에서 형상화된 현상 그 자체가 갖는 의미는 인간 중심적 사유인

'인간적 관념'을 벗어나고자 한 노력의 산물이다. '살아있는 의미현상'은 존재적 현상을 있는 그대로이거나 현상 그대로의 이미지로 형상화한 두 시의 기저를 이룬다. 이는 두 시인이 사유한 대상세계에 대한 인식의 결과로서 '의미 정하기'가 아닌 '의미 풀어놓기'의 방식이기도 하다. 두 시는 '설명해주는 시'가 아닌 '보여주는 시'로서 새로운 시적 가치를 창조하게 된다. 두 시인은 현상 그대로의 이미지를 재발견함으로써 굳어진 의미로부터 벗어나고자 하였다. 두 시는 관념 혹은 개념이 가득 채워진 인간 중심적 사고를 벗어나서 현상 그대로의 세계, 즉 살아있는 그대로의 세계라는 순수 그 자체로의 회귀를 추구한다. 이는 현상 그대로의 세계를 언어로 표현하기 위해서는 무엇보다도 있는 그대로의 이미지를 중시함으로써 가능한 작업이었다. 있는 그대로의 이미지는 순수 그 자체인 의미현상의 국면으로 형상화된다. 이런 국면에서 시가 언어예술이므로 의미를 떠나 존재할 수 없다고 할 때 무의미시의 '무의미'는 곧 '언어 이전의 의미'가 전제된 것이다. 언어 이전의 의미는 곧 현상 그 자체이므로 무의미시 역시 현상 그대로의 의미를 내재하게 된다.

현상 그 자체가 갖는 의미로부터 무의미시의 경우 주로 서술적 이미지에 의해 구현된다. 서술적 이미지는 동어반복적인 정의방식으로서 이미지가 연쇄되는 형태로 나타난다. 동어반복적인 정의방식이란 어떠한 규정적 설명을 행할 수 없는 방식으로서 선행하는 이미지에 대해 후행하는 이미지가 숨겨주는 형식을 말한다. 김춘수가 서술적 이미지를 통해 시에서 관념을 숨기고자 한 것은 객관세계를 언어만으로 지시할 수 없다는 판단에서다. 김춘수의 무의미시는 현상 그대로의 이미지를 구현함으로써 현상 그 자체의 의미, 즉 순수성을 갖는 의미현상으로 형상화된다. 이러한 현상 그대로의 시적 형상화에 의해 무의미적 시편은 '현상시(現象詩)' 혹은 '순수시(純粹詩)'로의 지향성을 갖게 된다[오규원의 날이미지시에서도 마찬가지다].

두 시의 시적 지향은 궁극적으로 언어적 구속에 의해 '굳어있는 의미'

를 개방적 형식인 서술적·환유적 언술체계를 통해 '살아있는 의미'로 형상화된다. 김춘수의 무의미시가 서술적 이미지로서 이미지와 이미지의 연쇄성을 추구하는 형태를 갖는다면, 오규원의 날이미지시는 환유적 언어체계에 의해 이미지와 이미지의 인접성을 갖는 형태로 형상화된다. 이러한 이미지의 연쇄적 숨김[은폐] 작용과 인접성의 구현은 존재 그대로의 현상을 현상 그대로의 존재로 인식하는 계기가 된다. 그 결과 두 시는 있는 그대로의 세계로부터 현상 그 자체가 갖는 의미현상의 형상화라는 양태를 갖는다. 두 시가 형상화하는 의미적 양태는 특정한 시어에 의해 고정적인 상태로 생성되는 것이 아니라 인접한 다른 시어와의 관계 속에서 새로운 의미를 생성한다는 특징을 갖는다. 이는 두 시가 시어와 시어, 행과 행, 연과 연 등의 상호 관계성에 의해 형상화된다는 점에서다. 두 시가 갖는 이미지의 양태에 따라 의미현상이 다양하게 형상화된다. 이는 하나의 시어가 내포하는 상징적인 의미에 의해서만 시적 의미가 결정되는 것이 아니라 시어의 관계양상과 이들 시어가 파생시키는 이미지의 관계양상에 따라서도 시가 구조화되고 있음을 보여준다. 이러한 시적 구조는 주로 무의미시의 언술체계에 적용된 '서술적 이미지'와 날이미지시에 적용된 '날이미지'에 의해 이루어진다. 두 시의 언술구조는 객관세계의 존재적 현상[사실적 현상]이 언어화되면서 인간적 관념을 배제하여 현상적 존재[현상적 사실]의 이미지로 형상화되는 형태를 갖는다.

김춘수의 무의미시와 오규원의 날이미지시가 추구하는 시 세계는 현상적 존재의 이미지에 의해 형상화됨으로써 현상적 의미로의 지향성을 갖는다. 이는 무의미시가 의미를 초월한 현상 그 자체로의 회귀에서 '무의미적 의미'를, 날이미지시가 언어 이전의 현상 그 자체가 갖는 의미인 '날것의 의미'를 추구한다는 관점에서다. 본서에서는 두 시가 갖는 시적 목표를 언어를 초월하거나 언어 이전에서 시화되는, 즉 '아무것도 말하지 않으면서 모든 것을 말하는 시'로 보았다. 이는 무의미시가 의미의 소거가 아닌 의미의 생성이라는 '초(超)의미'의 추구로, 날이미시가 개념화되거나 사변화된 의미가 아니라 그 이전의 의미인 날이미지로서의 현상, 그 현상으로 이루어진 '날[生]의미'의 추구라는 점에서다.

제1장에서는 본서의 연구배경을 현상학적 관점과 모더니즘 시관을 대비하여 살폈다. 한국 현대시의 시적 인식에 대한 변모는 대상세계가 주체의 내적 관념을 통해 형상화하는 전통적인 시작(詩作) 태도에서 벗어나 자연 속의 사물을 '관념'이 아닌 '존재'로 읽어내려는 지향성에서다. 이러한 '존재'로의 시적 지향성은 인간 중심적 사고에 침전된 사물과 현상을 대상 중심적 사고로 해방하는 언어로의 중심이동이다. 두 시의 시적 지향성은 시가 언어로만 이루어진 세계라는 점에 대한 지금까지의 시적 형상화와는 다른 차원의 개진을 이룬다. 두 시는 시적 형태, 즉 언술체계에 대한 다양한 실험을 통해 지속적인 시적 방법론의 모색을 추구한 산물이라는 점에서 함께 논의할 수 있었다. 두 시를 함께 논의할 수 있다는 전제는 '시란 무엇인가'와 '시의 언어란 무엇인가'에 대한 관습적 사유를 벗어나서 현상학적 사유를 갖는다는데 있다. 특히 본서에서는 모더니즘(modernism)시 계열에 분류되는 여러 시인들 중에서도 김춘수와 오규원에 주목하였다. 김춘수의 무의미시와 오규원의 날이미지시를 취택해서 함께 조명하는 이유를 다음과 같이 요약할 수 있다. 첫째, 두 시인은 초기 시 세계에 나타난 인간적 관념의 허구성에 회의(懷疑)를 갖게 됨으로써 새로운 시적 방법론을 끊임없이 추구한다는 점이다. 둘째, 두 시인이 새롭게 추구한 무의미적 시 세계와 날이미지적 시 세계는 한국 현대시사에 드러난 주요 시적 방법론의 한 축을 형성한다는 점이다. 셋째, 김춘수와 무의미, 오규원과 날이미지는 '현상시' 혹은 '순수시'라는 시적 방법론적 측면에서 두 시인이 밀접한 영향관계에 놓여있다는 점이다. 이러한 배경에서 두 시인은 시적 의미의 구현에 있어 관념을 차단하는 태도로부터 출발한다는 점에서 시적 친연성을 갖는다.

두 시인이 추구한 현상 그대로의 시 세계란 존재적 세계로부터 반영되는 현상을 그 자체 그대로 언어화하는 작업에 의해 구현된다. 두 시인은 대상세계에 덧씌워지려는 관념을 차단함으로써 '현상 그대로'의 세계를 구현한다는 인식으로 시적 출발을 한다. 두 시인의 시적 여정은 김춘수의 경우 '의미적 시 세계' → '무의미적 시 세계' → '의미와 무의미의 소통'으로, 오규원의 경우 '시 세계의 투명화' → '정황적 해석의 시 세계' → '현상적 의미의 재발견'이라는 단계로 이루어진다. 두 시인은 어떤 대상이거나 존재를 있는 그대로의 현상으로, 즉 대상세계를 투명하게 파악하려는 시적 노력을 지속한다. 두 시인은 눈앞에 놓인 객관세계를 현상 그대로 인식하기시작하면서 새로운 시적 작업의 결과를 잉태하게 된다.

제2장에서는 현상학적 시관과 현상학적 언술체계에 의해 시화된 시편에 형상화된 현상적 의미의 지향성을 살폈다. 시적 형상화된 언어가 '살아있는 의미'를 갖는다고 할 때, 언어적 관점에서는 언어의 특성을 관념적[설명적]인 것에 두지 않고 실재적[감각적]인 것에 두게 된다. 이는 시적 의미를 결정하는 것이 '언어'가 아닌 '언어체계'라는 관점에서다. 대상세계가 갖는 현상은 개념이나 관념과 대응하는 지점에서 존재의 실존을 '있는 그대로', 즉 '살아있는 의미'로 인식하는데 있기 때문이다. 여기서 살아있는 의미인 현상적 의미란 사실적 현상, 그 세계의 현상으로부터 형상화된 의미현상을 말한다. 현상적 의미[의미현상]는 관념적 태도가 아닌 직관적 태도, 즉 직관적 언어체계로부터 구현된다. 두 시는 서술적이거나 환유적 언술체계를 수용함으로써 '있는 그대로의 세계'를 시적으로 명료화하는 국면을 갖는다. 김춘수의 무의미시는 관념적 의미가 발생하지 않는 이미지를 갖는 서술적 언어체계에 의해 출발한다. 오규원의 날이미지시 역시 관념적 의미를 배제하는 환유적 언어체계에 의해 시적 출발을 한다. 두 시의 시적 출발은 무의미시에서 '서술적 이미지'와 '비유적 이미지', 날이미지시에서 환유적 언어체계와 은유적 언어

체계가 갖는 특성의 차이에 의해 수행된다.

김춘수와 오규원은 전통적 시 세계에 대한 불신과 회의(懷疑)를 갖게 되면서 비유적 · 은유적 언어체계를 주변으로 돌리고 서술적 · 환유적 언어체계로 대상세계를 바라보게 된다. 두 시인은 '사실적 현상'을 중요시하면서부터 그것을 이미지화하는 수사(修辭)를 그들의 시적 작업의 중심에 두게 된다. 두 시에 형상화된 대상세계의 왜곡정도는 이미지의 발현이 객체적 관점이냐 주체적 관점이냐에 따라 달라진다. 왜곡된 대상세계가 개념적[관념적] 현상이라면 왜곡되지 않은 대상세계는 사실적[실재적, 존재적] 현상이 된다. 사실적 현상은 주로 무의미시에서는 서술적 이미지로, 날이미지시에서는 날이미지로서의 현상으로 형상화된다. 두 시인은 대상세계를 지각대상과 의식대상으로 구별하여 지각의 현상 그대로 이미지화한다. 시적 투명성은 존재 그 자체를 현상 그대로 볼 수 있는 지점에서부터 출발한다. 존재 그 자체를 현상 그대로 관조하는 시의식은 대상세계 그 자체를 지각하는 데서부터 이루어진다. 두 시가 추구한 사실적 형상화는 지각된 대상에 대한 '배제'와 '선택'이라는 시적 구조를 갖는다. 두 시가 갖는 방법론적 지향은 후설(Husserl)이 '있는 그대로'의 현상을 '사태 자체'라고 부른 그 지점에서 있는 그대로이거나 현상 그대로라는 시적 형태를 갖는다. 두 시는 후설(Husserl)이 경계한 '의식'과 '대상'을 분리해서 보는 태도, 즉 '의식'과 '대상'은 동반자적 관계라는 전제에서 태동한 시적 형태이다.

제3장에서는 본서의 핵심적 논제인 현상적 미학의 발견이라는 차원에서 두 시에 형상화된 '의미현상'을 살폈다. 두 시에 형상화된 현상적 미학의 시적 간격은 현상학적 방법론을 적용함으로써 현상적 사유에 의해 구현된다. 두 시는 현상적 사유에 의해 존재와 현상이거나 사실과 현상이라는 관계에서 왜곡되지 않은 '의미현상'으로 형상화된다. 두 시에서 형상화된 의미현상은 언어를 초월한 의미로서 언어 이전의 의미, 즉 순수성을 갖는 시적 사유에 의해 시화된다. 두 시에서 발견되는 현상적 미

학은 '사실적인 것'에 근거하여 사유되어진 현상 그대로의 이미지화에 의해 형상화된다. 여기서 '사실적인 것'이란 존재의 본질과 현상이 실존하는 '의미현상'을 말한다. 두 시에서 사실적인 것으로 형상화된 '의미현상'을 감지하게 되는 것은 인간적 관념이 더해지기 이전의 순수의미를 갖는 이미지로서의 현상에서다. '현상'이란 언어 이전의 의미, 즉 존재 그 자체가 갖는 의미만을 갖는 세계 그 자체를 말한다. 존재 그 자체가 갖는 언어적 형태가 곧 '현상'인 것이다. 이러한 존재적 언어인 '현상'은 인간적 관념으로 굳어진 의미가 아닌 있는 그대로의 살아있는 의미를 갖는다. 이러한 현상, 즉 살아있는 의미는 서술적이거나 환유적 언술체계에 의해 구현된다.

김춘수가 '시[예술]란 무엇인가'를 모색하는 지점과 오규원이 '언어[인식]란 무엇인가'를 모색하는 지점은 서로 만나고 갈라지는 교점을 갖는다. 오규원이 시의 언어란 무엇인가를 모색하는 지점은 대상세계를 새롭게 바라보는 방법이 시를 새롭게 하는 것이라는 관점에서다. 오규원은 전통적 시론이 대상세계에 대해 인간 중심적 사고, 즉 시인 자신의 사상이나 정서를 언어로 노래한 것으로부터 이탈하여 대상세계를 새롭게 바라보기시작하면서 날이미지시와 시론을 제시한 것이다. 그는 날이미지시를 추구하는 시적 여정에서 날이미지의 형상화를 통해 날것의 의미를 구현하게 된다. 그리고 김춘수가 시란 무엇인가를 모색하는 지점은 무의미시라고 명명한 시적 형태이다. 그는 인간적 관념이 무화된 순수언어로서의 '무의미적 의미'를 생산한다는 차원에서 새로운 시적 형태를 추구한다. 그는 서술적 이미지의 형상화를 통해 무의미적 의미를 구현한다. 무의미시의 '서술적 이미지'와 날이미지시의 '날이미지'는 시란 무엇인가와 시의 언어란 무엇인가라는 화두(話頭)를 풀어내는 동력으로 작용한다. 의미론적 관점에서 두 시는 현상 그대로의 의미, 즉 현상 그 자체가 갖는 의미를 추구한다는 지점에서 서로 만나게 된다. 두 시인은 현상 그대로라는 시적 사고로의 회귀(回歸)에 의해 현상 그 자체가 갖는 의미로의 시적 작업을 지속한다. 두 시인은 '시란 무엇인가'와 '시의 언어란 무엇인가'의 시적 화두를 풀기 위해 현상학적 방법론을 도입함으로써 인간적 관념을 배제한, 즉 언어 이전의 의미를 형상화하는 시적 성과를 거두게 된다. 이러한 시적 성과의 배경에는 두 시에 형상화된 시적 이미지의 순수화와 투명화가 작용한다.

제4장에서는 두 시에 형상화된 현상적 의미, 즉 현상적 미학을 대비하여 살폈다. 두 시와 시론에서 핵심적으로 작용하는 시적 방법론은 현상학적 환원의 도입이다. 두 시에서는 현상학적 환원을 적용함으로써 관념이나 명명하는 의식으로부터 이탈하여 존재로의 회귀를 추구한다. 그리고 현상적 미학의 관점에서 두 시에 대한 두 시인의 시관을 비교하여 살폈다. 김춘수는 무의미적 지향의 시적 기법이 오규원의 날이미지적 지향의 시적 기법과 다르지 않다고 주장하는 반면 오규원은 두 시의 변별성을 부각시킨다. 두 시와 시론에 대한 오규원이 갖는 변별점은 김춘수가 '시란 무엇인가'라는 화두를 갖는 반면 자신은 '시의 언어란 무엇인가'라는 시적 화두를 갖는다는 점에서다. 이러한 변별점은 두 시와 시론이 만나고 갈라지는 지점을 통해 해명될 수 있었다. 두 시와 시론이 만나는 지점은 대상세계에 대해 현상학적 방법론을 전제함으로써 인간적 관념을 차단하는 시적 출발에서부터 이루어진다. 두 시가 갈라지는 지점은 대상세계를 현상학적 관점으로 형상화한 시적 산물이 '무의미'와 '의미'라는 경계에서다. 오규원이 '시의 언어란 무엇인가'라는 질문을 갖고 이미지의 해방을 추구하는 반면 김춘수는 '무엇이 시인가'라는 질문을 갖고 대상으로부터의 자유를 추구하는 곳에서다. 두 시가 만나고 갈라지는 교점을 갖는다는 측면은 두 시인이 만난 화가(畵家)에서도 드러난다. 두 시인은 화가와의 만남에 의해 인간적 관념이 우세한 시적 관습을 탈피하고 새로운 시적 방법론을 제시하게 된다. 두 시인이 만난 화가들의 현상적 사고는 두 시가 새로운 시적 방법론으로 자리매김하는 동력으로 작용하였다.

김춘수의 무의미시와 오규원의 날이미지시는 인간 중심적 사고에서 생성되는 의미가 아니라 세계 내 존재의 관점에서 자생되는 살아있는 의미를 추구함으로써 현상적 미학을 견지하였다. 그리하여 두 시와 시론은 한국 현대시의 미학적 현대성을 앞당기는 역할을 하였다. 이러한 분석을 바탕으로 김춘수 시인과 오규원 시인 이후로 생산되는 '현상시(現象詩)'들이 현상학적 방법론에 의해 다양한 관점으로 조명될 때 비로소 두 시인이 꿈꾸던 한국 현대시의 현상적 풍경이 펼쳐지게 될 것으로 판단한다.

참고문헌

<기본자료>

김춘수, 『김춘수 시전집』, 현대문학, 2008.

———, 『金春洙 全集 2-詩論』, 도서출판 문장, 1984.

———, 『詩의 理解와 作法』, 자유지성사, 1999.

오규원, 『날이미지와 시』, 문학과지성사, 2005.

———, 『오규원 시전집 · 1』, 문학과지성사, 2002.

———, 『오규원 시전집 · 2』, 문학과지성사, 2002.

———, 『두두』, 문학과지성사, 2008.

<논문/평론>

강계숙, 「1960년 한국시에 나타난 윤리적 주체의 현상과 시적이념: 김수영, 김춘수, 신동엽의 시를 중심으로」, 연세대 박사학위논문, 2008.

강영기, 「김수영 시와 김춘수 시의 대비적 연구」, 제주대 박사학위논문, 2003.

권라영, 「김춘수의 무의미시 연구」, 서울대 박사학위논문, 2004.

권혁웅, 「한국현대시의 시작방법 연구: 김춘수, 김수영, 신동엽의 시를 중심으로」, 고려대 박사학위논문, 2000.

———, 「무의미시는 무의미한 시가 아니다」, 『문예중앙』, 2005년 여름호.

———, 「날이미지시는 날이미지시로 쓴 시가 아니다」, 『시와반시』, 2007년 가을호.

김광엽, 「한국현대시의 공간구조 연구: 청마와 육사, 그리고 김춘수와 김수영을 중심으로」, 서강대 박사학위논문, 1994.

김두한, 「김춘수 시 연구」, 효성여대 박사학위논문, 1991.

김명희, 「박정만 시 연구」, 창원대 박사학위논문, 2008.

김문주, 「韓國 現代詩의 風景과 傳統: 鄭芝溶과 趙芝薰의 詩를 中心으로」, 고려대 박사학위논문, 2005.

———, 「오규원 후기시의 자연 형상 연구」, 『한국근대문학연구』 22집, 한국근대문학회, 2010 하반기.

김복근, 「生態主義 時調 硏究」, 창원대 박사학위논문, 2003.

김성리, 「김춘수 무의미시의 지향적 체험 연구」, 인제대 박사학위논문, 2009.
김준오, 「處容詩學」, 『김춘수 시 연구』, 흐름사, 1989.
김의수, 「김춘수 시의 상호텍스트성 연구」, 서울대 박사학위논문, 2002.
김지선, 「한국 모더니즘시의 서술기법과 주체 인식 연구: 김춘수, 오규원, 이승훈 시를 중심으로」, 한양대 박사학위논문, 2008.
노 철, 「김수영과 김춘수의 시작방법 연구」, 고려대 박사학위논문, 1998.
류시원, 「오규원 시 연구」, 대구카톨릭대 박사학위논문, 2007.
문혜원, 「오규원의 시론 연구」, 『한국문학이론과 비평』, 한국문학이론과 비평학회, 2004.
민병기, 「30년대 모더니즘 시의 心象體系 연구」, 고려대 박사학위논문, 1987.
박남희, 「오규원 시의 영향관계」, 『崇實語文』 제19집, 숭실어문학회, 2003.
안성길, 「李相國 詩 硏究」, 창원대 박사학위논문, 2005.
엄정희, 「오규원 시 연구: 시와 형이상학의 관계 고찰」, 단국대 박사학위논문, 2005.
윤애경, 「날개 잃은 학, 그 비상에서의 몸짓에 관한 소론」, 『사림어문연구』 제11집, 1998.
———, 「한국 현대소설 작중인물의 익명화에 관한 연구」, 고려대 박사학위논문, 2003.
이균상, 「유치환과 김춘수 시의 대비 연구」, 창원대 박사학위논문, 2005.
이민정, 「김춘수 시 연구」, 경원대 박사학위논문, 2006.
이민호, 「현대시의 담화론적 연구: 김수영, 김춘수, 김종삼 시를 중심으로」, 서강대 박사학위논문, 2001.
이병헌, 「韓國 現代批評의 類型과 그 文體에 관한 硏究: 1930년대의 비평을 중심으로」, 고려대 박사학위논문, 1995.
이선중, 「萬海詩硏究」, 창원대 박사학위논문, 2005.
이연승, 「오규원 시의 변모과정과 시쓰기 방식 연구」, 이화여대 박사학위논문, 2002.
이은실, 「김춘수와 김수영 시의 모더니티 비교 연구」, 부경대 박사학위논문, 2008.
이은정, 「김춘수와 김수영 시학의 대비적 연구」, 이화여대, 박사학위논문, 1992.
이창민, 「김춘수 시 연구」, 고려대 박사학위논문, 1999.

장성진, 「개화가사의 서술구조와 현실인식」, 경북대 박사학위논문, 1992.
정과리, 「'어느새'와 '다시' 사이, 존재의 원환적 이행을 위한」, 『새와 나무와 새똥 그리고 돌멩이』, 문학과지성사, 2005.
조강석, 「비화해적 가상으로서의 김수영과 김춘수 시학연구」, 연세대 박사학위논문, 2008.
주영중, 「조지훈과 김춘수의 시론 연구: 시론 형성의 문학사적 맥락을 중심으로」, 고려대 박사학위논문, 2009.
최라영, 「김춘수의 무의미시 연구」, 서울대 박사학위논문, 2004.
최현식, 「시선의 조응과 그 깊이, 그리고 '몸'의 개방」, 『토마토는 붉다 아니 달콤하다』, 문학과지성사, 1999.
함종호, 「김춘수 '무의미시'와 오규원 '날이미지시' 비교 연구: 발생 이미지를 중심으로」, 서울시립대 박사학위논문, 2009.
허철구, 「意味的 核에 대한 一考」, 西江語文學會, 1997.
황화상, 「언어 해석을 위한 형태론 연구」, 『士林語文硏究』 제18집, 士林語文學會, 2008.

<단행본-국내논저>
姜南周, 『收容의 詩論』, 現代文學社, 1986.
강영안, 『레비나스의 철학-타인의 얼굴』, 문학과지성사, 2007.
강희근, 『오늘 우리시의 표정』, 국학자료원, 2000.
권정우, 『한국 현대시의 분석적 이해』, 도서출판 月印, 2005.
권혁웅, 『한국 현대시의 시작방법 연구』, 깊은샘, 2001.
———, 『시론』, 문학동네, 2010.
김경복, 『서정의 귀환』, 좋은날, 2000.
김문주, 『형상과 전통』, 도서출판 월인, 2006.
———, 『소통과 미래』, 서정시학, 2006.
김병옥, 『현대시와 현상학』, L.I.E, 2007.
김연동, 『찔레꽃이 화사한 계절』, 시선사, 2010.
김용태, 『禪的 상상력과 문예비평』, 地平, 1995.
김욱동, 『은유와 환유』, 민음사, 2007.

金允植, 『韓國現代詩論批判』, 一志社, 1996.
金宗吉, 『詩論』, 探究堂, 1981.
김종도, 『환유의 세계』, 경진문화사, 2005.
김준섭, 『철학의 제문제』, 창신문화사, 1962.
김준오, 『詩論』, 三知院, 2000.
———, 『도시시와 해체시』, 문학과비평사, 1992.
———, 『문학사와 장르』, 문학과지성사, 2000.
———, 『한국 현대시와 패러디』, 현대미학사, 1996.
———, 『현대시의 방법론과 모더니티』, 새미, 2009.
———, 『현대시의 환유성과 메타성』, 살림출판사, 1997.
———, 『현대시와 장르 비평』, 문학과지성사, 2009.
김준오 외, 『동서시학의 만남과 고전시론의 현대적 이해』, 새미, 2001.
김준오 외, 『文學의 理解』, 새문사, 1987.
김준오 외, 『韓國文學槪論』, 三知院 1997.
김준오 외, 『김춘수 시 연구』, 흐름사, 1989.
김진국, 『한국 현대시의 원융주의적 해석』, 예림기획, 2003.
김진국 엮음, 『문학현상학과 해체론적 비평론』, 예림기획, 1999.
남기혁, 『한국 현대시와 침묵의 언어』, 도서출판 月印, 2003.
민병기, 『정지용: 20세기 한국시의 성좌』, 건국대학교 출판부, 1996.
민병기 외, 『문학이란 무엇인가』, 集文堂, 2003.
민희식, 『불교와 서구사상』, 山房, 1990.
박민영, 『행복한 詩 읽기』, 도서출판 月印, 2004.
박승억, 『후설 & 하이데거 현상학』, 김영사, 2007.
박영욱, 『의미와 무의미의 경계에서-Derrida & Deleuze』, 김영사, 2009.
박이문, 『시와 과학』, 일조각, 1975.
———, 『문학과 철학』, 민음사, 1995.
———, 『문학과 철학 이야기』, 살림출판사, 2007.
———, 『문학 속의 철학』, 일조각, 2004.
———, 『현상학과 분석철학』, 지와사랑, 2007.
박이문 외, 『현상학』, 고려원, 1992.

백련선서간행회, 『臨濟錄』, 藏經閣, 2003.
──────, 『조주록』, 장경각, 2007.
백운복, 『서정의 매듭풀이』, 우리문학사, 1993.
徐廷柱, 『詩文學原論』, 正音社, 1982.
엄정희, 『오규원 시와 달콤한 형이상학』, 청동거울, 2005.
오규원, 『가슴이 붉은 딱새』, 문학동네, 1996.
───, 『길밖의 세상-오규원 문학선』, 나남, 1987.
───, 『언와와 삶』, 문학과지성사, 1983.
───, 『現代詩作法』, 문학과지성사, 2006.
───, 『현실과 극기』, 문학과지성사, 1976.
오규원 · 임우기 編, 『예술의 이해』, 서울예대출판부, 1989.
오세영 외, 『시론』, 현대문학, 1992.
오형근, 『유식학 입문』, 불광출판부, 1993.
柳時煜, 『詩의 原理와 批評』, 새문사, 1991.
유종호, 『시란 무엇인가-경험의 시학』, 민음사, 1995.
유 협, 최동호 역, 『文心雕龍』, 민음사, 2008.
이광호, 『익명의 사랑』, 문학과지성사, 2009.
이광호 엮음, 『오규원 깊이 읽기』, 문학과지성사, 2002.
이규호, 『언어철학』, 연세대학교 출판부, 2007.
李基相, 『하이데거의 實存과 言語』, 文藝出版社, 1993.
이남호 엮음, 『김춘수 문학앨범』, 웅진출판, 1995.
이상섭, 『문학비평용어사전』, 민음사, 2007.
이상옥, 『시창작입문』, 탑북스, 2010.
이승복, 『우리 시의 운율체계와 기능』, 보고사, 1995.
이승훈, 『詩論』, 고려원, 1995.
───, 『시적인 것은 없고 시도 없다』, 집문당, 2003.
───, 『포스트모더니즘 시론』, 세계사, 1997.
───, 『한국 현대시 새롭게 읽기』, 세계사, 1996.
───, 『현대비평이론』, 태학사, 2001.
───, 『모더니즘의 비판적 수용』, 작가, 2002.

이연승, 『오규원 시의 현대성』, 푸른사상, 2004.
이우걸, 『우수의 지평』, 동학사, 1989.
이혜원, 『현대시와 비평의 풍경』, 도서출판 月印, 2002.
李喆洙, 『言語學의 理解』, 仁荷大出版部, 1988.
李慧淳, 『比較文學』, 중앙출판, 1984.
전문수, 『文學의 存在方式』, 창원대학교 출판부, 1999.
전성기, 『메타언어, 언어학, 메타언어학』, 고려대학교 출판부, 1996.
전영길, 『현상학적 학문과 생활』, 한국문화사, 1995.
정끝별, 『패러디 시학』, 문학세계사, 2002.
정일근, 『처용의 도시』, 고려원, 1995.
조동일, 『문학연구방법』, 지식산업사, 1990.
———, 『韓國文學思想史試論』, 지식산업사, 2000.
조동일 외, 『韓國文學 硏究入門』, 지식산업사, 1989.
조오현 편저, 『禪問禪答』, 장승, 2005.
조오현 역해, 『碧巖錄』, 불교시대사, 1997/2005
최동호, 『韓國現代詩의 意識現象學的 硏究』, 성동문화사, 1989.
최라영, 『김춘수 무의미시 연구』, 새미, 2005.
한국현상학회 편, 『현상학과 한국사상』, 철학과현실사, 1996.
한자경, 『唯識無境』, 예문서원, 2009.
허 웅, 『언어학개론』, 샘문화사, 1986.
現代文學社, 『詩論』, 現代文學, 1992.
홍명희, 『상상력과 가스통 바슐라르』, 살림출판사, 2006.
홍성욱 역해, 『詩經』, 고려원, 1999.

<단행본-국외>

朱光潛, 『詩論』, 東文選, 1991.
竹村牧男, 정승석 옮김, 『유식의 구조』, 민족사, 1991.
Aristotle, 『詩學』, 문예출판사, 1991.
C. Carter. Colwel, 이재호 · 이명섭 옮김, 『문학개론』, 을유문화사, 1995.
C. D. Lewis, 張萬榮 譯, 『詩學入門』, 正音社, 1983.

C. G. Jung, 설영환 옮김, 『무의식 분석』, 선영사, 1990.

Debabrata Sinha, 전영길 옮김, 『현상학 연구』, 한국문화사, 1995.

Emmanuel Levinas, 강영안 옮김, 『시간과 타자』, 문예출판사, 2004.

————, 서동욱 옮김, 『존재에서 존재자로』, 민음사, 2007.

Emil Steiger, 李裕榮·吳鉉一 共譯, 『詩學의 根本槪念』, 三中堂, 1978.

E. Husserl, 『현상학의 이념 엄밀한 학으로서의 철학』, 서광사, 2007.

F. W. Nietzsche, E. Husserl, 『現象學의 理念』, 三省出版社, 1986.

Gaston bachelard, 곽광수 옮김, 『공기의 시학』, 東文選, 2003.

———, 이가림 옮김, 『공기와 꿈』, 문예출판사, 1998.

———, 李嘉林 譯, 『꿈꿀 권리』, 悅話堂, 1986.

———, 정영란 옮김, 『대지 그리고 휴식의 몽상』, 문학동네, 2005.

———, 정영란 옮김, 『물과 꿈』, 이학사, 2003.

———, 김용선 옮김, 『부정의 철학』, 인간사랑, 1996.

———, 안보옥 옮김, 『불의 시학의 단편들』, 문학동네, 2004.

———, 이가림 옮김, 『촛불의 미학』, 문예출판사, 2001.

George dickie, 오병남·황유경 옮김, 『美學入門-分析哲學과 美學』, 서광사, 1983.

Hans Meyerhoff, 金埈五 譯, 『文學과 時間現象學』, 新星印刷社, 1987.

Heidegger, Martin·Jaspers, Karl Theodor, 『철학이란 무엇인가, 형이상학이란 무엇인가』, 삼성출판사, 1982.

Humboldt, 『언어와 인간』, 愼翼晟 編著, 서울대학교 출판부, 1993.

Jaspers, Otto, Brunner, 『철학입문, 종교입문, 종교철학』, 을유문화사, 1983.

Jean Paul Sartre, 정소성 옮김, 『존재와 무』, 동서문화사, 2010.

John Hall Wheelock, 박병희 역주, 『What Is Poetry』, 울산대학교 출판부, 1996.

Kant Immanuel, 이명성 옮김, 『순수이성 비판』, 홍신문화사, 1997.

Linda Hutcheon, 김상구·윤여복 옮김, 『패러디 이론』, 文藝出版社, 1995.

Martin Heidegger, 전양범 옮김, 『존재와 시간』, 시간과공간사, 1989.

Mukarovsky, 金聖坤·柳仁正 譯, 『무카로브스키의 詩學』, 現代文學社, 1987.

M. 콘퍼스, 이보임 옮김, 『認識論』, 동녘, 1988.

M. Merleau-Ponty, 남수인·최의영 옮김, 『보이는 것과 보이지 않는 것』, 동문선, 2004.

———, 류의근 옮김, 『지각의 현상학』, 문학과지성사, 2002.
———, 김화자 옮김, 『간접적인 언어와 침묵의 목소리』, 책세상, 2005.
———, 오병남 옮김, 『現象學과 藝術』, 서광사, 2006.
Pierre Brunel 외, 石準 譯, 『비교문학이란 무엇인가』, 미리내, 1993.
Paul Janssen, 신귀현 · 배의용 옮김, 『에드문드 훗설의 현상학』, 以文出版社, 1987.
Rene Wellek · Austin Warren, 白鐵 · 金秉喆 共譯, 『文學의 理論』, 新丘文化社, 1980.
———, 李京洙 譯, 『文學의 理論』, 文藝出版社, 1990.
Robert R. Magliola, 최상규 옮김, 『현상학과 문학』, 예림기획, 1998.
Roland Barthes, 김인식 편역, 『이미지와 글쓰기』, 세계사, 1993.
Roman Jakobson, 신문수 편역, 『문학 속의 언어학』, 문학과지성사, 1997.
Russell, Bertrand · Chomsky, Avram Noam , 『의미와 진리의 탐구-언어학과 철학』, 삼성출판사, 1985.
Schopenhauer, 정필태 옮김, 『염세철학 입문』, 청목서적, 1987.
Stephen Ullmann, 『意味論-意味科學入門』, 塔出版社, 1988.
Suzanne Cunningham, 이종훈 譯, 『언어와 현상학』, 철학과현실사, 1995.
Susanne K. Langer, 이승훈 옮김, 『예술이란 무엇인가』, 고려원, 1993.
VirWerner Marx, 이길우 옮김, 『현상학』, 서광사, 1989.
Wergil C. Aldrich, 오병남 옮김, 『예술철학』, 서광사, 2004.
Wheelwright, 金泰玉 譯, 『隱喩와 實在』, 문학과지성사, 1982.

석성환(石成煥)

경남 진주에서 태어나 국립창원대학교 대학원 국어국문학과를 졸업하였다. 동 대학교에서 2006년 「무산 조오현 시조시 연구」로 문학석사 학위를, 2010년 「한국 현대시에 나타난 현상적 의미 연구」로 문학박사 학위를 받았다. 논문으로 「만해 한용운 시조시 연구」 등이 있으며 사림어문학회, 한국문학연구회, 국어국문학회, 한국작문학회 회원이다. 2003년 《한국문인》으로 등단 후 시조시인으로 활동하고 있으며, 시집으로 『모래시계』 [고요아침]가 있다. 경남시조시인협회 사무국장과 경상남도문인협회 사무차장을 역임하고 (사)의령예술촌, 경남문원, 가락문학회, 오늘의시조시인회의, 창원문인협회, 한국시조시인협회, 한국문인협회 회원이며, 『가락문학』 편집장과 『火中蓮』 편집위원을 맡고 있다. 2012년 《아동문예》 동시조시 부문 「아동문예문학상」에 당선되었으며 한국아동문예작가회와 경남아동문학회 회원이다.

한국 현대시의 현상적 미학

초판 1쇄 인쇄 · 2012년 5월 15일
초판 1쇄 발행 · 2012년 5월 21일

저　자 · 석 성 환
발행인 · 박 성 복
발행처 · 도서출판 월인
　　　　서울특별시 강북구 수유2동 252-9
등　록 · 제6-0364호
등록일 · 1998년 5월 4일
전　화 · (02) 912-5000
팩　스 · (02) 900-5036
www.worin.net

ISBN 978-89-8477-512-1 93810

값 17,000원